[제6판]

풀어쓴 사회복지실천기술

최 선 화

KNOWLEDGE COMMUNITY 공동체

넘어져 본 사람은

넘어져 본 사람은 안다.
넘어져서 무릎에
빨갛게 피 맺혀 본 사람은 안다.
땅에는 돌이 박혀 있다고
마음에도 돌이 박혀 있다고
그 박힌 돌이 넘어지게 한다고.

그러나 넘어져 본 사람은 안다.
넘어져서 가슴에
푸른 멍이 들어 본 사람은 안다.
땅에 박힌 돌부리
가슴에 박힌 돌부리를
붙잡고 일어서야 한다고.
그 박힌 돌부리가 일어서게 한다고. (이준관)

그래, 땅에만 돌이 있는 게 아니라 우리 마음에도 있다.
살다 보면 돌부리에 걸려 넘어지고 상처를 입기도 하지만
결국 돌부리를 붙잡고 일어서며
그 돌부리가 우리를 일으켜 세우는 힘이 된다는 것을 안다.
걸림돌에 걸려 넘어진 사람들이 디딤돌을 딛고 일어설 때
지팡이가 되어주고, 붙잡아 주는 손길이 있다.
그들이 바로 사회복지사들이다.

사회복지학과를 졸업하는 학생들이 사은회에서 가장 많이 하는 말 중 하나는, 사회복지 분야에 종사하지 않는다고 해도 사회복지를 공부한 것은 후회하지 않는다. 왜냐하면 다른 사람을 돕기 위해서도 좋지만 스스로가 살아가는데 두고두고 도움이 될 것이기 때문이며, 공부한 사람이 먼저 많은 도움을 받았기 때문이라고 한다. 그렇다! 사회복지는 생활이며 우리 모두의 일상의 삶을 좀 더 풍요롭고 인간적일 수 있도록 만들어가는 노력이다.

살아가는 과정에 어려움을 겪지 않는 사람이 없으며 나름대로의 아픔과 상처를 이기고 살아가며 따뜻한 위로와 격려가 큰 힘이 되기도 한다. 우리 모두의 일상적인 상호작용이 서로를 배려하고 치유하고 용기를 북돋아 줄 수 있다면 우리의 삶의 질은 많은 돈을 들이지 않고도 높아질 수 있으며 이 세상은 살맛나는 곳이 될 수 있을 것이다.

언제나 사람이 문제다. 사람만이 희망이며 또한 사람으로 인해서 고통을 당하게 된다. 따라서 우리의 삶이 좀 더 순화되고 서로를 성장시켜 주며 이 '세상'이라는 공동체가 안심하고 행복감을 누리면서 살아갈 수 있도록 만들기 위해서 많은 노력들이 이루어지고 있다. 이런 노력의 일환으로 사회복지분야는 직접적이고 일차적인 관심을 사람과 그들 간의 상호작용에 초점을 두고 있다. 사회복지 분야 중에서도 실천기술론은 직접적이거나 간접적인 실천을 돕기 위한 기술과 기법을 다룬다. 사회복지적 노력이 실천기술이라는 최종단계로 전달되며 사람과 대면해서 돕거나 도와주기 위한 근거를 마련해나가게 된다. 그러므로 실천기술은 사회복지적 노력의 결정체라고 할 수 있다.

실천기술론을 여러 해 동안 가르치면서 느낀 점은 실천기술론이야말로 실천할 수 있는 기술과 기법을 가르치고 더 나아가 새로운 방법을 개발할 수 있도록 도와야 함에도 불구하고, 실천기술론분야의 책들이 지나치게 이론적이며 직접 개입해서 실천하는 기술이나 기법과는 거리가 멀다는 것이다. 그리고 누구나 일상의 생활에서 느끼는 문제를 좀더 편안하게 자신의 경험과 연관시켜 생각해 나갈 수 있도록 도와주고 생각해 보도록 자극하기보다는 학문분야라는 틀을 깨지 못하고 그 속에 안주하고 있다는 것이다. 물론 기법과 기술을 발전시키고 이론을 개발해나가는 작업도 중요하다. 그러나 그렇다고 하기에도 미흡한 실천기술론보다는 직접 쉽게 이해하고 편안하게 실천할 수 있는 실천기술이 필요하며 기술에 대한 학문적 노력인 실천론은 실천기술론과 함께 좀더 심도있게 다루어져야 한다는 생각을 하곤 했다.

이런 생각은 특히 최근 들어 사이버 시대의 학생들의 성향에서도 알 수 있다. 이들은 심각한 것을 싫어하며 가볍고 재미있고 그러면서 통통 튀는 재주와 재치를 가져 이들에게 맞는 내용으로 수업을 해나가기 위해서는 편하고 재미있고 실질적이며 직접 피부로 느낄 수 있는 내용으로 강의를 바꾸어나가야 했다. 또한 사회복지가 팽창일로에 있는 시기여서 사이버 대학, 사회교육원의 학점은행제 등 다양해지다 보니 다양한 분야와 배경을 가진 사람들이 사회복지에 관심을 가지게 되었고 이들에게 쉽고 친근하게 실천기술론을 가르칠 수 있는 방법이 요구되고 있다. 이들의 특성은 이론적이고 전문적인 용어보다는 쉽고 친근한 용어와 어려워 보이는 원서의 중후한 무게감보다는 가벼운 터치, 그리고 무엇보다 실제적인 예를 통해서 설명하고 그들의 흥미와 구미를 당길 수 있는 접근을 선호하는 경향이 있다. 이러한 그들의 성향을 과소평가하지는 않으며 있는 그대로 수용하고 대상자가 있는 곳에서 출발하지만 그곳에 머물지 않도록 이끌어가듯이, 학생들이나 수요자들의 욕구를 반영한 접근이 요구된다고 생각하게 되었다.

교육 자체를 보는 시각도 많이 달라졌다. 교육도 이제는 서비스산업에 속하며 서비스산업은 소비자와 구매자의 입맛과 눈높이에 맞춰야 하며 이들에게 친절하게 최대의 서비스를 베풀어야 한다. 사회복지사를 교육하는 사람은 도움을 요구하는 사람에게 도움을 제공할 조력자 내지 도우미를 키우는 과정으로 교육하는 사람들부터 학생들에게 최대의 서비스로 효과적인 도움을 제공할 수 있도록 노력해나가는 것이 요구된다.

또한 졸업생들의 취업을 위해서 만나 본 실천현장 실무자들은 대학의 교육에 대해서 불만들을 실토했다. 그 중 많은 생각을 불러 일으킨 말은 사회복지를 전공한 졸업생을 채용해도 제대로 하는 것이 없어 다시 교육시켜야 한다는 것이었다. 대학교육과 실천현장 간의 거리가 너무 멀다는 것이다. 물론 대학교육이 당장의 실천도 중요하지만 학문의 발전을 위한 기초를 바련하며 너 나은 개입방법을 개발하기 위한 이론적이며 선구적인 노력을 피할 수 없을 것이다. 그렇다고 해도 실천기술은 좀 더 현실로 다가가야 하며 사회복지 전공 졸업생이 면접과 상담조차 제대로 못한다는 말을 들었을 때는 많은 책임을 통감하지 않을 수 없었다.

이러저러한 이유 때문에 나름대로 현실적 욕구에 부합하고자 노력하면서 모아온 강의노트를 정리하여 내놓게 되었다. 그러므로 이러한 노력은 이제 시작단계라는 것과 계속적인 노력이 이어질 것이라는 점을 밝히고자 한다. 이러한 노력들이 모아져서 실천기술을 일반인들도 쉽게 이해하고 나름대로 일상생활에 편하게 실천하고 스스로의 지혜를 발휘해서 기술과 기법을 개발해나가도록 격려하는 데 조금이라도 도움이 되기 바란다.

2006년 2월

백양산자락에서

최선화

대학에서 실천기술론을 몇십 년 가르치고 또 현장에서 10년이 넘게 일한 결과 몇 가지 사항이 숙제로 남아있었다. 그중 하나는 졸업생들이 현장에 투입되면 책에서 배운 이론이나 개념들을 현실에서 부닥치는 일과 연결시킬 수 있는 능력이 부족하다는 것이다. 이러한 능력부족이 학생들만의 책임은 아니며 대학에서 가르치는 교수들에게도 많은 책임이 있다고 생각된다. 우선 현장에서 실무경험을 직접 한 교수들이 부족하고, 그러다 보니 실천기술을 가르침에도 불구하고 서양의 이론과 개념을 이론적으로 가르치지 실제 적용할 수 있는 기술로 전달하지 못한다는 것이다. 이런 문제는 자격증 시험과도 연관되지만 현실적 한계 속에서도 좀 더 실용적이고 적용 가능한 기술을 가르칠 방법에 대한 고민이 깊었다.

또한 교실과 현장 사이의 괴리와 간격이 너무 크다는 점이다. 그래서 현장에 투입되면 다시 배워야 하고 이론을 지식과 개념을 넘어서 직접 사례에 적용해서 체계적으로 접근하는 데는 많은 한계가 있었다. 이런 차이를 극복하기 위한 방법으로 실습과 자원봉사제도가 있음에도 불구하고 그 차이를 메우지는 못하고 있다. 그래서 사례집을 읽게 했지만 현실적으로 학생들이 참고서까지 찾아가며 공부하지는 않는다. 그러기에 가르치는 교재에 바로 사례와 현장의 느낌과 감각을 살려줄 수 있는 방법을 생각하게 되었다. 사실 이 책에서 인용한 저자의 많은 책들은 실천기술 교재를 보완하기 위해서 현장에서의 경험을 살려 참고서로 활용할 수 있도록 만든 것들이다. 그래서 이번에는 이 둘을 합쳐 아예 교재에 포함시켜서 다루는 방법을 생각하게 되었다. 교재에도 논의할 주제들이 주어졌음에도 불구하고 잘 다루어지지 않고 있다. 그래서 교재에서 바로 다루도록 했다.

본 실천기술론은 여러 번 개정했다. 그러나 이번에는 전반적인 체계를 바꾸어 그동안의 교육경험을 반영해서 새롭게 구성했다.

그래서 개정판에 대한 몇 가지 지침을 세웠다. 가장 먼저는 현장에서의 실제 사례를 풍성하게 포함시키기 위해서 노력했다. 그럼으로써 이론과 현장 사이의 간격을 메우고 현장감을 살려 학생들의 실무능력을 향상시킬 수 있도록 노력했다. 또한 이론의 적용능력을 향상시켜 자신감을 키울 수 있도록 노력했다. 요즘 학생들은 타자가 되고 대상이 되기보다는 능동적으로 참여하기를 원한다. 공부나 학습도 수동적 방법이 아니라 능동적인 참여를 통해서 익혀나가고자 한다. 따라서 수업이나 교재도 피동적으로 듣는 수업이 아니라 학생들이 직접 참여하는 수업으로 만들기 위해서 토론과 질문을 던져서 관심과 흥미를 유발시키고 학습의 주체가 될 수 있도록 만들었다.

여기에서 언급된 사례들이 좀 과장되고 특이한 경우도 있다. 그러나 모두가 실제 현장에서 일어난 사건들이다. 초보사회복지사와 경험이 부족한 사람들이 당황하고 힘들어하는 사례가 바로 이런 경우들이다. 일반사례들은 배운 바대로 아니면 상식적인 수준에서 처리해 나가면 된다. 더 나아가서 사람과 함께 하는 일은 창의성과 즉시성 및 인간적인 배려가 요구된다. 그래서 차가운 이론과 기술이 아니라 따뜻하고 가슴에 울림을 주는 실천과 기술이 된다. 더 나아가서 살맛나는 세상을 만들어 나가는 예술로 승화되며 이러한 일에 참가하는 사회복지사와 이용자 그리고 우리 사회구성원 모두가 함께 성장해 나갈 수 있는 기회와 자극제로 다가갈 수 있을 것이다.

2020년 달맞이언덕에서

최선화

차 례

차 례

chapter 06 사례관리 – 알아서 다 해 • 261

chapter 07 사회복지실천의 가치와 윤리 – 예외 없는 법칙 없다 • 287

chapter 부록

실천기법 모음 - 입맛대로 • 325

C·H·A·P·T·E·R

01

사회복지실천의 기초

—돌다리 두들기기

1. 사회복지실천기술의 이해
2. 사회복지실천현장

C·H·A·P·T·E·R

01 사회복지실천의 기초 - 돌다리 두들기기

사회복지실천을 이해하기 위해서 먼저 사회복지 분야에서 실천기술의 필요성을 점검해 보며 왜 개입기술과 실천기술이 요구되는지, 실천기술의 기반은 무엇인지를 점검해 본다. 이것은 마치 돌다리도 두들겨 보고 건너는 것과 같다. 이미 알지만 다시 한번 더 정리해 보는 되새김 과정이다. 무거운 수레를 끄는 황소의 힘은 여물을 되새김하며 잘 삭이는 것에서 나온다고 한다.

1. 사회복지실천기술의 이해 - 길을 가다 걸인을 만나면

1) 실천기술의 필요성

사회복지의 실천과 실천기술을 이해하기 위해서 다음과 같은 상황을 가정해 보자. 아르바이트를 통해서 학비와 생활비를 스스로 벌어서 공부하는 학생의 처지를 딱하게 여긴 지도교수가 매달 20만 원씩 보조해 준다면 이 학생에게 어떤 영향을 미치겠는가?

첫째, 교수의 배려를 감사하게 생각하고 더욱 열심히 공부할 것이다.

둘째, 스스로의 힘으로 자립하려는 생각에서 벗어나서 다른 사람에게 의존하려는 태도를 가지게 되며 쉽게 살아가는 방법을 찾으려 할 것이다.

셋째, 지속적으로 도움을 제공할 것으로 기대하다가 중단할 경우에는 배신감을 느낄 것이며 스스로 생활하는 것이 더욱 어렵게 느껴질 것이다.

넷째, 도움을 받은 학생이 자존심이 상하고 기분이 나쁠 것이다.

다섯째, 비슷한 처지에 있지만 도움을 받지 못하는 다른 학생들이 서운해할 것이다.

아마도 지도교수의 의도는 첫 번째였을 것임에도 불구하고 이런 행동이 긍정적인 영향을 미칠 확률보다는 도리어 부정적인 영향을 미칠 확률이 훨씬 더 높다. 이렇게 아무리 좋은 의도에서 시작한 도움이라도 적절한 방법으로 주어지지 않을 때는 도움을 받는 사람의 자생력을 키우는 것을 방해할 뿐만 아니라 심한 경우에는 도움받는 사람을 무능하게 만들어 영원히 의존하게 만들 수도 있다. 아니면 자립의지를 꺾고 쉽게 살아가려는 태도를 만들며 도움받는 것을 당연시하는 태도를 만들 수도 있다.

그러므로 돕는다는 것은 좋은 동기와 함께 적절한 방법으로 행해져야 진정한 도움이 될 수 있으며, 그렇지 않다면 도리어 해가 될 수도 있다. 다른 사람을 돕는다는 것은 도와주는 사람의 주관적인 생각만으로 되는 것도 아니고 선한 뜻만으로 되는 것도 아니다. 그러므로 좋은 의도만으로는 부족하며 바른 방법으로, 진정으로 수혜자에게 도움을 줄 수 있는 방법을 찾아야 한다. 이러한 노력이 사회복지학이며 그중에서도 직접적 실천이 사회복지실천방법론이며 실천론은 이론적 배경을, 실천기술론은 개입기술을 다루게 된다.

다시 앞의 예로 돌아가자. 선의로 베푸는 행동이 가지는 부정적인 측면을 고려한다면 앞서의 행위는 어떤 긍정적인 면과 부정적인 면을 가지는가? 긍정적 측면은 교수의 제자에 대한 사랑과 배려이며 고통을 분담하려는 선한 뜻으로 보편적인 인간애에 기초한 아름다운 정신이다. 부정적 측면으로는 학생이 자립하고 스스로의 능력을 개발할 수 있는 기회를 차단할 수도 있다는 것과 자존심에 상처를 입히게 된다. 그렇다면 이러한 부정적 상황을 고려해서 도와줄 수 있는 방법은 없을까? 분명히 있다. 그 한 예로 교수가 학생을 만나서 학생이 처한 상황에 대해서 충분한 대화를 나눈 후에, 도움을 제공하는 것이 학생을 위해서 필요하다고 판단된다면 그냥 돈을 줄 것이 아니라 적절한 일이라도 맡기면서 그 대가로 도움을 제공하는 것도 한 방법이 될 것이다. 아니면 학생과의 대화를 통해서 관심을 가지는 것만으로 충분할 수도 있으며 격려의 말을 해주고 지켜봐

주는 것으로도 학생에게 많은 힘과 용기를 주게 될 것이다. 이렇게 돕는다는 것은 도움을 제공하는 사람의 입장이 아니라 받는 사람의 입장에서 그들의 편에서, 그들에게 적절한 방법으로 제공되어야 하며 수혜자의 자립의지를 고취하며 능력을 개발하여 자립할 수 있도록 도움이 제공되어야 할 것이다. 그렇게 하기 위해서는 인간행동과 심리, 사회적 자원 등의 다양한 요소들에 대한 지식이 요구되며 이러한 지식과 이론에 근거해서 도움을 제공할 수 있는 기술이 요구된다. 즉, 사회복지실천기술이 요구되는 것이다.

다른 예를 들어보자. 다음과 같은 상황이 발생한다면 사회복지사는 어떻게 할 것인가? 사회복지관에 한 할아버지가 오셔서 차비가 없다며 도와달라고 한다. 이때 사회복지사는 다음과 같은 몇 가지 태도를 취할 수 있을 것이다.

첫째, 얼마 안 되는 돈이니 개인적으로 차비를 드린다.

둘째, 인근 파출소에 모셔다 드린다.

셋째, 할아버지가 지금 어떤 상황에 처해 있는지 대화를 통해서 몇 가지 사실을 알아본다.

넷째, 할아버지가 정말 차비가 필요하다고 여기고 몇 번을 탈 것인지 물어 태워드리고 차비를 직접 지불한다.

다섯째, 수혜자 책임의 원칙에 의해서 차비의 반만 드리고 나머지는 스스로 해결하라고 한다.

- 이 중에서 어떤 태도를 취할 것인가?
- 첫 번째처럼 행동한다면 어떤 문제가 발생하는가?
- 할아버지가 다음에 또 찾아와서 비슷한 요구를 한다면 어떻게 할 것인가?
- 이 할아버지가 구걸해서 사는 것에 익숙해지는 것은 아닌가?
- 할아버지 뒤에 앵벌이 조직이 있어 그 집단을 키우는 데 일조하는 결과가 오는 것은 아닌가?
- 할아버지가 과연 돈만 있으면 집으로 가실 수 있을까?
- 다른 도움이 더 필요한 것은 아닐까?
- 이 할아버지가 치매노인으로 집을 나와서 배회하고 있는 것은 아닐까?

- 두 번째처럼 결정한다면 어떤 문제가 있는가?
- 타 기관으로 의뢰하기 전에 사회복지관에서 취해야 하는 일은 무엇인가?
- 세 번째와 같은 태도를 취한다면 어떤 사실을 파악해야 할 것인가?
- 어떤 내용들이 포함되어야 하는가?
- 젊은 사람에게 추궁당하는 할아버지의 마음은 어떨까?
- 네 번째처럼 행동한다면 어떤가?
- 직접 지불해 주는 것을 보고 할아버지는 친절한 행동으로 고마워할 것인가? 아니면 자존심이 상하고 기분이 나쁠 것인가?
- 마지막과 같은 태도를 취할 경우, 할아버지에게 차비의 반을 책임지라고 한다면 그 할아버지는 어떻게 하겠는가?
- 이런 할아버지가 차비의 반이라도 책임질 능력이 있을까?
- 아니면 이런 경우 수혜자에게 책임을 전가하는 것이 바른 태도인가?

이렇게 얼마 되지 않는 돈을 주는 데도 여러 가지 복잡한 상황이 발생할 가능성이 있을 것이고 각자의 접근방식이 달라질 수 있다. 그래서 사회복지라는 학문이 존재하며 과학적이고 이론적인 근거와 기술 및 경험들을 바탕으로 하는 접근을 강조하게 된다.

그렇다면 사회복지실천은 어떤 지식을 기반으로 어떤 관점에서 접근해야 하는가? 다른 예를 들어보자. 갑자기 배가 아프기 시작하면 어떻게 하는가? 병원으로 달려갈 것이다. 그러면 의사는 어떻게 아픈가, 언제부터 아픈가, 어디가 아픈가, 전에도 그런 적이 있는가 등의 사실을 먼저 파악할 것이다. 그런 다음 침대에 누이고 몇 가지 진찰을 할 것이다. 그러고 나서도 필요하다면 몇 가지 검사를 더 해보고, 처방을 내릴 것이다. 이와 같이 도움을 요구하는 사람을 도와줄 경우에도 무엇을, 어떻게 도와줄 것인가를 결정하기 위해서는 여러 가지 사실을 먼저 파악해야 하며 파악된 사실에 근거해서 도움을 줄 계획을 수립해 나가야 한다. 사회복지는 의사가 접근하는 방식인 질병과 잘못된 것에 초점을 맞추는 병리적 모델과는 달리 그 사람의 건강한 측면과 자원 그리고 능력에 근거해서 개입한다. 여기서 환자를 예로 든 것은, 이런 식으로 어떤 근거와 잣대를 가지고 상황을 파악하고 접근을 위한 근거를 마련해 나가야 한다는 의미이다. 앞의 예를 보면 할아버지가 차비를 요구하는 경우에도 이분이 지금 어떤 상황에 처해 있는지를 파악해서 어떻게 도와줄 것인지를 결정해야 한다. 그러면 의사는 신체에 대한 진찰과 병력에 대한 사실들을 파악하지만 이와는 달리 사회복지사는 어떤 사실을 파악해야 하는가? 이것을 결정하기 위해서는 사회복지라는 학문적 성격과 특성에 대한 이해가 요구되며 복지의 영역과 분야에 대한 폭넓은 이해가 요구된다.

인간은 삶을 영위해 나가기 위해서 필수적인 생존의 욕구를 지닌다. 전통적으로 사회복지는 기본적인 욕구를 스스로 충족시키지 못하는 사람들의 욕구를 충족시켜 주기 위한 장치로 마련되었다. 그러나 지금과 같은 사회에서는 사회구성원 모두가 생존의 욕구를 넘어서서 문화적 욕구 등 삶의 질을 높이기 위한 욕구들이 늘어나고 있다. 기본적으로 자본주의 사회에서 인간의 욕구는 가족과 시장경제 체제를 통해서 충족되도록 만들어졌지만 이러한 제도를 통해서 욕구충족에 실패하거나 어려움을 겪는 사람들을 위해서 사회복지제도가 보완적인 기능을 하고 있다. 북유럽의 복지국가들에서는 국가가 사회구성원들의 기본적 생존을 유지할 수 있는 제도적 장치를 제공해야 한다고 여긴다.

복지국가에 대한 다양한 신념에도 불구하고 사회복지는 인간의 삶 중에서 ‘사회적 기능’에 초점을 맞추며 개인과 환경의 상호작용으로 개인의 욕구가 충족될 수 있도록 개입하는 일에 초점을 맞춘다. 그래서 인간을 사회적 존재로 ‘환경 속의 인간’이라는 측면에 초점을 둔다. 즉, 사회적 환경이라는 측면과 인간이라는 양 측면에서 개인의 욕구와 문제를 파악하며 그 해결방법도 개인과 환경자원을 통해서 해결하려고 한다. 이렇게 사회복지는 사회적 존재로서 인간이 갖는 상호의존성과 상호작용의 욕구로 인해서 발생하는 개인이나 집단의 사회적 기능을 향상시키는 것이 목적이다. 사회적 기능이란 다른 원조 전문직과 사회복지를 구분하는 핵심 개념으로 개인의 능력과 욕구 그리고 사회환경에서의 기회와 자원 사이의 적합성과 관련되며(김혜란, 1998 : 32) 이러한 관점에서 보면 사회복지실천은 다음과 같은 일을 담당한다.

첫째, 욕구를 가진 개인들에게 실질적인 서비스를 획득하도록 도우며,

둘째, 개인, 가족 그리고 집단에게 상담 및 치료를 제공하고,

셋째, 집단이나 지역사회가 요구하는 서비스를 제공하거나 기존의 서비스를 개선하도록 서비스 제공과 관련된 입법, 행정 그리고 사회행동과 관련된 일을 수행한다.

앞의 예를 들면, 할아버지가 한 사회인으로서 살아가는 데 요구되는 서비스를 받을 수 있도록 도우며, 그 가족을 포함해서 할아버지에게 요구되는 상담과 치료서비스를 제공하고, 할아버지와 같은 사람들을 위해서 제공되는 서비스와 관련된 법과 행정 그리고 필요한 경우에는 사회적 행동을 통해서 할아버지가 구걸하고 다니지 않아도 되도록 기존의 서비스를 개선하는 일을 하게 된다. 이렇게 사회복지사는 특정한 사람과 집단의 사회적 기능을 향상시키고 장애를 예방하기 위해서 개인 심리적인 면과 함께 대인관계적 접근과 자원과의 연계 및 조성이라는 상호관계를 다루게 된다.

사회복지실천의 접근방법은 두 가지로 나누어진다. 하나는 직접적 실천으로 직접서비스를 전달하는 활동과 관련되는 이론과 기술들이다. 예를 들면, 상담을 통해서 어떤 문제를 가지고 찾아온 사람들의 문제를 직접 해결해 주는 것이다. 이렇게 하기 위해서는 욕구를 파악하기 위한 면접의 기술과 문제를 해결하는 데 관련된 기술이 요구된다. 이와 같은 실천은 주로 개인을 대상으로 심리적 문제와 대인관계 문제를 중심으로 이루어진다. 앞의 예를 들면, 돈을 요구하는 할아버지가 도박으로 돈을 탕진해 버렸기 때문에 가족으로부터 버림을 받아 구걸하고 있다면, 도박에서 벗어날 수 있도록 치료적 개입을 해나갈 수 있을 것이다. 아니면 가족과의 불화로 가출했다면 가족문제를 해결하고 가족관계를 회복하거나 조정하기 위한 서비스를 제공할 것이다. 다른 하나는 간접적 실천으로 자원과의 연계나 환경의 조정 등을 통한 실천으로 개인뿐만 아니라 가족, 집단이나 단체, 지역사회 등과 함께 일하는 데 자주 활용되는 실천방법이다. 앞의 예를 보면 할아버지가 구걸을 하는 이유가 가족의 학대와 방임에 의한 것이라면 할아버지가 안전하게 생활할 수 있는 환경을 조성해 드리기 위해서 쉼터로 안내해 드

릴 수 있을 것이다. 아니면 생활비가 부족해서 구걸을 한다면 다른 자원과의 연계를 통해서 생활비를 마련할 수 있도록 개입할 수 있을 것이다. 할아버지가 받는 학대가 혼자만의 일이 아니라 노인에 대한 차별과 편견이 사회적 문제가 된다면 노인학대방지법을 마련하기 위한 옹호활동과 입법활동을 함께 벌여나갈 것이다. 이렇게 사회복지실천은 욕구를 가진 사람들에게 직접 상담과 치료 등의 서비스를 제공하는 것에서 자원의 연계나 환경의 조성 및 행동화 등 다양한 실천이 개인, 가족, 집단 그리고 지역사회를 대상으로 이루어진다.

한 학생이 대학에 오면서 부모님과 약속했다. 대학진학을 반대한 부모님에게 등록금과 잡비 일체를 본인이 스스로 감당하겠다고.

또 다른 여학생은 대학 다녀봤자 취직도 안 될 테니 공장에 가서 돈을 벌라고 하는 부모님을 설득해서 대학에 오게 되었다. 학교 다니는 모든 비용은 물론이고 부모님 생활비 일부를 보태드리겠다는 약속을 하고서 대학에 진학했다.

- 이런 부모님의 태도에 대해서 어떻게 생각하는가?
- 이 부모님은 어떤 생각으로 이런 태도를 보였을까?
- 부모님은 자녀를 도운 것인가?
- 자녀의 노동력을 착취하고 자기결정권을 침해한 것인가?
- 부모님은 자녀에게 어떤 가르침을 준 것인가?
- 부모가 자식에 대한 책임을 회피했다면 어떤 점인가?
- 자녀의 요구를 모두 들어주는 부모가 좋은 부모인가?
- 부모가 대학생 자녀를 어느 정도 도와주는 것이 적절한가?
- 도와주지 않는 것이 가장 큰 도움이 될 수도 있다. 어떤 경우일까?

2) 실천기술의 개념

사회복지실천의 초기에는 개인에 대한 심리 내적 개입과 적응을 강조하였다. 그러나 차츰 사회환경적 개입의 중요성이 강조되면서 상호관계적 기능과 개인이 처한 사회적 환경과 자원문제에 대한 개입으로 관심의 범위가 넓혀져 가고 있다. 따라서 개인이 처한 문제를 내적 측면과 함께 사회환경과의 관련성 속에서 파악하고 있다.

사회복지실천 초기에 Richmond는 사회복지실천을 개인 및 인간과 사회환경 간에 적응하는 능력을 갖추도록 돕는 과정이라고 정의하였다. 이러한 관점은 개인의 변화를 강조한 것이다. 그러나 이런 시각은 시간이 지남에 따라 개인의 변화뿐만 아니라 지역사회 자원에 대한 강조를 거쳐 삶의 질 향상을 위해 노력하는 전문직이라는 개념으로 발전하였다. 이러한 정의들의 핵심 개념은 인간의 삶의 질 향상, 내담자의 강점 강조와 전문적 활동 등으로 나타나고 있다.

〈표 1-1〉 사회복지실천의 정의

학 자	사회복지실천 정의	비 고
Richmond (1922)	개인 대 개인 및 인간과 사회환경 간에 적응하는 능력을 갖도록 성격을 발달시키는 과정	개인의 성격 변화에 초점을 둠
Bower (1949)	클라이언트와 환경 사이에 조화를 이루도록 지역사회 내의 자원과 클라이언트 개인의 능력을 최대한 동원하는 지식과 기술	지역사회의 자원을 강조함
Boehem (1958)	사회복지는 개인이 단독으로 또는 집단 내에서 그의 사회적 기능을 강화시켜 주기 위한 하나의 모색이다. 사회적 기능의 강화는 인간과 환경의 상호작용으로 이루어지는 상호관계에 중점을 두는 활동으로서 개인의 능력을 회복시켜 주는 활동, 개인과 사회자원을 보충시켜 주는 일, 개인의 역기능을 예방하는 기능	전문적인 지식과 기술 강조, 사회적 관계 형성에 초점을 둠, 손상된 능력의 재활, 사회적 역기능의 예방을 포함
Pincus와 Minahan (1973)	사람과 자원체계 간의 연결과 상호관계	사람과 자원체계의 연결
NASW (1973)	개인, 집단, 지역사회가 사회적 기능을 향상시킬 수 있는 자신들의 능력을 회복하거나 증진시키고, 그들의 목표달성을 위한 사회적 조건을 창조할 수 있도록 도와주는 전문적인 활동	최초로 사회복지실천이 전문직이라는 것을 강조
NASW (1994)	인간 복지의 향상, 빈곤과 억압의 경감, 최상의 삶의 질 향상을 위해 업무를 수행하는 전문직	삶의 질 향상과 전문성 강조

출처 : 전남련 외(2011). 사회복지실천기술론, pp. 6-7에서 일부 발췌.

Sheafor(1998) 등의 사회복지실천기술에 대한 정의를 살펴보면 전문적 지식과 개입기법을 활용할 수 있는 능력으로 보고 있다. 따라서 실천기술이란 사회복지사가 이론적인 지식을 기반으로 해서 내담자의 삶의 질을 높이기 위해서 요구되는 변화를 강점에 기초해 이끌어 내는 과정에 요구되는 모든 지식과 가치를 체계적으로 적용할 수 있는 능력을 의미한다.

〈표 1-2〉 사회복지실천기술의 정의

학 자	정 의	비 고
Johnson(1995)	특정 목표와 활동을 향한 복잡한 행위체제	관심과 욕구에 맞춰 지식과 가치를 행동으로 전환
Morales와 Sheafor(1998)	지식과 개입기법을 효과적으로 사용할 수 있는 능력	전문적 지식과 개입기법을 사용할 수 있는 능력
Cournoyer (2000)	사회복지실천은 ① 사회복지실천의 지식, 가치, 윤리, 의무로부터 나와야 하며, ② 사회복지사의 핵심적 자질과 일치해야 하며, ③ 전문직 통합성의 특징을 반영해야 하며, ④ 사회복지실천 목적과 일치하는 일련의 인지적 행위	①, ②, ③, ④ 네 가지 특성을 가진 인지적이고 행동적인 행위

출처 : 전남련 외(2011). 사회복지실천기술론, pp. 6-7에서 일부 발췌.

앞의 예로 돌아가면 돈을 필요로 하는 할아버지와 할아버지에게 드릴 돈이라는 자원과 이 둘을 연결시켜 주어야 하는 사회복지사가 있다. 사회복지사는 면담을 통해서 할아버지의 욕구와 사회적 상황을 파악하고 난 뒤 어떻게 도와줄 것인가에 대한 전문적 판단인 사정을 통해서 자원과 연계시켜 주거나 할아버지의 생활환경을 조성해 주거나 아니면 개인적인 심리상담과 치료서비스를 제공하거나 가족관계의 문제를 해결하기 위한 서비스를 제공할 것이다. 더 나아가서 비슷한 처지에 있는 사람들의 문제를 예방하기 위해서 또는 좀 더 효율적인 서비스를 제공하기 위해서 요구되는 법적이고 행정적인 개선을 위한 실천적 자료와 개선방안을 제시하는 활동을 하게 된다. 이러한 전 과정을 통해서 할아버지에게 적절한 서비스를 제공하는 데 관여되는 모든 활동이 사회복지실천기술이다.

사회복지실천기술은 사회복지라는 큰 분야의 한 부분으로 사회복지의 실천이라는 최종과정에 해당한다. 사회복지는 인간의 욕구 중 어느 부분을 도와주고 어느 부분은 도와주지 않을 것인가라는 문제와 무엇을 도와줄 것이며 누구를 얼마나 도와주어야 하는지의 문제, 제한된 자원을 어떻게 마련하고 어떤 경로를 통해서 전달할 것인지 등이 전체 내용을 구성하고 있다. 사회복지실천기술은 이러한 모든 과정을 통해서 결정된 서비스를 최일선에서 일하는 사회복지사가 최종적으로 전달하는 일과 관련된 모든 활동이다.

3) 실천기술의 지식기반

사회복지실천의 기초지식으로는 사회과학의 전반적인 지식이 활용되지만 그 중에서 심리학, 사회학, 정치학, 경제학, 문화인류학 등의 지식이 광범위하게 활용되고 있다. 이러한 기초 위에 실천에 직접적인 영향을 미치는 전문지식으로는 인간의 행동과 사회환경에 관련된 이론들, 인간관계론, 대상집단에 관한 지식, 사회복지실천이론, 사회정책과 서비스 및 실천의 평가와 프로그램 개발에 관한 지식 등이 관련된다.

이렇게 사회복지와 관련된 이론은 인간행동과 상황을 설명하는 전반적인 지식인 지향이론과 이러한 지식에 더해서 변화시키는 방법에 대한 설명을 포함하는 실천이론이 있다. 실천모델은 개입활동을 위한 일련의 개념들과 원리를 제시하면서 변화를 위한 개입방법까지 포함한다는 점에서는 실천이론과 유사하지만 특정 이론에 국한되지 않는다는 차이점이 있다(Sheafor & Horejsi).

사회복지실천을 위해서 요구되는 기술은 사회복지사가 실천을 하면서 활용하는 지식, 기술, 행동지침, 개입과정, 판단의 기준, 경험 등을 의미한다. 이러한 실천기술은 광범위한 지식과 경험이 요구되지만 기본적으로 몇 가지로 압축된다. Lowenberg와 Dolgoff는 사회복지사에게 필요한 기초기술로 기본적인 원조기술(basic helping skills), 관여기술(engagement skills), 관찰기술(observation skills)과 의사소통기술(communication skills)을 들었다(Lowenberg & Dolgoff, 1971 : 60-67).

미국사회복지사협회(NASW)는 사회복지실천을 위한 필수적인 기술을 다음과 같이 제시하고 있다(전재일 · 이성희, 2004 : 22).

① 이해와 목적을 가지고 다른 사람을 경청하는 기술
② 정보를 끌어내고, 사회력(social history), 사정 및 보고서를 준비하기 위한 적절한 사실을 모으는 기술
③ 전문적인 관계를 만들고 유지하며, 관계 안에서 자신을 활용하는 기술
④ 언어적 · 비언어적 행동을 관찰하고 해석하며, 성격이론과 사정방법에 관한 지식을 활용하는 기술
⑤ 내담자가 자신의 문제를 해결하는 노력과 신뢰를 얻도록 하는 기술
⑥ 비위협적인 지지적 방식(manner)으로 민감한 정서적 주제들을 토의하는 기술
⑦ 치료적 관계의 종결과 어떻게 종결할 것인가를 결정하는 기술
⑧ 조사연구의 결과와 전문적 문헌을 해석하는 기술
⑨ 갈등부분을 화해시키거나 협상하는 기술
⑩ 조직 간의 연락서비스를 제공하는 기술
⑪ 후원자, 시민 또는 법률가들에게 사회적 욕구를 해석하고 전달하는 기술

쉐퍼(Sheafor, 1997) 등은 모든 유형의 실천단위에 필요한 사회복지실천기술로 원조관계 형성기술, 의사소통기술, 기초 원조기술 등을 들었다(엄명용, 2005 : 16). 따라서 사회복지사는 인간과 사회에 관한 다양한 기초지식을 배경으로 내담자와 관계를 맺기 위해 요구되는 대인관계 기술과 내담자와의 면접을 효과적으로 해나가며 도움을 제공하기 위한 의사소통기술이 요구된다. 기초 원조기술은 문제해결을 위한 기술로 내담자가 제시한 문제를 파악하고 요구되는 정보를 찾아내어 개입의 목적과 방법을 파악해서 문제를 해결해 나가는 기술이다. 이렇게 내담자와 관계를 형성하고 면접을 통해서 문제의 사정과 개입의 목표를 결정하고 개입을 통해서 문제를 해결해 나가는 기술은 어떤 종류의 실천이든 간에 기본적으로 요구되는 기술이다.

사회복지실천에 요구되는 이러한 기술들을 관계론, 면접론 그리고 과정론으로 분류한다. 즉, 사회적 배경과 경험이 다른 사람들과 좋은 관계를 만들기 위한 관계론과 이들의 욕구를 파악하고 해결하기 위해서 대화와 의사소통을 해나가는

면접론과 제시된 문제나 욕구를 해결해 나가는 방법인 과정론으로 나누어진다.

이와 함께 문제해결을 위한 도움을 제공하기 위해서 사회복지사로서 갖추어야 하는 기본적인 태도와 자기인식이 요구되며 합법적이고 윤리적인 실천을 위한 지식이 필요하다. 예를 들면, 사회복지실천이 윤리적이고 합법적인 개입이 되기 위해서는 실천의 윤리에 대한 이해로 사회복지사가 지켜야 하는 윤리와 행동규칙에 대한 이해가 요구된다. 또한 도움을 제공하는 사회복지사 자신의 강점과 약점 그리고 한계 등에 대한 자신에 대한 이해가 필수적으로 요구된다. 여기에 더해서 실천의 효과와 결과를 평가해 보고 더 나은 방향을 모색해 보는 평가기술이 요구된다. 이렇게 사회복지사는 전문적 지식과 기술에 기초한 실천을 통해서 전문가로서의 자질과 기술을 연마하고 통합시켜 사회복지사로서의 전문적 자아를 개발해 나갈 수 있게 된다.

생각해 보기

1. 지하철에서 한 장애인이 돈을 요구하면 어떻게 할 것인가?
   돈을 준다면, 왜 주며, 돈을 주는 행동이 그 사람에게 어떤 영향을 미칠 것으로 생각하는가?
   주지 않는다면, 왜 거절하는지, 그리고 그 장애인의 생계는 어떻게 해결해야 하는지 생각해 보자.

2. 집안형편이 어려운 것을 안 친구가 등록금을 대납해 주었다면 신세를 진 사람의 반응은 어떨까? 친구의 도움을 받고도 이전과 같은 관계를 유지할 수 있을까? 관계가 달라진다면 무엇이 달라질까? 다음 학기 등록은 어떻게 할 것인가?

3. 내담자에게 도움을 제공함으로써 의존심을 키울 수 있는 가능성에 대해서 생각해 보자. 그리고 자립할 수 있는 능력을 키울 수 있도록 돕기 위해서는 어떻게 도와야 하는가?

2. 사회복지실천현장 - 일상생활이 실천현장

사회복지는 인간의 삶의 질을 높이기 위한 노력이며 이런 의미에서 보면 넓게는 모든 사람이 대상이며 우리의 일상생활이 다 실천분야가 될 수 있다. 사회복지 대상자는 자원의 한계성과 시급성 때문에 보호를 요하는 일부 사람들에게 치중되어 있음에도 불구하고 모두를 위한 예방적 개입의 필요성이 강조되고 있다. 이런 의미에서 본다면 우리 일상의 모든 사건들과 상호작용들이 모두 실천현장이 될 수 있다. 가장 가까운 사람이 가장 아프게 한다는 말처럼 큰 상처는 모르는 사람으로부터 받는 것이 아니라 가까이 있으며, 사랑하는 사람으로부터 받게 된다. 그러므로 바로 내 삶의 터전이 기본적이고 일차적인 실천영역이 되며 여기에서 출발해서 더 넓고 더 다양한 대상과 실천현장으로 확장해 나가게 된다.

1) 사회복지실천현장의 이해

어려움에 처한 사람들을 돕고자 하는 마음은 인간 모두가 갖는 보편적 태도라고 할 수 있다. 그러나 이런 마음이 있다고 해도 어떻게 도와줄 것이며 반대로 도움이 필요한 경우에 어디에서 어떤 도움을 받을 수 있는가에 대해서는 많은 지식과 정보가 필요하다. 요즘은 주민자치센터를 중심으로 정보를 얻기가 쉬워졌다. 그럼에도 불구하고 어떤 서비스가 존재하며 어디에서 도움을 받을 수 있는지를 알지 못해서 이용하지 못하는 경우를 볼 수 있다. 일반인들은 사회복지관이나 복지시설을 지역주민들과는 무관한 곳으로 여기기도 하고 심한 경우에는 주민들에 의해서 이러한 시설들이 배척당하기도 한다. 그러므로 사회복지 서비스가 실제로 이루어지는 사회복지실천현장에 대한 지식이 요구되며 이러한 현장에서 이루어지고 있는 일들에 대한 바른 이해가 요구된다.

사회복지는 일반적으로 실천현장을 중심으로 이루어진다. 요즘 들어 실천현장은 더욱 다양해지고 전문화되어 가는 경향이 있으며 다른 한편에서는 다양성과 전문화에 따르는 비효율성을 극복하기 위해서 다시 통합하려는 흐름들도 있다. 이러한 노력들은 결국 실천현장의 다양성과 복잡성을 의미한다. 사회복지실천은 현장의 특성과 성격에 따라서 많은 영향을 받는다. 예를 들면, 미혼모 상담이나 이혼상담을 하는 경우에 기관의 특성에 따라서 낙태를 반대하거나 이혼을 반대하는 경우도 있다. 그러므로 특정 기관에 소속된 사회복지사는 소속된 기관의 설립목적과 이념에 준한 실천을 해야 하며, 개인적인 가치와 기관의 가치와 목적이 일치하는지 파악해야 한다. 따라서 요구되는 도움을 받기 위해서뿐만 아니라 사회복지를 실천하기 위해서는 다양한 실천현장에 대한 이해가 필수적으로 요구된다.

사회복지실천현장은 넓은 의미로는 분야(field) 또는 영역을 말하며 좁은 의미로는 장소(setting)를 말한다(김혜란, 2001 : 15). 실천현장은 대상별 분야로는 아동, 청소년, 노인, 여성, 장애인 등이 있으며, 영역별로는 정신보건, 의료, 재활 등이 여기에 포함되며, 장(場)에 대한 분류로는 학교, 교도소, 병원, 기업, 군대와 같이 특정 장에 따라 분류하기도 한다. 좁은 의미의 실천현장은 사회복지시설이나 사회복지기관을 의미하기도 한다.

사회복지 현장을 1차 현장과 2차 현장으로 분류하기도 한다. 1차 현장은 사회복지서비스를 제공하는 것이 기관의 주된 기능으로 사회복지서비스기관, 각종 이용시설과 생활시설이 여기에 속한다. 2차 현장은 기관의 일차적인 기능은 따로 있으며 필요에 따라서 사회복지서비스를 제공하는 곳으로 의료시설, 교정시설과 공공기관이 여기에 해당한다.

실천현장은 그 기관이 갖는 특정한 신념이나 가치 그리고 대상에 따라서 이용자의 문제해결과정에 영향을 미치며 그 기관에 소속된 사회복지사의 실천과 관련된 활동과 영역을 규제하기 때문에 실천현장의 조직적 특성과 운영에 따라서 사회복지사의 활동에 많은 영향을 미치게 된다.

최근 들어 특정한 문제를 가진 이용자만을 대상으로 하는 전문화된 서비스기관이 늘어가고 있는 한편 개별화된 서비스를 통합하려는 노력도 동시에 이루어지고 있다. 이러한 통합화의 노력은 지역사회보호를 중심으로 이용자 개개인에 기초한 개별화된 접근을 강조하고 있다. 우리나라에서의 실천현장은 생활시설을 중심으로 발달해 왔기 때문에 대상 이용자를 중심으로 아동복지시설, 노인복지시설, 여성복지시설 등이 있으며 최근 들어 전문적인 지역사회복지관과 이용시설들이 증가하고 있다.

2) 현장에서 사회복지사의 역할

실천분야의 특성을 이해하기 위해서는 대상과 문제 그리고 장의 특성을 먼저 파악해야 한다. 그리고 이러한 문제들이 역사적으로 어떻게 다루어져 왔는가를 파악해야 하며, 서비스를 제공하는 근거가 되는 관련 법규와 정책을 파악하고 문제를 해결하기 위한 개입방법과 실무자의 역할과 유형을 파악해야 한다. 더 나아가서 관련 분야의 논문과 연구업적과 평가를 통해서 주요 이슈와 동향 그리고 쟁점을 파악하고 이러한 지식을 바탕으로 새로운 기술을 습득하고 개발하기 위한 노력이 요구된다.

이렇게 보면 사회복지활동은 아주 힘들고 어려운 일로 여겨지기 쉽다. 그러나 사회복지사로서의 자격을 갖추기 위한 교육과정에서 이러한 지식들을 배우게 되며 현장에서 여러 가지 문제에 부딪히다 보면 자연스럽게 좀 더 효율적이고 나은 기술을 습득해 나가게 된다. 기관의 특성으로는 특정 기관의 목적과 가치를 알아야 하며 기관의 특성에 부합되는 실천이 요구된다. 이렇게 하기 위해서는 기관의 조직과 자원을 파악해야 하며 이러한 자원으로는 직원과 이사회 등의 구성원과 이용자의 욕구와 기대도 숙지해야 하며 전통적인 기관의 업무방식도 서비스의 실천에 영향을 미친다.

실천현장에서 사회복지사의 역할은 다음과 같다.

첫째, 연계서비스로 자원, 서비스 그리고 기회를 사람과 연결하는 작업

둘째, 이용자 개인의 문제해결 및 적응능력 향상을 위한 지지적 역할 제공

셋째, 기관이나 조직을 위한 옹호, 조성, 프로그램 개발, 슈퍼비전 제공

넷째, 사회정책 개발을 포함한다.

사회복지사가 관여하는 업무는 다음과 같다.
첫째, 조직이해와 기관운영 업무
둘째, 프로그램 개발과 모금
셋째, 기관 간의 연계와 협조
넷째, 지역사회와의 협조
다섯째, 업무량 관리와 자기개발 등이다.

실천현장에서 일하는 사회복지사의 업무와 역할을 종합해 보면 다음과 같다.

첫째, 사회복지사는 이용자들에게 그들이 요구하는 직접적인 서비스를 제공하는 역할로 정보제공, 상담, 교육 그리고 치료 등의 직접적인 서비스를 전달하는 역할을 한다. 사회복지실천현장에서 사회복지사들이 하는 업무의 많은 부분은 직접 서비스를 전달하는 일이 차지한다.

둘째, 해당 기관에서 이용자가 요구하는 서비스나 자원을 제공할 수 없는 경우에는 다른 기관이나 사회적 자원과 연계 내지 서비스를 받을 수 있도록 중재하고 대변 내지 옹호해 주는 역할을 한다.

셋째, 소속된 기관의 정책과 프로그램, 전달체계 등을 평가하고 서비스의 수준을 향상시키고 개선하기 위한 노력을 한다. 더 나아가서 사회복지서비스의 효과성을 높이기 위한 체계개발과 연구 그리고 연구를 실천해 보고 더 나은 이론의 개발을 위한 모니터링 역할을 수행한다.

따라서 현장에서 사회복지사는 다음과 같은 다양한 역할들로 불리기도 한다.

① **현장개입가**(outreach worker) : 지역사회로 나아가서 복지대상자의 욕구를 확인하고 서비스대상자를 찾아서 발굴하고 예방하는 역할
② **중개자**(broker) : 이용자에게 요구되는 인적·물적 자원을 연결하는 역할
③ **상담가**(counselor) : 이용자의 사회적 기능을 향상시키기 위해서 필요한 지식과 기술을 가르치고 변화를 위해서 함께 노력하는 역할
④ **옹호자**(advocator) : 정책과 서비스의 변화를 촉구하는 운동을 펼쳐나가는 역할
⑤ **사례관리자**(case manager) : 적합한 서비스와 자원을 연결·조정하여 이용자를 지속적이고 통합적으로 돌보는 역할

⑥ **행정가**(administrater) : 정책과 서비스의 개발과 이행에 수반되는 전반적 활동을 수행하는 역할

사회복지실천현장은 사회적 변화와 함께 새로운 문제를 가진 이용자들이 발생하며, 접근방법에서도 새로운 이론이나 방법론이 개발되기도 한다. 예를 들면, 후천성면역결핍증 환자나 새터민 그리고 국제결혼가족, 다문화가족, 이주 노동자들과 새롭게 등장한 군사회복지 등이 그 예라고 할 수 있다. 늘어나는 한부모가족과 노인인구의 증가와 독거노인의 증가는 지역복지에 대한 수요 증가와 사례중심기법을 보편화시키고 있다. 여기에 더해서 사회복지관이 주민들의 삶의 질을 높이기 위한 구심점으로의 역할을 감당하기 위해서는 요보호자를 포함한 일반 지역주민을 대상으로 한 문화와 교육 및 여가활동 등의 다양한 접근들이 이루어져야 할 것이다. 그 예로 지역사회복지관에서 주민들을 위한 공연, 전시 등의 문화행사를 여는 것이 주민들의 호응을 얻고 있으며, 지역사회복지관이 중심이 되어 주민 모두를 위한 지역문화행사를 제공하기도 한다. 여기에 더해서 최근에는 자연재해로부터 주민을 보호하는 역할을 하기도 한다. 하절기에는 폭염을 피해서 무더위 쉼터를 제공하고 동절기에는 복지관에서 혹한을 피하도록 돕기도 한다. 이렇게 사회복지사의 역할은 시민들의 욕구와 필요에 의해서 응급적인 상황에도 대응해 나가게 된다.

생각해 보기

1. 본인이 관심을 가지고 있는 실천분야는 무엇인가?
   그 분야에서 일하고 있는 사회복지사들은 실제로 어떤 일을 하고 있다고 생각하는가?

2. 다른 사람들이 관심을 가지는 분야에 대해서 들어보고 같이 토의해 보자.

3. 사회복지시설 중에서 생활시설을 혐오시설로 여기며 시설이 들어오는 것을 반대하는 주민들을 어떻게 설득할 것인가? 주민을 설득할 수 있는 논리적 근거는 무엇인가?

4. 사회복지영역에서 새롭게 개발되어야 할 분야는 무엇이라고 생각하는가?

C·H·A·P·T·E·R

02

사회복지실천과 의사소통

—소통이 근본이다

C·H·A·P·T·E·R

02 사회복지실천과 의사소통 - 소통이 근본이다

1. 사회복지실천과 의사소통 - 소통이 근본이다

사회복지의 기본 도구는 말이며 핵심기술은 소통이다. 먼저 소통이 되어야 막힌 장벽도 뚫리고 가슴의 체증도 내려간다. 사회복지실천의 첫 단계는 면접으로 서로 간의 소통을 통해서 상황과 처지를 파악하고 필요한 지원과 개입을 하게 된다. 적절한 한 마디는 얼어붙은 가슴도 녹이고 잘못된 말과 태도는 지울 수 없는 상처를 남기기도 한다.

지금 이 시대를 대표할 수 있는 단어 중 하나는 소통이다. 소통은 위에서 아래뿐만 아니라 모든 계층과 조직 그리고 사람 간에 상호 이해와 문제해결을 위해서 또는 필요한 자원을 확보하고 지원하기 위해서 필요하다.

사회복지에서 요구되는 기본 기술은 면접이며 대부분 이용자와의 대화를 통해서 요구되는 도움을 제공하게 된다. 그래서 이용자와 사회복지사 간의 의사소통은 중요한 도구이며 통로가 되게 된다. 그런데 사회복지사와 이용자들 간에는 많은 의사소통의 장벽이 존재한다.

우선 사회복지사는 정규교육을 받고 자격을 갖추었으며 합리적인 사고에 익숙하고 자신을 표현하는 능력이나 기술을 익힌 사람들이다. 그에 비해 이용자들은 교육 정도가 낮거나 합리적인 사고에 익숙지 못하고 자신을 표현하는 기술이 낮은 경우가 많다. 이런 교육적인 차이로 인해서 두 사람 간에 의사소통의 장벽이 존재한다. 이에 더해서 사회복지사는 대부분 중산층 문화에 익숙하지만 이용자들은 빈곤층 출신이 많기 때문에 문화적인 차이를 가지는 경우도 있다. 이런 문화적인 차이도 의사소통에 많은 영향을 미치는 것을 알 수 있다.

예를 들면, 이용자들은 속어나 비어를 사용하는 경우나 욕을 하거나 공격적인 태도로 말하는 경우에 이런 식의 의사소통에 익숙지 않은 사회복지사는 부담을 느끼거나 편견을 가지기 쉽다. 특히 남성은 스스로의 감정을 표현하고 적절한 단어를 찾아내기 어려워하며, 논리적이고 합리적인 절차를 원하는 사회복지사에 비해서 즉각적이고 충동적인 해결을 요구하는 내담자도 많다. 그래서 마치 사회복지사가 자신들의 요구를 들어주지 않기 위해서 일부러 절차를 까다롭게 만든다고 오해하거나 답답하고 말이 통하지 않는다며 화를 내는 경우도 있다. 또한 사회복지사가 흔히 사용하는 익숙한 용어가 내담자들에게는 어렵고 알지 못하는 경우도 있지만 설명을 요구하기보다는 이해하는 척하는 경우도 있기 때문에 사회복지사들은 주의할 필요가 있다. 단어사용뿐만 아니라 행동양식이나 태도에서도 문화적 차이가 존재한다. 예를 들면, 사회복지사는 식사 후 차를 마시는 것을 당연하다고 여기며 사무실에서 커피 잔을 들고 있는 것을 볼 수 있지만 경제적 형편이 어려운 이용자들은 그것도 낭비라고 여기는 경우도 있다.

사회복지사들이 이용자와의 의사소통과 관계에서 어려움과 좌절감을 느끼는 이유 중 하나는 이용자들이 사회복지사는 그들 덕분에 먹고 사는 사람들이라 여기며 사회복지사를 조정하려 들거나 상급기관에 고발하겠다고 위협하거나 아니면 부당한 오해를 하게 되어 사회복지사의 치료나 지시를 거부하거나 수용하지 않는 경우이다.

예를 들면, 노인들에게 치료 프로그램의 일환으로 간단한 작업을 시키거나 빨래를 정리하게 하고 식당의 파를 다듬도록 할 경우 부당한 노동을 시킨다며 거부하고 반발하는 경우도 있다. 아니면 식사나 간식이 마음에 들지 않는 경우 공금횡령이라고 우기거나 싼 음식을 제공한 것으로 여기며 억지를 부리는 경우도 있다. 심한 경우에는 현금을 개인적으로 요구하기도 한다. 이런 일이 발생하는 이유 중에는 사회복지기관들이 신뢰를 받지 못한 것이 큰 원인이라고 할 수 있기 때문에 이용자들의 신뢰를 받기 위한 제반 장치들을 마련해야 하며 투명한 경영과 이용자 참여를 통해서 동반자관계를 형성해 나가도록 노력해야 할 것이다. 복지시설 운영팀과 이용자들 간의 정기적인 간담회를 통해서 서로 간의 차이를 줄여나가며 더 적극적으로는 운영의 동반자로 받아들여 다방면으로 참여시켜야 한다. 이렇게 이용자 중심의 서비스를 제공해 나가도록 노력하는 것이 이용자들로부터 신뢰를 얻게 되며 서로 믿고 대화하게 되면 진정한 소통이 이루어질 수 있게 된다.

나만 보면, 아니 모든 사람에게 걸리기만 하면 폭언과 횡포를 일삼는 이용자가 있었다. 그가 내뱉는 폭언은 화생방가스보다 더 지독했다. 복지관 입구에서 술을 마시는 그에게 다가가자 폭언과 욕설이 시작되었다. 여러 번 그냥 당하다 하루는 '얼마나 마음에 쌓인 게 많았으면 저럴까? 저렇게라도 털어야 저 사람이 살겠지... 나야 흘려버리면 그만이지만 저 속은 오죽할꼬…'라고 혼자 중얼거리자 주위에서 듣고 있던 이용자들이 아무 말 없이 고개를 돌렸다. 이용자들이 그를 향한 미움과 분노의 눈초리를 거두고 각자 자신의 일로 돌아갔다. 그날은 복지관에서 싸움이 벌어지지 않았다. 그가 아무리 시비를 걸어도 아무도 대꾸하질 않았던 것이다.

그러자 '관장이 날 무시하니 다른 사람들도 날 무시한다'며 그가 또 시비를 걸었다. "그래요? 다른 사람한테 시비 걸지 말고 나한테 푸세요, 속에 쌓인 말 다 하세요. 내가 오늘은 다른 일 안 하고 X씨 얘기만 하루 종일이 걸려도 다 들어줄게요, 해보세요"라며 그의 곁에 자리를 잡고 앉았다. 그러자 당황한 듯이 한참을 머뭇거리더니 "뭐 따로 별 할 말도 없으니 가서 일이나 보소"라고 했다. "언제든지 할 말 있으면 관장실로 와요, 술은 마시지 말고. 그래야 이바구가 되지" 그 후 내가 가까이 가면 오지 말고 가라는 손사래를 쳤다. 막상 이야기하라고 하니 별 할 말이 없었거나 아니면 너무 많아 엄두를 내지 못했는지는 알 수 없었다. 그 후로도 그에게 농담과 장난기 어린 태도로 지속적으로 다가갔다. 차츰 그의 폭언도 줄어들기 시작했고 복지관에서 시비가 붙는 일도 줄어들었다.

- 이 사례에서 폭언과 시비는 당사자에게 어떤 의미를 가지는가? 그런 행동을 통해서 당사자가 표현하고자 하는 것은 무엇일까?
- 이런 유형의 이용자에게 효과적으로 다가가고 소통할 수 있는 방법은 무엇인가?
- 관장의 혼잣말이 다른 이용자들에게는 어떤 의미를 가졌을까?

• 당사자가 다른 사람과 정상적인 소통을 할 수 있다면 어떤 변화가 올 것으로 기대하는가?

복지관을 둘러보니 분위기가 삭막하다 못해 황폐한 느낌마저 들었다. 궁리 끝에 화초를 가꾸기로 마음먹었다. 이곳저곳에서 얻어온 화분과 꽃을 전시하고 물을 주며 돌보기 시작했다. 직원들도 불만이고 주임들은 키울 줄 몰라 죽일까 봐 쩔쩔매고… 직원들이 참다못해 불평이 터져 나왔다. 우리 관장님은 직원보다 꽃을 더 챙기고 사랑한다고…

"자네들은 내가 챙기지 않아도 잘 챙겨먹지만 꽃과 화초는 내가 챙기지 않으면 굶어죽기에 내가 먼저 돌봐야 해"라며 꿋꿋하게 고집을 꺾지 않았다.

어느 날 화분을 돌보고 있는 내 앞에서 술에 취한 한 이용자가 꽃을 잡아채서 바닥에 내리치고 밟아 비벼 버렸다. 주위에 있던 이용자들이 모두 놀라 촉각을 곤두세우며 나의 반응을 지켜보고 있었다.

내가 당사자에게 다가가서 조용히 말했다. "이제 속이 풀리세요? 이렇게 해서라도 속이 풀린다면 더 하세요. 저기 화분 많아요. 아무리 꽃이 소중해도 우리 이용자들만큼 귀하진 않아요. 꽃은 또 키우면 돼요. 우리 이용자들을 위해서 키운 것이니 다 풀릴 때까지 하세요"라고 말하자 당사자도 조금 놀란 표정으로 굳어져 버렸다.

• 이용자가 이런 행동을 통해서 전달하고자 하는 것은 무엇일까?
• 직원들이 불평을 통해서 관장에게 전달하고자 하는 것은 무엇일까?
• 당사자가 놀란 표정을 지으며 굳어진 이유는 무엇일까?
• 다른 이용자들에게 전달된 메시지는 무엇일까?
• 관장이 이용자에게 전하고자 하는 메시지는 무엇인가?
• 관장은 왜 직원들의 불평에도 불구하고 화초를 가꾸는 이유는 무엇인가?

전운이 감돌 듯 데모에 대한 소문이 퍼져나가기 시작했다. 이용자와 직원 모두가 당혹해했다. 지나온 긴 혼란의 기억을 되새기며 불안감을 넘어 거의 공포에 싸여 있었다. 식당 직원은 데모하는 사람 얼굴 봐 두었다가 밥을 주지 않겠다고 분노하며 벼르기도 했다.

그러나 관장은 사람들이 많이 몰려오면 그들도 우리 복지관을 찾아오는 손님이니 고깃국으로 더 잘 대접하라고 했다. 손님맞이 대청소도 시켰다. 직원들은 말은 못하지만 관장의 지시를 전혀 이해할 수 없다는 태도를 보였다. 관장이 데모를 안 당해봐서 저런다고 생각하는 사람들도 있었다.

- 데모에 대처하는 관장의 태도를 어떻게 생각하는가?
- 관장은 무슨 생각으로 이런 태도를 보였을까?
- 이런 관장의 태도가 직원들에게 의미하는 바는 무엇인가?
- 이런 태도가 데모하는 사람들에게는 어떤 의미로 전달되었을까?
- 관장의 태도가 직원들의 불안과 당혹감에 어떤 영향을 미쳤을까?
- 관장은 불안하지 않았을까?

사회복지관이나 복지 관련 시설에서 만나는 사람들과의 소통은 일반 시민들과의 소통보다 여러 가지 이유에서 더 어려움이 많다. 이런 경우 사회복지사의 전문적 소통능력과 전문가로서의 태도가 드러나게 된다. 전문적인 지식과 태도는 이런 일상적인 상호작용 속에서 녹아나고 실천됨으로써 복지의 근본 취지에 더 가까이 다가갈 수 있게 된다.

그리고 사람 간의 소통에 말이 주로 사용되지만 언어만을 통해서 전달되는 것이 아니라 모든 행동이 다 소통의 수단이 되고 있다. 소통 수단이 상식적이고 온화한 표현이면 쉽지만 그렇지 못한 경우도 많다. 그리고 때에 따라서는 말보다 직접적인 행동이 더 좋은 소통 수단이 되기도 하며 진정한 복지의 가치를 실현하는 기회와 수단이 되기도 한다.

2. 기본적 의사소통기술 – 말 한마디로 천 냥 빚도 갚는다

우리 속담에 말 한마디로 천 냥 빚을 갚는다는 말이 있다. 이런 속담은 인간관계와 상호작용에 있어서 말이 얼마나 중요한가를 단적으로 표현하며, 어떻게 말하는가에 따라서 상대방의 마음을 얼마나 움직일 수 있는가를 표현하는 것으로 볼 수 있다. 사람과 사람 간에 생기는 문제는 서로 좋은 관계를 만들고 의사소통만 잘될 수 있다면 많은 문제들이 발생하지 않거나, 발생한다고 해도 쉽게 해결될 수 있을 것이다. 그러므로 사람을 돕기 위한 사회복지의 기본은 좋은 관계를 형성하고 의사소통을 원활히 하는 것이다. 의사소통기술과 인간관계를 바르게 형성하는 기술은 중요한 사회적 기술과 도구로 이론적 지식과 훈련이 요구된다.

1) 의사소통의 이해

사회복지는 인간이라는 도구를 활용해서 사람을 도와주는 활동이다. 그러므로 다른 사람을 도와주기 위한 전제는 좋은 관계를 맺는 것이다. 좋은 관계가 형성되어야 도움이 잘 전달될 수 있다. 좋은 관계는 도움을 전달하기 위한 수단으로 작용하기 때문이다.

또한 사회복지는 일차적으로 개인이 처한 상황을 이해하고 파악하는 일에서부터 시작된다. 이러한 상황에 대한 파악은 언어를 포함한 의사소통이라는 수단을 통해서 전달되며, 도움을 제공하는 기술도 말이라는 수단을 통해서 전달된다. 그러므로 사회복지를 실천하기 위해서는 어떤 분야에서 어떤 업무를 담당하건 간에 기본적으로 의사소통기술과 관계형성에 대한 기술이 요구된다.

Sheafor(1997) 등은 효과적인 의사소통을 위한 준비로 다음 사항들을 지적하였다.

첫째, 모든 사람은 정보나 사건을 그들만의 독특한 방식으로 받아들이기 때문에 오해가 발생할 가능성이 있다는 것을 예상하고 오해를 막을 수 있도록 미리 조치를 취하도록 한다.

둘째, 다른 사람들이 이해하기 쉽도록 정리해서 효율적으로 표현하려고 노력해야 한다.

셋째, 듣는 사람도 다른 사람의 말을 바르게 듣기 위해서 방어기제에서 벗어나려는 노력을 해야 한다.

넷째, 자신의 생각이나 느낌, 행동에 대해서 책임지려는 태도를 가져야 한다.

다섯째, 다른 사람의 말에 적극적 경청을 해야 하며 이해하고 이해시키기 위해 서 충분한 시간을 가지려고 노력해야 한다.

매일을 살아가면서 사람들은 무수히 많은 말을 나누면서 살아간다. 그러나 의사소통이 자동적으로 쉽고 명확하게 이루어지는 것은 아니다. 그보다는 불명확성으로 인한 오해가 자주 발생하며 그 뜻을 알기 어려운 경우도 많다.

예를 들면, 산토끼의 반대말은 무엇인가? 죽은 토끼, 판 토끼, 바다 토끼, 알칼리 토끼 어느 것도 될 수 있다. '산'이라는 말을 어떻게 해석하느냐에 따라서 대답은 달라지게 된다. 이처럼 말은 듣는 사람과 하는 사람 간에 차이가 날 수 있으며 오해가 발생할 소지가 많다는 것을 인식하고 좀 더 정확하고 명확한 의사소통을 하기 위한 노력과 훈련이 요구된다.

> 어릴 적 우리 어머니는 나에게 심부름을 시키면서 광에 가서 감자 서너 너댓 개 가져오라고 하셨다. 몇 개냐고 다시 물었지만 같은 말만 하셨다. 광으로 가면서 왜 세 개, 네 개라고 정확하게 말하지 않고 나를 헷갈리게 만드는지 의문이 생겼고 몇 개를 가져가야 할지 몰라 난감했었다. 그래서 내 마음대로 셋을 가져가면 적다고 하고 다섯을 가져가면 많다고 하시며 몇 개는 도로 갖다 놓으라 하셨다. 그래서 나는 경험적으로 중앙치인 네 개를 가져갔다. 그런데도 어떤 때는 적다고 하고 어떤 때는 많다고 하셨다. 정말 헷갈리는 노릇이었다.
>
> 그래서 하루는 심부름을 하다 왜 이렇게 나를 어렵게 만드시는지 스스로 생각해 보기로 마음먹었다. 감자자루를 자세히 들여 보다가 해답을 발견하게 되었다. 문제는 감자의 크기가 모두 달랐던 것이다. 그래서 어머니는 일방적으로 정하기 어렵다 보니 알아서 판단해서 가져오라는 의미에서 어중간하게 말씀하셨던 것이다. 감자가 규격품이 아니라는 것을 이해하고 나서부터는 심부름을 어머니 마음에 들게 잘 할 수 있었다.
>
> 최선화(2015). 일상으로서의 사회복지실천과 상담, pp. 37-38.

사회복지에서의 의사소통은 정보교환을 촉진하고 원조를 제공하기 위해서 대화를 나누게 된다. 그러나 의사소통은 수신자와 송신자 그리고 물리적 환경이 개입되는 복잡한 과정으로 어느 정도의 오해가 발생하는 것은 흔히 일어나는 일이기 때문에 이러한 문제를 줄여나가기 위해서 많은 노력을 기울여야 한다. 따라서 수신자의 입장에서는 명확히 듣기 위한 노력이 요구되며 송신자의 입장에서는 명확하고 단순한 언어로 정확하게 전달하기 위해서 노력해야 한다. 이러한 노력과 함께 언어적 의사소통과 비언어적 의사소통이 일치하도록 노력해야 한다. 또한 효과적인 전달을 위해서 메시지를 구조화하려는 노력이 요구된다. 경험적으로 볼 때, 중요한 메시지는 말의 앞이나 뒤에 넣고 마지막에 요약해서 한 번 더 강조하는 것이 효과적이며, 더 나아가서 바르게 전달되었는지 확인하는 것이 필요하다. 따라서 필요한 경우에는 복창을 통해서 확인하기도 한다.

의사소통이라고 하면 대부분 언어적인 의사전달을 생각하지만 의사소통은 언어적인 것과 비언어적인 것이 있다. 말을 못하는 어린아이들은 울음과 웃음으로 자신이 전달하고자 하는 내용을 전하며 언어가 소통되지 않는 경우에도 많은 의사소통이 이루어질 수 있다. 그 예로 침묵하는 동안에도 많은 메시지가 전달되고 있다는 것을 알 수 있다. 이러한 사실을 통해서 비언어적 의사소통의 중요성을 실감할 수 있게 된다.

비언어적 의사소통으로는 시선접촉, 어조, 몸동작과 자세, 표정 그리고 외모 등이 있다. 시선접촉은 중요한 의사소통의 수단이다. 시선접촉이 없는 전화상의 대화가 어려움을 겪는 것도 시선을 통해서 의사를 확인할 수 없기 때문이다. 목소리와 어조는 감정을 직접적으로 전달한다. 따라서 잘못 걸려온 전화의 짧은 대화를 통해서도 상대방에 대해서 많은 것을 느낄 수 있게 된다. 이 외에도 몸동작과 표정, 태도, 자세 그리고 외모 등을 통해서도 많은 메시지들이 표현되고 있다. 따라서 언어적 내용과 비언어적 내용이 일치하면 내용이 정확하게 전달되기 쉬워진다. 그러나 이 둘이 불일치하게 되면 혼란이 생기기 쉬우며, 많은 경우 비언어적 의사소통을 더 믿게 된다. 예를 들면, 말로는 '예'라고 하는데 얼굴표정이나 어조가 '아니요'로 전달될 때는 어느 것을 믿어야 할지 혼란을 겪게 되며 대부분의 경우는 비언어적 메시지를 더 믿게 된다.

사회복지실천과정으로서의 의사소통은 변화지향적 활동으로, 변화에 대한 믿음을 심어주고 동기를 부여해 주며 희망을 불러일으킬 수 있어야 한다. 변화를 위한 자원으로는 이용자의 강점을 부각시키고 변화하지 않을 경우 발생할 수 있는 부정적 결과를 지적해 줌으로써 동기를 부여해 준다. 또한 변화는 현실적이고 온건하며 지지적이어야 하고 변화에 따르는 두려움은 정상적인 반응임을 상기시켜 줄 필요가 있다. 효과적인 변화를 위해서는 어렵고 복잡한 문제를 작게 쪼개고 나누어서 작은 것과 쉬운 것부터 접근해 나감으로써 성공률을 높이고 자신감을 얻도록 도울 수 있다.

이렇게 의사소통이란 정보를 전달하는 과정으로 그 형태는 상호작용의 목적에 따라 달라진다. 일반적으로 직접적인 서비스를 전달하는 경우에는 공감, 온화함 그리고 진실성이 강조되고 간접적인 서비스를 제공하는 경우에는 정확성, 명확성 그리고 목적지향적 기술이 필요하다(전재일 외, 2002 : 40). 메시지를 전달하는 사람은 정확한 의사소통을 하기 위해서 몇 가지 기술들을 활용한다.

먼저 의사소통의 이유를 설명하고 명확하고 단순한 용어로 말함으로써 전달이 쉬울 수 있도록 하며 말을 조직화하여 전달하는 기술을 익혀야 한다. 말의 내용을 확인하는 방법도 '이해하시겠습니까?'라는 말로 단순하게 묻는 것이 아니라 '제가 말한 내용을 확인하기 위해서, 다시 제가 말한 내용을 말씀해 보시겠습니까?'라고 해서 정확하게 전달되었는지를 확인해야 한다.

사회복지사는 상담을 통해서 심리적이고 대인관계적인 개입을 하지 않는 경우에도 서비스 이용을 위한 단순한 면접이나 프로그램 설명 등의 일상적인 업무를 수행하기 위해서 기본적인 의사소통기술이 필요하다. 사회복지실천에서는 모든 경우에 어떤 형태로든 의사소통기술이 가장 기본적으로 활용되는 방법이다. 상담과 치료적 개입을 위해서는 더욱 정교하고 훈련된 의사소통기술이 강조된다.

2) 상담자의 기본 자세

상담을 좀 더 쉽고 효율적으로 하기 위해서 요구되는 밑바탕은 상담자의 기본 자세라고 할 수 있다. 초보 상담자가 가지는 오해 중 하나는 내담자가 제시한 문제를 대신 해결해 주고 대안을 제시해 주어야 한다는 강박관념이다. 상담은 좋은 충고나 조언을 해주고 상대방을 설득하고 감화시켜야 한다는 잘못된 생각 때문에 내담자의 이야기를 귀 기울여 듣기보다는 해결책을 모색하는 데 급급한 경우를 흔히 볼 수 있다. 사회복지실천에서는 '자기결정의 원리'에 의해서 사회복지사는 이용자가 자신의 문제를 해결해 나가도록 도와주며 스스로 결정을 내릴 수 있도록 도와주는 것이지 대신 결정해 주는 것이 아니다. 사회복지사는 내담자의 문제와 욕구를 경청하고 요구되는 정보를 제공해 주며 선택할 수 있도록 돕고 선택에 따른 결과를 미리 예측해 봄으로써 좀 더 나은 선택을 하도록 도와준다. 또한 선택에 대한 책임을 받아들이도록 도와주는 것이지 대신 선택해 주거나 결정해 주는 것이 아니다.

그러므로 사회복지사는 내담자가 문제를 스스로 해결해 나갈 수 있도록 전 과정에 동참한다. 그러나 개입방법에 따라서는 코치나 지시적 방법을 통해서 요구되는 변화를 이끌어내는 접근방법도 있다. 그러므로 내담자가 문제나 욕구를 제시하며 충고나 해결방안을 요청했을 때 '저는 문제를 대신 해결해 주는 것이 아니라, 해결방법을 알려드리며 해결에 요구되는 정보를 제공함으로써 해결과정을 함께 나누고 더 나은 결정에 이르도록 도와 드리겠습니다'라고 말함으로써 당사자가 스스로 결정을 내리고 책임져야 한다는 것을 주지시킬 필요가 있다.

해답을 제시해 주어야 한다는 불안감은 상담 초기에 가질 수 있는 정상적인 감정이며 사회복지사가 내담자를 돕고자 하는 열망이 강한 것에서 기인한다는 사실을 이해할 필요가 있다. 반면 내담자도 해답을 원하는 경우가 많다. 이럴 경우 스스로 해결책을 찾는 접근법을 사용하는 이유를 설명해 주는 것이 도움이 된다. 스스로 문제를 해결하는 방법을 익히게 되면 문제가 생길 때마다 사회복지사나 상담자를 찾아올 필요가 없게 되며 스스로 해결법을 익히고 해결능력을 키워나갈 수 있기 때문이라는 것을 설명해 준다. 그리고 사람마다 해결해 나가는 방법이 다를 수 있다는 것을 알려준다. 따라서 스스로 해결하는 방법을 익혀가는 것이 중요하다는 것을 강조해 줄 필요가 있다.

또한 초보 상담자가 저지르기 쉬운 실수 중 하나는 정의감이나 동정심으로 마치 모든 문제를 다 해결해 줄 수 있는 것처럼 말하거나 약속하는 것이다. 내담자를 돕고자 하는 열정은 이해하지만 지키지 못할 약속을 함으로써 기대를 높이거나 약속을 지키지 못함으로써 사회복지사에 대한 신뢰감을 떨어뜨리고 실망시키는 것은 적절하지 못하다. 그러므로 이용자와의 약속에 대해서는 신중해야 하며 가능한 한 지킬 수 있어야 하고 그렇지 못할 경우에는 납득할 수 있도록 충분히 설명해 주어야 한다.

내담자들이 상담자를 찾아오는 것이 어떤 어려움이나 문제에 대한 해결책을 찾기 위해서 오는 것만은 아니다. 함께 이야기를 나누며 들어주고 위로해 주는 나눔 자체가 목적인 경우도 많다. 어쩔 수 없는 어려움도 함께 나누면 가벼워지고 위로가 된다. 혼자라는 사실과 누구도 나에게 관심이 없고 하소연할 곳이 없다고 생각되면 더 힘들어진다. 따라서 문제 자체는 해결되지 않는다고 해도 나눔과 위안을 통해서 문제를 안고 버텨나갈 수 있는 힘과 용기가 생기게 된다. 사회복지사들을 찾아와서 하소연하는 많은 문제들이 해결되기보다는 문제를 안고 더불어 살아가야 하는 것들이 많다. 이런 상황 앞에서 사회복지사들은 무력감에 빠지기도 하지만 그래도 함께 나눔으로써 위로가 되고 힘이 되어준다는 사실을 기억할 필요가 있다.

생각해 보기

1. 짝을 지어서 상대방이 하는 언어적·비언어적 의사소통을 그대로 모방해서 보여준다. 자신이 의사소통하는 모습을 보니 평소 스스로에 대해서 생각했던 것과 차이가 나는가? 언어적으로는 어떤 다른 점을 알게 되었는가? 비언어적으로는?

2. 소그룹으로 나누어서 서로의 의사소통 방법에 대해서 피드백해 보자. 상대방의 의사소통 방법의 장점은 무엇인가? 의사소통에 방해를 가져오는 언어적·비언어적 요소는 어떤 것인가? 대안은 무엇인가?

3. 비디오 카메라로 자신이 이야기하는 모습을 촬영해서 함께 보며 토의해 보도록 하자. 평소 본인이 생각하던 모습과 비디오를 통해 확인해 본 모습에서 차이를 발견할 수 있는가?

풀어쓴 사회복지 실천기술

C·H·A·P·T·E·R

03

대인관계 형성기술(관계론)

—웃는 낯에 침 못 뱉는다

1. 관계형성의 중요성
2. 원조관계의 기본 원칙
3. 현장에서의 경험

C·H·A·P·T·E·R

03 대인관계 형성기술(관계론)

—웃는 낯에 침 못 뱉는다

"웃는 낯에 침 못 뱉는다"는 말처럼 사람들 간의 관계는 상호작용이 중요하다. 사회복지사와 이용자가 좋은 관계를 형성하는 것은 변화를 가져오기 위한 필수 조건이며, 도움을 제공하기 위한 첫 단계이다. 이러한 관계형성의 기술은 대인관계의 기본이며 이용자와 좋은 관계를 맺는 것은 뒤이어질 개입의 기초를 마련하는 중요한 과정이다. 첫 단추를 잘 끼워야 하는 것처럼 관계형성이 잘 이루어지면 다음 단계는 비교적 쉽게 이어나갈 수 있다.

1. 관계형성의 중요성

인간관계의 중요성은 휴먼서비스를 제공하는 사람들에게는 더욱 큰 의미를 지닌다. 타인을 돕는 것이 목적인 사람들은 도움을 바르게 전해주기 위해서는 먼저 관계를 잘 맺어야 한다. 관계가 잘 이루어지지 않게 되면 상대방에 대한 거부나 불신이 일어나기 쉽고 그래서 마음의 문을 닫아버리게 된다. 그렇게 되면 요구되는 도움을 전해줄 수도 없고 마음속 깊은 이야기를 드러낼 수 없기에 도움 자체를 거부하게 된다. 약자들이 방어적 태도를 취하는 것은 당사자를 보호하기 위한 본능이거나 아니면 좋지 못한 경험 때문이기도 하다. 따라서 방어적 태도나 두려움에서 벗어나서 마음을 열게 만들기 위해서는 관계형성에 많은 노력을 기울일 필요가 있다.

관계형성의 중요성을 알아보기 위해서 다음과 같은 경우를 상상해 보자.

어떤 학생이 어려움이 생겨 지도교수에게 면담을 요청하게 되었다. 그래서 전화를 걸고 약속시간에 연구실로 찾아갈 때 학생의 심정은 어떨까? 이때 교수가 어떻게 맞아주면 학생이 좀 더 편안한 마음으로 자신의 사정을 털어놓을 수 있을까? 일이 바빠서 허둥거리는 교수의 모습이 학생에게 어떤 영향을 미칠까? 연구실의 분위기는 학생이 마음을 열고 본인의 사정을 털어놓는 데 어떤 영향을 미칠까? 문을 열고 들어섰을 때 교수가 다른 일에 열중해 있고 몹시 바쁜 것 같은 분위기라면 학생은 방해하는 것에 대한 미안한 마음이 들 것이며 빨리 용무를 마치고 나가는 것이 좋을 것으로 판단할 것이다. 그래서 미처 자신의 말을 다 하지도 못하고 서둘러 면담을 끝낼지도 모른다. 그러나 교수가 여유로운 모습으로 친절하고 온화하게 자신의 이야기를 들어줄 준비가 되어 있는 것 같으면 찾아온 것에 대한 안도감과 함께 차분히 자신의 사정을 털어놓을 수 있을 것이다.

상담을 하는 과정에서 지도교수가 잘잘못을 따지고 훈계하려 든다면, 더 이상 이야기를 계속하고 싶지 않으며 이해받지 못한다는 느낌을 가질 수 있을 것이다. 더욱이 자존심 상하는 사적인 이야기들이 비밀보장이 되지 않을 수도 있고, 교수님이 자신에 대한 편견을 가질 수도 있다고 생각하면 진심을 털어놓을 수 없을 것이다. 이렇게 처음 대면한 사람과의 관계형성은 뒤이은 상담과 지원을 이끌어 가는 데 큰 영향을 미치게 된다.

사회복지실천에서는 좋은 관계를 맺는 것의 중요성을 일찍부터 인식해 왔으며 관계형성기술을 필수요소로 인정해 왔다. 사회복지사와 이용자의 관계는 이용자가 가지는 문제를 해결하거나 자원을 연결하려는 목적을 가진 것으로, 의식적이고 의도적으로 전문적 관계를 활용해 나가야 한다. 펄만(Perlman)은 관계를 정서적인 유대 및 인간적인 도움을 제공하는 수단으로 보았다. 그래서 '관계란 하나의 촉매제로서 문제해결과 도움을 향한 인간의 에너지와 동기를 지지하고 양성하며 자유롭게 하는 원동력이다'라고 표현하고 있다(양옥경 외, 2005 : 128).

사회복지실천에서의 전문적 원조관계는 사회복지사와 이용자 간의 대화인 면접이라는 형식으로 이루어진다. 그러므로 이들 간의 대화는 일상적인 의사소통과 구분되는 것으로 이용자가 제시하는 문제를 해결하고 욕구를 충족시키기 위한 목적을 가진 대화로 전문적 지식에 기초한 의사소통이다. 그러므로 사회복지사는 이용자와 전문적인 원조관계를 형성하기 위해서 내담자에 대한 진솔한 관심과 처음 만난 사람과 관계를 형성해 나가는 데 요구되는 지식과 기술, 태도 그리고 문제해결을 위한 전문적 지식을 기반으로 신뢰할 수 있는 전문적 원조관계를 형성해 나가야 한다.

밀러(Miller, 1976)는 성공적으로 전문적인 관계가 형성되면 다음과 같은 장점이 있다고 한다(엄명용 외, 2005 : 19 재인용).

첫째, 잘 형성된 관계는 문제해결과정에 생기와 활력을 불어넣는다.

둘째, 힘을 가진 느낌과 행동을 취할 능력이 있다는 느낌을 갖게 한다.

셋째, 자신과 타인에 대한 이해의 폭을 넓힌다.

넷째, 자신의 가치를 높이 평가하여 자신감과 능력이 향상된다.

다섯째, 타인을 접촉하고 관계를 형성하려는 욕구가 이전보다 강해진다.

이처럼 사회복지사와 이용자와의 관계가 잘 형성되면 내담자가 제시하는 문제해결을 위해서 함께 협력해서 노력해 나갈 수 있는 기반이 형성되며 이런 전문적 관계는 상호협력적 지지를 통해서 문제를 해결해 나가게 하는 필수적 요소가 된다.

전문적인 원조관계를 형성하기 위해서는 많은 지식과 기술이 필요하지만 기본적으로는 사회복지사의 이용자에 대한 관심과 그들이 처한 상황에 대한 공감력이 요구된다. 이러한 관심은 개인적 호기심과는 다르며 어려움에 처한 대상을 돕기 위한 인간적 관여로 판사가 죄인의 마음이, 정치가가 서민의 마음이, 선생이 학생의 마음이 되어보는 것이라고 할 수 있다. 그러나 전문적 관계와 개인적인 호기심이 구분되지 않게 되면 내담자의 자기결정권을 침해하는 간섭이 될 수도 있다. 의사소통에서의 공감과 함께 서로의 표현에 대해서 민감할 수 있는 감수성이 요구된다. 이러한 감수성은 언어표현에서뿐만 아니라 비언어적 신호를 민감하고 예리하게 파악할 수 있는 능력을 말한다. 특히 사회복지사는 자신의 표현을 내담자의 수준에 맞추어 나갈 수 있는 의사소통기술을 익혀야 하며 이용자를 긍정적으로 파악하고 존중하며 그들의 장점과 좋은 점을 파악하여 자원으로 활용할 수 있어야 할 것이다.

전문적 관계는 목적 있는 관계로 헌신과 의무를 전제로 하며 전문가에게 부여하는 권위와 권한을 갖는다. 사회복지사와 이용자의 관계는 이용자가 요구하는 문제를 해결할 수 있도록 돕기 위한 관계이다. 또한 이러한 관계는 전문가에게 전문성과 지위에 맞는 권한을 부여하며, 부여된 권한에 기초해서 전문지식을 활용해서 최선을 다해 이용자의 편에서 도와주며, 전문적 능력을 발휘하고 전문적인 태도를 유지할 책임과 의무를 가지게 된다. 이러한 전문적 관계 형성에 방해가 되는 요소로는 사회복지사의 개인적 열등감이나 미해결문제 등을 들 수 있다. 여기에 더해서 외모와 옷차림 등이 부적절하거나 전문적이지 못한 태도로 가장 많은 문제를 제기하는 것 중 하나는 약속이나 시간을 지키지 않는 것이다. 어쩔 수 없이 시간을 지키지 못하거나 약속을 지키지 못한 경우는 그 이유를 소상이 설명해서 납득시켜야 하며 가능한 한 지키려고 노력해야 한다.

관계형성은 상황과 필요에 따라서 만들어지기도 하지만 평소에 이용자와 지역주민들과 인사하고 안부 묻기에서부터 시작된다. 자연주의 사회복지에서는 '인사가 절반'이라는 말도 있다. 인사도 단순히 안부를 묻는 것에서부터 정보를 나누고 서로 마음을 열고 소통할 수 있는 신뢰감 형성을 위한 근거를 조성해 나가게 된다. 그래서 관계형성은 서로 마음을 열고 대화하고 소통할 수 있는 기반을 닦아 나가게 된다.

인간관계는 인사로부터 시작된다. 다른 사람에게 인사를 먼저 하고 잘 한다는 것은 그 사람을 공경하거나 아니면 적어도 그 사람에게 인간적인 관심을 갖고 있다는 표현이다. 인사를 잘하는 사람은 다른 사람을 존중하는 사람으로 타인에게 좋은 인상을 주게 되어 호감을 얻게 된다. 인사를 잘 해서 좋은 인상을 심어주고 호감을 얻게 되면 그 다음 관계는 수월해진다. 이것이 사회복지에서 전문용어로 말하는 라포형성으로 관계의 시작이다.

처음에는 인사 정도로 끝나지만 관계가 깊어질수록 안부도 묻는다. 안부를 나누는 것은 그 사람의 삶에 대한 관심과 애정의 표현이며 필요한 정보도 나누고 형편을 알아보며 도움을 나누기 위한 자연스럽고 따뜻한 소통방법이다. 이런 과정에는 서로 마음의 문을 열고 진솔한 대화를 하게 되며 개방적인 태도를 갖기에 방어적이지 않게 된다. 상대를 대상화하지 않기에 스티그마에 대한 염려나 권력관계도 개입하지 않게 된다. 그냥 일상적인 대화를 자연스럽게 나누는 것이다. 누가 주는 사람인지 구분할 필요가 없으며 자존심에 상처도 입지 않게 된다. 왼손이 하는 일을 오른손이 모르게 하는 것이다.

최선화(2015). 일상으로서의 사회복지실천과 상담, pp. 20-21.

2. 원조관계의 기본 원칙

사회복지사와 서비스 이용자는 분명한 목적을 가지고, 제한된 시간 내에 활동하는 특수한 관계를 형성한다. 또한 이러한 관계는 사회복지사가 전문가로서 전문적 이론과 지식에 기초해서 도움을 제공하는 전문적 관계로 활동 전반에 걸친 과정에 대해서 전문적인 책임을 지게 된다. 따라서 전문적인 원조관계에서 요구되는 기본 요소들은 다음과 같다.

우선 인간에 대한 관심과 돕고자 하는 열망들을 들 수 있다. 어려움에 처한 사람을 돕고자 하는 것은 기본적인 인간의 욕구라고 할 수 있다. 여기에 더해서 전문적으로 돕고자 하는 사람은 전문가로서의 자질을 가져야 한다. 따라서 사회복지사의 헌신과 돕고자 하는 열망에 더해서 타인을 인격체로 존중하고 이들의 이익을 위해서 노력하며 돕는 과정에 대한 책임감을 수용해야 한다.

원조관계의 특성은 감정이입 또는 공감, 긍정적 고려, 개인적 온화함 그리고 진실성이다. 감정이입은 내담자가 갖는 어려움이나 감정 및 태도를 공감하는 것으로 당사자의 입장이 되는 것이다. 그러나 공감한다고 해서 사회복지사가 내담자와 같은 생각을 하며 같은 감정을 갖는 것은 아니며 내담자가 모두 옳다고 생각하는 것도 아니다. 그보다는 내담자의 입장에서 그 사람의 방식대로 그대로 수용하고 지각한다는 것을 말한다. 이렇게 공감하고 있다는 것을 표현하기 위해서 바꿔 말하기 또는 반영 등의 기법을 사용한다(김혜란, 1998 : 192-193).

Hepworth와 Larson(1990 : 86)은 감정이입을 다른 사람의 내면 깊숙한 감정을 정확히 인지하고 이해하고 있다는 것을 전달하는 능력이라고 했다. 사회복지사는 감정이입을 통해서 내담자의 입장에서 상황과 문제를 이해하고 처리할 수 있어야 한다.

긍정적 고려는 내담자의 개인적이고 환경적인 특성과는 상관없이 인간적인 존엄성과 가치를 인정하고 내담자의 입장에서 도와주는 것을 말한다. 따라서 주어진 상황과 어려움을 긍정적으로 수용하며 해결 가능한 것으로 보아 새로운 희망을 불러일으키는 것이다. 이런 긍정성이 없다면 변화가 일어날 가능성을 차단하게 되고 새로운 희망을 만들어 내지 못하게 되거나 아예 시도 자체를 포기하게 된다.

온화함은 사회복지사의 개인적 태도로 내담자가 편안하고 이해받으며 수용되고 있다는 느낌을 받는 것을 말한다. 더 나아가서 이러한 느낌은 말로만 아니라 태도, 몸짓 그리고 느낌으로 전달될 수 있어야 한다. 사회복지사는 따뜻한 마음, 온화한 웃음, 부드러운 말씨, 친절한 태도, 편안하고 자연스러운 모습으로 대할 수 있어야 한다. 그럼으로써 내담자가 편하게 마음을 열 수 있게 하며 쉽게 공감대를 형성해 나갈 수 있게 한다.

진실성은 어떤 경우에도 이용자에게 해를 끼치지 않으며 긍정적으로 도움을 제공하려는 태도로, 사회복지사가 믿을 만한 사람으로 여겨져야 한다. 진실성과 관련하여, Hepworth와 Larson은 다음의 두 가지를 조심해야 한다고 했다. 첫째, 비록 진정한 느낌을 표현하는 경우라 할지라도, 마찰을 일으키지 않도록 주의한다. 즉, 사회복지사가 하고 싶은 대로 무엇이든 다 표현할 수 있는 것이 아니라는 것이다. 특히 내담자에 대해 순간적으로 미운 감정이 솟는다고 해서 그것을 마구 표현할 수 없는 것이다. 둘째, 자신의 경험이나 느낌을 표현하는 것에 도취되어 내담자의 욕구보다는 자신의 욕구를 충족시키는 일에 열중하지 않도록 주의한다. 자신의 경험이나 느낌을 이야기할 필요가 있는 경우라 할지라도 가급적 내담자의 욕구 쪽으로 주의를 돌리도록 노력해야 한다(Hepworth & Larson, 1993; 엄명용 외, 2005 : 27). Hepworth와 Larson은 진솔하게 반응하기 위한 네 가지 지침을 다음과 같이 제시하고 있다(Hepworth & Larson, 1993; 엄명용 외, 2005 : 28-29).

① '나는', '저는' 등의 단어로 시작하여 나 자신의 생각, 느낌, 의견 등에 초점을 맞추어 서술한다. 즉, 일반적으로 대부분의 사람들이 생각하고 느끼는 것이 아니라, 내가 느끼고 생각하는 것을 말함으로써 표현된 생각과 느낌

에 대한 책임도 나에게 있음을 강조한다. 이러한 '나 전달법'(I-message)은 상대방의 행동, 생각, 느낌 등에 초점을 맞추어 상대방을 공격, 비난, 단정, 명령하는 것과는 대비되는 어법이다.

② 다양한 깊이를 가지고 있는 감정을 헤아려 나눈다. 순간적으로 떠오른 피상적인 생각이나 느낌을 바로 이야기하지 말고 그것들을 좀 더 헤아려 본 후 보다 건설적이고 깊이 있고 의미 있는 감정 또는 생각들을 찾아내서 나눈다. 처음에 떠오를 수 있는 내담자에 대한 싫은 감정, 분노, 혐오감, 실망감 등이 약간의 시간을 두고 보다 깊이 있게 탐색되는 과정에서 보다 의미 있고 건설적인 다른 복합적 감정으로 변화되어 표출될 수 있다.

③ 중립적이고 구체적으로 설명할 수 있는 용어를 사용하여 어떤 상황이나 행동을 기술·설명한다. 사회복지사 자신이 어떤 특정 방향이나 방식으로 반응하였다면, 그 이유나 배경을 자세하게 묘사한다. 특히 내담자가 이해하고 있지 못하거나, 당사자에게 매우 중요한 의미를 가지고 있지만 미처 인식하지 못하는 면에 대해서는 상세하고 차분하게 설명해 주도록 한다.

④ 내담자의 행동이나 결정 등이 당사자 또는 다른 사람에게 주는 구체적인 영향을 찾아내어 내담자가 이를 인식할 수 있도록 돕는다. 이때, 내담자를 책망, 조롱, 비판, 공격, 압박하려 들지 말아야 한다. 또한 내담자가 좌절하게 해서도 안 된다. 명령조로 무엇을 해야 한다고 하는 일, 직접적인 문제해결의 처방을 제시하는 일, 당연히 해야 하는 일처럼 주장하는 일 등은 피해야 할 사항들이다.

내담자와 사회복지사 사이에 마찰이 일어나지 않도록 주의하면서 진솔하게 내담자의 행동이 자신과 타인에게 미칠 영향력에 관한 정보를 제시하는 것이 바람직하다.

Biestek은 내담자를 이해하고 전문적인 관계를 형성하기 위해서 요구되는 사회복지사와 내담자 간의 전문적 관계의 기본 원칙들을 다음과 같이 포괄적으로 제시하고 있다.

1) 개별화

먼저 개별화(individualization)의 원칙으로, 각 내담자들을 독특한 개성과 특성을 가진 개인으로 구분할 수 있어야 한다. 개인 각자는 독특한 자신만의 감정, 태도, 생활양식과 가치를 가지며 이러한 것들은 존중되어야 한다. 이렇게 개별화하기 위해서는 개인적인 편견이나 주관적인 경험의 한계를 극복할 수 있어야 한다. 더 나아가서 내담자의 말을 경청하고 그들의 말을 있는 그대로 이해하려는 노력이 요구된다. 특히 특정한 집단적 편견이나 오해 또는 일반적인 시선으로 대할 것이 아니라 독특한 개성을 가지 개인으로 수용해야 한다. 더 나아가서 한 사람 한 사람 모두가 다 소중한 존재라는 것을 각인시켜 줌으로써 스스로도 자신을 소중히 여기도록 도와야 한다.

2) 의도적 감정 표현

의도적 감정 표현(purposive expression of feeling)은, 내담자가 자신의 감정을 적극적으로 표현할 수 있도록 격려하고 도와주는 것이다. 어려움에 직면해 있는 당사자에게 문제 자체보다는 문제에 대한 감정으로 인해서 야기되는 정서가 더 큰 어려움을 주는 경우가 많다. 그러므로 자신의 감정을 털어놓고 이야기한다는 것 자체가 치료적 효과를 가져오기도 한다. 특히 부정적인 감정을 심판받는다는 느낌 없이 자유롭게 표현할 수 있어야 하며, 당사자가 적극적으로 감정을 표현할 수 있도록 격려해야 한다. 사회복지사는 내담자가 자신의 감정을 표현할 때 귀를 기울여 경청하고 비난하는 말을 하거나 실망하는 태도를 보이지 않아야 한다. 내담자가 감정을 자유롭게 표현할 수 있도록 돕기 위해서 사회복지사는 몇 가지 역할을 적극적으로 해야 한다.

먼저 자신의 감정을 자유롭게 표현할 수 있는 환경과 분위기를 조성한다. 허용적이고 편안한 분위기 속에서 당사자의 부정적인 생각과 감정에 대해 비난받지 않는다는 것을 느낄 수 있도록 해야 한다. 더 나아가서 당사자의 감정을 드러내기 위한 개입이 요구된다. 부정적인 감정을 환기를 통해서 드러냄으로써 치료적 효과를 가진다는 것을 이해하며 감정을 표현했을 때 정서적인 지지를 제공해야 한다. 이렇게 적극적으로 자신의 감정을 표현하고 나면 감정을 억압해야 하는 긴장에서 벗어날 수 있게 되며, 정서적으로 순화되게 된다. 이러한 과정을 통해서 사회복지사와 더 깊은 관계를 맺을 수 있고 그럼으로써 더 객관적으로 사물을 판단하고 결정내릴 수 있게 된다. 즉, 감정에서 벗어남으로써 당사자의 어려움과 상황을 좀 더 객관화시키고 그럼으로써 다른 대안을 찾아나갈 수 있게 된다.

3) 통제된 정서적 관여

통제된 정서적 관여(controlled emotional response)는, 내담자의 감정적 표현에 공감하는 등의 반응을 보이는 것으로 정서적으로 관여하는 것을 말한다. 사회복지 실천에서 사회복지사의 이러한 정서적 반응은 내담자와의 관계에서 중요한 심리적 요소라고 할 수 있다. 정서적 관여 또는 개입은 이해할 수 있다는 것을 표현하는 것을 넘어서서 적극적으로 이해하려는 노력이다. 사회복지사의 정서적 관여는 목적의식을 가진 것으로 전문적 자아에서 나오며 마음에서 우러난 진실한 것이어야 한다. 내담자는 자신의 감정을 적극적으로 언어적으로 표현하지 못하는 경우가 있으며, 속마음을 감추는 경우도 있다. 그러므로 당사자가 표현하는 것을 예민하게 인식할 줄 아는 민감성이 요구되며 숨겨진 정서에 대해서도 반응해 주어야 한다.

통제된 정서적 관여는 당사자의 감정에 대한 민감성과 감정의 의미를 이해하는 것과 감정에 대한 적절한 반응을 말한다. 민감성이란 당사자의 감정을 잘 관찰하고 경청하는 것이다. 감정의 이해는 내담자의 문제와 관련해서 감정의 의미를 깊이 이해하는 것이며 반응이란 사회복지사가 의도적으로 당사자의 감정과 동일시함으로써 감정을 분담하여 공감하는 것으로 당사자가 느끼는 감정을 충분히 이해할 수 있고 이해한다는 것을 말한다.

4) 수 용

수용(acceptance)한다는 것은, 내담자를 있는 그대로 받아들이며 이들에 대해서 비심판적 태도를 가지는 것으로, 내담자를 자신의 기준으로 판단하고 심판하지 않으며 그들을 판단하는 것이 사회복지사의 일이 아니라는 것을 깊이 인식하는 것이다. 그렇다고 해서 당사자가 한 일이 모두 옳다고 인정하거나 동의해 주는 것은 아니다. 잘잘못을 따지거나 심판하려는 태도에서 벗어나서, 인간적인 존중과 개성을 인정하고 그들을 있는 그대로 수용하며, 정중한 태도와 경청하는 자세를 유지하며, 객관적이고 중립적인 태도로 도와주려는 태도이다. 내담자를 있는 그대로 수용하기 위해서는 내담자가 있는 그 위치에서 출발해야 하며 사회복지사와의 가치나 태도의 차이를 극복하려는 노력과 다양성을 인정하려는 노력이 요구된다. 사회복지사의 수용적 태도를 통해서 내담자들은 자신의 실패를 포함해서 있는 그대로를 표현하고 방어적인 태도에서 벗어나 자신의 문제를 직시함으로써 더욱 현실적으로 대처해 나갈 수 있게 된다.

5) 비심판적 태도

비심판적 태도(non judgemental attitude)는 내담자의 특성과 가치를 비난하고 심판하지 않는다는 것이다. 사회복지사를 찾아오는 많은 사람들은 개인적 실패나 어려움 또는 문제를 가진 사람들이 대부분이다. 사회복지사는 자신의 기준으로 이들을 단죄하거나 판단하는 사람이 아니라 어려움에 직면해 있는 사람들을 도와주기 위한 사람이며, 이들을 돕는 것이 존재 이유다. 그러므로 이들을 있는 그대로 받아들이며 실패나 문제를 판단하고 비난하는 것에서 벗어나서 당사자들의 욕구를 해결할 수 있도록 도와줄 수 있어야 한다. 그래서 이들이 문제를 가진 상태에서 벗어나도록 도와주는 것에 초점을 맞추며, 실패나 인간적인 부족을 넘어서서 한 인간으로 따뜻한 마음과 태도로 있는 그대로 수용하고 그 수준에서 출발해야 한다.

비심판적 태도에 관해서는 '황희' 정승의 일화가 생각난다. 하루는 집안 노비 두 사람이 다투다가 정승을 찾아와서 서로 상대방의 잘못을 일러바치자, 사내종에게 네 말이 옳다 하고 계집종에게도 네 말이 옳다 하며 돌려보냈다. 이를 지켜본 부인이 정승의 태도를 나무라자 부인의 말도 옳다고 했다.

6) 자기결정권

사회복지사는 스스로 해결하지 못하는 어려움이나 상황에 처한 사람들을 위한 해결사가 아니다. 어떤 분야에서 전문적인 지식을 가졌다고 해서 전문가의 결정이 당사자에게 최선이라는 보장은 없다. 그러므로 사회복지사는 당사자가 최선의 결정을 할 수 있도록 도와줄 뿐이다. 자기결정권(self-determination)이란 당사자는 중요한 일에 대해서 자기 스스로 결정할 수 있는 권한을 가지며 사회복지사는 이들이 최선의 결정을 내릴 수 있도록 도와주기 위해서 대안을 제시하고 선택에 따른 결과를 비교해 보고 최선의 선택을 하도록 도와주어 그 결정에 대해서 책임지도록 돕는 일을 하는 것이다.

당사자가 자기결정을 할 수 있도록 사회복지사는 몇 가지 측면에서 도울 수 있다. 먼저 내담자가 자신의 욕구를 전체적인 관점에서 파악하도록 돕는다. 지역사회자원을 활용할 수 있도록 장려하고 잠재적인 자원을 개발하도록 도와줌으로써 스스로 성장할 수 있도록 돕는다. 당사자가 자신과 자신의 문제를 더 깊이 이해할 수 있도록 도우며 자신의 문제와 관련된 의사결정과정에 참여하도록 한다. 이렇게 도움으로써 당사자가 스스로 결정한 일에 대해서 책임을 지도록 하며 더 객관적이고 합리적인 선택을 할 수 있도록 도울 수 있다.

그러나 이런 자기결정권의 문제는 간단치 않은 경우가 많다. 정신질환자나 치매노인 또는 뇌사자인 경우 누가 이들에 대한 결정권을 가질 것인가는 사회적 논란이 되고 있다.

7) 비밀보장

비밀보장(confidentiality)은, 내담자와의 관계를 통해서 알게 된 개인적인 정보나 사생활에 해당하는 부분에 대한 비밀을 지켜줌으로써 신뢰할 수 있는 관계를 형성할 수 있도록 한다. 상담을 받는다는 것은 개인정보와 사생활이 노출되기 쉬운 위험부담을 가진다. 그러므로 상담내용에 대한 비밀을 보장해 줌으로써 안심하고 자신의 사적인 문제와 상황을 말할 수 있도록 함으로써 결과적으로 적절한 도움을 받을 수 있게 한다.

그럼에도 불구하고 비밀보장에는 한계가 있게 마련이다. 먼저 내담자를 도와주는 과정에 다른 전문가나 기관 관련자들 간에 정보를 공유하는 일을 피할 수 없게 된다. 또한 교육이나 지도·감독을 위해서 정보가 공유되는 경우도 있게 되며 타인의 생명과 권리를 보호하기 위해서 비밀보장의 원리가 지켜지지 않는 경우도 발생하게 된다. 예를 들면, 상대방에게 해를 끼칠 가능성이 있는 경우에는 당사자에게 이런 사실을 알려주어야 한다.

앞서 살펴본 이러한 원리들은 도움을 제공하는 전문적인 관계형성을 위해서 기본적으로 요구되는 요소들이다. 이렇게 전문적인 관계형성을 위한 기본적인 요소에 더해서 인간적인 측면이 더해짐으로써 효과적인 원조가 제공될 수 있을 것이다(김경호, 2005 : 30; 양옥경 외, 2005 : 136).

3. 현장에서의 경험

사회복지실천현장에서 마주치는 이용자들은 여러 유형이 있다. 책에서 배운 바처럼 약속을 하고 찾아와서 상담을 받는 경우도 있지만 지나가다 불쑥 들르기도 하고, 불만을 품고 찾아와서 다짜고짜 사회복지사에게 공격적으로 나오는 사람도 있고, 들어오면서부터 우는 사람도 있다. 아니면 스스로 아주 불쌍한 사람처럼 행동하며 동정을 바라는 사람도 있고 술에 취해서 찾아오는 경우도 있다. 약속을 하고 절차를 거쳐서 찾아오는 경우는 실천기술에서 배운 방식대로 개입하면 되지만 그렇지 못한 유형의 내담자들은 면담 이전에 먼저 다루어져야 하는 요소들이 있다.

약속 없이 불쑥 찾아와서 면담을 하겠다고 고집을 부리는 경우에는 우선 무슨 일로 그러는지 들어보고 시급한 경우에는 바로 처리해 주고 그렇지 않다면 약속시간을 정해서 돌려보낸다. 그러나 본인이 바로 면담을 해야 한다고 억지를 부릴 경우에는 일단은 들어보고 가능하다면 이번에는 면담을 해주지만 먼저 약속을 하고 와야 하는 이유를 설명해 주며 다음에는 약속을 정하고 오라고 한다. 이러한 내담자 중에서 가장 어려운 유형은 무조건 공격하는 유형이다. 특히 나이 많은 이용자가 어리거나 경험이 부족한 사회복지사에게 공격적으로 나오는 경우에는 당황하게 된다. 이런 경우에는 일단 차분한 태도로 이들의 불만을 들어주고 달래주며 감정을 누그러뜨리도록 돕는다. 그래서 시간을 끌면서 감정을 삭일 수 있도록 한다. 그리고 내담자가 하고 싶은 말을 충분히 할 수 있도록 도와줌으로써 감정을 먼저 털어낼 수 있게 한다. 그래도 안 되는 경우에는 선임이나 경험이 많은 사람 또는 내담자를 잘 아는 사람에게 도움을 청하는 것도 좋다. 사회복지관에는 이런 일들이 종종 벌어지며 이런 이용자들이 단골손님처럼 찾아오는 경우도 있다.

먼저 공격적인 이용자와 관계 맺는 방법은 여러 가지가 있다. 문을 박차고 소리를 지르며 들어오는 사람인 경우에는 감정적으로 대하지 말고 소리를 낮추라고 하기보다는 사회복지사가 먼저 목소리를 낮추고 차분하면서도 친절하게 대하는 것이 좋다. 가능하면 흥분을 가라앉힐 수 있도록 시간을 끌기 위해서 자리를 마련해서 앉으라고 하고 차를 먼저 대접하며 조금 기다리라고 하는 것도 도움이 된다. 감정이 격앙된 상태에서는 상담이 되지 않을 뿐만 아니라 감정적으로 부딪힐 수 있는 위험도 있기 때문이다. 이런 내담자의 기세에 눌려 지나치게 친절하거나 비위를 맞추려고 노력하다 보면 더욱 심한 행동을 하고 사회복지사를 얕보거나 우습게 여기며 조정하려 들 수도 있고 억지를 부릴 수도 있다. 그러므로 객관적이고 합리적인 입장에서 친절하지만 감정적으로 중립적인 태도를 가지는 것이 필요하다.

감정이 격앙된 경우에는 우선 차분히 들어주는 것이 필요하며 적극적 경청과 감정의 반영을 하다 보면 스스로 감정이 누그러지는 경우가 많다. 이럴 경우에도 내담자의 관심을 다른 곳으로 돌리기 위해서 얼른 속마음을 먼저 읽어주거나 아니면 공감해 주고 칭찬거리를 찾아내어 칭찬해 주거나 찾아와 준 것에 대한 고마움과 감사를 표해줌으로써 내담자가 무시당하거나 업신여김을 당하지 않고 존중받고 있다는 것을 직접적으로 표현해 주는 것이 도움이 된다. 이들을 상담할 때는 자신감 있는 태도로 눈을 마주보며 진심으로 들어주면서 그들의 말에서 실마리를 찾아서 공감해 주고, 감사하다는 말을 전할 수 있는 근거를 찾아내도록 한다.

내담자가 공격적으로 나오는 이유는 여러 가지가 있다. 원하는 바를 얻기 위해서, 자신을 과시하기 위해서, 특별한 대우를 받기 위해서 또는 사회복지사를 조종하기 위해서, 아니면 습관적으로 공격적으로 나오기도 한다. 아니면 본인이 억울하거나 부당하게 처우받은 것에 대한 분노로 공격적일 수도 있다. 그러므로 사회복지사는 어느 경우에 해당하는지를 잘 파악해서 적절한 방법을 사용해야 하며 어떤 경우에도 내담자에게 감정적으로 휘말리지 않아야 하고, 사회복지사가 상황을 합리적으로 이끌어 나가며 처리해 나갈 수 있도록 다루어야 한다. 공격적인 사람은 의외로 마음이 약한 경우가 많으며 약간의 칭찬이나 고마움을 표시하면 금방 누그러지는 경우도 있다. 그러므로 이런 유형을 대하는 것에 겁을 먹거나 지나치게 부담감을 가질 필요가 없다. 이런 합리적인 과정을 통해서는 도저히 다룰 수 없는 경우에는 합법적인 절차를 밟을 수 있다는 경고를 여러 차례 주고 나서 자료를 수집하기 위해서 보안장치를 하거나 녹음을 하는 등의 자료 수집을 통해서 법적인 보호를 요청할 수 있다.

남성 내담자인 경우에는 공격적으로 나오는 경우와 술을 마시고 와서 행패를 부리는 경우가 있다. 술 취한 사람과 상담하는 것은 불가능하므로 잘 달래서 보내는 것이 좋으며 술 깨고 나서 다시 찾아와서 상담하자고 하는 것이 좋다. 술의 힘을 빌려 여러 가지 이야기를 하거나 하소연을 하는 경우에도 일단은 어느 정도 들어주고 공감해 주고 나서 다음에 맑은 정신으로 다시 이야기하자고 하며 돌려보내도록 한다.

내담자가 사회복지사에게 아가씨, 김 양 또는 이름을 부를 때는 우선은 대답을 하고 나서 다음부터는 '사회복지사로 불러주세요'라고 친절하고 부드럽게 말하는 것이 좋으며, 소리를 지르거나 화를 먼저 내는 경우 또는 신체적인 접촉을 하는 경우에는 사회복지사가 먼저 조용한 소리로 '말로만 하세요'라고 부드럽지만 단호하게 말하며 지나친 반응을 보이지 않도록 한다.

여성들인 경우에는 공격적으로 나오는 경우보다는 계속 울거나 아니면 동정을 구하는 내담자들이 있다. 우는 경우에는 실컷 울도록 하는 것도 방법이 되며 눈물을 흘림으로써 감정을 해소하고 나면 상담이 더 편해지기도 한다. 그러나 우는 동안에도 내담자에게 감정이입을 통해서 공감해 주고 수용하며 달래주는 등의 언어적·비언어적 표현을 하는 것은 중요하다. 그래서 상담실에는 휴지와 휴지통을 배치해 두며 필요시에는 물이나 차를 건네주며 감정에서 벗어날 수 있도록 도울 수 있다. 동정을 사려는 내담자인 경우에도 공감을 통해서 수용하고 통제된 정서적 관여를 하는 것이 필요하지만 지나치게 감정적일 경우는 다른 쪽으로 관심을 돌리거나 아니면 균형감각을 회복할 수 있도록 돕는 것이 필요하다. 즉, 내담자가 갖는 자기연민을 이해할 수 있지만 같이 감정적으로 휘말리기보다는 다른 시각을 제시해 줌으로써 스스로 균형감각을 회복할 수 있도록 돕는 것이 필요하다. 그럼에도 불구하고 어느 정도는 먼저 공감해 주고 정서적 관여를 통해서 풀어준 다음에 다른 시각을 제시해 보는 것이 좋다. 그렇지 않고 시기적으로 너무 서두르게 되면 냉정하고 무관심하며 이해받지 못한다는 오해를 살 수 있다.

사회복지기관을 찾아오는 이용자 중에는 사회적 소외계층이 많으며 이들은 차별과 편견으로 상처받은 사람들일 가능성이 높다. 그래서 일단은 차분히 성의껏 이들의 말을 경청해 주는 것이 필요하다. 그러다 보면 스스로 말하는 가운데 문제를 정리해 나가기도 하고 감정을 가라앉히게 된다. 그리고 많은 경우 하고 싶은 말을 충분히 하고 나면 환기의 효과를 가지게 된다. 이렇게 하소연할 대상자를 찾는 것이 사회복지관을 찾는 이유가 되기도 한다. 그런 연후에 당면한 문제를 처리해 나가기 위한 노력들을 함께해 나가게 되면 내담자의 협조를 구하기도 쉽고 스스로도 해결방법을 찾아나가도록 돕기 쉬워진다. 그래서 내담자가 자기 주도적으로 문제를 풀어나갈 수 있도록 도와야 한다. 그래야 당사자의 문제 해결능력이 증대될 수 있다. 이렇게 하기 위해서 사회복지사는 일관성을 가지고 대해야 한다.

이렇게 힘든 상대를 대할 때 사회복지사는 지나치게 심각해지거나 마음의 부담을 느끼기보다는 유머감각과 여유로운 태도를 갖는 것이 필요하며 전문적인 기술과 함께 인간적이고 온화한 태도를 통해서 여유롭고 따뜻하게 진심으로 내담자의 복지를 위해서 노력하고 염려하는 태도로 접근해 나가도록 한다.

현장에서 사회복지사의 윤리에 위배되는 가장 흔한 일은 내담자의 비밀보장에 대한 것이다. 아무 생각 없이 당사자의 사생활이나 정보를 흘려버리기도 하고 다른 사람과 이야깃거리처럼 공유하기도 한다. 이런 일은 근절되어야 하며 심각한 윤리적 문제가 될 수도 있다. 그리고 사회복지사 개인의 경험으로 인해서 수용하기 어려운 태도나 가치관에 대해서 거부반응을 일으키거나 심판적 태도를 드러내기도 한다. 이런 경우에는 상담자로서 자기이해와 성찰이 요구되며 상담자 속에서 해결되지 않은 과제가 남아있을 경우에는 스스로 상담을 받거나 상담자를 교체해야 하는 경우도 발생하게 된다. 그래서 정직하게 스스로를 바라보며 어려움이 발생할 경우에는 선임과 논의해서 필요한 조치를 취하도록 한다.

전문적 상담이 문제 해결만을 위한 것은 아니다. 이 세상에는 해결될 수 없는 문제도 많고 해결된 것처럼 여겨지지만 형태만 바뀌는 경우도 많다. 문제해결에 급급하기보다는 진정으로 내담자와 함께하고 그들의 말에 귀 기울여 주고 이해해 주고 공감해 주는 것이 상담자가 먼저 해야 하는 일이다. 들어주고 공감해 주고 이해해 주는 것이 상식적이고 비전문적인 것 같지만 결코 그렇지 않다.

진정으로 들어주는 것은 그리고 비심판적 자세로 경청하고 공감해 주는 것은 전문성과 함께 인간적인 성숙까지 요구되는 쉽지 않은 일이다. 진정으로 내담자와 함께하려는 진솔한 관심으로 마음을 함께하면 그 순간에 주어지는 지혜와 축복이 함께하게 된다. 생각지도 못했던 좋은 생각이 나기도 하고 마음의 평화와 함께 어려움을 헤쳐나갈 수 있는 용기가 주어지기도 하며 숨겨져 있던 지혜와 힘이 다시 작동되기도 한다.

최선화(2019). 사회복지사와 함께한 변화, p. 114.

생각해 보기

1. 일반적인 인간관계와 사회복지 전문직에서 사회복지사와 내담자와의 관계의 차이점은 무엇인가?

2. 사회복지 전문직에서 말하는 관계의 원리들이 일반적인 인간관계에서는 어떻게 활용될 수 있을까?

3. 본인이 중요하게 생각하는 인간관계의 원리는 무엇인가? 왜 그렇게 생각하는가?

4. 정보화사회에서는 비밀보장이 중요한 문제가 되고 있다. 우리 사회에서 비밀보장이 잘 지켜지지 않는 이유는 무엇인가?

풀어쓴 사회복지 실천기술

C·H·A·P·T·E·R

04

상담과 면접의 기법(면접론)

—입은 닫고 귀는 열어라

C·H·A·P·T·E·R

04 상담과 면접의 기법(면접론)

—입은 닫고 귀는 열어라

사람은 왜 입은 하나인데 귀는 둘일까? 그것은 말하는 것보다 듣는 것이 더 중요하기 때문이라고 한다. 그런데도 일반적으로 사람들은 말은 많이 하고, 상대방의 말에 귀 기울이는 것을 게을리한다. 경청은 문제해결의 기본 요소이며 가장 중요한 기술 중 하나다. 그냥 경청하는 것이 아니라 공감적 경청을 하는 것이 중요하다.

1. 사회복지상담의 특성

사회복지상담과 일반 대화 내지 친구와의 잡담은 어떤 차이를 가지는가? 다음의 예를 들어보자. 부부싸움을 한 김 여사가 친구인 이 여사를 만나서 하소연을 하는 것과 사회복지관의 상담실을 찾아가서 상담을 하는 것은 어떤 차이가 있는가? 먼저 친구에게 하소연을 하는 것은 나름대로의 장점이 있다. 이미 형성된 친구라는 신뢰관계에 기반해서 마음을 터놓고 이야기하기 쉬우며 공감과 지지를 구하기 쉬울 것이다. 그러나 친구의 충고와 해결책은 검정된 과학적 이론에 기초한 것이라기보다는 나름대로의 경험에서 나온 것일 뿐이다. 더구나 사생활에 대한 비밀보장과 윤리적 실천이라는 점에는 문제가 생길 수도 있을 것이다. 그러나 사회복지사와의 상담은 계약에 의한 전문적 관계로 이론에 근거한 접근방법을 취하기 때문에 효과성이 검증된 접근이며, 실천윤리를 지키며 상호작용하게 된다. 단순히 하소연하는 것이 목적이라면 친구와의 대화가 더 효과적일 수도 있지만 문제해결을 위한 전문적 접근이라는 점에서는 사회복지상담을 받는 것이 더 효과적일 것이다.

이렇게 사회복지상담은 내담자가 제시하는 문제해결과 정보제공 내지는 치료를 위한 전문적인 접근으로 관계형성에서부터 대화를 이어가는 면접에 이르기까지 이론적 체계에 기초한 전문적인 상호작용이라고 할 수 있다.

그럼에도 불구하고, 어려움에 직면해 있는 내담자를 상담한다는 것은 상담의 전문적 기법을 적용하기에 앞서 그 사람을 도와주기 위한 인간적인 노력이다. 그러므로 최선을 다해서 도움을 제공하기 위해서는 전문적인 기법의 적용과 함께 내담자의 심리적 상태와 인간의 보편적인 심리에 대한 이해에 더해서 상담자로서 갖추어야 할 기본적인 태도와 전문적 지식에 대한 이해가 중요하다. 이런 면에서 볼 때 내담자의 입장에서 문제를 파악하며 내담자의 의사와 선택이 존중되어야 한다. 당사자의 입장에서 본다는 것은 사회복지사가 심판자나 비판하는 입장이 아니기 때문에 당사자를 처벌하거나 도덕적으로 판단하고 단죄할 권리가 없으며 설교하려 들거나 옳고 그른 것을 가르칠 필요도 없다는 것이다. 그보다는 내담자의 입장에서 공감하며 어려움이나 문제를 이해하고 수용하는 것을 의미한다. 당사자의 입장이 존중되어야 한다는 것은 내담자 편에서 이해하도록 노력하는 것을 의미하며 더 나아가서 내담자에 대한 중요한 결정에 반드시 당사자를 참여시켜야 한다는 것을 의미한다. 왜냐하면 당사자가 사회복지사에게 미처 말하지 않은 부분도 있고, 객관적으로 다 이해하지 못하는 부분도 있으며, 개인적인 선호도도 다르기 때문이다. 따라서 다른 사람에 대해서 전문적인 최선의 판단을 한다고 해도 당사자에게는 수용할 수 없거나, 본인의 선택과는 다를 수 있다. 그러므로 사회복지사는 전문적으로 문제를 해결해 주기보다는 당사자가 스스로 문제를 해결해 나갈 수 있도록 원조해 주는 사람이라는 입장을 견지해야 한다.

상담을 하는 사회복지사는 짧고 간결하고 분명하게 말하며, 문제해결을 위해서도 당사자가 할 수 있는 것에 초점을 맞추며 어떤 경우에도 희망을 불러일으키며 인간의 치유력에 대한 신뢰를 가지도록 해야 한다. 내담자와 갈등관계에 있는 사람이 있을 경우 어느 편도 들지 않도록 한다. 만약 어느 한 편을 들게 되면 결국에는 내담자와의 관계에서 어려움을 겪을 수 있기 때문이다.

상담은 전문적인 관계에 기초해서 내담자가 제시하는 문제를 해결하기 위해서 정보를 수집하고 해결해 나가는 과정에 나누는 대화와 상호작용을 말한다. 사회복지사와 내담자가 나누는 상담 또는 면접의 종류는 정보수집면접, 사정면접, 그리고 치료면접이 있다(Zastraw, 1995 : 106-107; 양옥경 외, 2005 : 155-156).

정보수집면접은 정보를 수집하는 것을 목적으로 하는 면접으로 사회조사(social study)를 위한 면접이다. 이러한 정보수집에는 인구사회학적 배경, 성장·발달 등의 사회력조사가 포함된다. 대개 이런 정보수집면접은 내담자를 잘 이해하고 파악하기 위한 사회력과 사회적 자원조사가 대부분이다.

사정면접은 정보수집면접에서 한발 더 나아가서 구체적인 서비스를 결정하기 위해서 실시하는 것으로 사정에 요구되는 자료를 수집하고 해결책과 접근법을 모색하기 위한 면접이다. 따라서 문제를 파악하고 해결을 모색하여 변화를 이끌어 내기 위한 방법이나 해결책과 자원 등을 파악하며 구체적인 서비스와 방법을 모색한다.

치료면접은 내담자를 변화시키거나 적응시키기 위한 상담으로 당사자에게 요구되는 기술을 강화시키거나 자신과 타인에 대한 이해를 증진시키고 관계를 원활하게 형성하도록 도와나가는 과정이다. 콤튼과 갤러웨이(Compton & Galaway)는 사회복지상담의 특성을 다음과 같이 보았다.

첫째, 맥락이나 세팅을 가지고 있다. 즉, 내담자에게 서비스를 제공하는 특정한 기관이 있으며 상담의 내용은 특정 상황에 한정되어 있다.

둘째, 목적과 방향이 있다. 우연히 만나 정보를 교환하는 것이 아니라 구체적인 목표를 달성하기 위해 수행되는 과정이다.

셋째, 계약에 의해 이루어진다. 상담은 내담자와 사회복지사가 목적달성을 위한 일련의 과정을 상호 합의한 상태에서 진행됨을 말한다.

넷째, 특정한 역할관계가 규정된다. 사회복지사와 내담자 각각에게 정해진 역할이 있고, 그 역할에 따라 상호작용을 한다(양옥경 외, 2005 : 153 재인용).

이러한 상담의 기본에 더해서 사회복지상담의 고유한 특성과 심리상담과의 차이를 인지할 필요가 있다. 심리상담은 문제해결과 원인을 주로 심리내적인 인성이나 개인의 부적응의 문제로 본다. 그러나 사회복지상담은 심리상담의 인성과 적응의 문제를 다루지만 사회적 관계라는 관점에서 보며 사회자원과의 연결을 통한 해결책을 중요시한다. 그래서 자료수집과 사정에서도 사회력과 사회자원에 비중을 두게 된다. 이러한 해결책은 상황 속의 인간이라는 사회복지의 특성과 관련되어 인간을 개인으로만이 아니라 사회적 존재로 보는 관점과 관련된다.

2. 사회복지실천에서의 상담기술

사회복지실천에서 사용되는 상담기술을 존슨(Johnson)은 분위기 조성기술, 관찰기술, 경청기술, 질문기술, 초점, 안내, 해석기술로 나누고 있고 양옥경은 보다 구체적으로 나누어 표현촉진기술, 초점제공기술, 해석기술, 직면기술로 나누었다(양옥경 외, 2005 : 157). 그러나 여기에서는 좀 더 간단하게 분위기 조성기술, 관찰기술, 경청기술, 표현기술, 질문기술 그리고 목적유지기술로 나누었다. 따라서 상담을 진행하기 위한 준비과정으로서의 분위기 조성기술과 상담에서의 관찰, 듣기, 말하기 그리고 질문하기와 이러한 기술들을 활용해서 상담의 목적을 달성하기 위한 목적유지기술이라는 간단한 방식으로 살펴보도록 한다.

1) 분위기 조성기술

면담을 위한 준비를 철저히 함으로써 면담의 효율성을 높이며 내담자의 만족도를 높일 수 있다. 사회복지사는 면담을 위한 사전 준비를 통해서 어떻게 면담을 진행시킬 것인지 해결방안을 모색해 보고 요구되는 정보를 수집하며 필요한 경우에는 다른 사람의 조언을 구할 수 있다. 면담을 준비하는 과정으로서의 분위기 조성기술은 물리적인 환경을 통한 분위기 조성과 관계형성을 위한 심리적 분위기 조성으로 나누어질 수 있다.

(1) 물리적 환경

물리적 공간과 환경은 상담에 중요한 영향을 미친다. 공간의 크기, 온도, 채광, 조명, 실내장식, 안락한 의자 등 실내의 분위기뿐만 아니라 비밀을 보장받을 수 있는 공간의 위치와 방해를 받지 않을 수 있는 독립성 그리고 교통의 편의를 고려한 접근성 등이 영향을 미친다. 내담자가 마음을 터놓고 이야기할 수 있기 위해서 상담실은 다른 사람들이 드나들지 않는 조용하고 편안하며 쾌적한 곳이어야 하며 내부 가구의 배치나 장식이 잘 정리되어 있고 편안한 느낌을 주어야 한다. 상담은 마음의 문을 열고서 사적인 어려운 이야기를 나누어야 하기 때문에 내담자의 기분이나 감정을 편안하게 할 수 있는 분위기를 만드는 것이 중요하다. 벽에는 그림을 걸어두거나 약간의 장식을 해둠으로써 내담자가 필요할 경우 눈을 피하기도 하고, 추상적인 그림을 통해서 자신의 마음을 투사해서 대화를 이어가는 실마리를 제공하기도 한다. 최근 들어 공공기관에서도 민원인들을 위한 상담공간을 따로 마련하고 있으며 기다리는 동안의 휴식을 위해서 발마사지기를 설치해 놓은 곳들이 늘어나고 있다.

물리적 환경에서 고려해야 할 사항 중 하나는 내담자의 편의뿐만 아니라 상담자의 안전도 고려해야 한다. 따라서 만약의 위급한 상황을 대비해서 상담자가 밖으로 빨리 피할 수 있거나 아니면 구조를 쉽게 요청할 수 있어야 한다. 그래서 상담자는 대부분 문 쪽으로 앉으며 내담자가 안쪽 자리에 앉는다. 이렇게 하는 것은 내담자에게도 심리적인 안정감을 주고 상담에 몰두할 수 있게 한다.

(2) 심리적 분위기 조성

심리적인 분위기 조성으로는 라포형성을 들 수 있다. 라포형성은 사회복지사와 내담자 간에 목적을 가지고 의도적으로 협력관계를 수립하고 호흡을 맞추어 가는 상태를 말한다. 내담자의 편에서는 서로 잘 알지 못하고 처음 만나는 사람에게 자신의 사적인 어려움이나 문제를 이야기하고 도움을 구한다는 것은 쉬운 일이 아니다. 사회복지사의 입장에서는 독특한 개성을 가진 내담자가 처한 상황을 도와주기 위한 전문적 관계를 맺어나간다는 것은 여러 가지 어려움에 직면할 수 있다. 그럼에도 불구하고 공감하고 신뢰할 수 있는 관계가 형성됨으로써 효율적인 상담이 이루어질 수 있게 된다. 이러한 과정을 좀 더 용이하도록 도와주기 위해서는 사회복지사의 전문적인 관계형성 기술과 분위기 조성기술이 요구된다. 처음 만난 사회복지사와 내담자는 서로에 대해서 개방함으로써 이해하고 공감하며 당사자의 감정을 수용하고 내담자도 사회복지사를 신뢰할 수 있어야 한다.

우선 내담자가 전화를 걸어 문의를 하거나 방문했을 때, 처음 접촉하는 사람의 태도가 많은 영향을 미친다. 사회복지사를 찾아오는 사람들은 대부분이 어려움을 가지고 도움을 받기 위해서 찾아오는 사람들이다. 그러므로 이들은 많은 망설임 끝에 자존심이 상함에도 불구하고 마지못해 오는 경우가 많다. 물론 요즘에는 사회권과 함께 복지권에 대한 인식이 높아져서 당당하게 큰소리치면서 찾아오는 경우도 있지만 대부분은 그렇지 않다. 그러므로 이들을 친절하고 따뜻하게 맞아주는 것은 매우 중요하다. 전혀 모르는 타인에게 스스로에 대해서 그리고 자신의 어려움과 실패에 대해서 이야기하는 것은 누구에게나 힘든 일이다. 그러므로 이러한 내담자의 심정과 상황을 충분히 인식하고서 이들을 따뜻하고 친절히 맞아줌으로써 마음을 열 수 있도록 도울 수 있다.

내담자를 위한 배려의 일환으로 사회복지서비스기관의 건물은 문턱이 낮아야 하며 누구든지 쉽게 드나들 수 있는 곳으로 친절과 배려가 있는 곳이어야 한다. 그래서 기관을 찾아오는 사람들이 처한 문제나 욕구를 해결해 주기 위해서 노력하며 기관 내에 자원이 없을 경우에는 다른 곳으로 의뢰를 해주고, 그렇게도 안될 경우에는 인간적인 관심과 위로라도 얻어갈 수 있는 곳이어야 한다. 최근 들어서는 복지서비스기관들이 주민들의 삶에 더욱 다가가서 휴식공간이나 배움과 나눔의 공간으로도 활용되고 있어 주민들의 삶과 더욱 친밀한 관련을 맺어나가고 있다.

(3) 면접의 시작

처음 내담자를 만나서 사회복지사가 면접을 시작해 나가는 과정은 다음과 같다. 본격적인 상담으로 들어가기 전에 정리되어야 할 몇 가지 요소들이 있다.

① 상담자 자신에 대한 소개가 제일 먼저 이루어져야 한다.
② 내담자 소개받기와 함께 동참한 사람들과 인사를 나눈다.
③ 관계형성을 위한 간단한 인사로 찾아오는 길이나 날씨 등에 대한 대화를 나누고 차나 음료를 대접한다.
④ 상담의 회기, 빈도, 시간, 진행과정에 대해서 설명한다.
⑤ 비밀보장, 기록, 상담비용, 기관의 정책 등에 대해 설명한다.
⑥ 첫 상담의 목적을 설명한다.

사회복지사는 내담자의 입장에서 그들을 맞아주며 친절한 인사로 이들이 잘 왔다는 느낌을 가질 수 있도록 하기 위해서 앉아서 기다릴 것이 아니라 나가서 서서 맞이하는 것이 좋다. 그리고 먼저 사회복지사는 간단히 자기소개를 한다. 처음 내담자에게 자신을 소개할 때는 '저는 상담부의 누구누구라고 합니다'라고 간단히 자신을 소개하고 내담자의 이름을 확인한다. 동반한 가족이 있을 경우에는 '동반한 가족들을 소개해 주시겠습니까?'라고 소개를 부탁한다.

인사를 나눈 후에는 가벼운 대화로 편하게 날씨 이야기를 하거나 찾아오는 길이 힘들지 않았는지 등을 묻고 날씨가 더우면 시원한 음료를, 추울 때는 따뜻한 차를 대접함으로써 방문을 환영한다. 이런 인간적인 배려의 태도를 가짐으로써 내담자들이 마음을 터놓고 이야기할 수 있고 요구되는 서비스를 편안하게 제공받을 수 있을 것이다. 그래서 '잘 오셨습니다. 찾아오는 길이 어렵지는 않았나요? 날씨가 더운데 시원한 물이라도 한 잔 드릴까요?', '아이를 데리고 오셨군요. 이름이 뭐예요? 참 똘똘해 보이네요. 상담 동안에는 원하신다면 다른 사람이 옆방에서 아이를 돌봐드릴 수 있습니다' 등의 말로 편안하게 인사를 건넨다. 요즘은 대민업무를 담당하고 있는 동사무소나 파출소에 찾아가도 이런 정도의 친절과 대접은 기본적으로 받을 수 있다.

그러고 나서 본론으로 들어가서, 필요하다면 기관에 대한 간단한 설명과 면접이 어떻게 진행될 것인지 형식이나 구조를 설명해 줌으로써 첫 번째 면담인 경우 가질 수 있는 불안에서 벗어날 수 있도록 돕는다. 이렇게 면접을 시간적으로 구조화해 줌으로써 시간 제약을 알려주게 되며, 중요한 이야기를 먼저 하도록 할 수 있다. 내담자에게 비밀보장에 관한 사항을 알려주며 기록에 관한 논의를 하고 허락을 받도록 한다. 이 밖에도 상담비용과 내담자가 지켜야 하는 사항들을 필요하다면 알려주고 나서, 면담으로 들어가기 전에 내담자에게 궁금한 점이나 의문점을 물어보도록 한다. 이 모든 행정절차는 간결하고 효과적으로 설명하며 10~15분 이내에 끝내도록 한다.

본격적인 상담으로 들어가는 서두로는 '어떤 일로 오셨습니까?' 아니면 '어떤 이야기를 하고 싶으세요?' 아니면 '오늘 무슨 일에 대해 말씀하고 싶으세요?'로 시작하는 것이 무난하다. 이런 질문을 하게 되면 내담자에게 가장 중요한 이야기나 하고 싶은 이야기부터 시작하게 될 것이다. 면담의 목적이 이미 정해졌거나 분명한 경우에는 면담의 목적을 설명한다. 이렇게 상담을 진행하다가 상담종료 10분 전쯤에 당사자에게 시간이 얼마 남지 않았다는 사실을 알려줌으로써 아직도 하지 못한 중요한 이야기를 먼저 할 수 있게 한다. 시간이 얼마 남지 않았는데 새로운 이야기를 꺼내면 긴급한 이야기가 아니라면 다음 시간에 다루기로 한다. 다음 약속을 정하고 나이가 많은 내담자나 잊어버릴 경우를 대비해서 약속시간과 날짜를 메모해 준다. 메모지에는 상담기관의 전화번호가 적혀 있는 것이 좋다. 만약 약속을 지키지 못할 경우에는 전화를 걸 수 있기 때문이다.

지금까지 언급한 과정은 일반적인 민원의 처리나 문제해결을 위해서 복지관을 처음 방문한 모든 이용자들에게 해당한다. 여기에 더해서 직접적인 서비스인 상담과 치료서비스를 받기 위해서 예약을 하고 찾아오는 이용자인 경우에는 더 많은 준비가 요구된다.

내담자를 맞이하는 사회복지사의 자세는 약속시간이 다가오면 내담자의 파일과 관련 서류를 보면서 내담자에 대한 정보를 파악하며 머릿속으로 어떤 식으로 상담을 진행할 것인지를 구상해 보고 점검한다. 그래서 어떤 기법을 활용할 것인지에 대한 계획을 미리 정리해 보며 필요한 정보를 수집하고 다른 사람의 조언을 구하거나 비슷한 사례를 찾아보기도 한다. 이렇게 내담자를 위한 면담에 관한 준비뿐만 아니라 상담자 자신의 마음의 준비도 요구된다.

상담자는 바쁜 업무로 인한 복잡한 자신의 마음을 비움으로써 내담자를 맞을 수 있도록 감정을 정리하여 온전히 당사자에게 집중할 수 있는 태도를 회복해야 한다. 반기문 전 유엔사무총장은 세계 각국에서 여러 가지 어려움을 가지고 찾아오는 사람들을 수없이 만나고 있었다. 그런데도 한 사람과의 면담이 끝나면 다음 팀을 만나기 전에 15분 정도의 휴식을 갖는다고 한다. 이전의 면담을 정리하기도 하고 다음으로 맞을 팀에 대한 준비를 하기도 하며, 앞서 면담으로 인한 마음의 복잡함과 감정을 추스르기 위해서라고 한다. 이런 노력은 바쁘게 일하는 사회복지사들에게도 좋은 본보기가 될 것이다.

이렇게 심리적이고 감정적인 준비방법으로는 다른 일에서 벗어나서 조용히 명상을 하거나 조용한 음악을 듣거나 산책을 하는 등 상담자의 특성에 맞는 방법을 선택할 수 있다. 내담자가 오면 이름을 부르면서 기다리고 있었다며 반갑게 인사를 건넨다. 이렇게 이름을 부르고 상담할 내용에 대해서 미리 숙지하는 것은 중요하다. 그렇지 않다면 내담자는 마음을 열기 힘들며 바쁜 사람에게 피해를 주거나 자신을 귀찮아할지도 모른다는 생각을 하기 쉬우며 마음을 열기보다는 서둘러 끝내려는 태도를 취하거나 자신을 소홀히 여기며 자신의 문제에 대해서 관심이 없다고 여기거나 무성의하다는 인상을 갖기 쉬울 것이다.

내담자와 좋은 관계를 형성하기 위해서는 내담자의 신뢰를 얻는 것이 중요하다. 특히 상담의 초기과정에는 전문성에 대한 신뢰가 긍정적인 영향을 미친다. 그러므로 자신을 상담해 주는 사회복지사가 전문가로서 제시한 문제를 잘 해결해 나가도록 도와줄 수 있을 것이라는 신뢰를 확보하는 것은 중요하다. 이런 전문적 신뢰는 특히 나이가 어려보이는 상담자에게는 더욱 중요하다. 그러므로 상담자는 이런 경우에 자신이 나이도 어리고 삶의 경험도 부족하지만 전문적인 교육과 경험을 가졌다는 것을 강조할 필요가 있다. 또한 외모나 주변 환경도 신뢰를 줄 수 있는 전문적인 특성을 갖추는 것도 필요하다. 그래서 자격증이나 교육과정을 알릴 수 있는 증서를 볼 수 있도록 배치하는 것이 필요한 경우도 있다. 그러나 경우에 따라서, 예를 들면 교육수준이 낮은 이용자들이나 전문성을 인정하고 찾아온 사람들에게는 자신의 교육과정과 전문성을 언급하지 않음으로써 친밀감을 쉽게 형성할 수 있을 것이다.

초보 상담자들이 저지르는 실수 중 하나는 도움을 제공하는 전문인이 되기보다는 친구처럼 행동한다는 것이다. 상담자는 친밀한 관계를 유지하면서도 객관적이어야 하고 도움을 제공할 수 있는 명확한 관계이어야 한다. 그러므로 상담가를 좋아하게 만들기보다는 변화할 수 있도록 도움을 제공할 수 있는 관계가 되어야 한다.

(4) 상담자의 심리적 태도 형성

경험이 많지 않은 상담자는 상담을 앞두고 심리적 불안감과 자신감 부족으로 인해 고민하게 된다. 이렇게 되는 이유는 자신의 장점보다는 단점을 더 인식하기 때문이다. 초보 상담자가 가지는 고민은 대략 두 가지로 요약된다.

첫 번째는, '어떻게 하지?'이며, 두 번째는, '상담자 자신의 다양한 감정이나 반응을 어떻게 처리할 것인가?'이다. 이런 고민은 자신의 능력이 부족하다고 여기거나 아니면 실수로 내담자에게 해를 입힐지도 모른다는 불안감에서 나온다. 거의 대부분의 상담자는 초기에 이런 불안을 갖는 것이 당연하며, 정상적인 반응이다. 그러나 정도가 심할 경우나 본인이 혼자서 다루기 힘든 경우에는 슈퍼바이저와 의논하는 것이 필요하다. 따라서 상담자는 우선 자신이 상담하기 위한 능력과 전문성에 대해서 믿음을 확보하는 것이 필요하다. 그리고 내담자와의 관계형성기술과 경청, 공감 등의 쉬운 기술부터 활용해 나가는 것이 좋다. 그러면서 회기가 더해지면 점점 더 불안에서 벗어나서 필요한 기술을 적용해 나가게 될 것이다. 그래서 상담자는 내담자의 말을 능동적으로 경청하며 내담자의 이야기를 잘 듣고 이해하고 있다는 사실을 여러 가지 말하기 기술을 통해서 내담자가 알 수 있게 해주어야 한다. 또한 '뭔가를 해야 한다'는 상담가의 불안을 호기심과 공감으로 바꾸어 나가면서 뭔가 해야 한다는 강박관념에서 벗어나서 내담자가 스스로의 생각을 정리하고 탐색해 나갈 수 있도록 도울 수 있는 '유용한 질문'을 끌어낼 수 있어야 한다(Patterson et al., 2011 : 22-26).

유능한 상담자는 말을 많이 하기보다는 정곡을 찌르는 핵심적인 질문을 잘 하는 사람이다. 이런 질문을 통해서 내담자가 스스로 생각과 태도를 탐색하고 정리해 나가도록 도울 수 있다. 질문을 던지고는 당사자가 스스로 생각할 수 있는 시간을 주기 위해서 여유롭고 포용적인 태도를 가져야 하며 침묵을 잘 다루어 나가야 한다.

〈초기 면접 점검표〉

1. 예의 갖추기
   - 내담자에게 인사한다.
   - 내담자가 편안한지 확인한다.
   - 내담자가 면담에 응하는 데 어려움이 있는지 파악한다.
   - 내담자를 존중하면서 부드럽게 말한다.
   - 내담자가 면접에 온 것이 외부적 강압에 의한 것인지 확인한다.

2. 기관의 서비스에 대한 정보제공
   - 면접의 회기, 빈도, 시간에 관해 설명한다.
   - 상담료에 대해 설명한다.
   - 첫 면담의 목적을 설명한다.
   - 내담자의 책임에 대해 설명한다.
   - 면접시간을 지킨다.
   - 면접시간을 지키지 못할 경우 면담시간을 취소한다.
   - 합의된 상담료를 지불한다.
   - 문제에 변화가 있는지 확인한다.
   - 어려움을 사회복지사와 공유한다.

- 사회복지사의 책임에 대해 설명한다.
- 면접시간을 지킨다.
- 비밀을 보장한다.
- 내담자의 문제에 대한 변화에 대해 피드백을 제공한다.
- 다양한 절차 및 그 이유에 대해 분명하게 설명한다.
- 효과적인 서비스를 제공한다.
- 내담자의 동기를 향상시키도록 노력한다.

3. 협력관계 독려
   - 초기 면접에 중요한 사람들을 포함시킨다.
   - 면접에 참여해야 하는 당사자의 책임을 강조한다.
   - 내담자가 피드백과 제안을 하도록 요청한다.
   - 내담자가 이해하고 있는지 수시로 확인한다.
   - 내담자의 소중한 제안과 피드백을 지지한다.
   - 내담자가 보일 수 있는 주저함을 예측해 본다.

[출처 : Gambrill(1997 : 267-269); 엄명용 외(2005 : 75-77) 중 수정 발췌]

2) 관찰기술

사회복지면접에서 가장 먼저 그리고 가장 많이 활용되는 기술이 관찰기술이다. 사회복지사는 내담자와 처음 대면하는 순간부터 마지막까지 내담자의 말과 행동 그리고 비언어적 표현까지 모두를 세심하고 예민하게 관찰해야 한다. 예를 들면, 처음 만난 순간 옷차림과 겉모양에서부터 목소리의 톤과 표정 등을 통해서 말로 표현하지 않는 많은 정보를 알아낼 수 있게 된다. 상담실 문을 두드리는 소리와 들어오는 발자국소리도 많은 정보를 전할 수 있다. 예를 들면, 겉모습을 통해서도 당사자가 스스로를 잘 돌보고 있는지 아니면 자기방임이나 우울 또는 삶에 대한 피로감을 드러내는지를 어느 정도 파악할 수 있게 된다. 그리고 동행자와의 자연스럽고 무의식적인 상호작용을 통해서도 그들의 관계에 대한 많은 정보를 제공하고 있다.

특히 당사자들이 노출시키고 싶지 않은 정보도 무의식적인 행동을 통해서 그 실마리를 포착하게 되는 경우가 많게 된다. 그러므로 상담자는 이런 정보를 놓치지 않고 포착할 수 있는 민감성과 주의집중이 필요하다. 또한 언어적 표현과 비언어적 표현이 일치하지 않는 경우와 당사자가 회피하고 민감해하는 부분이 어떤 것인지 그리고 그 이유가 무엇인지도 파악할 수 있어야 한다. 내담자가 어떤 말루 시작해서 어떻게 끝나는지, 이야기 도중에 갑자기 주제를 바꾸거나 대화를 중단하는지 또는 반복적으로 사용하는 단어와 주제는 무엇인지 등을 관찰을 통해서 알아낼 수 있다. 이렇게 관찰은 내담자의 심리상태와 새로운 사실을 찾아내기 위한 실마리를 찾을 수 있게 한다. 그리고 감추려고 하거나 노출을 꺼리는 것이 무엇인지 등을 찾아낼 수 있는 중요한 기술로 활용되고 있다. 그래서 처음부터 상담을 마치는 순간까지 그리고 종결까지 세심함과 민감성을 놓치지 말아야 한다.

예를 들면, 상담에 임하면서 또는 상담 중 또는 마치고 일어나서 돌아가려는 순간에 드러나는 행동이나 표정 또는 비언어적 표현은 많은 메시지를 포함한다. 주저하는 태도, 새로운 질문을 하려거나 얼굴 가득 의문을 가진 모습, 아쉬움을 드러내는 표정 등은 그것이 무엇을 의미하는지를 파악하기 위해서 세심한 관찰과 날카로운 질문이 요구되기도 한다. 아무렇지도 않은 듯이 내뱉는 말이나 행동 속에 중요한 정보를 포함하기도 한다. 예를 들면, 자살이나 타인에 대한 위해의 가능성이 드러나기도 한다. 이런 정보가 주어짐에도 불구하고 예사롭게 넘기거나 깊이 있게 다루지 못할 경우에는 큰 사고가 발생하는 경우도 있기에 주의해야 한다. 그래서 중요한 정보를 관찰을 통해서 포착하게 되면 자세히 물어보고 깊이 있게 다룰 필요가 있다.

처음 복지관으로 부임하자 나에게 찾아와서 자신은 부산의 모 조직에 속했던 사람이라고 주장하는 사람이 많았다. 어떤 사람은 다른 사람의 말은 모두 거짓이고 자신만은 진짜라고 했다. 사람들을 불러 모을 수 있다. 전화 한 통이면 달려올 것이라 주장하는 사람들이 하도 많아서 도대체 누가 누군지, 누구 말이 진실인지, 어디까지 믿어야 할지 도무지 분간조차 할 수 없었다. 그래서 지켜만 보고 누가 무슨 말을 해도 반신반의하며 듣고만 있었다. 그런데 가만히 보니 힘깨나 쓴다고 주장하는 사람들은 왔다 갔다 하며 폼을 잡는데 나에게 와서 한 번도 힘자랑을 한 적도 없고 자신의 화려한 전적을 어깨와 목에 힘을 주어가며 밝힌 적이 없는 어떤 사람에게 모두가 형님 형님하며 인사를 하고 있었다. 체구가 특별히 우람한 것도 아니고 그렇다고 언변이 좋지도 않고 새까만 피부와 외팔이라는 것 외에는 아무 것도 별난 것 없는 사람에게 모두가 예를 갖추는 것이었다.

최선화(2019). 사회복지사와 함께한 변화, pp. 205-206.

- 그가 누굴까?
- 어떤 존재일까?
- 사람들은 왜 그에게 예를 갖추는 것일까?
- 이런 사람과 복지관은 어떤 관계를 맺는 것이 좋을까?

3) 경청기술

친구들과 모여서 지나간 첫사랑 이야기를 나눈다고 가정해 보자. 모두들 관심과 흥미를 가지며 같이 기뻐하고, 안타까워하기도 하며, 마치 자신의 일처럼 이루지 못한 사랑에 대한 아쉬움을 함께 나눌 것이다. 아니면 온갖 어려움을 이겨내고 성공한 경우에는 자신의 일처럼 박수를 치며 기뻐하기도 한다. 첫사랑 이야기가 항상 재미있는 이유는 아마도 이렇게 자신의 일인 것처럼 착각하면서 몰입할 수 있다는 것과, 깊은 공감을 서로 나눌 수 있기 때문인 것 같다.

상담은 이처럼 가슴을 열고서 마음을 털어놓고 혼자만의 비밀스러운 이야기를 함께 느끼고 호흡하며 나누는 것이다. 내담자의 이야기를 마치 내 일처럼 느끼고 공감하며 관심을 가지고 들어주는 것이 큰 몫을 차지한다. 내담자가 자신의 이야기를 털어놓도록 하는 것은 마치 압력밥솥의 김을 빼는 것과 같다. 가슴속에 담아둔 이야기를 털어내는 과정에서 생각을 정리하며 스스로의 감정을 억압하지 않고 풀어버리게 된다. 물론 상담은 들어주는 것만은 아니다. 그러나 잘 들어준다는 것은 상담의 기본이며 필수요소이지만 가장 힘든 부분에 속한다. 힘든 이야기를 끝까지 들어준다는 것은 인내심과 함께 인간에 대한 깊은 사랑과 이해를 요구한다. 상담자에게는 듣기 지루한 넋두리 같지만 당사자에게는 생사의 갈림길에 처한 문제가 될 수도 있기 때문이다.

잘 들어준다는 것은 그냥 묵묵히 들으며 인내하는 것이 아니라 공감하며 마치 내가 그런 상황에 처한 것처럼 같이 느끼려고 노력하면서 들어준다는 것이다. 듣는 사람의 태도가 흥미 없어 하거나 비판적이라면 말할 기분이 나지 않을 것이다. 가슴의 연결과 신뢰가 없다면 라포형성이 이루어지지 않아 상담 자체가 어려워질 수 있다. 상담의 많은 부분은 이렇게 당사자가 스스로 말하고 표현함으로써 일어나는 환기의 효과와 함께 다른 사람에게 말하는 과정을 통해서 스스로 정리하고 객관화시켜 봄으로써 다른 시각을 가질 수 있게 하는 탐색과정을 돕는 것이다. 많은 경우 어떤 해결책에 대한 해답을 얻기 위해서라기보다는 그냥 속 시원히 털어놓는 것 자체가 목적인 경우와 자신의 생각을 확인해 보고 싶은 욕구도 있다. 그러나 이렇게 실컷 마음 놓고 털어놓을 수 있는 대상은 그리 많지 않다. 개인적인 사생활 보호 때문에 아니면 끊임없이 값싼 충고를 하는 피곤함 때문에 함부로 털어놓을 수 없는 경우가 대부분이다. 그러므로 전문가인 상담자는 당사자의 이런 마음을 충분히 숙지하고 관심을 보이며 공감하면서 들어주는 적극적 경청이 요구된다.

상담을 받으러 오는 내담자들은 오랜 망설임 끝에 겨우 용기를 내어 찾아오는 경우가 대부분이다. 그렇다 보니 그동안 쌓인 이야기를 모두 토해내려고 한다. 그러므로 이런 모든 이야기를 다 들어주는 것은 중요하다. 내담자의 입장에서는 너무나 중요한 생애사건들이기 때문이다. 그러나 상담자의 입장은 지루하고 피곤하기도 하지만 시간적 제약이라는 현실적 문제에 직면하게 된다. 하루 종일 해도 끝나지 않을 것 같은 이야기보따리를 두서없이 풀어놓을 때, 난감해지기도 한다. 이럴 때 잘 마무리하면서 끊는 기술이 요구된다. 당사자의 하소연과 상처받은 이야기를 다 들어주는 것이 중요하지만 시간적 제약 때문에 그럴 수 없다는 것에 대한 양해와 이해를 구하는 것이 필요하다.

예를 들면, “지금 하시는 이야기는 정말 중요합니다. 그런데 시간이 제한되었기 때문에 죄송하지만 지금 현재의 이야기로 돌아와야 합니다. 그래서 지금은 어때요?" 라는 식으로 이야기를 끊음으로써 내담자가 무안해지거나 상담자가 자신을 이상하게 여기지 않는다는 것을 충분히 인식시키면서 마무리하는 기술이 필요하다. 또 다른 방법은 시간 제약을 미리 상담 시작 전에 알려줌으로써 중요한 이야기부터 하도록 하는 것이다. 그럼에도 불구하고 우리 문화의 특성상 처음 상담을 받으러 오는 내담자에게는 어느 정도의 이야기를 들어주는 것이 요구된다. 왜냐하면 문제가 웬만큼 쌓이지 않고서는 찾아오지 않기 때문이다. 너무 쌓여서 문제가 심각해져서 찾아오는 경우가 대부분이기 때문에 상담자가 어느 정도 감정적인 환기가 이루어질 수 있도록 경청해 주고 공감해 주며 내용을 잘 파악하고 있다는 것을 당사자에게 알려주는 것이 필요하다.

이렇게 상담은 인간에 대한 깊은 이해와 관심이 요구되며 다른 사람의 일을 그 사람의 입장에서 같이 느끼고 함께 감정이입을 통해서 공감할 수 있는 능력이 요구된다. 이런 기술은 훈련과 함께 인간에 대한 깊은 사랑에서 나오는 것이다.

(1) 주의집중과 경청

주의집중과 경청은 내담자가 편안한 마음으로 자신의 감정과 생각을 탐색해 나가며 자신의 문제를 자신의 언어로 이야기할 수 있도록 도와주는 기본적 기술이다. 주의집중은 신체적인 부분에 해당되며 몸을 내담자 쪽으로 약간 기울이고 눈을 쳐다보며 고개를 끄덕여서 듣고 있다는 표시를 해주는 몸동작들이다. 인체공학적 측면에서 내담자와 상담자 간의 간격이 어느 정도가 적당한가는 문화적으로 약간의 차이가 있다. 일반적으로 미국인들은 팔 길이 정도의 간격을 편안하다고 여기지만 아랍계 사람들은 15~30센티미터 정도를 더 편하게 여긴다(Evans et al., 2004 : 33). Hall은 미국 중류층에서 친밀한(0~45cm), 개인적인(45cm~1.2m), 사회적인(1.2~3.5m), 대중적인(3.5m 이상) 네 가지 거리구간을 설명하였다(Clara E. Hill, 2001 : 150). 그러나 우리나라에서는 사람에 따라서 차이가 있지만 1m 내외가 적당한 것 같다. 의자의 배치도 정면으로 마주하는 경우는 긴장감을 유발시킬 수 있으므로 약간 사선으로 앉음으로써 시선이 자유로우면서 전체적인 관찰이 가능한 자세가 좀 더 편안하다.

상대방을 얼마나 바라보는가는 그 사람에 대한 관심과 무관심을 확연하게 나타낸다. 그래서 시선을 응시하는 것은 흥미가 있고 관심이 있다는 표시이며 더 나아가서 이해한다는 것을 전해준다. 그러나 너무 잦은 시선은 불안을 유발하거나 강요당하는 느낌을 줄 수 있다. 반면 집중하지 않는 경우에는 시선접촉이 중단되거나 끊어지기도 한다. 일반적으로 시선 응시는 보통 1초를 넘지 않는다. 이 외 함께 얼굴표정으로는 미소를 짓는 것이 다른 사람들에게 친근감을 주며 탐색을 격려하고 이해한다는 것을 전달한다. 말의 속도와 어조도 중요하며 따뜻하고 감정이 풍부한 목소리로 차분히 말하는 것은 상대를 편안하게 만든다. 이 외에도 준언어로는 '와, 예, 음'을 통해서 경청하고 있음을 전달하며 고개 끄덕이기와 개방적인 몸자세 등을 통해서 주의집중과 관심을 전달하여 상대의 이야기에 관심이 있다는 것을 보여줌으로써 계속 말할 수 있도록 격려해 나간다. 한 연구결과에 의하면 의사소통의 86%가 비언어적인 것으로 이루어진다고 한다(Evans et al., 2004 : 42).

경청은 한자로 쓰면 傾聽으로 경은 기울인다는 뜻이며 청이라는 단어를 풀어 쓰면 눈(目)과 귀(耳) 그리고 마음(心)으로 구성되어 있다. 즉, 눈으로 보고 귀를 기울이며 마음으로 듣는 것을 의미한다. 이런 자세는 내담자가 전달하는 언어적 그리고 비언어적 메시지를 포착하고 이해하는 것으로, 당사자가 말하는 것과 느끼는 것을 진정으로 관심 있게 듣고 있다는 것을 의미한다. 내담자들은 상담자가 주목할 때 스스로 가치 있다고 느끼며 자신이 하는 이야기가 들어줄 만한 가치가 있다고 느낀다. 더 나아가서 듣고 싶다는 것을 의미하며 스스로의 생각과 감정을 탐색하여 표현할 수 있도록 촉진할 수 있다. 이렇게 경청해 줌으로써 탐색과정을 거치며 자신의 말을 통해서 새로운 의미를 찾아내고, 다른 관점을 이해하게 되며 새로운 해석을 만들어 낼 수 있도록 도와나갈 수 있다.

잘 듣기 위해서는 상담자가 자신을 괄호 밖에 두는 훈련, 자신의 선입견, 사고의 틀 그리고 욕망 등을 잠시 포기하거나 옆으로 밀쳐두고 내담자의 입장이 되기 위해서 노력해야 한다. 상담자가 내담자의 말을 진심으로 귀담아 듣는 것을 아는 것, 그 자체만으로도 놀랄 만한 치료효과가 있다(스캇 펙, 2011 : 58-59).

그럼에도 불구하고 주의집중과 경청이 어려운 이유는 자신들의 생각에 빠지거나 다음에 무엇을 말할 것인가에 대한 생각으로 경청하지 못하는 경우가 많기 때문이다. 또한 상대방의 말을 경청을 통해서 이해하기보다는 사실 여부를 평가하느라 마음이 바빠지기 때문이다. 그러므로 경청을 잘하기 위해서는 말하는 사람의 감정을 이해해 주는 감정의 반영과 내용의 반영을 통해서 잘 따라가고 있다는 것을 전해주어야 하며, 중간중간 말 바꾸기와 요약을 통해서 잘 듣고 이해하고 있다는 느낌을 전해줄 수 있어야 한다.

> 무엇을 말하려는 사람과 그 말을 진지하게 들으려는 사람, 이 두 사람의 만남은 말하자면 하나의 사건이라 할 수 있다. 말하는 사람은 진심을 털어놓고 말할 용기를 가져야 하고 듣는 사람은 진심으로 귀를 기울이는 마음 자세를 가질 때만이 그런 만남이 가능하다. 듣는 사람은 주의력을 지녀야 하고 또 들은 내용을 마음에 새겨둘 수 있어야 한다. 그럴 때 비로소 서로를 받아들일 수 있는 공간이 만들어지고 그런 공간 안에서만 상대방의 말이 본래의 의미를 가질 수 있게 된다. 누군가의 이야기를 들어주는 것은 상대를 위로하는 것 이상의 의미를 지닌다. 상대방의 말을 들어줌으로써 그를 최고의 상태에 이르게 할 수 있다. 듣는 사람은 자신의 존재를 잊고 상대방에게 몰입함으로써 오히려 본인이 더욱 풍요로워지며, 색다른 경험을 통해 자신을 성장시키게 된다.
>
> 피에르 쌍소(2003). 느리게 산다는 것의 의미, pp. 54-57.

(2) 침묵의 활용

초보 상담자에게는 침묵이 가장 두려운 것 중 하나다. 침묵이 길어질수록 불안해하고 침묵을 깨기 위한 모든 노력을 다하는 경우를 볼 수 있다. 침묵은 어떤 말을 한 후에 일어나는 적어도 5분의 정지를 말한다. 그러나 침묵은 말이 아닌 다른 형태의 대화라는 사실을 기억할 필요가 있다. 침묵 속에서도 많은 내면의 대화와 서로 간의 대화가 이루어지고 있다. 그러므로 침묵은 필요하며 중요한 기능을 한다. 침묵은 내담자가 생각 중에 있을 때와 사고나 감정과 접촉하는 시간이 필요할 때 유용하다. 왜냐하면 말해야 한다는 압박감 없이 생각할 수 있는 여유를 주기 때문이다. 내담자가 침묵하는 것은 여러 가지 이유 때문이다. 잠깐 자신의 생각을 정리하기도 하고 아니면 말에 따른 감정을 추스르기도 하며 무슨 말을 하여야 할 것인지에 대해서 잠깐 망설이기도 한다. 아니면 저항이나 반대의 소극적 표현일 수도 있다. 침묵이 어느 것을 나타내는지는 상황에 따라서 파악해야 한다. 어떤 경우이든 성급하게 침묵을 깨려는 노력은 흐름을 방해하며 중요한 변화가 일어날 수 있는 기회를 차단하게 된다. 침묵은 어느 정도 지켜보고 기다려 주는 것이 필요하다. 침묵을 성급하게 깨뜨리게 되면 피상적이거나 도움이 되지 않는 것을 말하는 결과를 가져오기도 한다. 그러나 너무 길어지게 되면 점점 더 무거워지며 깰 수 있는 방법에 대해서 고민하게 된다. 이럴 경우 상담자는 깊은 심호흡을 하고 편안하게 당사자의 내면에서 무엇이 일어나는지를 생각해 보도록 한다. 즉, 침묵하는 동안 공감적 결합을 시도해 본다.

그런 후에 침묵을 깰 수 있는 방법 중 하나로 '지금 어떻게 느끼십니까?' 또는 '지금 무슨 생각을 하셨습니까?'라고 말을 건넨다. 이렇게 질문을 던지면 자신의 감정과 접촉한 사람은 감정에 대해서 말할 수 있으며 그렇지 않은 경우는 침묵이 주는 부담과 침묵한 이유에 대하여 말할 수 있을 것이다. 당사자가 침묵하는 경우에는 함께 침묵을 지키며 여유를 가지고 서두르지 말고 기다리는 것이 요구된다.

4) 표현기술

대부분의 내담자들이 상담과정에서 말을 할 때 직선적으로 말의 핵심을 이야기하기보다는 애매하고 모호하게 말하거나 아니면 자신도 명확하지 않은 표현을 자주 사용한다. 이럴 경우 사회복지사는 상담의 기법을 활용해서 내담자들이 자신의 생각을 정리하고 다시 한번 더 탐색해 보도록 도와나가게 된다. 이렇게 하는 과정에서 다양한 상담기법들이 동원되게 된다.

상담과정에서 말을 하는 경우는 질문을 할 때와 내담자의 말을 정리하고 상담에 초점을 맞추어 나가는 경우다. 그러나 여기에서 말하기는 질문을 제외한 다른 모든 기법을 적용하는 것을 말한다. 따라서 지지나 확인, 정보제공, 설명하기 등의 여러 형태들이 있다. 상담 중 상담자가 너무 말을 많이 하기보다는 내담자가 이야기할 기회를 만들어 줌으로써 스스로 답을 찾아가도록 도와야 한다. 이렇게 말하기는 상담을 효율적으로 이끌어 나가고 초점을 맞추어 나가기 위해서 요구되는 것이지, 설득이나 충고, 변명 등을 위한 것은 아니다. 적극적 경청의 구체적 기술로는 명확화, 바꿔 말하기, 요약, 반영 등이 있다. 명확화는 내용을 분명하게 하는 것이며, 바꿔 말하기는 내담자가 말한 내용을 다시 한번 다른 식으로 표현하는 것으로 내용을 바르게 이해하기 위한 방법이다. 요약은 말의 핵심적 내용과 정서를 다시 한번 더 정리하는 것이다. 반영은 말의 내용뿐만 아니라 정서적 느낌이나 감정을 다른 말로 표현하는 것이다. 이러한 기술들을 통해서 내담자로 하여금 관심을 가지고 말한 내용을 잘 듣고 있다는 것을 전달함으로써 마음을 털어놓고 이야기할 수 있도록 격려하게 된다.

(1) 명확화

명확화는 내담자가 말하는 내용이나 사실을 정확하게 파악하는 것을 말하며, 말한 내용이 분명하지 않거나 모호할 때 피드백을 통해서 전달받은 느낌을 말하고 나서 질문을 통해서 내용을 명확히 정리하는 것을 말한다. 예를 들면, '지금 말씀하신 내용이 저에게는 명확하지 않습니다. 한 번만 더 말씀해 주시겠습니까?' 아니면 '지금 말씀은 저에게는 혼란스럽습니다. 아이를 포기하시겠다는 말씀이신지 아니면 양육비를 받아내겠다는 말씀인지 분명하지가 않습니다' 등과 같이 내용을 분명하게 정리하는 것이다. 이런 명확화를 통해서 사실을 확인해 나갈 수 있을 뿐만 아니라 내담자의 생각을 분명히 정리하도록 돕는다. 그리고 상담자가 적극적으로 경청하고 있다는 사실을 알릴 수 있다.

(2) 바꿔 말하기(재진술)

바꿔 말하기는 내담자가 말한 내용이나 의미를 반복하거나 바꾸어서 말하는 것으로 적은 수의 말로써 유사한 단어로 더 구체적이고 명백하게 표현하는 것이다. 바꿔 말하기 또는 재진술은 대화의 내용이나 본질을 다루며 감정과 관련된 부분은 포함하지 않는다.

바꿔 말하기를 통해서 문제를 깊이 탐색하게 되고, 불명확할 때 명확하게 해주며, 애매할 때 초점을 맞추도록 돕는다. 또한 내담자가 더 말할 수 있도록 지지해 주는 역할을 하며, 말하게 함으로써 카타르시스를 경험하게 한다. 재진술은 자신이 말한 내용을 들을 수 있게 해주는 역할을 하며 자신의 생각을 점검할 수 있는 거울과 같다. 따라서 자신의 문제를 명확히 파악하고 이해하도록 돕고 생각을 재평가하고 고려해 보지 못한 부분을 검토하도록 돕는다. 그럼으로써 새로운 통찰을 갖도록 도우며 잘못된 생각이나 태도를 수정할 수 있는 기회를 제공한다.

재진술을 하는 방법은 단순한 반복이 아니라 더 짧고 간결해야 하며 당사자가 계속 말할 수 있도록 격려해야 한다. 상담자가 내담자의 말의 핵심을 파악할 수 있어야 하며 비언어적 메시지에 주의를 기울이고 무엇이 중요한지를 파악해낼 수 있어야 한다. 재진술 시에 당사자에 대해서 안다고 가정해서는 안 되며 당사자가 하는 말 중 가장 중요하다고 여겨지는 것을 되도록 짧고 간략하게 당사자의 언어표현 방식에 따라서 재진술하며 다양한 형태로 표현하도록 한다. 재진술을 하는 목적은 문제에 초점을 맞추고 더 깊이 생각하고 말할 수 있도록 돕기 위해서이며 특정 부분에 초점을 맞추는 것은 당사자로 하여금 주의 깊게 탐색할 기회를 제공하기 위해서이다. 예를 들면, '내가 듣기에는…, …하게 들리는데, 혹시 …하다는 것이 아닌지' 등으로 표현할 수 있다. 이렇게 문제의 정곡을 찌르는 재진술을 통해서 생각의 폭을 넓히고 구체화시키며 동시에 다른 측면도 이야기할 수 있을 것이다. 그러나 재진술이 단순한 반복이라면 지루하고 짜증스럽게 된다. 사회복지사가 내담자가 하는 말을 이해하지 못한 경우에는 이해하는 척하거나 짐작하고 추측하기보다는 솔직하게 다시 말해달라고 하는 편이 더 낫다. 따라서 재진술을 통해서 더 간결하고 명확하게 이해할 수 있도록 돕는다.

(3) 요약

요약은 재진술의 한 방법으로 내담자가 말한 내용 중에서 중요한 부분과 내용의 흐름을 식별하는 것으로 요약을 통해서 상담자는 경청하였다는 것을 전하고 정확히 파악하였는지를 점검할 수 있다. 내담자는 상담자의 요약을 통해서 자신이 한 말을 검토해 볼 수 있으며 중요한 주제를 다시 한번 더 깊이 살펴보고 생각을 정리해 볼 수 있게 된다.

상담내용에 대한 요약이 필요한 시기는 내담자의 이야기가 두서없고 장황해서 혼란스러울 때나 여러 가지 생각이나 정보를 한꺼번에 전달할 때, 상담의 방향을 정하고 일관성을 확보하기 위해서 요구된다. 요약은 또한 상담이 한 단계에서 다른 단계로 넘어가는 전환기에 필요하며 이야기를 마친 후 또는 마무리 과정에서 사용하거나, 전 회기에 다루었던 내용을 상기시키기 위해서 그날 이야기된 내용을 요약하기도 한다. 이렇게 상담 중간중간에 요약을 해 나가게 되면 이야기의 흐름이 분명해지고 상담이 진전하고 있는 것을 확인하기 쉬워진다.

(4) 재보증

재보증은 격려의 한 방법으로 자신감이 부족하거나 확신을 갖지 못하고 의문을 가지거나 주저할 때 효과적이다. 그러나 내담자에게 상담자가 과장해서 말한다는 생각을 갖게 하거나 스스로 근거가 부족하다고 느낀다면 신뢰하기가 힘들 것이다. 그러므로 세심하게 배려해서 사용해야 한다. 예를 들면, '지난번에도 새로운 일을 시작하는 것에 대해서 처음에는 망설이고 자신이 없어 했지만 결국 잘 해냈어요. 이번에도 그럴 것으로 생각되네요. 잘 할 수 있을 것 같으니 한 번만 더 용기를 내보세요'라고 하는 것이 '당신은 다 잘 할 수 있어요, 걱정하지 마세요'라고 하는 것보다 더 나은 방법이다. 따라서 재보증은 당사자도 납득이 가고 믿음이 가도록 지지하는 것으로 '누구나 어려움에 처하면 그래요. 저라도 마찬가지였을 거예요'와 같은 보편화의 방법을 사용하기도 한다.

(5) 보편화

보편화는 내담자가 느끼는 감정이나 생각, 행동 등이 다른 사람들과 비슷하다는 것을 설명해 주는 재보증의 한 형태다. Yalom은 다른 사람도 그렇게 느낀다는 보편성을 인식하는 것이 치유에 도움이 된다는 것을 지적하였다. 예를 들면,

가정폭력을 당한 여성이 남편에 대해서 악의적인 감정을 가지고 거친 말을 한 것에 대해서 죄의식을 가지고 있다면, 그런 상황에서는 누구나 그런 감정을 가지기 쉬우며 그런 말을 하는 것이 보편적이라는 말을 해줌으로써 당사자가 죄책감에서 벗어나도록 도울 수 있다. 더 나아가서 '대부분의 사람들이 그런 상황이라면 비슷하게 느끼고 비슷한 행동을 했을 것 같아요. 제가 그런 상황에 처했다면 저도 그랬을 것 같아요' 또는 '처음 보는 사람 앞에서 자신의 이야기를 한다는 것은 누구에게나 쉬운 일이 아니에요'라고 말해줌으로써 부담감에서 벗어나도록 도울 수 있을 것이다.

(6) 감정의 반영

내담자로 하여금 자신이 느끼고는 있지만 말로 표현하지 못하고 있는 감정을 소리 내어 말로 표현하도록 돕는 것을 반영기법이라고 한다. 당사자의 감정을 파악하고 명료화하며 표현하도록 돕는 경우는 관련된 정서가 개입의 목적에 직접적으로 관계될 경우에만 사용한다. 이렇게 말로 표현하게 함으로써 자신의 감정을 솔직하게 드러내고 인정하게 되면 환기의 효과와 함께 감정을 명확히 알게 된다. 이런 경우에는 상담자가 먼저 그 감정을 말로 대신 표현함으로써 시범을 보이며 격려를 통해서 지지해 줄 수 있다. 예를 들면, '제가 듣기에도 정말 억울하고 분해요'와 같이 감정을 반영해 줌으로써 내담자가 느끼는 감정이 잘못된 것이 아니라는 사실을 인정해 주며 말로 표현하게 함으로써 감정에 사로잡혀 있는 것이 아니라 털어버리고 벗어날 수 있도록 도울 수 있다.

감정의 반영은 내담자의 감정을 강조하거나 부연·설명하는 것이다. 감정의 반영을 통해서 당사자의 감정을 깊이 탐색하며 자신의 감정을 경험하도록 고무시킴으로써 정서적 정화가 이루어지며 자기통제와 조절능력의 회복을 촉진할 수 있다. 감정의 반영은 자신의 내적 경험으로 들어가게 하여 자신의 감정을 파악하게 하고 수용하도록 돕는 과정이다. 많은 내담자들은 감정을 파악하고 수용하는 데 어려움을 느끼며 양가감정을 가지거나 감정 자체를 부정적으로 생각한다. 그러므로 감정의 반영은 감정표현의 모델링이 될 수 있으며 스스로 표현하는 것보다 더 편안해할 수 있다. 사회복지사나 상담자는 반영을 통해서 감정을 갖는 것이 정상적이라는 것과 감정을 가지는 것을 수용한다는 점을 나타냄으로써 안심시킬 수 있다. 감정의 반영을 들음으로써 자신이 느끼는 것이 무엇인지 다시 생각해 보고 점검해 보게 된다. 이렇게 상담자가 자신의 감정을 전달하는 것은 내담자에 대해서 이해한다는 것을 의미하며 비슷한 감정을 느낀다는 것을 전하는 자기노출로 관계형성에도 도움이 된다.

감정을 반영하는 방법은 먼저 주어진 상황에서 감정의 반영이 적절한지부터 판단한다. 그리고 내담자 이야기의 정서적 부분에 주의하며 행동도 함께 관찰한다. 그래서 감정 전부를 파악해서 내담자의 감정을 적절히 표현하기 위한 단어를 찾아내서 감정반응의 근거와 함께 적절한 언어로 내담자의 감정을 반영해 준다. 이때 과잉해석이나 과한 표현을 피하는 것이 좋다. 그리고 상담과 관련된 감정을 반영하고 살피는 것이 중요하다. 당사자가 직접적으로 언급하지는 않더라도 그가 느끼는 감정을 추론해 낼 수 있으며 상담이 진행됨에 따라 반영이 수정되거나 바뀔 수 있다. 다른 사람이 느끼는 감정을 정확히 파악한다는 것은 힘이 드는 경우도 많다. 그러므로 스스로 명료화하도록 도와나갈 수 있다. 일반적으로 상담상황에서는 부정적 감정이 앞서게 된다. 그럴 경우 당사자가 자신의 감정을 더 깊이 탐색할 수 있도록 감정을 묘사하는 다른 단어들을 사용할 수 있도록 돕기도 한다.

감정의 반영을 할 때는 명확하고 간결하게 하며 뒤섞여 있는 감정을 그대로 반영해 주고 현재 감정에 초점을 맞추도록 한다. 이렇게 감정을 반영해 줌으로써 내담자가 스스로 자신이 느끼고 있는 것을 깨달을 수 있게 하며, 자신의 감정을 수용하고 다시 생각해 보도록 만든다. 감정반영은 어떤 형태의 감정에도 반응할 수 있으며 그러한 감정이 누구에 대한 것이든 가능하다. 특히 당사자가 말하기 힘들어하는 경우나 부정적인 감정과 상반된 감정을 가질 때 효과가 있다. 감정의 반영을 하게 되면 내담자가 자신이 느끼는 것을 깨닫게 되고 자신의 감정을 살펴보게 된다. 그리고 상담자가 내담자의 경험을 잘 이해하고 있다는 것을 보여주게 되어 상담자와 내담자 간의 관계형성이 돈독해진다.

우리나라 사람들은 대부분이 감정이 풍부하며 일상생활에서도 감정이 앞서기 때문에 인간관계에서도 감정이 앞서는 경우가 많으며 서로에게 상처를 주는 말을 하는 경우가 흔하다. 따라서 그런 감정을 잘 다스리고 이해하는 것은 상담의 효과를 높여주며 인간관계를 유지해 나가는 데 큰 도움이 되기도 한다.

(7) 내용의 반영

내담자의 이야기를 부연・설명하거나 요약해 주며 그렇게 생각하는 근거도 함께 설명한다. 내용의 반영을 하는 방식은 내담자의 이야기와 비슷한 문법구조와 문장형태를 사용하는 것이 좋다. 왜냐하면 그것이 내담자에게 친숙하기 때문이다. 그래서 단문이나 의문문 등 여러 형태를 사용하기도 한다. 내용의 반영을 해주게 되면 상담을 요약하면서 긴 이야기의 핵심을 끌어낼 수 있게 된다. 이렇게 반영을 해주게 되면 상담자가 내담자의 이야기를 잘 알아듣고 있다는 것을 나타내기도 한다. 더 나아가서는 내담자로 하여금 생각을 정리할 수 있도록 도와주게 된다. 따라서 간결하고 정확하며 시기적절한 내용의 반영은 내담자의 문제를 정리할 수 있도록 도와준다. 또한 내용의 반영은 다른 기술과 섞어서 사용하는 것이 효과적이다. 그렇지 않다면 앵무새 같은 느낌이 들기 쉽다.

(8) 조언과 정보제공

조언과 정보제공은 흔히 하는 일이지만 바르게 조언한다는 것은 여러 가지를 고려해서 신중하게 해야 한다. 조언을 받은 사람의 입장을 고려해야 하며 그 효과도 생각해 보아야 한다. 많은 경우 조언을 해도 그대로 따르지 않는 경우가 많다. 그러므로 꼭 필요한 경우가 아니거나 당사자가 원하는 경우가 아니라면 조언을 하지 않는 것이 좋다. 조언을 하는 경우에도 당사자가 결정할 여지를 남겨두는 것이 좋다. '제 경우에는 이렇게 했는데, 그런 방식이 어떨지 생각해 보시기 바랍니다'라는 식으로 하면 내담자에게 많은 결정권을 부여하게 된다. 조언이나 충고에 대한 법적 문제도 고려해 보아야 한다. 예를 들면, '이혼을 하라'는 등의 조언은 이혼 후에 발생할 일에 대한 책임을 져야 하는 일을 발생시킬 수도 있으며 일이 잘못되었을 경우 상담자에게 책임을 전가시킬 수도 있다.

정보를 제공할 때도 내담자의 수준에 맞게 제공되어야 한다. 당사자가 잘못 이해할 것 같으면 중요한 타자에게도 같은 정보를 제공해야 한다. 아동이나 노인에게 중요한 지침을 이야기할 때는 보호자에게도 똑같이 알려주는 것이 좋다. 여기에 더해서 확인하기를 통해서 바르게 전달되었는지를 확인해야 한다. 확인의 방법으로는 복창하기가 적절하다. 군대나 일본에서는 사무실에서 과업을 지시하면 복창하는 것이 관례로 되어 있다. 예를 들면, 기차표 예매를 부탁받았다면 '알겠습니다'라는 말로 대답하는 것이 아니라 '서울에서 부산으로 가는 내일 오전 기차표 1매 말씀입니까?'라고 복창함으로써 분명하게 확인하며 불필요한 오해의 소지를 미리 없애준다. 만약 복잡한 내용이라면 말로 하지 말고 서면으로 하며 메일로 주고받음으로써 확인이 가능하도록 하는 것이 좋다. 지시하거나 충고할 때는 대명사를 가능한 한 피하고 정확한 단어를 사용함으로써 불필요한 오해를 피하도록 한다. 내담자에게 정보를 줄 때 이윤로는 다음과 같은 지침을 제시하였다(이윤로, 2007 : 77).

① 내담자에게 필요한 정보가 무엇이며 가장 중요한 정보가 무엇인가를 파악한다.
② 내담자에게 주려는 정보가 타당한 것인지, 충분한지, 근거가 있는 것인지 파악한다.
③ 성급히 정보를 주는 것은 비효과적으로 당사자가 정보를 받아들일 준비가 될 때까지 기다린다.
④ 어떻게 정보를 주어야 당사자가 잘 이해할 수 있을지 생각해 본다.
⑤ 정보를 제공할 때 어느 정보부터 주어야 하는지 순서를 정한다.
⑥ 어떤 상황에 대해 타당한 사실을 모두 제시해 준다. 당사자가 마음이 상할까 봐 부정적인 정보는 숨기는 경우가 있는데, 부정적일지라도 제공해 주어야 한다.
⑦ 한 번에 너무 많은 정보를 주어서는 안 된다. 한 번에 주어야 할 정보의 양을 정한다.

⑧ 정보에 대해 당사자가 어떻게 생각하는지 물어본다.

⑨ 핵심정보에 대해서는 기록하여 강조해 준다.

(9) 직면과 도전

직면과 도전은 내담자가 자기방어로 사용하는 지각적 왜곡, 모순, 합리화, 부정 등을 폭로하고 직접 부딪힘으로써 방어적 태도에서 벗어나서 행동의 변화를 가져올 수 있도록 돕는 방법이다. 직면은 아주 강력한 효과를 가지지만 관계가 손상되거나 깨어질 수 있는 위험도 있다. 그러므로 신중하게 적용해야 한다. 직면을 하기 전에 신뢰할 수 있는 관계를 먼저 형성하는 것이 필요하고, 직면할 경우에는 심판하지 않는 태도로 감정을 섞지 않고 객관적으로 말하며, 구체적인 예를 들어서 자세히 설명해 줄 수 있어야 한다. 추론의 근거로 자료나 관찰한 내용을 제시해 줄 수 있어야 한다. 이때는 나−전달법을 사용하고 임의적으로 말한다. 그래서 '내가 보기에는 … 한 것 같다'라는 식으로 말한다.

직면을 하기 위해서는 먼저 내담자와 좋은 관계가 형성되어야 하며 당사자가 자신이나 다른 사람의 삶에 위협을 주는 행동을 보일 때, 앞뒤가 맞지 않거나 서로 모순되는 행동을 보일 때, 방어전략을 사용할 때 또는 비현실적인 목표를 세울 때 직면하도록 한다. 직면과 도전을 하지 못하게 하는 방해요소로는 내담자의 기분을 상하게 하고 싶지 않다는 마음과 타인의 사생활에 너무 깊이 관여하는 것에 대한 두려움 등이 있다. 그러므로 직면은 공격적이고 비난하기보다는 따뜻하고 공감적이도록 해야 한다. 예를 드는 경우에도 지난 일보다는 지금 현재나 방금 일어난 것을 활용하며 직면과 도전에 대한 당사자의 반응을 주의 깊게 살피고 직면이 끝난 뒤에는 감정의 반영과 감정에 대한 개방질문을 하도록 한다.

직면을 약간 부드럽게 적용하는 방법으로 자기직면이 있다. 이것은 내담자로 하여금 스스로 자신의 행동이나 가치, 사고에 대해서 한번 생각해 보도록 하는 방법이다. 예를 들면, 내담자가 아이에게 사랑한다고 말하면서, 아이의 잘못에 대해서는 심한 언어적 폭력을 거침없이 행사하는 것이 아이에게 얼마나 혼란스러울까를 생각해 보게 함으로써, 자신이 하는 행동과 사고가 얼마나 모순적인지를 생각해 보도록 장려하는 방법이다. 이러한 방법의 장점은 위험성이 적고 저항도 상대적으로 적다. 직접적인 직면기법은 상담자가 직접 모순이나 방어를 다루는 것이다. 예를 들면, 약물이 자신에게 아무런 영향도 미치지 않는다고 부정하는 사람에 대한 직면은 다음과 같다. '약물이 몸에 나쁘지 않다고 하시면서, 왜 살이 빠지고 몸무게가 줄어드는 것에 대해서 그렇게 걱정을 하시나요? 임신을 하면 기형아를 낳을 것 같은 두려움을 가지나요?'라는 식으로 질문을 던짐으로써 방어에 대해서 직면하도록 할 수 있다. 직면을 사용하는 네 가지 요소는 다음과 같다.

첫째, 관심의 표현으로 내담자의 삶에 대해서 진심으로 관심이 있다는 것을 알린다.

둘째, 내담자가 의도하는 목표나 신념을 다시 한번 확인한다.

셋째, 목표나 신념에 맞지 않는 혹은 모순되는 행동을 지적해 주며,

넷째, 모순된 행동으로 인한 부정적인 결과(양옥경 외, 2005 : 166-167)를 알려준다.

예를 들면, 아이를 무척 사랑하면서도 아이와 좋지 못한 관계를 가지는 엄마에 대한 직면은 다음과 같다. '아이를 무척 사랑하시고(관심), 좋은 관계를 맺기 위해서 노력하시는군요(목표). 그럼에도 불구하고 아이에게 지나친 기대를 하며, 마음대로 되지 않으면 함부로 폭언을 하니까(모순된 행동) 아이가 엄마를 무서워하고 자꾸 피하려 드는 것이 아닌가요(부정적 결과)?'라는 식으로 직면한다. 내담자는 직면을 받아들여도 순간적으로는 불안할 수 있기 때문에 여유를 가질 수 있도록 배려해야 한다. 직면이 필요할 경우에는 다음과 같은 사항들이 고려되어야 한다(이윤로, 2007 : 59-60).

① 관계형성이 완전히 확립되었을 경우에만 직면을 사용한다.

② 인간에 대한 직면이 아니라 그 사람의 행동에 대해서 직면한다.

③ 특별한 행동이나 사건에 대해 구체적으로 한다.

④ 사용언어와 방법을 예의 바르게 한다.

(10) 자기노출

자기노출은 상담자가 자신의 생각이나 느낌 그리고 자신에 관한 정보를 밝히는 것으로, 적절히 사용하면 내담자와 친밀하고 편안한 관계를 유지하는 데 도움이 된다. 자기개방은 개인적이거나 가족에 관한 일을 다른 사람에게 드러내는 것에 반감을 가지는 사람에게 유용하게 사용될 수 있다. 감정의 개방은 내담자가 자신의 감정을 인식하고 표현하도록 하며, 특히 수치심이나 죄책감 같이 수용하기 어려운 부정적인 감정을 인정하도록 돕는 데 효과적이다. 이렇게 사회복지사가 자신의 감정을 개방함으로써 다른 사람도 유사한 감정을 가지고 있다는 사실을 인식하게 함으로써 내담자도 자신이 느끼는 감정이 정상적임을 가르쳐 주며 자신의 감정을 인식하도록 도울 수 있다. 사회복지사가 자기노출을 할 경우에는 짧게 하며 초점을 당사자에게 유지해야 한다. 개인 사생활과 관련한 정보는 원하지 않는 경우에는 개방하지 않아도 된다. 그리고 개인적인 경험을 질문받거나 공유하기를 원하는 경우에도 짧게 대답하거나 대답하지 않아도 된다. 어느 경우에나 질문을 하는 마음을 받아주고 적절히 반영해 주어야 한다.

자기노출에서 주의가 요구되는 경우로 내담자가 폭력적이거나 정신적인 병리현상으로 사회복지사에게 위해를 가할 가능성이 있을 때는 개인이나 가족에 대한 정보를 노출하지 않도록 주의할 필요가 있다.

(11) 해석하기

해석은 내담자가 새로운 방향에서 문제를 바라볼 수 있도록 행동이나 생각, 감정 등에 새로운 의미와 원인을 설명하는 것으로 말 속의 숨은 메시지에 초점을 둔다. 예를 들면, 겉으로는 각각의 사건들이 분리되어 있는 것 같지만, 비슷한 동기에서 발생한 연결된 행동이라는 사실을 설명해 주거나 당사자의 행동이나 감정 그리고 생각에서 반복적으로 나타나는 주제를 지적해 주고 이해시키기 위해서 새로운 시각을 제공하는 것이다. 이렇게 해석을 하는 목적은 통찰력을 가짐으로써 자신들의 행동의 동기에 대해서 더 잘 이해할 수 있도록 돕는 것이다. 또한 감정을 파악할 수 있게 함으로써 감정을 소유하도록 도울 수 있다. 이렇게 해석을 통해서 궁극적으로는 다른 사람을 비난하기보다는 자신의 행동에 대해서 스스로 책임질 수 있도록 하며 자기통제를 촉진하는 것이다.

예를 들면, 어떤 여성이 가정과 사회생활 모두에서 실패했다고 느낄 때, 실패의 원인을 부모나 형제 그리고 남편이나 직장상사의 탓으로 돌리기보다는 이러한 실패를 야기하는 데 본인 스스로가 어떤 역할을 하였는가를 깨닫도록 돕는 것이다.

이렇게 해석을 하게 되면 자신이 직면한 어려움을 설명해 주는 개념적 틀을 제공하고, 해결하기 위한 근거를 제시해 줌으로써 자기 효능감을 높이고 이해의 폭을 넓히며 어려움을 덜 수 있도록 도울 수 있다.

해석하는 방법으로는 직접적인 진술을 할 수도 있고 조심스럽게 가설적으로 또는 임시적으로 표현하도록 하며 당사자의 말과 약간만 차이가 나는 해석을 만들도록 한다. 말의 내용은 긍정적으로 표현하고 내담자에게 변명거리를 제공하는 말은 피하도록 한다. 아니면 질문을 통해서 할 수도 있다. 예를 들면, '당신이 인간관계에서 실패한 원인은 부모님, 특히 아버지와의 관계에서 미해결된 문제가 다른 관계에서도 반복되어 나타나는 것으로 보입니다' 또는 '만약 당신이 아버지와의 관계가 만족스러웠다면 지금 남편과의 관계도 좀 더 편안했을지도 모릅니다' 또는 '남편에 대한 지나친 통제나 불안은 지금 남편과의 경험에서 나온 것이라기보다는, 아버지와의 불편한 경험에서 나온 것이 아닐까요?'라는 식으로 할 수 있다. 해석을 할 때는 해석 내용을 논의할 충분한 시간이 남았는지를 확인하고 해야 하며 해석을 깊이 다룰 수 있는 충분한 시간을 가지도록 한다. 한 과정에서 너무 많은 해석을 하지 않으며 내담자 자신의 해석을 물어보고 스스로 성찰해 보도록 격려한다. 당사자가 부정적이거나 감정적인 반응을 보일 수 있다는 것을 각오해야 한다. 이렇게 강한 부정을 나타내거나 감정적인 반응을 보이는 것은 당사자가 아직 받아들일 준비가 되어있지 않거나 아니면 사실을 인정할 준비가 되어있지 않은 경우가 많다. 그럴 경우 당사자의 반응을 수용하고 한번 생각해 보시라고 편하게 말하는 것도 좋다.

해석을 하는 방법은 당사자와의 우호적 관계형성과 상담을 통해서 당사자가 해석을 원하고 받아들일 준비가 되어있다는 것을 먼저 확인한다. 사회복지사의 편에서도 해석을 제공하는 자신의 의도를 깊이 생각해 보아야 한다. 그래서 해석이 내담자가 통찰력을 회복하고 자기 통제력을 갖기 위한 것이라는 사실을 분명히 해야 한다. 내담자가 스스로 통찰을 얻기 위한 탐구를 할 수 있도록 돕기 위해서 당사자에게 해석을 요구하는 것으로 시작하는 방법도 있다. 또는 당사자가 얼마나 관심이 있는지를 파악하기 위해서 실험적 해석으로 시작할 수도 있다(Clara E. Hill, 2001 : 344). 해석을 하고 나서는 당사자의 반응을 살펴보기 위해서 물어보아야 하며 추가적인 정보를 통해서 재해석해 나간다. 이렇게 함께 해석하고 해석을 구성해 나가는 것이 효과적이다.

이러한 해석은 상담이 진행되고 정보가 축적됨에 따라 적당한 깊이로 여러 번 반복해서 사용하는 것이 더 효과적이며 해석에는 적절한 타이밍을 맞추는 것이 중요하다. 즉, 당사자가 자신에 대한 통찰력을 얻어가는 속도와 상담자에 대한 신뢰와 관계형성이 적절할 때 효과적으로 사용될 수 있다.

해석을 사용하는 데 겪는 어려움으로는 지나치게 간섭한다고 느끼거나 당사자가 당황해하고 화를 낼 수도 있다. 이런 일이 발생하는 이유는 해석을 들을 준비가 되어 있지 않거나 자신을 이해하는 시기에 문제가 생기는 경우가 대부분이기 때문에 속도를 조절하고, 문제가 철저히 탐색될 때까지 기다려야 한다. 해석은 임시적이고 공감적으로 표현하며, 짧게 하고 예를 사용하는 것이 좋으며 해석에서 판단은 피하도록 한다.

Hepworth와 Larsen은 해석기술을 사용할 때 주의해야 할 점들을 다음과 같이 기술하고 있다(Hepworth & Larsen, 1986, 양옥경 외, 2005 : 165 재인용).

첫째, 내담자가 상담자의 동기를 오해하여 방어적인 반응을 할 수 있으므로 어느 정도의 신뢰관계가 형성되어 상담자의 좋은 의도를 믿을 수 있을 때까지 기다려서 사용한다. 일반적으로 해석은 상담자와 내담자 간의 신뢰관계가 돈독해진 경우에 해야 한다.

둘째, 내담자가 자기탐색을 할 준비가 되어 있어야 하고, 상담자도 정보를 충분히 확보한 다음에 해석기술을 사용한다. 충분한 정보가 없이 너무 빨리 해석하는 경우 해석이 틀릴 수도 있기 때문에 이럴 경우에는 해석을 하지 않는 것보다 못한 결과를 가져올 수 있다.

셋째, 연속적인 해석은 오히려 당사자를 혼란스럽게 할 수 있으므로 해석 후 충분히 생각할 시간을 주는 것이 필요하다.

넷째, 해석은 어디까지나 상담자의 추론에 의한 것이므로 틀릴 수 있음을 항상 염두에 두어야 한다.

다섯째, 당사자가 해석에 불쾌해하거나 부정적으로 반응하면, 실수가 있을 수 있음을 인정하고 내담자의 반응에 공감하며 주제를 보다 상세히 탐색하고자 하는 논의를 계속해야 한다.

5) 질문기술

상담의 중요한 측면은 적절하고 좋은 질문을 하는 것이다. 상담자는 내담자에게 적절하고 좋은 질문을 던짐으로써 당사자가 스스로 생각을 정리하고 바른 시각을 회복하도록 도와주며 자원을 찾아내도록 이끌어 나갈 수 있다. 해결중심 단기가족치료의 경우에는 다섯 가지 질문으로 상담이 구성되며 적절한 질문을 적절한 시점에 던짐으로써 해결방안을 구축해 가며 상담의 전 과정을 이끌어 나가게 된다. 이렇게 질문은 상담에서 매우 중요하며 적절한 시기에 적절한 질문을 던질 수 있는 것이 상담자의 전문적 능력이며 지혜라 할 수 있다.

(1) 폐쇄형 질문

폐쇄형은 '예'와 '아니요'만으로 대답할 수 있는 질문으로 사실을 확인하거나 간단한 사실과 필요한 정보를 파악할 때 자주 활용된다. 그래서 '댁의 전화번호는 이 번호가 맞습니까?' 하는 식이다. 폐쇄형 질문은 내담자가 어떤 결정을 내리도록 도우려는 목표를 가지기 때문에 자신의 가치나 감정, 선택 그리고 재능 등을 탐색하도록 도와주기 위해서 자주 활용된다. 그래서 내담자가 구체적인 사항에 초점을 두도록 하는 데도 유용하게 활용된다. 또한 내담자가 이야기하는 것을 어려워할 때도 유용하게 활용되며 폐쇄형 질문을 할 때는 여러 개의 질문을 한꺼번에 함으로써 혼란스럽게 만들지 말아야 한다. 더욱이 상담자의 생각이나 추측을 강요하거나 유도성 질문은 피하도록 하며, 논의내용에 적절한 질문을 해야 한다. 여기에 더해서 최소한의 격려를 보냄으로써 관심을 가지고 듣고 있다는 것을 알도록 해야 한다.

(2) 개방형 질문

내담자들은 당사자의 방식으로 이야기하고 자신이 하고 싶은 말을 할 때 더 즐겁고 더 만족한다. 그래서 개방형 질문은 대답하는 사람이 자신이 말하고 싶은 내용을 자신의 방식대로 편하게 대답할 수 있도록 열려 있다. 예를 들면, '남편과의 관계는 어떤가요?' 또는 '이 일에 대해서 어떻게 생각하십니까?' 등이다. 이렇게 개방형의 질문을 던짐으로써 내담자는 자신의 생각을 정리하고 객관화할 수 있으며 다시 한번 생각해 볼 수 있는 기회를 가지게 된다.

개방형 질문은 탐색을 돕기 위해서 또는 명료화하고 감정을 탐색하기 위해서 활용된다. 그래서 '지금 하신 말이 무엇을 의미하는지 좀 더 이야기해 주세요' 또는 '그 일에 대한 당신의 느낌을 말해주세요'와 같이 사용되기도 한다. 이렇게 개방형 질문을 함에도 불구하고 특정 방향으로 몰아가거나 유도해 나가는 질문은 적절하지 않기 때문에 주의해야 한다. 상담의 목적은 내담자가 스스로 문제를 해결해 나갈 수 있도록 도와주는 과정이라는 사실을 숙지할 필요가 있다. 그렇다고 해서 상담자는 질문만을 던지고 기다리는 사람은 아니다.

개방형 질문은 당사자가 내면에서 탐색하도록 돕고 격려하는 질문으로 집중하고 몰입하게 함으로써 자신의 감정을 파악하고 생각을 명확히 하도록 도우며 구체적인 예를 이끌어 낼 수 있다. 개방형 질문은 문제의 다양한 측면을 탐색하도록 도우며 한 부분에 초점을 맞추도록 돕는다. 개방형 질문을 할 때는 친밀함을 전하기 위해서 목소리의 톤이 낮고 빠르지 않게 말하며 편안함을 느끼기 위해서 가정적인 표현을 사용하기도 한다. 개방형 질문에서 무엇, 무슨으로 시작되는 질문은 사실적 자료를 찾아나가는 질문이다. 어떻게든 주관적 견해를 도출하는 것으로 사람지향적이어야 한다. 그리고 '…하시겠습니까?' 또는 '…할 수 있어요?'라는 질문은 상대방에게 선택권과 융통성 또는 여유를 주는 질문으로 강요당하거나 지시당하는 느낌을 주지 않게 된다. 탐색과정은 아무런 구애 없이 자유로워야 하며 어떤 비판도 없어야 한다. 개방형 질문은 탐색을 돕기 위해서, 명료화하기 위해서, 초점을 맞추기 위해서 등 다양하게 활용할 수 있다. 개방형 질문은 짧고 간단해야 하며 한 가지씩 함으로써 초점을 맞추고 집중할 수 있어야 하며, 당사자에게 초점이 맞추어져야 한다.

그리고 간접적 칭찬으로 '어떻게 그렇게 할 수 있었나요?'라고 질문할 수 있다. 이런 경우는 어려움을 극복하고 용기 있게 어떤 결정을 내리거나 아니면 행동을 취해서 변화가 발생했거나 효과가 나타났을 때 칭찬해 주는 우회적 방법의 질문이다. '정말 대단하십니다. 어떻게 그렇게 용기를 낼 수 있었나요?, '어떻게 그런 생각을 하실 수 있나요?' 등의 형태로 사용할 수 있다. 이런 간접적 칭찬은 내담자에게 용기를 주며 격려해 주기 때문에 더 많은 탐색과 행동을 장려하는 효과가 있다.

(3) 피해야 하는 질문

질문 중에서 피해야 하는 것은 '왜(why)'라는 질문이다. 왜라고 묻게 되면 내담자가 당사자식으로 이야기하는 것이 아니라 마치 추궁당하고 다그치는 느낌이 들어 방어적이 되기 쉽다. 대부분의 경우 이런 질문을 받으면 그 순간을 모면하기 위해서 자기 합리화를 하게 되며 나중에 생각하면 이러한 합리화가 도리어 마음의 부담을 줄 수도 있다. 그리고 많은 경우에 어떤 행동을 한 이유를 스스로도 잘 모르는 경우가 많다. 그러므로 왜라는 질문 대신에 '어떻게(how)' 또는 '무엇(what)'이라는 질문으로 바꾸는 것이 필요하다. '무엇'이라는 질문은 흔히 사실지향적이며, '어떻게'라는 질문은 사람지향적이다. 예를 들면, 밤늦게 귀가한 딸에게 '왜 늦었니?' 하고 다그치는 것보다는 '무슨 일이 있었니?' 하고 늦게 된 사실을 파악하거나 또는 '어쩌다가 늦었니?' 하고 묻게 되면 늦어지게 된 딸의 입장을 들을 수 있게 된다.

이 외에도 너무 많은 질문을 한꺼번에 함으로써 질문을 쌓아놓는 것과 유도성 질문은 피하는 것이 좋다. 내담자에게 질문을 하는 이유가 추궁하고 사실을 밝혀내기 위한 것이 아니라 당사자가 스스로의 생각과 태도를 정리하고 결정하기 위한 것이라는 사실을 잊지 말아야 한다. 상담자의 역할은 검사나 판사와는 다르며 내담자를 돕기 위해서 질문하고 상담한다.

질문을 잘못하면 내담자가 말하고자 하는 흐름을 흐려 놓거나 초점이 흐려지는 역효과가 발생하며, 추궁당하고 고문당하는 느낌을 받기도 한다. 상담자가 질문을 하는 이유는 당사자를 돕기 위해서 필요한 정보를 알기 위한 것이지 상담자의 개인적 호기심을 만족시키기 위한 것이 아니라는 사실을 명심해야 한다. 상담자는 내담자가 말하는 흐름을 따라가며 상담자 측에서 볼 때 불필요한 정보로 판단된다고 해도 갑자기 주제를 바꾸도록 하는 것은 당사자의 입장에서 보면 자신을 이해하지 못하는 행동으로 비치기 쉽다. 초보 상담자가 가지는 오해 중 하나는 내담자의 문제에 대해서 세세한 모든 정보를 알아야 한다고 생각하는 것이다. 이러한 태도는 문제를 대신 해결해 주어야 한다는 생각에서 나온다. 상담자는 내담자가 스스로 해답을 찾아나갈 수 있도록 도와나가기 때문에 세세한 모든 것을 알 필요가 없다. 질문을 할 때는 누구를 위한 질문인가를 충분히 고려해야 하며 언제나 내담자에게 초점이 맞추어져야 한다.

통금시간이 12시로 제한된 대학생 딸이 아무 연락도 없이 새벽이 되어서야 집에 돌아왔다. 딸을 걱정하며 자지 않고 기다리던 어머니가 딸을 보자 다음과 같이 말했다.

1. 왜 이제 오니? 지금이 몇 신지 알아?
2. 어쩌다 이렇게 늦었니?
3. 무슨 일이 있었니?
4. 무슨 일로 늦었는지 말해줄 수 있니?
5. 이제까지 뭐 했어?

각 방식의 대화법의 특성은 무엇인가?
본인이 당사자라면 어떤 말이 듣기 편한가? 그 이유는 무엇인가?
1은 다그치고 질책하는 대화로 정직한 대화보다는 변명하기 쉬울 것이다.

2는 무슨 일이 생겼는지 몰라 염려하는 마음으로 딸에 대한 관심이 전해지며 대화를 이어가게 만든다.

3과 5는 사람보다는 사건지향적이다.

4는 상대를 존중하며 알고 싶은 마음을 정중하게 전한다.

최선화(2015). 일상으로서의 사회복지실천과 상담, pp. 47-48

6) 목적유지기술

(1) 초점유지기술

사회복지사를 찾아오는 이용자들은 대개의 경우 조리 있게 말을 하거나 자신의 생각을 논리적으로 잘 표현할 수 있는 경우보다는 혼돈되거나 불안하고 생각을 적절히 표현할 수 있는 능력이 부족한 경우가 많다. 그러므로 횡설수설하고 장황하게 늘어놓거나 아니면 감정이 격해 있는 경우가 많다. 그러므로 사회복지사는 이용자가 상담하는 목적에 부합하는 면담을 할 수 있도록 면담을 이끌어 가는 기술이 요구된다. 내담자가 특정 문제에 지나치게 집착하거나 반복적으로 말하는 경우 또는 핵심에서 벗어나거나 지나치게 감정적인 경우에는 면담의 목적에 맞게 초점을 맞추도록 이끌어 나가는 기술이 요구된다.

예를 들면, '조금 전에 말씀하신 돈 문제에 관해서 좀 더 말씀해 보시겠어요?'와 같이 중심주제에 대한 탐색과 논의를 유지하고 심화시키는 기술이 필요하다. 주제에 초점을 맞추게 되면 제한된 시간에 상담의 효과를 극대화하고 시간낭비를 줄일 수 있게 된다. 이러한 기술은 또한 말을 잘하지 않고 어떻게 말해야 할지 파악하기 힘들어하는 과묵한 내담자에게도 효과적이다. 초점을 특정한 주제에 맞추게 되면 감정에서 벗어나서 중심문제를 더 깊이 탐색해 나갈 수 있게 된다. 초점유지기술을 사용하는 이유는 다음과 같다(Trevithick, 2000; 엄명용 외, 2005 : 115).

① 지금까지 논의가 특정 문제에 지나치게 초점을 둔 나머지 다른 문제에 대해서는 다루지 못하였을 경우이다.

② 논의의 내용이 소진되어 같은 내용이 반복될 경우이다.

③ 논의내용이 주변적이거나 관련성이 없이 핵심에서 벗어나 있을 경우이다.

④ 어려운 주제에서 벗어나서 이 주제에 다시 초점을 맞출 필요가 있을 때이다.
⑤ 논의내용으로 인해 격한 정서적 감정을 불러일으켜서 진정하고 균형을 유지할 필요가 있을 때이다.

(2) 촉구기술

사회복지사는 이용자가 말하는 내용에서 추가설명이 요구되거나 문장을 끝내지 않았을 때 계속해서 진술할 수 있도록 돕는다. 내담자가 내용의 일부를 누락하거나 문장을 중단한 경우는 여러 가지가 있을 수 있다. 예를 들면, 본인에게 지나치게 고통스럽거나 수치심을 느껴 말하지 않는 경우나 감정이 드러나는 것을 두려워해서 중단하는 경우도 있다. 어느 경우라 해도 촉구기술을 통해서 말로 표현해 내게 하는 것이 문제해결과 당사자의 성장에 중요하다. 최소한의 격려를 통해서 이야기를 이어나가게 하기 위해서 '그래서요, 그렇죠, 그렇군요'와 같은 촉진언어를 사용하거나 이야기 도중에 사용된 주된 단어를 사용하기도 한다. 그래서 내담자가 이야기를 이어나가도록 격려해 준다. 그러나 촉구하는 것이 다그치거나 압력으로 느껴지지 않기 위해서는 세심한 주의가 요구된다.

(3) 탐색기술

Kadushin은 탐색기술은 자세한 설명을 위해 탐색을 요하는 '명료화 탐색', 빠트리거나 다루지 못한 내용 혹은 지나쳐 버린 내용을 탐색하기 위한 '완결을 위한 탐색', 내담자의 생각과 감정에 초점을 두면서 내담자의 정서적 깊이를 향상시키기 위한 '반응적 탐색'으로 구분하였다(엄명용 외, 2005 : 116). 이처럼 탐색은 정확한 정보를 구하거나 내담자의 태도 중에서 모호한 부분을 명료화하기 위해서 요구된다. 그럼에도 불구하고 탐색이 당사자에게 압박감을 주거나 심문하는 것 같은 인상을 주지 않기 위해서는 가설적인 문장으로 표현하거나 질문을 하는 이유를 설명하는 것도 도움이 된다. 예를 들면, '지금 하신 이야기는 중요하다고 생각됩니다. 그래서요! 그 다음은 어떻게 하셨나요?'와 같이 말할 수 있다. 아니면 다른 사례를 들어서 접근해도 된다.

(4) 피드백 주고받기

사회복지 분야에서의 개입에는 어떤 방법을 사용하건 간에 사회복지사와 이용자 간의 정직한 피드백 주고받기는 개입의 목적을 달성하는 데 중요한 역할을 수행한다. 피드백은 긍정적인 것과 함께 부정적인 피드백도 있기 때문에 상처를 주기도 한다. 그러므로 피드백을 줄 때는 피드백을 하는 목적이 판단을 하기 위한 것이 아니라는 점을 분명히 하고서 말한다. 부정적인 피드백은 상대방에게 목적달성을 위해서 도전하고 성장하도록 돕기 위한 것이라는 사실을 인식시키도록 한다. 긍정적인 피드백은 형식적이거나 겉치레로 주어지는 것처럼 느껴질 수도 있다. 피드백을 줄 때는 설명적이거나 해설적이기보다는 기술적인 피드백이 보다 초점이 있고 덜 논쟁적이게 된다(엄명용 외, 2005 : 114).

(5) 환기

많은 경우 내담자가 제시하는 문제는 문제 자체가 문제라기보다는 문제에 대한 당사자의 정서적 반응이 더 문제가 된다. 특히 우리나라 사람들은 감정이 풍부하기 때문에 이런 경우가 많으며 여자들이 더 여기에 해당되는 경우가 많다. 또한 우리나라 사람들의 특성상 어지간히 문제가 쌓이거나 심각하지 않고서는 전문기관을 찾거나 상담을 신청하지 않기 때문에 면담 초기에는 적극적 경청을 통한 정서적 환기가 더욱 중요하다. 초기만이 아니라 면담의 각 시기마다 정서적인 문제가 표출될 수 있도록 도움으로써 문제해결에 다가갈 수 있게 된다.

내담자들은 자신이 느끼는 분노, 슬픔, 원한, 미움, 죄의식 등의 부정적 감정들을 표출함으로써 감정을 털어버리게 되고 순화시키게 된다. 자신의 감정을 객관화시켜서 언어화하는 과정을 통해서 객관적으로 바라보게 되어 새로운 시각을 갖게 되기도 한다. 부정적 감정들은 가슴에 묻어두고 담아두게 되면 썩어서 병이 되고 문제를 더욱 악화시키게 되지만 언어화하고 타인에게 표출하는 과정을 통해서 정화되고 해소될 수 있다.

(6) 협상기술

갈등관계에 있는 이해당사자들 간의 차이를 조정하고 이해와 합의를 이끌어 내기 위해서는 상대방의 정서에 호소하기보다는 공정성을 강조하도록 한다. 협상을 해야 하는 경우에 사회복지사는 관련 당사자들의 다양한 관점과 이러한 관점을 갖게 된 이유가 무엇인지에 대해서 적극적 경청을 통해서 이해하도록 노력해야 한다. 협상을 잘 이끌어 나가기 위해서는 사실 파악과 정보를 활용해서 협상을 준비해야 하며 지지체계를 활용하는 것도 효과적이다.

(7) 중재기술

분쟁당사자들 간의 차이점을 조정하여 합의점에 도달하도록 돕는 기술이다. 합의점을 찾기 위해서 사회복지사는 중립적인 입장을 취하며 분쟁당사자들 간의 공통점을 찾아내도록 해야 한다. 분쟁당사자 모두가 이길 수 있는 접점을 찾아내거나 아니면 서로 하나씩 주고받는 방법 내지는 서로의 명분을 세워주고 자존감을 지켜줄 수 있도록 돕는다.

7) 계약기술

계약은 내담자와 사회복지사 간에 역할, 책임 그리고 면담수행의 목적을 공식적으로 구조화하는 것이다. 계약은 말로 또는 문서로 합의하며 가능하면 문서화하는 것이 좋지만 우리나라에서는 상담 시에 관례상 말로써 계약을 맺는 경우가 많다. 그러나 문서화함으로써 관계와 의무를 명확히 하게 되며 만약의 경우에 발생할 오해나 분쟁에도 대비할 수 있다.

8) 평가기술

많은 시간과 비용을 들인 프로그램이나 상담이 얼마나 소기의 목적을 달성했는지를 평가하는 일은 중요한 과정이다. 이런 객관적인 자료 없이는 전문성을 인정받기 어려워진다. 그러므로 비용효과를 파악해 내기 위한 평가방법을 계획

단계에서부터 계획안에 포함시키고 있다.

평가기술은 누구를 대상으로 평가할 것인지와 어떤 척도와 도구로 할 것인가 그리고 무엇을 평가할 것인가 등의 여러 측면이 있다. 어느 경우든 시간과 비용 그리고 인력을 들여서 노력한 결과가 어떤 변화를 가져왔는지와 소기의 목적을 달성했는지를 분명히 함으로써 전문성과 효과성을 입증해 내야 할 것이다. 그런데 사회복지에서 사람에 대한 개입은 효과가 즉각적이지 못하거나 직접적 효과 못지않게 간접적 효과를 가지는 경우가 많고 수치로 환산하기 힘든 경우도 많아서 어려움을 겪고 있다. 그래서 더욱 정교하고 효과적인 척도와 평가기술의 개발이 요구된다.

생각해 보기

1. 주변 사람을 대상으로 상담을 해보며 각각의 기법을 적용해 보자.
   상담하면서 어떤 기법을 주로 사용하였는가?

2. 인내심을 가지고 다른 사람의 말을 경청하는 것이 쉬웠는가?

3. 어떤 점이 힘들었고 왜 그런가?

C·H·A·P·T·E·R

05

문제해결을 위한 기술(과정론)

—사회복지사가 간다

C·H·A·P·T·E·R

05 문제해결을 위한 기술(과정론)

– 사회복지사가 간다

사회복지사는 만화처럼 문제가 있는 곳이면 어디든 나타나서 정의의 칼을 휘둘러 단칼에 모든 문제를 해결하는 해결사가 아니다. 사회복지사는 그런 마법의 힘을 가지고 있지 않다. 그 대신 온화함과 긍정적 고려를 통해서 이용자가 직면해 있는 어려움을 해결하도록 돕고, 욕구를 충족시킬 수 있도록 도와나간다. 사회복지실천은 일련의 과정으로 여러 가지 요소들이 유기적이고 복합적으로 관련된다. 따라서 사회복지사는 사정과 개입 그리고 종결이라는 과정을 이용자와 함께하게 된다.

1. 개인을 대상으로 한 개입

개인을 대상으로 하는 실천기술은 인간의 존엄성에 기반해서 이용자와 전문적 관계를 형성한 사회복지사가 개별 이용자들이 처한 어려움을 넘어서서 자신의 욕구를 충족시킬 수 있도록 도와나가는 전문적인 개입방법이다. 따라서 개별사회사업은 개인을 대상으로 하며 이들을 돕기 위한 전문가인 사회복지사와 1 : 1의 면대면 관계를 형성한다. 그럼으로써 당사자의 적응과 인간관계를 향상시켜 나간다. 따라서 개별화된 원조과정이 그 특징이다.

이러한 과정에 다양한 개입모델을 활용하게 된다. Perlman은 개별 사회사업은 문제(Problem)를 가진 사람(Person)이 일정한 장소(Place)에 와서 이곳에서 전문적인 과정(Process)을 통해 도움을 받는 것이라고 했다. 4P는 나중에 전문성(Professional person)과 기회나 자원의 제공(Provision)이 추가되어 6P로 확대되었다.

1) 초기단계 : 사정을 위한 자료수집 – 알아야 면장을 하지

도움을 받으러 온 이용자를 도와주기 위해서는 먼저 당사자가 어떤 상태에 있는지를 파악해 나가는 과정이 필요하다. 내담자를 아무리 도와주고 싶어도 그 사람이 처한 개인적 · 사회적 상황과 여러 가지 사실들을 파악하지 않고는 어떤 개입도 함부로 하기 힘들 것이다. 그래서 내담자를 파악해서 사정하기 위한 자료수집이 먼저 이루어져야 한다.

초기단계는 접수를 통해서 내담자의 욕구를 해결해 줄 수 있는지 아니면 다른 기관으로 의뢰를 해야 하는지를 먼저 판단해야 한다. 그래서 본 기관에서 다룰 수 있는 사례로 판단되면 직접 서비스를 제공하기 위해서 계약을 맺는다. 우리나라에서는 공식적인 계약서로 계약을 체결하기보다는 구두로 비용과 상담기간 등에 대해서 알려주고 합의하는 방법을 취하지만 최근 들어서는 공식적인 계약을 체결하는 것을 원칙으로 한다. 이렇게 계약이 체결되고 나면 개입에 앞서 사정을 위한 자료를 수집하고, 서비스를 제공하기 위한 기초적 사실들을 파악해 나가며, 당사자에 대한 정보와 당면한 어려움과 자원을 파악한다. 첫 면담에서 가장 중요한 목적 중 하나는 당사자의 말을 경청하는 것과 사회복지사가 내담자를 이해하기 위해서 노력하고 있다는 것을 당사자에게 알리는 것이다. 그러므로 내담자가 편안하게 느끼고 자신의 언어로 자기방식대로 이야기하도록 돕는다.

(1) 접수

접수란 문제나 욕구를 가진 사람이 사회복지관이나 사회복지시설을 찾아왔을 때, 사회복지사가 그의 욕구나 문제가 기관이 제공하는 서비스나 정책을 통해서 해결될 수 있는지를 판단하는 과정이다. 이 과정을 통해서 서비스를 받을 수 있다고 판단되면 서비스 이용자가 되어 자료수집과 사정을 통해서 요구되는 서비스를 받을 수 있게 된다. 그러나 적절한 서비스를 제공할 수 없다고 판단되면 요구되는 서비스를 받을 수 있는 기관으로 의뢰하게 된다.

모르는 사람에게 도움을 요청하는 사람의 심정은 두려움과 양가감정으로 특징지을 수 있다. 즉, 요구되는 서비스를 받을 수 있을지에 대한 두려움과 다른 사람들이 자신을 어떻게 생각할지에 대한 두려움, 어떤 과정을 밟아야 할지에 대한 불안 등이 일어날 것이다. 한편 양가감정은 기관을 찾아온 것이 잘한 일인지 아니면 잘못한 일인지에 대한 복잡한 감정이 교차할 수 있다. 특히 자발적으로 온 내담자가 아니라 강제로 오게 된 사람들의 경우는 강한 저항과 동기부족으로 거부감을 가질 수도 있다. 그러므로 접수 시의 과업으로는 내담자의 문제 확인, 의뢰결정, 원조관계 수립, 내담자의 동기화, 저항감과 양가감정 해소 등을 들고 있다. Sheafor는 접수 시 다루어야 할 것으로 내담자에게 편안한 분위기 조성, 당사자의 두려움, 오해를 확인하고 양가감정 다루기, 서비스의 자격요건, 비용 등의 설명, 의뢰결정, 기관서비스의 특성 설명, 앞으로의 진행과정에 대한 기본적인 사항(시간, 빈도, 비용 등) 결정 등을 들고 있다(김혜란, 1998 : 322).

접수를 담당하는 사회복지사는 우선 편안한 분위기를 만들어서 찾아온 사람들에게 잘 왔다는 마음을 가질 수 있도록 따뜻하고 친절하게 대함으로써 정서적 불안과 죄의식 또는 자존감 저하 등의 문제를 처리할 수 있도록 돕는다. 그러고 나서 찾아온 문제와 욕구를 확인하고, 기관에서 제공하는 서비스의 자격요건 등을 고려해서 서비스를 제공할 것인지, 아니면 다른 기관으로 의뢰할 것인지를 판단해야 한다. 서비스를 제공할 수 있다고 판단하는 경우에는 앞으로의 진행과정을 설명해 준다. 다른 기관으로 의뢰해야 할 경우에도 당사자의 동의를 구해서 정보를 제공해 주고 충분한 논의를 거쳐서 결정하도록 한다. 의뢰를 할 경우에는 정보만을 제공해 주는 것이 아니라 의뢰할 기관에 전화를 걸어서 확인하고 의뢰자를 받을 수 있는지를 논의해서 주소와 전화번호를 알려주고 찾아갈 시간 약속을 미리 정해서 알려준다. 또한 혼자서 찾아가기를 두려워하는 경우에는 동행하기도 한다.

비자발적인 내담자, 즉 보호관찰, 가정폭력, 아동학대 등으로 법원, 고용주 또는 부모로부터 수강명령을 받거나 전문적인 도움을 받도록 요구받아 강제로 보내진 내담자인 경우 본인의 의사와는 관계없이 보내졌기 때문에 강하게 저항하는 경우가 흔하다. 이들에 대해서 사회복지사는 일정한 권한을 가지며 부여된 권한을 당사자에게 도움이 되는 방향으로 사용할 수 있다. 또한 협조할 때 얻을 수 있는 대가와 협조하지 않을 때 발생할 부정적 결과를 알려주고 선택하도록 도우며 자기결정권을 인정해 준다.

기관에서 서비스를 제공하기로 한 경우에는 어떤 욕구와 문제를 가졌는지, 자원으로는 무엇이 있는지를 판단하고 어떤 서비스를 제공해야 하는지를 판단하기 위해서 우선 사정을 위한 자료를 수집해야 한다.

(2) 사정을 위한 자료수집

몸이 불편한 사람이 병원을 찾는 것처럼 어떤 욕구를 가진 사람이 사회복지사를 찾아왔을 때 그 사람이 요구하는 것을 그대로 다 들어줄 수는 없을 것이다. 의사가 먼저 환자의 몸 상태를 진찰하는 것처럼 먼저 그가 어떤 상황에 처해 있는지에 대한 파악이 요구된다. 그래서 상담을 통해서 도움을 제공하기 위한 계획을 수립하는 데 요구되는 기초 자료를 수집하게 된다.

한 개인이 가진 욕구를 해결하기 위해서는 먼저 그가 처한 사회적 상황을 파악해서 현재 당사자가 가지는 욕구와 해결할 수 있는 자원을 파악하게 된다. 이러한 자원에는 개인의 강점, 환경적 강점 등이 모두 포함된다. 개인이 직면한 욕구와 자원을 파악하는 데는 두 가지 방법이 있다. 하나는 개인이 지금 현재 처해 있는 사회적 상황을 파악하는 것이고 다른 하나는 이 사람이 어떤 사회적 상황 속에서 살아왔는가를 파악하는 것이다. 이렇게 개인의 생육사를 파악하는 것은 지금 개인이 처해 있는 상황을 좀 더 깊이 이해하고 해결방안을 찾는 데 중요한 실마리를 제공하기 때문이다.

그러면 사회력에는 어떤 요소들이 포함될 것인가? 우선 내담자 개인에 대한 신상정보를 파악해야 할 것이다. 나이, 이름, 주소, 전화번호, 주민등록번호, 직업, 가족상황 등이 여기에 포함된다. 그 다음은 생육사(life history) 또는 사회력(social history)에 대한 파악이 요구된다. 개인의 생육사는 가족배경과 출생에서부터 성장배경과 과정, 주요 사건, 영향을 미친 인물과 그들의 가치관, 태도 및 그 영향 등이 포함된다. 또한 교육 정도, 직업경험 등의 사실파악과 함께 인간관계 등을 파악한다.

그런 다음 지금 현재의 상황을 파악하는 것이 요구된다. 그래서 개인이 제시한 욕구나 문제와 관련된 상황 및 그 문제를 해결하기 위한 본인의 능력과 사회적 자원을 파악한다. 개인의 상황 및 능력에는 신체, 정신, 정서, 인간관계 및 영적 강점과 제한점을 파악한다. 또한 사회적 상황으로 주거, 취업, 수입 정도, 교통 등의 상황을 파악한다. 사회적 관계망으로 친구, 이웃, 학교, 직장, 소속단체 등의 지지적 자원과 한계점을 파악한다. 여기에 더해서 사회복지사가 소속된 기관과의 관련성, 자원, 제한점 등을 파악하여 사정결과에 따라 원조계획을 세운다. 이렇게 사회력과 사회적 정보를 파악함으로써 내담자가 당면한 욕구를 해결할 수 있도록 도울 수 있을 것이다. 또한 사회복지사의 사정과 계획 및 개입 목적이 적절한 것인지를 지도・감독을 받기 위해서도 이러한 정보가 요구된다.

이렇게 필요한 사실을 파악하기 위해서는 몇 가지 과정이 요구된다. 먼저 필요한 정보를 어떻게 수집할 것인가 하는 것이다. 가장 쉬운 방법은 본인을 통해서 알아내는 것이다. 그래서 본인에게 직접 물어보거나, 검사지와 질문지를 통해서 파악하거나, 관찰 등의 방법을 동원할 수 있다. 그러나 경우에 따라서는 본인이 언어적 능력이 부족하거나 거짓말을 할 수도 있을 것이다. 그러므로 다양한 방법으로 자료를 수집함으로써 정확하고 충분한 사실을 파악할 수 있을 것이다. 그래서 기존의 자료를 활용하는 방법, 가족을 포함한 중요한 타자나 주변인과의 면담을 통해서 알아내는 방법들이 있다. 이렇게 자료를 파악한 다음 방대한 내용을 어떻게 하면 간단명료하고 정확하며 파악하기 쉽게 제시할 것인가 하는 문제에 부딪히게 된다. 이러한 문제를 해결하기 위해서 주로 양식이나 서식이라는 이미 만들어진 틀을 활용하는 경우가 많다. 양식을 활용하면 간편하게 정리하는 것은 쉬워진다. 그러나 경우에 따라서 가감되어야 하는 사항들이 생기기도 하며 지나치게 형식적이지 않고 충분한 내용을 포함하기 위해서는 유연성을 가질 수 있는 양식이 요구된다.

파악해야 할 사정자료를 요약하면 먼저 개인의 기본적인 신상정보를 파악하고 생육사를 파악하며 제시된 문제와 관련된 개인의 자원과 현재의 사회적 상황의 자원과 제한점을 파악한다. 그리고 기관의 자원과 한계점을 파악한다. 이러한 내용을 종합적으로 고려해서 내담자의 욕구와 자원 간의 적합성을 파악하며 기관에서의 개입을 위한 계획과 목표를 설정하게 된다. 내담자에 대한 개입은 과학적이고 이론적인 판단—전문적 용어로는 사정—하에 이루어지게 된다. 이렇게 보면 사정과정이 복잡하고 많은 시간이 소요되는 과정인 것처럼 느껴진다. 그러나 경우에 따라서는 긴급지원이나 구호가 제공되기도 하며 몇 가지 과정이 생략되기도 하고 아니면 더 깊이 있는 탐색과정과 정보수집이 이루어지기도 한다. 이렇게 사회복지는 인간을 다루는 학문으로 개별화의 원칙에 따라 유연성과 즉시성을 요구하기도 한다.

① 사회력 조사

사회력 조사 양식

기본 신상에 관한 정보	
이 름	
주민등록번호	
나 이	
직 업	
주 소	
전화번호	
교육 정도	
결혼 여부	
가족관계	
사회력 또는 생육사	
가족배경과 출생 시 가족상황	
성장과정	
교육과정	
직업경험	
중요한 인간관계	
중요 사건들과 영향	
제시된 문제와 관련된 자원 및 제한점	
본인의 강점, 자원, 제한점 (신체적·지적·정서적·인간관계적·영적 기능)	
사회적 관계망에서의 자원, 제한점 (가족, 친구, 이웃, 소속단체)	
지역사회의 자원 및 제한점	

기관과의 관계 및 사정결과
개입동기 제시된 문제와 개인의 자원과 제한점에 대한 종합평가 기관의 자원과 제한점 사정결과, 개입계획 및 목표설정

그런데 이러한 내용을 다 기록했다고 해도 뭔가 부족함을 느낄 것이다. 그것은 한눈에 바로 내용을 파악할 수 있도록 제시할 수 있는 방법은 없을까 하는 것이다. 왜냐하면 사회복지사는 많은 분량의 서류를 읽는 데 지쳐 있고 그렇게 많은 시간을 할애할 수 없는 경우가 대부분이다. 그래서 이러한 사회력 작성에 더해서 다른 중요한 상황에 대한 다른 형태의 보고서도 함께 제시해야 하며 그러한 보조 자료들이 중요한 사실을 파악하는 데 편리하게 이용될 수 있다.

② 생육사 작성법

개입을 위한 사정자료를 수집하는 방법으로 여러 가지 형태의 도구들을 활용하기도 한다. 대표적인 형태가 생육사(life history) 또는 사회력(social history)을 파악하는 것이다. 생육사는 개인의 성장과정을 알아내는 것으로 자주 활용되고 있다. 생육사의 예를 들면 다음과 같다.

> S씨는 소도시에서 가까운 농촌에서 태어나서 어린 시절을 자연 속에서 성장하였다. 성장기에는 가족이 농업에 종사하였으며 환경적인 문제로 어릴 적 전염병에 걸려 목숨이 위태로워진 경험이 있으며 이러한 경험은 지금의 건강상태에도 지속적인 영향을 미치고 있다.
>
> S씨는 노산으로 출생 당시 신생아 황달상태였으나 다른 특별한 이상은 없었다고 한다. 그러나 초등학교 2학년 때 편도선염으로 치료를 받다 디프테리아로 판명되어 치료를 받았다고 한다. 그 후로 면역체가 약해져서…….

③ 가계도(Genogram) 작성법

개인이 속한 가족관계를 알아내기 위해서는 가계도를 활용한다. 가계도는 가족관계를 도표를 통해서 간략하게 나타내는 장점이 있다. 최근 들어서는 가계도에 좀 더 많은 정보를 포함시켜 사정의 도구만이 아니라 치료적 도구로 활용하기도 한다. 가계도는 가족의 구조를 파악할 수 있을 뿐만 아니라 가족구성원들의 특성들을 포함시킴으로써 문제를 가지는 것으로 지목된 개인(identified patient)의 특성을 파악할 수 있으며 가족구성원들 간의 상호작용을 좀 더 깊이 있게 파악할 수 있다. 가계도를 작성하는 이유는 가족관계에 관한 많은 정보를 한눈에 파악할 수 있게 하기 위해서이다. 요즘과 같이 이혼이 증가하고 복합가족이 늘어가는 시기에는 가족에 관한 정보는 간단하지 않은 경우가 많다. 또한 이러한 사실을 풀어서 설명하는 방식은 상당히 복잡하고 혼란스러울 수 있다. 따라서 간단히 도표로 작성하게 되면 파악이 쉬워지게 된다.

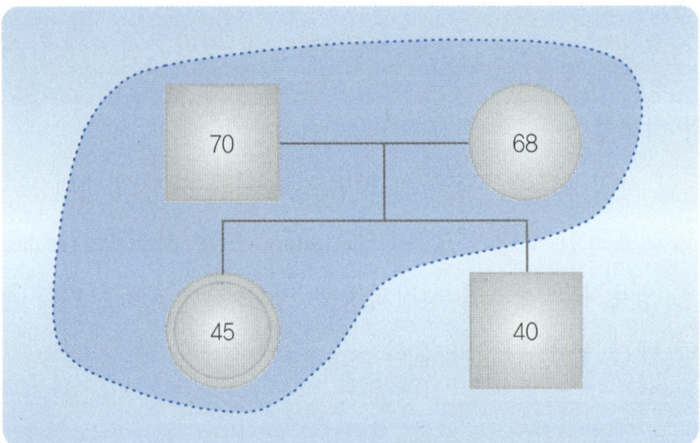

| 그림 5-1 | 간편 가계도

가계도 작성은 여러 가지 형태가 있으며 그 활용법에 따라서 기재되어야 하는 사항도 달라지게 된다. 기본적인 형태는 현재 가족의 상황과 동거가족을 간단히 기록하는 것이다. 위의 가계도에서는 70세의 아버지와 68세의 어머니와 45세의 내담자(Ct)인 딸과 40세의 아들이 가족구성원이다. 현재 동거가족은 아버지, 어머니와 딸 세 사람이다.

여기서 보편적으로 남자는 □, 여자는 ○이며, 당사자는 두 겹으로 표시하고 현재 동거가족은 ……으로 묶어서 표시했다. 그들의 나이를 기입하고, 사망은 X 표, 결혼은 ——, 이혼은 -//-, 별거는 -/-이다. 그러나 경우에 따라서는

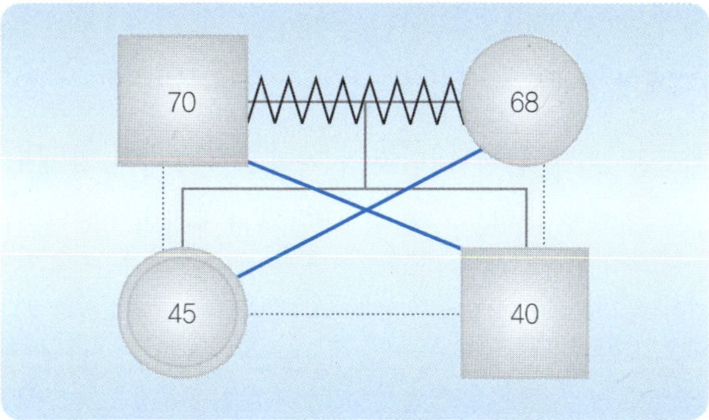

❙그림 5-2❙ 관계를 포함한 가계도

가족관계에 관한 좀 더 자세한 정보가 필요할 때도 있다. 그럴 경우에는 관계의 정도를 선의 굵기로 나타낼 수 있다. 즉, 진한 ──은 밀착된 관계, ──선은 보통의 관계, ⋀⋀⋀ 은 갈등의 관계, ┈┈┈은 소원한 관계를 나타낸다.

위 가계도의 가족관계는 부모관계는 갈등이 많고 아버지와 아들, 어머니와 딸이 밀착된 관계를 맺고 있다. 아버지와 딸, 어머니와 아들 그리고 남매 간의 관계는 거리감이 있다.

이렇게 가족관계를 선으로 표시하면 가족관계에 대한 많은 정보를 한눈에 파악할 수 있게 되며 내담자가 속한 가족 내에서의 가족관계를 쉽게 알 수 있다. 여기에 더해서 좀 더 깊은 가족관계적인 자료를 파악하기 위한 방법으로는 좀 더 정교한 가계도를 그릴 수 있다. Bowen의 3세대 가계도를 통한 세대 간의 흐름을 파악할 수 있는 방법과 Satir의 의사소통 유형과 가족의 신상에 관한 정보를 함께 그리는 방법이 있다.

Bowen의 3세대 가계도

다음의 가계도는 20세 남자 내담자의 가계도를 3세대 가계도로 나타낸 것이다. 그래서 양쪽 조부모, 부모, 그리고 내담자 3세대의 양가를 나타내고 있다.

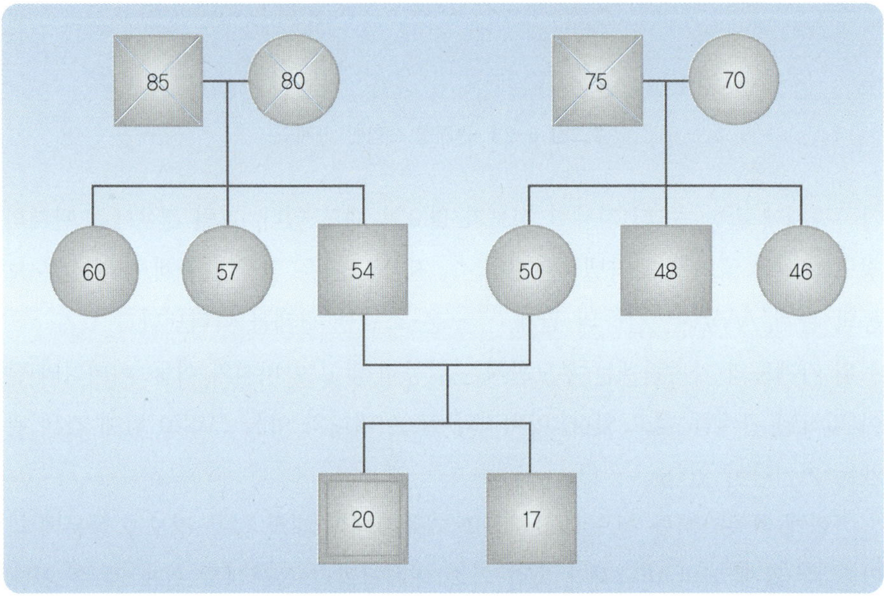

| 그림 5-3 | 3세대 가계도

Satir의 가계도

다음의 가계도는 Satir의 가계도를 그린 것이다. 사티어 가계도의 특징은 의사소통 유형이 모두 표시되어 있다는 것이다. 사티어의 의사소통 유형에 관해서는 가족에 대한 개입 부분에서 자세히 배울 수 있을 것이다. 다만, 이 가계도의 특징은 전 가족의 성격적 특성과 관계, 의사소통 유형이 표시됨으로써 가족구성원 간의 관계성과 개인의 적응유형 등이 한눈에 드러나는 장점이 있다.

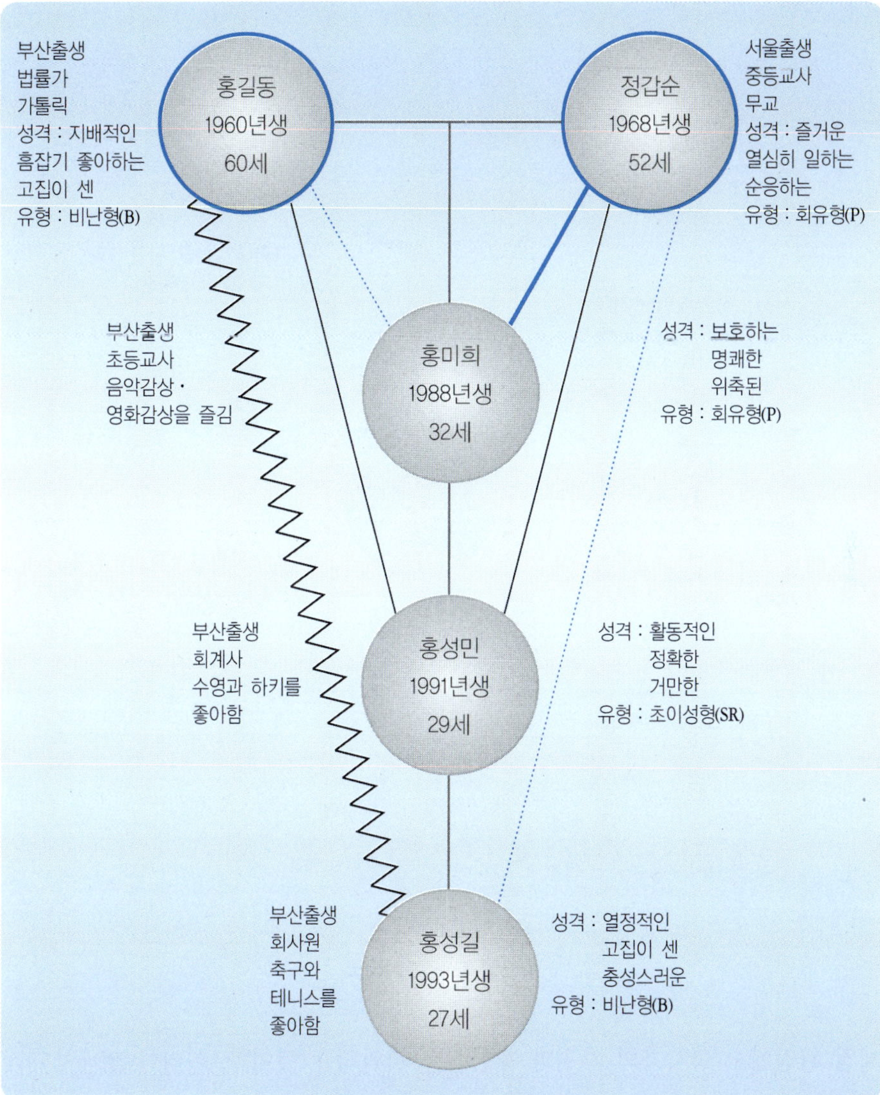

| 그림 5-4 | Satir의 가계도

④ 생태도(Ecomap) 작성법

생태도는 개인을 둘러싸고 있는 사회적 관계를 모두 포함시킴으로써 사회적 관계의 장·단점과 자원을 파악하는 데 유용하다. 생태도는 사회적 맥락에서 개인의 위치를 파악하는 것이다. 따라서 당사자가 처한 주변 환경, 즉 생태체

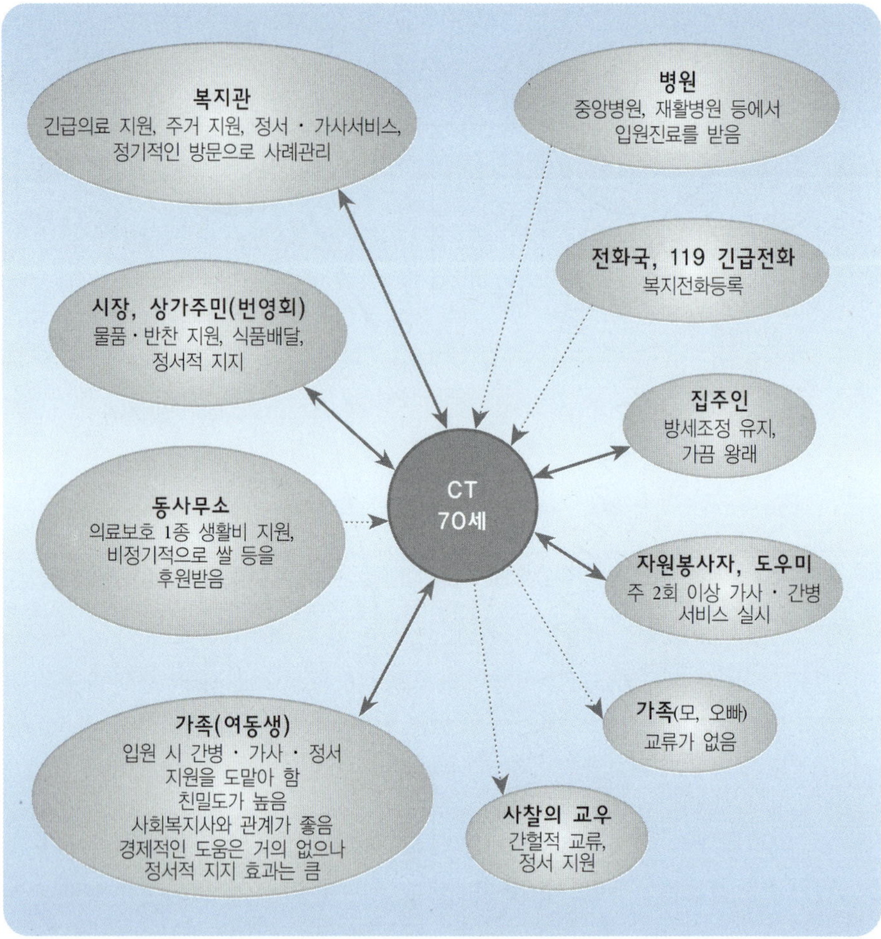

❙그림 5-5❙ 생태도

계적 관점에서 당사자의 자원과 제한점을 파악하는 것이다. 이러한 생태체계적 관점은 당사자가 처해 있는 주변 환경에서 활용 가능한 자원이 무엇이며, 이 자원들의 제한점이 무엇인가를 파악함으로써 현재 처해 있는 문제를 해결하는 데 중요한 단서를 제공하게 된다. 이러한 생태도는 사회적 자원 간의 분담과 협조, 활용 가능한 자원 등을 동원할 수 있게 하며 현재의 생태체계에서 결여된 부분을 채워줄 수 있는 단서를 제공한다. 생태도는 당사자의 삶에 영향을 미치는 사회적 자원을 모두 발굴해서 그러한 자원과 당사자와의 관계를 선과 화살표로 표시한다. 이렇게 되면 더 동원되어야 할 자원은 무엇이고 활성화될 수 있는 자원은 어떤 것인지 한눈에 파악할 수 있게 된다. 이 표에서는 원의 크기와 거리로서 영향력의 크기, 거리감을 나타낼 수 있으며 선의 종류로도 나타낼 수 있다.

앞의 생태도는 70세인 독거노인의 생태도를 그린 것이다. 위 표를 보면 당사자를 둘러싸고 있는 주변의 자원과 연결망을 한눈에 파악할 수 있다. 또한 화살표와 선의 표시를 통해서 관계의 특성도 드러나고 있다. 이렇게 내담자의 생태도를 그려봄으로써 당사자에게 주어진 자원들의 흐름을 쉽게 파악할 수 있다.

⑤ 연대기표 작성법

개인의 삶을 시계열적으로 중요한 사건이나 특성들을 나열함으로써 일목요연하게 도표로 표시하기도 한다. 이러한 개인연대기는 사정의 목적에 따라서 매년마다 또는 5년 단위로 아니면 발달단계별로 나누기도 한다. 연대기에는 가족상황의 변화와 그 시기에 문제가 되었던 질병, 문제 또는 특정 사건 등을 포함한다. 경우에 따라서는 삶에서 일어났던 중요한 사건과 주기적으로 반복되는 문제 또는 환경적 변화 등을 좀 더 자세히 파악하는 것이 요구되기도 한다. 그럴 경우에는 필요하고 중요한 항목별로 일생 동안에 일어난 일들을 상세히 기록함으로써 전 생애에 걸친 변화를 한눈에 파악할 수 있게 된다. 이럴 경우 연대기표를 작성하게 된 동기에 따라서 강조되는 항목이 달라지게 된다.

예를 들면, 알코올 중독자가 음주습관이 발달하게 된 과정과 단주를 위해서 노력해 온 과정을 기록한다면 알코올과 관련된 상세한 정보를 중심으로 서술해 나갈 수 있을 것이다. 아니면 보편적인 상황을 전체적으로 파악하기 위해서는 나이에 따른 중요한 사건, 건강상 특성, 거주지, 기타 등의 항목으로 나누어서 기록해 나가게 된다. 이렇게 연대기표를 작성하면 한 사건이 전 생애에 걸쳐 어떻게 변화해 나가는가를 한눈에 파악할 수 있다. 또한 중요한 사건들을 중심으로 이러한 사건이 다른 사건에 미친 영향 등을 전체적인 안목에서 쉽게 파악할 수 있다. 연대기 작성법으로는 매년의 연대를 작성하는 방법과 시기적으로 구분해서 중요한 변화가 일어난 때를 묶어서 작성하는 방법이 있다. 이러한 표는 당사자의 현재 기능수행에 영향을 미친 발달단계상의 경험을 이해하는 데 도움이 된다. 이렇게 표를 통해서 문제행동에 영향을 미친 사건들에 대한 이해가 가능하며 이들 간의 관계와 상호작용에 대한 이해를 통해서 개입을 위한 계획을 세우게 된다.

〈표 5-1〉 연대기표

연 도	나 이	소재지	건 강	가 족	학 교	활 동	문 제	기 타
1990	1	부산	체중 미달	父 30 母 25				자연분만
1991	2	서울로 이사		할머니와 동거			고부갈등	
1992	3	인천으로 이사	발육이 늦음	할머니 입원	어린이집에 보냄		할머니 간호로 가족의 부담	병원비 문제로 친척과의 갈등
1993	4		감기를 자주 앓음	할머니 사망			유산문제로 친족과의 갈등	
1994	5	부산으로 다시 옴		父의 개업 母의 진학	유치원 적응의 어려움	피아노 시작	또래와의 부적응	

(3) 사정 시 고려사항들

① 발달단계와 과업 파악하기

특정 내담자의 문제나 그가 처해 있는 상황을 이해하기 위해서는 당사자가 생애 발달단계에서 어떤 위치에 처해 있으며 이 시기의 발달상의 특성과 과업은 무엇인가를 파악하는 것이 요구된다. 이러한 발달 특성에 따른 이해를 통해서 그 단계의 과업을 수행할 수 있도록 도와주는 것이 개입의 중요목표가 되기 때문이다. 또한 가족구성원들 간에 서로 다른 발달단계에 처해 있음으로 해서 서로 상충되는 목적과 이해 부족에서 생겨나는 문제를 해결하도록 도와줄 수 있다. 예를 들면, 자녀의 부모와의 갈등이 자녀의 성장과 독립을 인정하지 못하고 계속 아이 취급하는 부모의 태도에서 나오는 것인지를 파악할 필요가 있다. 노인을 모시고 사는 가족의 경우 노인이 자꾸만 옛날 이야기를 하는 것이 잔소리가 아니라 죽음을 수용하기 위해서 심리적으로 생애 회고과정을 통해 미해결과제를 정리해 나가고 있는 것임을 이해하고 도와줄 필요가 있다.

② 가족생활주기 파악하기

특정 내담자의 욕구가 가족생활주기의 단계와 어떻게 연관되어 있는지를 파악하고 가족주기상의 특성과 발달적 이슈와의 상호작용적 요소를 파악하는 것이 요구된다. 예를 들면, 부인의 우울증이 가족생활주기상으로 볼 때 자녀들이 성장해서 집을 떠나고 난 빈둥지 현상과 관련이 있는지를 파악한다. 다른 경우에는 부부관계에서 어려움을 겪는 것이 갑자기 생긴 일이 아니라 삼각관계를 형성해오던 자녀가 집을 떠남으로써 부부갈등이 재현된 것인지를 파악할 필요가 있다.

③ 내담자의 강점 사정

문제 상황에 처해 있는 내담자라 할지라도 많은 자원과 강점을 지니고 있다. 그러므로 이러한 본인의 강점을 활용해서 욕구와 문제를 해결해 나갈 수 있게 된다. 그래서 내담자의 강점과 긍정적인 측면과 자원파악에 대해서 강조하게 된다. 따라서 성장과정에서 또는 살아오면서 당사자가 만족했던 일들, 성공적인 경험, 자랑거리 또는 칭찬받은 일 등 사소한 것이라도 찾아내서 발전시켜 나간다. 또한 비슷한 상황에서 성공적으로 문제를 처리할 수 있었던 예가 있는지도 알아본다.

(4) 주의를 요하는 내담자

① 방어적인 내담자

보호관찰, 가정폭력, 아동학대 등으로 법원, 고용주 또는 부모로부터 수강명령을 받거나 전문적인 도움을 받도록 요구받아 강제로 보내진 내담자인 경우 본인의 의사와는 관계없이 보내진 비자발적 내담자로 저항하는 경우가 흔하다. 이들에 대해서는 부드럽고 이해하는 자세로 대한다. 사회복지사는 이들에 대해서 일정한 권한을 가지며 도움이 되는 방향으로 권한을 사용할 수 있다. 비자발적인 내담자에 대해서는 기관으로 오게 된 정보를 보여주며 숨겨진 의도가 없다는 것을 알려주고 잘못을 찾아내거나 밝힐 필요가 없다는 것을 알려주어야 한다. 또한 협조할 때 얻을 수 있는 대가와 협조하지 않을 때 발생할 부정적 결과를 알려주고 선택과 자기결정권을 인정해 주며 강점을 강화하고 재구조화한다.

자발적인 내담자인 경우에도 방어적인 태도를 가지는 내담자들이 있다. 이럴 경우 사회복지사는 당사자의 방어적 태도가 자기보호에서 나왔다는 것을 인식하면서 방어적 태도에서 벗어나서 변화를 받아들이도록 도와줄 수 있어야 한다. 방어적 태도로는 거부, 비난, 낙인, 약한 척하기, 회피, 위기사용, 무력감, 저주, 공격 그리고 위협 등 다양하다. 내담자들은 사회복지사를 만나기 전부터 방어적인 태도를 보이기도 하지만 많은 경우 그들의 태도가 이유나 근거가 있는 경우도 많다. 그러므로 이들이 방어적으로 되지 않도록 주의를 기울일 필요가 있다.

이들이 방어적으로 되는 이유는 자신을 지키고 보호하려는 의도에서 나온 것이다. 그러므로 이들이 두려움이나 위협을 느끼는 것이 무엇인지를 파악해서 그 원인을 제거해 주도록 노력하는 것이 요구된다. 이렇게 하기 위해서는 적극적 경청을 통해서 이들이 전달하고자 하는 바에 귀를 기울여야 한다. 이렇게 내담자들이 그들의 감정을 표현할 수 있도록 도와주는 것은 그 자체만으로도 효과적이다.

방어적 태도가 목적에 부합하는 행위였다는 점을 이해하고 인내력을 가질 필요가 있다. 방어적인 태도가 단기적으로는 가장 효과적이며 자신에게 유리한 태도라고 판단하기 때문이다. 예를 들면, 접촉사고가 발생했을 경우 무조건 큰 소리를 치는 것이나 복지관에 단골손님으로 찾아와 업무를 방해하는 경우 등이다. 이럴 경우, 방어적 태도가 효과가 없다는 것을 인식시켜 줄 필요가 있다. 방어적 태도가 장기적인 패턴일 경우는 과거의 어려움 때문에 형성된 자기보호라는 것을 이해해야 하며, 자신의 아픔을 표현하는 구원의 목소리 내지 몸짓이라는 것을 깊이 이해할 필요가 있다. 내담자가 공격적인 반응을 보일 때는 반응을 보이지 않기 위해서 침묵을 지키거나 무시해 버림으로써 불편을 주려는 의도나 시도가 효과가 없다는 것을 인식시켜 포기하도록 만든다. 내담자가 분노나 흥분에 의해서 말이 빨라지면 느리고 부드럽게 대함으로써 당사자를 진정시킬 수 있다. 내담자의 방어적 태도가 근거나 이유가 있다고 판단될 경우는 저항에 참여하여 '화낼 만해요, 저라도 그랬을 거예요'라고 동조해 줌으로써 이해받고 있다는 것을 표시하고 그래서 더 이상 방어적일 필요가 없다는 것을 인식하게 한다. 방어를 불러일으키지 않기 위해서는 인간적인 존중의 태도를 보이며 낙인을 사용하지 않고 스스로 선택권을 주며 협조를 요청하는 것이 중요하다. 그들의 체면이 손상되거나 자존감에 상처를 입히는 일이 없어야 한다. 사회복지사가 자기노출을 하는 것이 당사자의 방어적 태도를 없애는 데 효과적일 수 있다. 그러나 자기노출은 조정하려드는 내담자나 사회병리적 증상을 가지는 사람에 대해서는 주의해야 한다. 이들은 기관의 규칙 위반이나 약점을 가지고 어떤 요구를 하거나 공갈, 협박 등으로 이어질 수 있기 때문이다.

내담자가 방어적이지 않은 태도를 보이면 보조를 맞추어 주며 열심히 반응해 줌으로써 강화해 나가는 것이 효과적이다. 방어의 한 형태로 상담실에 와서도 말을 하지 않고 계속 가만히 있으며 침묵으로 일관하는 내담자도 있다. 이럴 경우 당사자와 관계형성을 하기 위해서 적극적으로 노력할 필요가 있다. 먼저 침묵의 의미가 무엇인지를 탐색하고 내담자가 취하는 행동을 수용하고 받아들이며 편안해질 수 있는 분위기를 조성한다. 그러기 위해서는 말하는 것의 어려움을 이해하고 수용하며 다그치지 않고 여유를 가진다. 시간이 지남에 따라 일상적이고 편안한 상태를 통해서 서서히 마음을 열 수 있도록 도와나갈 수 있다.

② 자살위험이 있는 내담자

자살을 생각하는 대부분의 사람들은 진심으로 자살을 원하는 것은 아니며 자신이 자살할 것이라는 사실을 어떤 식으로든 다른 사람들에게 알린다. 그러므로 내담자와 자살에 대해서 이야기를 나누는 것은 자살 가능성을 줄어들게 만든다. 내담자가 자신에게 위해를 가할 가능성이 있다고 판단되면 정신상태를 검사해 보고 가족력에서 자살기도가 있었는지를 확인해 보며 자살시도가 이전에도 있었는지도 알아보아야 한다. 당사자가 자살을 시도할 구체적인 계획에 대한 정보를 가능한 한 많이 알아내도록 한다. 그래서 분명한 계획이 있는지, 어떤 식으로 할 것인지, 언제 할 것인지, 시간과 장소를 결정했는지를 물어보아야 한다. 자살에 대한 질문을 할 때는 염려하는 마음으로 관심을 가지고 공감하는 태도로 물어야 한다.

자살에 대한 구체적인 생각이나 계획을 가지지 않은 단계에서는 당사자의 말을 적극적으로 경청하며 자살에 대한 대안을 찾아내도록 돕는다. 가족에게도 알려서 혼자 있게 하지 않으며 미래에 대한 희망을 가질 수 있도록 돕는다. 자살 충동을 가진 사람에게는 정서적으로 지지해 주고 이들의 이야기를 적극적으로 들어주며 비판하지 않고 긍정적인 쪽으로 생각을 바꿀 수 있도록 돕는다. 자살을 행동으로 옮기려는 사람은 절대로 혼자 있게 하지 말며 정신과 의사를 만나도록 권유하고 거부반응을 일으키지 않도록 설득해 나간다(Susan Lukas, 2004).

③ 타해 위험이 있는 내담자

내담자와의 상담을 통해서 타인에게 해를 입힐 가능성이 있다는 정보를 알게 된 경우에는 해를 입을 가능성이 있는 상대방에게 이 사실을 미리 알려서 대비하도록 하는 것이 사회복지사의 윤리에 속한다. 그러나 이런 경우는 타인을 해칠 의도와 방법이 구체적이고 명백한 경우에 해당한다. 우리나라 사람들이 흔히 습관적으로 말하는 것처럼 죽이고 싶다는 말만으로 판단하기보다는 이런 말이 되풀이되고 얼마나 구체적이고 명백한 위험인가를 판단해야 할 것이다. 그러기 전에 당사자가 느끼는 분노와 억울한 감정을 말을 통해서 털어버릴 수 있는 환기효과를 가져오게 하거나 아니면 다른 프로그램을 통해서도 안전하고 사회적으로 수용될 수 있는 방법으로 적절히 해소시켜 주도록 최선을 다해야 한다. 내담자가 가지는 폭력성과 공격성을 해소시킬 수 있는 방법으로는 우선 적극적 경청과 감정의 반영을 통해서 억압된 감정을 환기를 통해서 순화시키고 나서 의도적인 정서적 관여를 통해서 수용하고 표현하도록 돕는다. 행동주의적 요법으로는 안전한 상태에서 공격성과 폭력성을 표출할 수 있는 기구를 제공하거나 상황을 만들어 줌으로써 폭력이 아닌 다른 방법으로 문제를 해결해 나갈 수 있도록 돕는다.

④ 사회복지사 자신의 보호

상담을 받는 내담자가 적대적, 폭력적이거나 흥분 또는 분노로 인해서 사회복지사의 안전이 위험에 처할 가능성이 있는 경우에는 미리 대처를 하는 것이 요구된다. 당사자의 공격적인 행동은 언어적 · 비언어적 · 신체적 · 성적인 행동 모두가 포함된다. 사회복지사는 이런 경우를 대비해서 비상벨을 설치하거나 밖으로 바로 나갈 수 있는 문을 마련하거나 아니면 모니터를 통해서 다른 사람이 관찰할 수 있도록 조처하는 것도 한 방법이다. 폭력의 가능성이 있는 내담자일 경우에는 다른 상담자와 짝을 이루어서 상담하는 것도 좋고 주변 사람들에게 미리 이 사실을 알려서 주의를 기울이게 하며 필요시에는 즉각적으로 개입할 수 있도록 대비하는 경우도 있다. 상담자가 여성인 경우나 초보 상담자인 경우에는 더욱 이러한 조치가 요구된다.

내담자들이 폭력적인 경우에는 자신들이 무시당했거나 불공평한 대접을 받았다고 생각하는 경우가 많다. 그러므로 이들의 말을 경청하고 수용하려는 태도를 취하며 흥분을 가라앉히기 위해서 노력하며 협조적인 태도를 보이도록 한다. 또한 폭력적인 방법이 해결책이 아니라는 것을 분명히 하며 상호존중의 태도로 대화를 통한 해결책을 모색하도록 한다.

만약 내담자가 과거 폭력을 행사한 경험이 있는 경우에는 조심하도록 하고 사전에 대비하기 위한 조처를 마련하며 감정이 격해지기 전에 휴식을 하거나 잠시 자리를 비우도록 해서 사전에 예방하려는 노력이 필요하다.

2) 중기단계 : 목표설정과 개입 – 개입기술은 능력이다

사람과 관련된 기술은 다양하고 복잡한 요소들이 개입되기 때문에 어떤 기술을 적시 적소에 활용해야 하는가는 사회복지사의 능력에 달려 있다. 그래서 사회복지를 과학이면서 예술이라고 한다. 따라서 많은 지식과 경험은 사회복지사들의 개입기술을 향상시키며 더 나은 기술을 개발할 수 있는 뒷받침이 될 수 있다.

(1) 목표설정

중기단계는 사정에 기초해서 내담자와 공동으로 개입의 목표를 정하고, 필요한 서비스를 제공하기 위한 자원을 개발하여 직접적인 서비스를 제공하는 개입 단계다.

사회복지 활동을 통한 개입의 궁극적 목적은 이용자의 삶의 질을 향상시키기 위한 것이다. 이러한 목적을 달성하기 위해서 구체적으로 실행해야 하는 개입의 목표는 구체적이고 단순하며 세분화되어야 한다. 개입의 목표는 개입의 방향을 설정하는 역할을 하기 때문에 분명해야 한다. 그래서 어떤 문제가 해결되고 변화되기를 바라는지를 명확히 할 필요가 있다. 일반적으로 사회복지적 개입을 통해서 변화되기를 바라는 점은 다음과 같은 몇 가지로 구분된다.

첫째, 주변 환경이 좀 더 당사자의 욕구에 반응하도록 변화시키는 것

둘째, 자신과 타인에게 혹은 환경에 부정적인 행동을 변화시키는 것

셋째, 관계변화로 다른 사람과의 관계를 변화시키거나 그 사람에 대한 자신의 인식을 변화시키는 것

넷째, 기능적인 사회적 역할수행에 필요한 기술을 익히는 것

다섯째, 필요한 자원이나 정보를 구하는 것

여섯째, 중대한 결정을 내리는 것(양옥경 외, 2005 : 197) 등이다.

목표설정의 원칙

수집된 정보를 바탕으로 사정을 통해서 적절한 개입목표를 정해야 한다. 적절한 목표를 설정하는 것은 능률적인 개입과 개입의 효과를 높이는 데 필수적이다. 목표설정의 원칙은 다음과 같다.

① 당사자에게 중요한 것을 목표로 정한다

당사자의 가치와 본인이 중요시하는 것에 따라 상담의 목표가 정해져야 한다. 모든 개입의 목표는 당사자를 돕기 위한 것이며 당사자 중심으로 이루어져야 한다. 상담자는 당사자만큼 그들의 문제에 대해서 잘 알지 못하기 때문에 당사자 스스로가 중요시 여기는 것을 목표로 정해야 한다.

당사자가 원하는 목표가 여러 가지인 경우 우선순위를 정하는 기준은 다음과 같다.

첫째, 당사자에게 가장 시급한 문제

둘째, 단기간에 성취 가능한 것

셋째, 당사자에게 강한 동기를 부여할 수 있는 것

넷째, 무리 없이 달성 가능한 것(양옥경 외, 2005 : 199-200)

이렇게 순위를 정하는 이유는 당사자에게 가장 필요하고 원하는 일을 작은 것부터 실시해서 일단 성공적으로 달성하게 되면 자신감을 회복하게 되어 그 다음은 스스로 할 수 있는 자신감을 가질 수 있기 때문이다. 그리고 복잡하고 어려운 문제는 작은 목표로 쪼개어서 단계적으로 접근하는 것이 좋다.

② 작고 쉬운 것을 정한다

작고 쉬운 것을 목표로 정하면 그 목표를 달성하기가 쉬워진다. 내담자가 상담을 통해서 성공적인 경험을 한다는 것은 스스로 문제를 해결할 수 있는 자신의 능력을 인정받는 것으로 뒤이은 개입을 위한 자신감을 확보한다는 차원에서 큰 의미를 가진다. 스스로의 능력을 신뢰한다는 것은 중요한 자원이 될 수 있다. 그러므로 작고 쉬운 것을 목표로 함으로써 더 큰 문제나 복잡한 문제에 개입하기 위한 바탕이 마련될 수 있다. 예를 들면, 체중을 줄이기 위해서 밤 10시 이후에는 간식을 먹지 않는다, 또는 저녁에는 과일을 먹지 않는다와 같이 작고 쉬운 것을 정한다.

③ 목표를 구체화한다

내담자들은 상담을 하러 올 때 복잡하고 추상적이며 모호한 목표를 가지고 온다. 예를 들면, '우리 아이 사람 좀 만들어 주세요' 또는 '우리 남편 술 안 마시게 해주세요', '살맛 나게 해주세요' 등의 모호한 표현을 자주 한다. 이렇게 모호하고 구체적이지 않은 목표를 작고 쉬운 것으로 구체화해서 구체적으로 어떤 변화를 원하는 것인지 명확히 할 필요가 있다. 이렇게 구체화하는 형태로는 바로 행동으로 나타나는 것, 변화를 측정할 수 있고 수치화할 수 있는 것으로 목표를 정하는 것이 효과적이다. 예를 들면, 하루 1시간씩 도서관에서 영어공부를 한다

또는 하루에 30분씩 일주일에 세 번 학교 운동장을 걷는다와 같이 구체적이고 바로 행동으로 실행할 수 있는 것으로 정한다.

④ 현실적이고 성취 가능한 것을 목표로 한다

개입의 목표가 비현실적이거나 성취 가능한 것이 아니라면 아예 목표가 될 수 없다. 상담자는 내담자의 비현실적이고 성취가 어려운 목표를 상담을 통해서 현실적이고 성취 가능한 목표로 바꿀 수 있도록 도와나가야 한다. 이러한 점은 사회복지사에게도 적용된다. 목표는 사회복지사의 능력과 기술에 상응하는 것으로 자신이 성취 가능한 범위 내에서 목표를 정해야 하며 그렇지 못하다면 슈퍼바이저를 통해서 능력을 성장시키거나 다른 능력 있는 사회복지사에게 넘겨야 할 것이다.

⑤ 부정적인 것보다 긍정적인 목표를 정한다

개입의 목표는 부정적인 것보다는 긍정적인 것이 더 효과적이다. 예를 들면, 아이에게 '그렇게 하면 안 된다'라고 하면 다른 방법을 모르기 때문에 아이는 당황하게 된다. 그러므로 그렇게 하지 마라 대신 '이렇게 하라'고 하는 것이 더 효과적이다. 개입의 목표도 이렇게 긍정적인 목표를 가짐으로써 더 효과를 가질 수 있다. 예를 들면, 저녁에 과일을 먹지 않는 대신에 물을 마시도록 한다가 더 실행하기 쉽고 나은 목표가 된다.

⑥ 선택의 폭을 넓혀주며 스스로 선택하게 하고 선택에 대한 책임을 지게 한다

Satir는 개입의 목표가 자기 스스로가 선택할 수 있고 결정자가 되는 것이라고 했다(송성자, 2004 : 320). 그래서 상황이나 다른 사람에 의해서 수동적으로 반응하는 것이 아니라 스스로의 삶을 주도해 나가며 선택하고 책임지도록 도와나가야 한다. 청소년들과 상담을 하다 보면 '내가 그렇게 될 수밖에 없었어요'라는 말을 자주 한다. 이들에게는 다른 선택이 없었다는 것이다. 그러나 다양한 다른 대안들이 있었음에도 불구하고 그들은 그 길을 택한 것이다. 그러므로 이들에게 선택의 가능성과 폭을 넓혀주며 스스로 선택하게 하고 선택에 따른 책임을 지게 도와나가야 한다.

⑦ 목표가 사회복지사의 중요한 권리나 가치에 위배된다면 동의하지 않아야 한다

사회복지사는 이용자의 권리와 선택권을 존중한다. 그럼에도 불구하고 당사자가 정하는 개입의 목표가 사회복지사에게 받아들이기 힘든 권리나 가치에서 나온 것이라면 동의하지 말아야 한다. 이런 면은 사회복지사에 대한 신뢰성과도 관계되는 것으로 마음으로는 동의하지 않으면서 겉으로 동의하는 척하는 이중성을 가져서는 안 된다. 예를 들면, 실직한 가장이 아동이 수급권을 받을 수 있도록 하기 위해서 일부러 아이들을 버리고 가출하려고 한 경우 사회복지사는 아버지의 결정에 동의하지 않을 수 있다.

⑧ 목표는 기관의 기능과 일치해야 한다

내담자나 사회복지사가 시도하는 변화를 위한 노력이 기관의 기능이나 설립 목적과 일치하지 않거나 위배될 때, 사회복지사는 당사자를 다른 기관으로 의뢰해야 한다. 예를 들면, 미혼모가 임신중절을 원할 경우 특정 기관에서는 동의하지 않을 수 있다. 이럴 경우는 다른 기관으로 의뢰하는 것이 요구된다.

(2) 개인의 변화를 가져오는 기술들

사회복지사가 상담을 통해서 개인수준에서 내담자를 돕기 위해서 추구하는 개인의 변화는 결국 개인의 심리내적 변화와 관계의 변화로 나누어진다. 이러한 양면의 변화를 통해서 개인이 처한 문제를 해결하고 더 나은 삶을 살아갈 수 있도록 돕는다. 이렇게 돕기 위한 변화 기술들은 몇 가지로 요약된다.

① 감정표현을 통한 개인변화

정서에 대한 개입은 감정을 표현하도록 돕기 위해서 경청, 반응, 의도적 감정표현과 통제된 정서적 관여 등의 기법을 통해서 내담자가 자신의 감정을 표현하도록 돕는다. 그럼으로써 정화가 일어나고 감정이 해소되고 나면 생각이나 인식도 변하게 된다.

한국인은 정이 많고 감정이 풍부한 사람들로 정서적인 반응이 빠르며 감정적으로 얽혀 있는 경우가 많다. 그래서 상담과 치료적 개입을 요하는 많은 내담자

들은 발생한 문제를 처리하는 것보다 그 문제와 관련된 감정을 다루기가 더 힘들어지기도 한다. 그러므로 당사자의 정서를 공감적으로 경청해 주고 통제된 정서적 관여를 통해서 의도적 감정표현을 하도록 도와주는 것이 1차적 개입방법이다. 이렇게 정서적인 관여는 대부분의 내담자들에게 어느 정도는 다 필요하지만, 특히 어려운 삶을 살아온 내담자에게는 이 부분이 더 강조될 필요가 있다.

예를 들면, 아들의 이혼으로 손자녀를 키우는 할머니가 손자를 캠프에 보내기 위해서 방문했다고 해도 우선은 손자녀를 키우는 힘든 처지와 심정을 토로하고 위로받고 싶어 한다. 이럴 경우 하소연을 들어주고 경청해 주며 할머니의 역량강화를 위해서 지지해 주고, 어려울 때는 언제든지 함께 고민해 주는 의논상대가 되어드리겠다는 약속을 함으로써 정서적 환기와 지지를 제공할 수 있다. 이보다 더 심각한 경우는 지속적으로 부부갈등을 겪다 이혼을 결심한 여성으로, 분노와 절망 그리고 이혼 후의 삶에 대한 불안 등으로 더 심각한 감정적 반응을 보일 수 있다. 이럴 경우, 이 여성이 경험하는 정서적 혼란을 처리하도록 돕기 위해서는 당사자의 감정을 솔직하게 표현할 수 있도록 돕고 나서 예상되는 문제들을 다루어 나가도록 도와줄 수 있다.

사람들은 흔히 감정을 부적절하다는 이유로 무시하고 부정하거나 왜곡시키고 억압한다. 그러나 감정을 명확하게 경험할 때 문제를 더 잘 해결할 수 있게 된다. 사람들은 사건에 대한 반응이 다 다르며 개인의 경험을 해석하는 방법도 다르다. 따라서 감정을 표현하면 그 사람을 알고 이해하게 된다. 내담자도 자신의 감정을 수용하면 새로운 감정과 경험에 대해서 개방적이게 된다. 감정은 고정적이 아니라 변하며 한 가지 감정을 충분히 경험하게 되면 새로운 감정이 생기게 된다. 게슈탈트 치료가들은 모든 감정이 양면을 가진다고 본다. 그러므로 가능한 한 많은 감정을 표현하도록 돕는다. 예를 들면, 사랑에 대해서만 이야기한다면 증오와 분노에 대해서도 물어볼 필요가 있다.

감정을 표현하는 데는 문화적이고 개인적인 차이가 있으며 보편적으로 남성들은 감정에 민감하도록 사회화되지 않았고 감정에 대해서 이야기하는 것을 불편해하기도 한다. 감정을 인식하고 명료화를 통해서 표현하고 수용하게 되면 정서적인 환기를 통한 정화의 효과와 함께 안도감을 가질 수 있게 된다. 이렇게 됨으로써 감정에 대처하는 법을 배우게 되며 자기통제가 가능해진다. 정서와 감정을 다루기 위한 자세한 방법은 부록의 '정서 및 감정 다루기' 부분을 참고하기 바란다.

다른 사람 앞에서 감정을 폭발하는 것은 적절치 못한 경우가 많다. 그러나 경우에 따라서는 극심한 감정의 동요를 겪고 있는 사람도 있으며 분노나 눈물을 치유하기 위해서 쏟아낼 필요가 있는 사람들도 있다. 예를 들면, 갑자기 사고를 당해서 가족을 잃은 사람들, 암 선고를 받고서 당혹감과 억울함을 처리하기 힘들어하는 사람들, 지속적인 폭력으로 울분을 참지 못하는 경우 등이 여기에 속한다. 그래서 이들을 치료하기 위해서는 아무런 제약 없이 자신의 감정을 충분히 해소할 수 있는 공간을 마련해 줌으로써 감정을 거리낌없이 폭발시켜 해소할 수 있도록 허용해 주는 장이 요구된다.

이곳에서는 다른 사람들을 의식할 필요 없이 마음껏 원하는 대로 감정을 노출하고 폭발적인 행동을 할 수 있다. 따라서 안전을 위한 설비가 갖추어져 있고 방음도 되어 있어 마음껏 소리칠 수 있고, 사용할 수 있는 도구들, 예를 들면 던지거나 부숴도 되는 물건들이 갖추어져 있어 마음껏 해소할 수 있도록 돕는다. 이렇게 폭탄을 터트리듯 해소하고 난 후 감정을 추스르기 위해서 편안히 쉬게 한 후 전문가와 대화를 나눈다. 이런 접근은 갑작스러운 충격이나 여러 가지 이유로 감정을 억제하기 힘든 내담자에게 적용되며 이들이 감정을 해소하고 나서 상담을 받을 수 있기 위한 안전한 장으로 활용되고 있다.

② 인지적 수정을 통한 개인의 변화

인지적 수정을 통한 변화는 개인이 가지는 신념이나 생각, 사고, 믿음 등에 의해서 문제가 발생하는 경우 이러한 태도나 생각을 바꾸어 줌으로써 변화를 가져오도록 도울 수 있다. 즉, 당사자가 가지고 있는 잘못된 신념이 문제를 야기하고 있다는 것을 인식시켜 인식의 변화를 통해서 문제를 해결해 나갈 수 있게 된다. 인지적 왜곡을 수정하는 방법으로는 왜곡된 사고를 논박하거나 교육하는 방법이 있다. 논박도 잘못된 사고나 신념을 논리적으로 반박하거나 비현실성과 실용성에 기반한 논박을 한다. 이렇게 함으로써 자신의 생각과 신념이 바뀌고 생각이 바뀌면 행동이 변하게 되며 감정도 따라 바뀌게 된다.

예를 들면, 돈 관리 문제로 어려움을 겪고 있는 신혼부부의 경우를 생각해 보자. 남편은 자신이 은행에서 일하고 있고 돈 관리와 재테크에 대한 기술과 정보를 더 많이 알기 때문에 본인이 관리해야 한다고 생각한다. 그러나 부인은 모든 여자들이 남편의 돈을 관리하고 있다고 생각하고 그래야만 실권을 얻을 수 있다고 생각한다. 더 나아가서 친정 부모님의 경우 아버지가 어머니에게 돈을 통해서 통제하는 것을 목격하며 성장했기 때문에 자신은 반드시 경제권을 가져야 한다고 믿고 있다. 이 부부의 경우 문제는 부인이 반드시 자신이 돈 관리를 해야 한다고 믿고 그래야만 남편을 통제할 수 있다고 믿는 신념에서 문제가 생긴 것이다.

이러한 부인의 신념을 바꾸어 주기 위해서는 부부가 공동으로 관리할 수도 있고 형편에 따라서 서로 의논해서 여러 가지 다양한 방법으로 관리할 수 있다는 사실을 인식시킬 필요가 있다. 더 나아가서 돈을 관리하는 것이 남편을 통제하는 수단이 아니라는 것과 더 근본적으로는 아버지와 남편의 태도를 분리해서 생각할 수 있는 분화가 이루어져야 할 것이다. 또한 남편이 돈 관리를 한다고 해서 부인이 남편의 통제를 받을 것이라는 잘못된 가정에서 벗어날 수 있도록 도움으로써 인지적 변화를 통해서 갈등을 해결해 나갈 수 있다.

이렇게 잘못된 믿음과 신념에서 나온 행동들은 사람들에게 불필요한 고통을 주며 장애가 되고 있다. 일반적으로 사람들이 가지는 잘못된 믿음의 예는 다음과 같다.

〈표 5-2〉 일반적인 잘못된 믿음과 바람직한 믿음의 예

잘못된 믿음	바람직한 믿음
• 만약 내가 남을 불편하게 한다면 그것은 큰 잘못이므로 나는 고통스러워야 한다.	• 항상 남들의 반응을 따를 수는 없다. 그렇지 않으면 내가 상처받기 쉽다. 나를 기쁘게 하는 것은 남을 기쁘게 하는 것만큼 중요하다.
• 세상은 인정사정 없는 곳이다. 사람들은 자기 자신 외에는 누구에게도 신경쓰지 않는다.	• 세상에는 다양한 종류의 사람들이 있다. 무자비한 사람도 있고, 이타적인 사람도 있다. 이타적인 사람두 꽤 많다. 만약 나를 포함하여 사람들이 이타적이고자 노력한다면 세상은 보다 좋은 곳이 될 것이다.
• 남자들의 여자에 대한 유일한 관심은 여자들을 지배해서 성적 노리개로 쓰는 것뿐이다.	• 여자들이 다양하듯이 남자들도 다양하다. 건강한 남성과 여성은 섹스에 대한 관심이 있지만 반드시 자신의 쾌락만을 위해 남을 이용하는 것은 아니다.
• 훌륭해지기 위해 사람은 완벽히 유능하여야 하며 하는 일마다 성공해야 한다.	• 모든 사람은 고유의 재능영역이 있어서 어떤 부분에서는 남들보다 잘 할 수 있다. 누구도 완벽하지 않으며, 때때로 좌절하기 마련이다.
• 경쟁에서 지는 것은 끔찍한 충격이다.	• 이기면 기분이 좋지만 승자가 있으면 항상 패자도 있기 마련이다. 승리할 때뿐 아니라 패배할 때도 얻는 것이 있다.
• 타인의 복지를 증진하기 위해 자신을 희생하고 고통스럽게 하며 자신을 희생하는 것은 미덕이다.	• 남을 돕고 남에게 관심을 주는 것이 바람직하기는 하지만 나의 개인적인 만족을 추구하는 것 또한 나의 몫이다. 불필요한 고통은 미덕이 아니다.

출처 : 허남순 외 공역(2004). 사회복지실천이론과 기술, p. 169.

③ 관계수정을 통한 개인의 변화

많은 사람들이 느끼는 어려움 중 하나가 인간관계다. 관계의 변화는 상호작용적인 것으로 개인의 변화만으로는 관계가 개선되기 힘들며 상호작용하는 사람 모두의 변화가 필요하다. 그러나 상담에서는 타인을 변화시키기보다는 자신이 스스로 변화하는 것을 목표로 하기 때문에 관계를 개선하기 위해서는 자신에 대한 이해와 함께 타인의 입장을 이해하고 공감하는 것이 우선적으로 요구된다. 상대방의 편에서 인식하고 공통적으로 처해 있는 환경을 바르게 인식하며, 자신

을 다른 사람에게 이해시키고 설득해 나갈 수 있도록 하며 타인의 말을 경청하려는 노력을 통해서 관계를 개선해 나갈 수 있다. 자신에 대한 이해를 돕기 위한 방법으로 스스로의 삶을 되돌아보는 과정을 통해서 미해결과제를 찾아내고 반복적인 패턴을 찾아냄으로써 새로운 변화를 시도할 수 있다. 그리고 의사소통기법을 통해서 자기주장을 하고 다른 사람을 방어적으로 만들지 않으면서 자신의 의사를 전달할 수 있는 방법으로 관계의 변화와 개선을 시도할 수 있다.

인간관계의 문제를 해소하기 위해서 가장 많이 활용되는 방법은 의사소통 훈련이다. 의사소통기술 중에서 효과적인 표현기술로 나－전달법(I-message)을 들 수 있다. 이 외에도 자기주장훈련과 효과적인 듣기기술로는 적극적 경청법이 활용되고 있다. 이러한 기법들을 통해서 인간관계에 변화가 오게 되면 개인의 변화도 수반되게 된다.

김성회(1990)는 자기주장이란 상대방의 권리를 침해하거나 상대방을 불쾌하게 하지 않는 범위에서 자신의 권리, 욕구, 의견, 생각, 느낌 등 자신이 나타내고자 하는 바를 있는 그대로 솔직하게 상대방에게 나타내는 학습된 행동이라고 하였다. 즉, 자기주장은 상대방의 권리를 침해하거나 상대방의 감정을 상하게 하지 않으면서도 자신의 권리나 욕구 등을 솔직하게 나타낼 수 있다. 그렇기 때문에 상대방과 보다 생산적인 인간관계를 지속시켜 주고 더 나아가 자신의 능력을 최대한 발휘할 수 있게 하는 자기성장의 터전을 마련해 주게 된다.

자기주장의 기본적 요소는 다음과 같다.

첫째, 상대방의 말을 경청한다.

둘째, 상대방에 대해 예의를 지킨다.

셋째, 자기주장을 하기 전에 상대방을 공감적으로 이해한다.

넷째, 자신이 자기주장을 하는 이유를 간단히 설명한다.

다섯째, 자신의 주장만 내세우지 말고 서로가 받아들일 수 있는 타협안을 제시 한다.

여섯째, 자신의 말에 대한 책임이 자신에게 있음을 분명히 전달하기 위해 '나－전달법'을 사용한다.

일곱째, 자신이 나타내고자 하는 바를 참지 않고 표현한다.
여덟째, 자신의 마음속에 있는 그대로를 정직하게 나타낸다.
아홉째, 자신이 나타내고자 하는 바를 상대방에게 직접 나타낸다.

사람들이 자기주장을 하지 못하는 이유는 다음과 같다.

① **사고적 이유** : 자기주장을 하고 난 뒤 상대방이 어떻게 반응할 것인가에 대한 잘못된 생각이나 판단

② **정서적 이유** : 자기주장을 하고 난 뒤 상대방이 어떻게 반응할 것인가에 대한 염려나 불안 또는 걱정을 하는 경우, 또는 아직 자기주장을 하는 방법이나 기술, 요령이 미숙하여 자신이 하고자 하는 자기주장이 잘 되겠는지에 대한 염려나 불안, 또는 걱정

③ **행동적 이유** : 자기주장을 하는 방법이나 기술, 또는 요령을 잘 모르기 때문이다(Rakos & Schroeder, 1980, 이은숙, 1996 : 5 재인용).

자기주장훈련은 다음 세 가지 방법으로 나눌 수 있다.

행동적 주장훈련은 자기주장을 못하는 원인을 감소시키고 자기주장을 학습하도록 훈련하는 방법을 말한다. 이렇게 하는 이론적 근거로 행동주의 상담이론은 행동학습이론, 사회학습이론, 자기통제이론으로 크게 나눌 수 있다. 행동적 주장훈련은 시범(modeling), 관찰(observation), 역할연기(role-playing), 지도(coaching), 행동연습(behavior rehearsal), 훈련자 및 지도자에 의한 피드백, 실제 장면에서 자기주장을 하도록 과제를 제시하는 방법 등이 있다.

인지적 주장훈련이란 자기주장과 관련된 인식을 변화시켜 자기주장을 할 수 있게 하는 훈련이다. 인지적 학습방법에서 강조된 합리적－정서적 치료와 자기언어는 실제로 주장훈련에서 많이 활용되고 있다. 합리적－정서적 상담이론(Ellis)은 심리적 장애가 잘못된 비합리적 사고유형에서 비롯된다는 가정에서 생겨났다. 이는 비합리적 생각을 합리적인 생각으로 바꾸도록 하는 등 자기주장을 못하게 막는 사고와 관계되는 장애물을 극복하도록 돕는 것이다. 그리고 자기언어

란 외현적 또는 내현적 언어가 다른 사람이나 사물과의 관계에서 사용되는 것이 아니고, 자기 자신과의 관계에서 사용될 때의 언어를 말한다.

정서적 주장훈련은 주로 자기주장과 관련된 불안이나 두려움 때문에 자기주장을 해야 할 장면에서 주장을 못하게 되는 정서적 원인에 근거하여 개발된 주장훈련의 한 방법이다. 따라서 정서적 주장훈련 방법은 자기주장과 관련된 불안이나 두려움을 줄이는 데 초점을 두고 있다(Rakos & Schroeder, 1980, 이은숙, 1996 : 5 재인용).

자기주장훈련은 시행방법상 일정한 틀이 있는 것은 아니다. 대부분의 연구들은 인지적인 면과 정서적인 면을 합친 합리적-정서적 상담이론과 행동주의 상담이론을 결합하여 자기주장훈련 프로그램을 구성하고 있으며, 방법상에 많은 공통적 요소들을 포함하고 있다.

국내에서 자기주장훈련은 여러 청소년 대상 연구들에서 효과성이 검증된 바 있으며 특히 약물남용 청소년들이 또래의 요구를 거절하도록 훈련하는 데 널리 활용되고 있다. 우리나라에서 자기주장은 상대방의 감정이나 입장을 고려하지 않고, 자신의 생각과 입장을 계속해서 강력하게 고집하는 것으로 잘못 이해되는 경향이 있다. 올바른 자기주장법을 익힘으로써 좀 더 나은 인간관계를 형성하고 자신이 원하는 삶을 스스로 살아갈 수 있도록 돕는다는 의미에서 자기주장훈련은 청소년복지와 여성복지실천에서도 자주 활용되고 있다.

자기주장과 관련해서 다른 사람에게 필요한 것을 요청하고 본인이 원하지 않는 것을 거절하는 것에 어려움을 느끼는 사람들이 많다. 이러한 사람들을 훈련시키기 위한 지침은 다음과 같다.

〈표 5-3〉 성장상담 실무훈련 중에서

요청하기
1) 원하는 것에 대해서 명확히 그리고 구체적으로 할 것
2) 만일 요청이 거절되면 그 대안을 가질 것
3) 상대방이 거절할 때, 그 거절을 받아들일 준비가 되어 있을 것
4) 상대방의 대답을 그의 성실한 반응으로 간주하고 존중해 줄 것
5) 상대방의 대답에 대해 자신의 태도(감사, 실망, 수용) 및 반응을 표현할 것
6) 거절한다고 해서 당신을 전체로 거부하는 것은 아님을 알 것
거절하기
1) 가부를 확실히 밝힐 것. 만일 가부를 밝히기 어려울 때는 생각할 시간을 가진 후 솔직하려고 노력할 것
2) 대답은 간단히, 변명이 필요할 때는 짧게 하고, 많은 변명을 하지 말 것
3) '미안하다'는 말은 꼭 그렇게 느낄 때만 할 것
4) 상대가 당신 말을 받아들이지 않을 때도 당신은 대화를 끝마칠 권리가 있음을 알 것
5) 침묵도 필요할 때는 할 것
6) 일단 가부를 밝혔어도 당신의 말을 바꿀 수 있음을 알 것(권리)
7) 조용한 목소리로 말할 것
8) 대안을 제시할 것

④ 문제해결능력 향상을 통한 개인의 변화

문제해결능력을 키우기 위해서는 다양한 방법이 사용되고 있다. 여기서는 몇 가지만을 소개하고자 한다. 문제해결능력을 키우기 위해서는 가능한 해결책을 다양하게 모색해 보는 것이 좋다. 브레인스토밍은 아무런 한계나 제약이 없는 상태에서 가능한 모든 해결책과 대안을 생각해 보고 가능성을 타진해 보는 방법이다. 이 방법의 장점은 가능한 모든 대안을 다 다루어 봄으로써 선택의 폭을 넓히고 인식적 제한을 극복한다는 점이다. 브레인스토밍에서의 주의점은 다음과 같다.

첫째, 다른 사람의 발언을 비판하지 않는다.
둘째, 자유분방한 발언을 환영한다.
셋째, 질보다 양을 중요하게 여긴다.
넷째, 다른 사람의 아이디어에 무임승차한다.

행동시연은 특정한 상황에 잘 대처하기 위해서 새로운 행동을 연습해서 익히도록 돕는다. 이렇게 돕는 과정에는 행동 자체를 학습해서 익히는 것뿐만 아니라 심리적인 불안감을 극복하고 편안해지도록 돕는 것을 포함한다. 행동시연은 새로운 행동을 익히거나 특정한 상황에 효과적으로 대처할 수 있도록 돕는 것을 포함한다.

예를 들면, 아버지 앞에서 자신의 감정을 표현하지 못하는 아들이 아버지에게 자신의 의견을 피력하며 감정을 자연스럽게 노출할 수 있도록 돕는 것이나 면접 상황을 잘 대처하도록 연습하는 것 등이다. 행동시연은 모델링으로 시범을 보여주는 것이나 코치를 통해서 가르치는 것을 포함한다. 행동시연의 효과는 좀 더 보호받는 안전하고 편안한 상황에서 시도해 볼 기회를 갖는다는 것이며, 반복적인 연습을 통해서 몸에 익혀 만족스러울 때까지 반복한다. 행동시연은 가능한 한 자세하게 하나하나 연습하는 것이 좋으며, 자세하고 세밀하게 준비를 한다고 해도 실제 상황에서는 전혀 예기치 않은 문제가 벌어질 수 있다는 것을 아는 것도 필요하다. 그래서 돌발 상황에 대해서도 유연하게 대처해 나가도록 연습한다.

이 외에도 타임아웃은 아동에게 체벌을 가하지 않고 행동을 수정하는 방법으로 사용할 수 있고 가정폭력을 예방하기 위한 방법으로 사용되기도 한다.

⑤ 학습과 자기성장을 통한 개인의 변화

학습적 영역은 정보습득이나 기술습득 그리고 개인 자신에 대한 인식과 태도의 변화가 있다. 정보나 기술습득은 간단한 것은 직접 가르치고 장기적인 개입을 요구하는 복잡한 기술은 전문가에게 의뢰하는 방법을 활용할 수 있다. 내담자에게 요구되는 단순한 기술을 익히는 일은 스스로를 이해하며 바르게 알아가고 태도의 변화를 가져오는 것에 비하면 비교적 간단하다. 사회복지적 개입인 상담과 치료는 자신과 주요한 타자에 대한 인식과 태도를 변화시키고 통찰력을 높이는 것에 더 무게를 두고 있다.

마술가게는 사이코드라마에서 자주 활용되는 기법으로, 자신이 이미 가지고 있는 부끄럽고 버리고 싶은 요소와 새롭게 획득하기를 원하는 특성을 마술가게에서 바꾸도록 한다. 이 기법을 통해서 자신이 벗어버리거나 벗어나고 싶은 것과 새롭게 만들어 나가고 싶은 것을 탐색해 나가는 자아 탐색과 자아인식 변화를 모색할 수 있다.

3) 실천이론과 실천모델에 따른 개입

(1) 정신분석론

정신분석론은 인간의 성적 충동과 욕구라는 관점에서 인간의 내면심리에 대한 이론적 틀을 제공했다. 따라서 현재 내담자가 가지는 어려움을 이해하기 위해서는 이러한 욕구들이 충족되었는지의 여부를 파악해 냄으로써 해결에 접근할 수 있다고 본다. 정신분석론의 관점에서 보면 인간의 행동과 감정이 의식뿐만 아니라 무의식적 충동에 영향을 받는다고 한다. 그러므로 과거경험이나 충족되지 못한 욕구를 꿈의 해석과 자유연상법 또는 반복적인 실수 등을 통해서 알아낼 수 있다. 정신분석학적 이론은 심리사회모델에 이론적 근거를 제시했으며 사회복지실천의 이론적 접근에 기여했다.

Freud에 따르면 인간의 성격은 원초아(id), 자아(ego) 그리고 초자아(superego)로 구성되어 있다. 원초아는 인간이 갖는 동물적인 본능으로 쾌락의 원칙을 따른다. 자아는 원초아와 초자아를 중재하며 현실원리를 따른다. 그래서 본능과 도덕적 이상 사이에 중재자적 역할을 하며 현실에 잘 적응하고 적절하게 기능하도록 돕는다. 초자아는 선과 악에 대한 판단력과 자아이상으로 구성되며 도덕적인 이상을 추구한다.

인간의 내면을 의식과 전의식 그리고 무의식으로 나눈다. 의식은 우리가 인식하며 알고 있는 내용이다. 전의식은 무의식과 의식 사이에 존재하며 약간의 노력을 기울이면 의식으로 떠올릴 수 있는 부분이다. 무의식은 인간의 본능과 충족되지 않은 욕구와 소망이 억눌려 있는 부분으로 아직 의식적으로 인식되지 않은 부분이다.

Freud는 이러한 인간의 성격구조는 6세 이전의 경험에 의해서 결정된다고 보는 결정론적 관점을 취한다. 아동은 본능적 성적 욕구를 신체적 부위에 따라 만족시키며 성장한다. 구강기(oral stage)는 주로 입을 통해서 만족을 채워나간다. 구강기에 만족을 못하거나 고착되게 되면 의존적 성격이 되거나 논쟁적이고 지배적인 특성을 가지게 된다. 항문기(anal stage)는 배설과 배변활동을 통해서 만족을 얻는다. 부모의 배변훈련이 중요하며 지나치게 엄격한 배변훈련을 받은 사람은 엄격하고 고집이 세다. 반대인 경우는 잔인하고 적개심이 강한 경향이 있다. 남근기(phallic stage)는 성기를 통해서 성적 정체감을 형성하게 된다. 이 시기는 아동이 이성의 부나 모에 대해서 애정을 갖는 반면 동성인 부나 모에 대해서는 질투심과 적개심을 갖는다. 그래서 아들이 어머니에게 연정을 품는 오이디푸스 콤플렉스를 가지게 되며 아버지의 처벌이 두려워 거세공포가 생기게 된다. 딸이 아버지를 사랑하는 엘렉트라 콤플렉스가 있고 여아들은 남성의 성기를 부러워하는 남근선망을 갖게 된다. 잠복기(latency stage)는 성적인 관심이 잠정적으로 후퇴하는 시기다.

고착은 이러한 심리성적 발달단계에 따라 성숙해지지 못하고 특정 단계에 머물러 있는 것을 말한다. 퇴행은 불안이 심해지면 이전단계로 돌아가서 안전을 유지하는 것을 말한다. 성인기의 불안을 처리하기 위해서 구강기로 되돌아가는 경우 등이다.

① 사회복지실천에서 활용하는 주요 개념

• 자아와 방어기제

사회복지 분야에서 주로 활용하는 정신분석이론은 자아와 방어기제다. 자아는 원초아로 인해서 생겨난 충동이나 욕구만족이 현실적으로 문제를 발생시키거나 갈등을 조장할 경우 이를 통제하고 조절하기 위한 무의식적 노력을 방어기제라 한다. 자신을 보호하기도 하지만 지나친 방어기제는 병리적 현상을 나타내거나 자아의 기능을 떨어뜨리고 왜곡시킬 수도 있다. 억압은 자신의 욕구를 억눌러 버림으로써 원초아의 충동을 막는 것이다. 반동형성은 반대로 말하거나 행동하는 것으로 미운 아이 떡 하나 더 준다는 것처럼 하는 것이다. 투사는 흔한 방어기제로 친구를 미워하는 것이 양심의 가책을 느끼기에 친구가 자신을 좋아하지 않는다고 한다. 퇴행은 동생을 가진 아이가 동생처럼 기어 다니는 것을 말한다.

실천에서 중요한 개념으로는 전이와 역전이가 있다. 전이는 내담자가 사회복지사에게 이전에 알았던 사람과 동일시해서 이전의 경험과 감정을 사회복지사 또는 상담자에게 그대로 옮기는 것을 말한다. 과거에 어머니와의 좋지 않았던 감정을 어머니 나이 또래인 상담자에게 그대로 느끼며 거부감을 가지고 적대적으로 행동하는 것을 말한다. 이럴 경우 내담자의 행동과 감정을 분석하고 해석해서 스스로의 행동에 대해서 이해하고 통찰력을 기를 수 있도록 도와줌으로써 새로운 관계를 맺어 나가도록 한다. 역전이는 상담가가 내담자에게 과거 다른 사람과의 관계에서 경험한 감정을 느끼는 것을 말한다. 이렇게 역전이가 일어나게 되면 내담자를 객관적으로 도와주는 데 방해가 된다. 저항은 당사자가 상담자와 협력하고 함께 변화를 위해서 노력하는 것을 거부하거나 방해하는 것을 말한다. 저항이 발생하는 원인은 다양하지만 고통을 피하기 위한 방법으로 나타나기 쉽다. 그리고 문제나 변화에 대한 양가감정으로 인한 경우도 많다. 가장 흔한 저항으로는 자신은 문제가 없고 다른 사람이 문제니까 그들을 변화시켜 주기를 바라는 것이다.

사회복지분야에서 활용하는 개입기법은 다양하다. 그러나 자유연상과 꿈의 해석은 훈련받은 전문가에 의해서 활용되며 사회복지에서는 경청, 직면, 명료화, 훈습, 해석 등의 상담의 기술들이 주로 사용되고 있다.

② 정신분석모델에 따른 개입기술

• 자유연상

자유연상은 내담자가 편안하게 누워서 마음에 떠오르는 감정, 생각, 기억, 꿈, 환상 등을 생각이 떠오르는 대로 따라가도록 도와줌으로써 무의식에 억압된 것들을 끌어올릴 수 있도록 돕는다. 이런 과정에 사회복지사는 내담자의 말을 경청하며, 반영해 줌으로써 의식수준에서 거르지 않고 자유롭게 연상해 나가도록 돕는다.

• 꿈의 분석

꿈을 통해서 나타나는 무의식 속에 묻혀 있는 소망, 욕구, 두려움 등을 해석해줌으로써 무의식적으로 억압해 온 충동이나 갈등에 대한 새로운 통찰을 갖도록 돕는다. 이러한 과정에 해석, 직면, 명료화 등의 기법을 활용한다. 꿈을 분석하기 위해서 꿈을 지속적으로 기록해 나가는 꿈노트를 작성하기도 한다.

(2) 심리사회이론

심리사회모델은 Mary Richmond가 자선조직협회활동을 통해서 얻은 경험을 토대로 사회복지실천을 정리하면서 심리내적인 측면과 함께 사회환경적 측면에 대한 이해도 포함시켰다. 따라서 정신분석론과 자아심리학 등 다양한 지식을 도입했다. 이후 Gordon Hamilton이 이런 내용을 상황 속의 인간이라는 관점으로 심리사회이론이라 부르게 되었고 1960년대 Florence Hollis가 심리사회모델로 체계화했다.

이 모델에서는 상황 속의 인간이라는 관점이 중요하다. 즉, 인간을 심리적 측면에다 사회적 측면을 포함해서 함께 고려한다. 심리사회모델에서 보는 인간관은 모든 사람은 나이에 상관없이 성장할 수 있고 변화할 수 있다고 본다. 무의식이 인간에게 영향을 미치지만 행동을 결정짓는 요인은 아니라고 본다. 심리사회모델은 사회복지에서 가장 널리 사용되는 모델이며 성장할 수 있는 여건과 환경을 조성해 줌으로써 개인과 대인관계 기능을 발전시킬 수 있다고 본다. 따라서 정신분석이론과 자아심리학의 영향으로 내담자의 심리내적 이해와 통찰, 생태체계 내에서의 자원동원과 의사소통을 강조한다. 문제행동으로 나타나는 불안에 따른 방어기제에서 벗어날 수 있도록 자아를 강화시키는 데 중점을 두며 상담자와 내담자와의 관계를 중요시한다. 실천원칙으로는 수용, 개별화, 자기결정, 내담자의 현재 상황에서 출발해야 하며 인간의 현재 행동을 이해하기 위해서는 살아온 과거에 대한 이해를 강조한다.

이론적 기반

A. 정신분석이론

개인이 나타내는 문제의 원인을 이해할 수 있는 이론적 틀을 제공했다. 즉, 내담자가 가지는 문제는 무의식 속에 내재된 성적 또는 공격적인 충동이라는 것을 이해하고 통찰력을 가짐으로써 현실에 적응할 수 있도록 돕는다. 따라서 현재의 행동을 이해하기 위해서는 과거의 경험을 이해해야 한다고 본다. 이러한 문제의 원인에 대한 이론적 관점은 사회복지실천의 전문화와 체계화에 공헌했다.

B. 대상관계이론

사람은 양육자와의 관계에서 경험한 기대나 이미지에 따라 현재의 대인관계를 형성한다고 본다. 과거경험은 내부대상으로 남아 자신과 대상 간의 관계에 대한 이미지로 영향을 미친다. 특히 생애 초기에 경험한 애착대상과의 관계가 대인관계를 결정하는 주요 요인이다. 개인이 속한 환경과의 경험이 대인관계에 중요하다는 면에서 심리사회모델에 영향을 미쳤다.

C. 자아심리이론

개인의 내적 심리상태와 외부환경과의 상호작용을 강조하며 대처능력을 강조한다. 개인이 스트레스와 외부압력에 대처할 수 있는 적응능력 향상에 영향을 미치는 적절한 여건 조성이라는 환경적 요인에 주목한다는 면에서 심리사회이론에 영향을 미쳤다.

D. 개입과정

정보수집은 내담자가 처한 상황을 이해하기 위해서 정보를 수집하는 과정으로 생육사와 원가족에 대한 정보와 생활주기상의 정보를 파악한다. 상황 속의 인간이라는 관점에서 제시한 어려움을 파악하며 개인의 강점과 지역 차원에서의 자원도 파악한다. 사회복지사와 내담자는 협력적 관계를 맺도록 하며 내담자는 사회복지사를 신뢰하고 변화하고자 하는 동기와 희망을 가지고 전 과정에 임한다.

직접적 개입으로는 감정과 행동을 지지하기 위해서는 재보증과 격려, 보편화 등의 기법을 사용한다. 사실과 관련된 감정을 표출함으로써 감정적 환기를 돕는다. 사실을 탐색하고 파악하며 이해할 수 있도록 돕는다. 상황 속에서의 인간이라는 관점에서 환경과의 상호작용과 관련된 생각이나 느낌을 반성적으로 고찰하도록 돕는다. 변화를 촉진시키기 위해서 내담자의 성격유형, 방어기제, 행동유형 그리고 자아기능에 대해서 이해하도록 돕는다. 발달적 고찰로 과거경험이 지금 현재의 행동에 미치는 영향에 대해서 탐색하고 자각하도록 돕는다. 직접적 영향 주기는 조언이나 지시를 통해서 행동의 변화를 일으킨다. 영향을 주는 강도는 강조하기(simply underlining), 제안(suggestion), 충고하기(advice giving), 독려하기(urging or insisting)가 있다(엄명용 외, 2000 재인용). 사용할 수 있는 기법은 명확화, 해석, 일반화, 설명, 교육 등이다.

심리사회모델에 따른 개입기술

A. 간접적 치료

간접적 치료는 내담자의 환경에 개입하는 것으로 내담자의 요구에 맞는 자원을 조성, 연계, 배치함으로써 문제를 해결해 나간다. 예를 들면, 남편의 폭력으로 인한 불안과 우울증을 겪고 있는 여성을 위해서는 우선 이 여성이 폭력을 피할 수 있고 심리적 안정감을 회복할 수 있도록 쉼터를 마련해 주며 아이들과 함께 안전하게 생활할 수 있는 환경을 조성해 준다. 이러한 자원조성과 연결은 우선 내담자를 쉴 수 있게 하며 심리적 안정을 회복해서 다음 단계의 문제 해결을 해나갈 수 있도록 돕는다.

B. 지 지

사회복지사는 상담 초기에 내담자가 갖는 불안과 수치심 등을 지지를 통해서 해소시켜 줌으로써 감정표현을 통한 환기효과와 자기 확신을 키워나갈 수 있다. 지지는 상담의 중요한 기술이며 언제나 활용되는 기술이지만, 특히 상담 초기에 자주 활용함으로써 관계형성에도 긍정적 영향을 미치게 된다. 내담자와 사회복지사의 관계형성이 확고해지기 전인 초기단계에는 지지를 통해서 환기효과를 높이며 당사자가 자신감을 가지도록 도울 수 있다.

예를 들면, 자녀문제가 발생하게 된 것이 자신의 부모역할 잘못으로 생긴 것으로 파악하며 실패감과 수치심을 가지는 여성을 위해서는 상담을 받는다는 것이 부모역할을 잘 수행하기 위한 노력이며 문제가 생겼을 때 숨기지 않고 전문적인 도움을 청할 수 있는 용기를 가진 부모가 많지 않다는 사실을 상기시킨다. 또한 아이 문제가 모두 부모의 잘못만으로 일어나는 것은 아님을 일깨우며 자녀를 위해서 최선을 다하는 노력을 지지해 준다.

C. 직접적 영향

사회복지상담은 기본적으로 내담자가 스스로 결정하도록 도와주는 과정이지만 경우에 따라서는 좀 더 직접적인 개입이 요구되기도 한다. 특히 우리나라 사람들은 직접적인 제안이나 충고를 원하는 경우가 많다. 이렇게 직접적인 영향을 미치는 경우에도 당사자의 생각과 선택을 충분히 고려해서 직접적인 제안을 해나가며 이럴 경우 마지막 선택은 본인이 하게 함으로써 자기결정권을 존중하며 이를 책임지도록 한다.

예를 들면, 이혼을 결심한 여성을 위해서는 이혼의 긍정적인 면과 부정적인 면을 검토해서 본인이 결정하도록 하지만 가장 우선적으로 고려해야 하는 요소 중 하나는 자녀들에 대한 부모의 책임이라는 사실은 분명히 하도록 한다.

D. 탐색, 묘사, 환기

내담자가 자신과 그가 처한 환경이나 상황에 대해서 객관적으로 말하는 기회를 가짐으로써 다시 생각해 보고 탐색해 보는 기회를 가진다. 환기는 이런 과정에서 감정을 안전하게 표출하게 함으로써 감정적인 억압과 무게에서 벗어나도록 돕는다.

예를 들면, 자녀와의 관계에서 어려움을 겪고 있는 어머니에게 자녀와의 관계를 이야기해 보도록 함으로써 객관적인 묘사를 통한 환기와 탐색을 해나가도록 도울 수 있다. 내담자가 감정에 휩싸여 있을 때는 다른 시각이나 관점을 가지기 어렵게 된다. 그러기에 먼저 감정을 털어버리게 되면 또 다른 탐색과 이해가 생겨나게 된다.

E. 인간-환경에 대한 성찰

인간과 환경에 대한 성찰은 사회복지에서 인간을 보는 시각인 환경 속의 인간이라는 시각에서 인간행위를 파악하며 그 상관관계에 대한 이해를 요구한다. 예를 들면, 어릴 적 또래와의 상호작용이 부족한 환경 속에서 고립적으로 성장한 아동일 경우 갑자기 학교에 가게 되면 혼자 지내는 것에 익숙해지고 또래와 상호작용하는 방법을 몰라 부적응현상을 보이게 된다. 이럴 경우 부모나 교사는 아동이 자라난 환경에 대한 분석과 이해를 통해서 문제발생 원인이 아동이 자라난 환경에 있다는 것을 파악하고 아동이 또래와의 상호작용 방법을 익혀나갈 수 있도록 도와나가야 할 것이다.

성찰에는 내부성찰과 외부성찰이 있다. 내부성찰은 당사자 자신의 행위, 생각, 감정 등의 세밀한 속성, 혹은 숨겨진 감정과 반응을 지각할 수 있도록 하는 것이다. 외부성찰은 다른 사람에 대한 생각, 자기 건강에 대한 생각, 일반적 상황에 대한 생각 등과 관련한 당사자의 인지 및 지각상태를 알아본다(엄명용 외, 2005 : 196).

예를 들면, 아이의 학교폭력문제 발생을 부모가 조장한 점은 없는지, 특히 어머니의 태도가 아이에게 미친 영향은 무엇인지 반성해 보도록 한다. 즉, 가족 간의 관계와 가정환경이 아이의 폭력발생과 어떤 상관성이 있는지 검토해 보도록 하는 것이다.

F. 유형 역동성 고찰

당사자의 생각이나 감정, 행동에 반복적으로 나타나는 유형을 찾아내고 그 원인을 규명하는 것이다.

예를 들면, 어머니의 아이에 대한 지나친 관심과 기대가 아이에게 부담을 주고 있다는 신호를 아이의 성장과정에서 나타난 문제점들을 통해서 찾아내게 한다. 자녀가 어릴 적에 나타난 틱 현상과 청소년기에 나타난 부모에 대한 반항

간에 어떤 연관성이 있는지 살펴보도록 한다.

더 근본적으로는 부부관계에서의 불만족이 어머니의 아동에 대한 집착과 과잉보호로 나타나고 있다는 것을 이해함으로써 아이 문제를 해결하기 위해서는 부부간의 문제를 먼저 해결하도록 도와나갈 수 있다.

G. 발달적 고찰

당사자가 지금 겪고 있는 문제나 어려움이 원가족과의 관계에서의 문제가 되풀이되는 것인지 아니면 과거의 경험에서 온 영향인지를 고찰하게 한다.

앞의 예와 관련해서 어머니의 자녀에 대한 지나친 기대는 어머니 자신의 성장기에 가족으로부터 관심을 받지 못했고, 특히 어머니의 무관심에 대한 지나친 보상심리 때문에 일어난 현상이라는 사실을 파악하도록 한다. 다시 말하자면, 어머니의 원가족에서의 미해결과제가 다음 세대에서도 반복되어 나타나는 현상일 수 있다.

다른 예로는 사춘기 청소년과 어머니의 갈등문제로 어머니는 여전히 아들을 아이 취급하며 간섭하려 들지만 아들은 자신의 독립성을 주장하며 갈등을 일으키는 경우가 있다. 이럴 경우 어머니가 아들의 성장을 수용하고 발달단계에 상응하는 상호작용으로 태도를 변화시켜야 할 것이다.

(3) 행동주의

행동주의 이론은 정신분석이론의 한계를 지적하며 제시된 접근법으로 인간행동은 내적인 역동보다는 외부의 자극인 고전적 조건화, 조작적 조건화, 대리적 조건화에 의해 학습된 결과로 본다. 따라서 관찰 가능한 행동에 초점을 두며, 행동수정을 통해서 변화할 수 있다고 본다.

행동주의자들은 인간의 문제를 정신내적이나 심리내적 과정과 같은 추상적인 개념으로 보기보다는 눈으로 볼 수 있고 직접 관찰 가능한 행동에 초점을 맞춘다. 그래서 인간의 모든 행동은 학습된 것으로 여겨 행동을 통제하고 재학습하는 조건에 초점을 맞춘다. 사회복지실천에서 행동주의적 접근은 내담자의 바람직한 행동은 증가시키고 바람직하지 않은 행동은 감소 내지 소거시키는 것이다.

이러한 행동주의 모델의 행동수정과 행동조형의 기술은 일상생활에서 널리 활용되고 있다. 예를 들면, 상벌의 법칙은 사회적 규제인 법질서에서부터 어린아이의 버릇을 고치는 일에 이르기까지 널리 사용되고 있다.

행동주의 모델에서는 관찰 가능한 행동인 문제행동을 명확히 규정하고 새롭게 형성하거나 증가시키는 방법으로 강화와 행동조형이 있다. 바람직하지 못한 행동으로 감소나 소거될 행동에 대한 개입방법으로는 소거, 벌, 타임아웃, 포화법, 체계적 둔감법 등이 있다. 여기에 더해 Bandura는 직접경험뿐만 아니라 간접경험도 직접경험과 비슷한 효과를 가진다고 하며 모델링, 시연, 역할연습 등을 새로운 행동조형에 포함시켰다.

행동주의 모델에 따른 개입기술

A. 토큰 보상법

어린아이들에게 착한 일을 했거나 숙제를 잘 해왔을 때 스티커를 붙여주는 것이 토큰 보상법이다. 이러한 기법을 소비심리에 적용해서 피자를 10판 시키면 하나 더 주는 것도 같은 원리다. 이런 방법은 바람직하거나 원하는 행동을 만들어 나가는 행동조형적 개입에 널리 사용되고 있다.

B. 상벌원리 적용

잘한 행동은 상을 주고 잘못한 행동은 벌을 주는 원리다. 상벌의 원리는 사회복지 상담에서도 널리 사용된다. 내담자의 행동이 바람직한 경우에는 칭찬과 반응을 보이며 보상을 주고, 바람직하지 못한 경우에는 무관심이나 무반응을 보임으로써 행동을 교정해 나가는 방법이다. 좀 더 적극적인 개입으로는 정적강화, 부적강화, 정적처벌, 부적처벌 등이 있다. 예를 들면, 아이가 동생을 괴롭힐 때는 벌을 주거나(정적처벌) 좋아하는 자전거를 타지 못하게 한다(부적처벌). 동생을 도와주고 잘 놀아줄 때는 칭찬을 하고(정적강화) 심부름을 면제시켜 준다(부적강화). 동생에 대한 모방으로 퇴행행동을 보일 때는 무관심이나 반응을 보이지 않음으로써 퇴행행동을 소거할 수 있다.

C. 모델링

직접적인 행동수정을 통해서가 아니라 다른 사람의 행동을 보면서 학습해 나가도록 하는 방법이 모델링이다. 사회복지사는 부모역할을 어떻게 하는지 모델이 되어서 가르칠 수 있다. 아동들에게도 좋은 모델을 제시함으로써 바람직한 행동을 만들어 나가도록 도울 수 있다. 모델링은 이렇게 사회학습의 한 방법으로 관찰학습, 대리경험, 흉내내기 등과 함께 새로운 행동을 학습할 수 있는 방법 중 하나다. 모델링의 절차는 다음과 같다.

첫째, 시범을 보이는 행동을 구체화하고 당사자가 주의 깊게 관찰하도록 한다.

둘째, 시범을 보인다.

셋째, 당사자가 바로 따라해 보도록 한다.

넷째, 당사자에게 교정적인 피드백을 제공하도록 한다.

다섯째, 계속해서 반복 연습하도록 한다.

D. 체계적 둔감법

문제가 되는 행동이나 반응을 없애기 위해서 가장 강도가 약한 상태에서 긴장감이 없어지도록 연습하고 나서 차츰 강도를 높여 결국 둔감해지도록 치료한다. 예를 들면, 뱀을 무서워하고 긴장감과 공포감을 느끼는 아이에게 뱀을 멀리서 보게 하여 아무런 긴장이 생기지 않고 친숙하도록 하다가 차츰 가까이 감으로써 긴장감을 없애 나가도록 치료한다.

E. 포화법

포화법은 두려움을 갖거나 싫어하는 것에 대해서 많은 정보를 제공하고 과다한 접촉을 하게 함으로써 긴장상태나 두려움에서 벗어나게 하는 방법이다. 예를 들면, 고양이를 싫어하는 사람에게 고양이에 대한 정보를 한꺼번에 대량으로 제공하고 고양이에 대한 접촉과 사진, 지식 등을 제공함으로써 고양이에 대한 편견이나 두려움에서 벗어나도록 돕는다.

(4) 인지행동이론

인지행동이론은 정신분석론에 대한 반발과 치료의 효과성에 대한 의문이 제기되면서 그리고 다양한 내담자의 복잡한 문제에 대해서 통합적으로 접근하기 위해서 인지이론과 행동주의 이론을 통합한 것이다. 그럼에도 불구하고 공통적인 신념은 다음과 같다. 인지활동이 행동에 영향을 미치며 인지활동은 변화될 수 있다는 것이다. 그러므로 인지적 변화를 통해서 바람직한 행동을 만들어 나갈 수 있다. 따라서 개입기술은 인지변화를 위한 학습을 강조하며 인지변화를 행동변화로 연결시키기 위한 행동주의적 기법이 활용된다.

인간은 외부자극에 수동적으로 반응하는 존재가 아니며 인간의 행동은 개인과 환경과의 상호작용의 결과로 본다. 인지이론은 인간의 생각과 사고, 해석이 행동에 결정적인 요인으로 본다. 인지행동이론에서는 잘못된 가정과 생각을 파악하고 확인과 점검 등의 재평가를 통해서 수정하도록 돕는다. 가장 널리 알려진 모델로는 합리적 정서치료, 합리적 행동치료, 인지치료, 문제해결치료 등이 있다.

기본 가정

인지이론에서는 인간은 주관적 존재로 개인이 의미를 부여하는 주관적 현실만 존재한다고 본다. 인간의 행동은 무의식에 의한 것이기보다는 의식적인 사고와 의지의 결과물로 본다. 왜곡된 사고나 신념이 반복적인 활용에 의해서 자동적인 사고와 신념으로 이어져서 역기능적인 정서가 형성된다고 본다. 인간의 감정은 자신의 말이나 믿음, 가정에서 직접적으로 파생된다. 인간은 성장하고 능력을 개발하기 위해서 노력하는 경향이 있다.

개입과정

Albert Ellis는 인간이 갖는 문제의 원인은 자신에 대한 부정적 평가에서 온다고 본다. 따라서 인지행동이론에서는 내담자에 대한 긍정적 태도로 자신의 가치를 긍정적으로 평가하도록 돕는다. 주관적 경험의 독특성을 인정하며 자신이 갖는 문제를 스스로의 책임으로 수용하도록 한다. 개입은 구조화된 절차에 의해 이루어지며 상담자와 내담자 간의 협조가 중요하지만 최종 책임은 상담자에게 있다. 개입전략에 내담자는 능동적으로 협조해야 하며 소크라테스적 질문법으로 질문을 통해서 인지적 오류와 왜곡을 찾아내도록 돕는다.

엘리스의 합리적 정서치료는 인간의 정서와 행동은 사고에서 나온다고 본다. 부정적 감정과 심리적 증상은 비합리적 신념에서 나온다고 본다. 비합리적 신념의 대표적인 예는 반드시, 절대로, 완전히 등의 완벽주의 또는 모두로부터 사랑받고 싶다는 욕구, 과도한 자기 기대감, 비난성향, 과도한 불안, 좌절감, 무력감과 문제회피 등이다. 개입방법은 ABCDE 모델을 사용한다.

① A(Accident, 사건) 정서를 유발하는 사건이나 행위

② B(Belief, 신념체계) 신념이나 생각

③ C(Consequence, 결과) 믿음으로 인해 초래된 감정이나 행동

④ D(Dispute, 논의 · 논박) 비합리적 신념체계에 대한 논박

⑤ E(Effect, 효과 · 결과) 논박을 통해서 합리적으로 재구조화된 후에 갖게 되는 태도와 감정의 결과나 효과

내적 의사소통의 명료화는 자기 독백에 숨겨진 왜곡과 비합리적 사고에 대한 검토를 통해서 인지적 변화를 유도한다. 학습목표를 성취 가능한 행동전략으로 조직한다. 정서적 전략으로 불안을 덜기 위한 이완절차를 배운다. 사용기법으로는 설명, 과제부여, 인지재구조화, 모델링, 시연, 체계적 둔감법, 이완훈련, 경험적 학습, 자기지시기술 등이 있다.

어릴 적 어느 날부터인가 어머니는 오후가 되면 나에게 분유를 타서 한 잔씩 먹이기 시작했다. 아무 영문도 모르는 나는 특별간식으로 생각하고 기분 좋게 받아 마셨다. 그러나 어머니는 내 코와 혀의 민감성을 둔화시키기 위해서 스키너의 체계적 둔감법을 적용했다. 그래서 매번 내가 마시는 분유에다 양유를 조금씩 늘려 섞어 먹이다 결국은 양유로 완전히 바꾸어 나갔다.

아무것도 모르는 나는 양유를 우유로 착각하고 아무 생각 없이 잘도 마셨다. 그런데 이 모든 비밀을 알고 있던 개구쟁이 오빠가 더 이상 참기 어려웠던지 나를 보며 바보라고 놀렸다. 오빠는 어머니가 부엌에서 나 모르게 하는 일을 알았던 모양이었다. 오빠 말을 듣는 순간 나는 분유를 마실 때마다 약간의 역한 냄새가 났다는 것을 기억하며 다시는 양유를 마시지 않겠다고 고집을 부렸다.

그러나 그대로 물러설 우리 어머니가 아니었다. 이번에는 다시 분유로 돌아가서 먹이면서 내가 왜 분유가 아닌 양유를 먹어야 하는지를 설득하기 시작했다. 분유보다 양유가 더 영양분이 많고 이것 마시면 감기도 걸리지 않고 키도 잘 자라고… 내가 원하던 모든 것은 양유를 먹게 되면 다 이루어지는 것처럼 설득해 나갔다. 체계적 둔감법에다 인지요법까지 병행해서 나를 설득해 나갔다.

최선화(2015). 일상으로서의 사회복지실천과 상담, pp. 90-91.

인지행동주의 모델에 따른 개입기술

A. 내적 의사소통의 명료화

내담자가 스스로에 대해서나 다른 사람에게 하는 말과 생각 속에 내포된 비합리적인 신념이나 태도에 대해서 사회복지사의 피드백을 통해서 깨닫고 인식하도록 돕는다.

사람들은 어떤 상황이 벌어졌을 때 객관적인 상황보다는 그 상황에 대한 해석에 더 많은 영향을 받는다. 자기대화는 스스로에게 말하는 것으로, 경험한 것을 그 사람만의 독특한 방식으로 해석하는 경향을 말한다. 이러한 경향은 일종의 생각하는 습관이다. 어떤 사람은 모든 것을 흑백논리로 평가하고, 어떤 사람은 모든 것을 비극화하고 최악의 사태가 일어날 것으로 기대한다. 아니면 모든 잘못이 자신의 책임이라고 여기기도 한다. 이러한 경향은 비합리적인 생각과 잘못된 믿음에서 나온다. 지각적 왜곡을 수정하기 위한 방법은 다음과 같다.

첫째, 지금 이 순간의 생각과 느낌이 무엇인지를 명확히 한다.

둘째, 자신의 자기대화를 되뇌어 보며 극단적인 것에 주의를 기울인다.

셋째, 숨을 크게 세 번 쉬고 나서 객관적인 사실을 천천히 살펴본다.

넷째, 있는 그대로 사실을 직시하며 부정적인 용어를 사용하지 않고 파악해 본다.

다섯째, 상황이 달라 보이며 그리 나쁘지 않다는 것을 알 수 있다.

여섯째, 상황을 직시하고 무엇을 해야 하는지를 고려한다.

이런 방법을 통해서 인지적 재구조화를 할 수 있으며 그 기법은 자기지시나 암시, 가시화 기법이 있다. 이 기법은 불안이나 공포를 느끼는 상황에서 스스로에게 자기 암시적인 긍정적인 대화를 반복적으로 하는 것으로 거울을 보며 큰소리로 반복한다.

B. 설 명

설명은 내담자에게 생각이나 신념이 감정에 미치는 결과를 설명하는 것이다. 이것은 ABC 모델로 설명하는데 A(Activating Event)인 촉발사건에 대해서 B(Belief)인 당사자의 신념이 어떤 정서적 결과인 C(Consequence)를 낳는지를 설명한다.

예를 들면, 맛있게 음식을 먹은 후에(A) 친구가 장난으로 그 음식에 독이 들었다는 말을 하는 순간(B) 갑자기 구토를 하거나 어지럼증을 느끼게 된다(C). 이러한 예는 생각의 차이가 감정과 신체에 미치는 영향을 깨닫도록 한다.

C. 경험적 학습

내담자가 인지적 오류에 부합하지 않는 행동을 하게 함으로써 스스로 인지적 오류를 발견하고 수정하도록 한다. 예를 들면, 어머니가 없다면 가족들이 생활할 수 없을 것으로 믿는 주부에게 며칠간 여행을 가도록 함으로써 어머니가 없어도 가족들이 큰 어려움이 없다는 것을 인식하게 함으로써 스스로 가족에 대한 집착에서 벗어나도록 도울 수 있다.

D. 인지재구조화

역기능적인 사고나 인식을 순기능적으로 교정시켜 주는 것이다. 예를 들면, 우리 아버지는 고집불통이라는 생각 때문에 아버지와의 대화를 거부하는 사람에게는 아버지는 주관이 강하고 소신 있는 분이라고 긍정적으로 생각하게 함으로써 아버지에 대한 태도를 긍정적으로 바꾸어 나가도록 돕는다.

고등학교 때 우리 반 친구가 나를 떠올리며 까무잡잡한 아이로 기억했다. 그래, 그땐 내 얼굴이 정말 까무잡잡이였다. 내 피부가 검은 것이 부끄럽지는 않았지만 그렇다고 자랑스럽지도 않았다. 그런데 대학시절 어떤 인품 있는 교수님이 나를 흑진주라 불렀다. 까무잡잡이를 흑진주로 격상시켜 줄 수 있는 심미안과 미적 표현을 해 낼 수 있는 따뜻한 가슴을 지녔던 분이셨다. 흑진주라는 표현은 나의 피부를 격상시켜 주는 말이 아니라 교수님의 인격과 품위를 세워주는 말이었음에도 불구하고 그때부터 나는 스스로를 흑진주로 여기며 자위할 수 있었다

최선화(2015). 일상으로서의 사회복지실천과 상담, pp. 226-227.

E. 자기지시기법

내담자가 변하고자 하는 행동을 조형하기 위해서 실천지침을 가지고 익혀나가는 기법이다. 수행방법은 다음과 같다.

첫째, 사회복지사는 과제에 대한 수행방법을 모델로 제시하면서 큰 소리로 자기 자신에게 말한다(인지적 모델링).

둘째, 사회복지사로부터 언어적 도움을 받으면서 똑같은 과제를 수행한다(명백한 외부적 도움).

셋째, 내담자는 과제를 수행하면서 자기 자신에게 큰 소리로 지시한다(명백한 자기도움).

넷째, 내담자는 지시를 속삭이듯이 말하면서 과제를 수행한다(감소한, 명백한 자기도움).

다섯째, 내담자는 자기 자신에게 속으로 말하면서 과제를 수행한다(숨겨진 자기지시) (Granvold, 1994 : 25, 엄명용 외, 2005 : 212 재인용).

예를 들면, 아버지 앞에서 자신의 의견을 솔직하게 말하기 두려워하는 아들을 위한 자기지시법은 빈 의자를 놓고서 마치 아버지가 앞에 앉아 계신 것처럼 생각하며 말하는 연습을 하게 하는 것이다. 먼저 사회복지사가 아버지 앞에서 말하는 모범을 보인다. 사회복지사의 지지와 격려를 받으며 아버지 앞에서 하고 싶은 말을 당사자가 직접 해보도록 한다. 큰 소리로 '나는 할 수 있다'를 외치고서 연습한다. 작은 소리로 '나는 할 수 있다'를 말하면서 연습한다. 마음속으로 스스로에게 '나는 할 수 있다'는 말을 반복하면서 아버지 앞에서 자신의 생각을 말하는 연습을 한다.

F. 이완훈련

어떤 상황이나 사람 앞에서 긴장하고 불안해하는 사람에게는 스스로 긴장을 풀 수 있는 이완법을 권한다. 이 방법은 일반적으로 널리 활용되고 있다. 가장 널리 사용되는 방법은 심호흡을 하게 하거나 호흡을 하면서 숫자를 세도록 하는 방법이다. 또 다른 방법으로는 심상방법을 사용한다. 예를 들면, 많은 사람 앞에서 말하는 것을 두려워하는 사람에게는 심호흡을 하면서 긴장을 풀게 하거나 친구들에게 이야기하는 것 같이 생각하도록 한다. 이런 긴장완화의 좋은 예로 영화 '왕의 연설'이 유명하다.

G. 인지치료의 개입기술

고정된 인식유형으로 인한 인지적 오류를 교정한다. 인지적 오류의 형태는 임의적 추론, 선택적 요약, 과잉일반화, 확대와 축소, 개인화와 이분법적 사고가 있다.

개입방법으로는,

첫째, 부정적 자동사고를 모니터하고,

둘째, 인지와 정서 및 행동의 연관성을 인식하며,

셋째, 자신의 왜곡된 자동사고를 뒷받침하거나 반박하는 근거를 점검하고,

넷째, 왜곡된 인지를 현실지향적 해석으로 대체하고,

다섯째, 왜곡된 인지유형 저변의 가정과 믿음을 규명하고 변경하도록 학습한다(김혜란 외, 2006 : 92).

예를 들면, 한 내담자는 안경 낀 사람을 보면 자동적으로 긴장하게 되는 자신을 발견했다. 안경 낀 사람을 보면 깐깐할 것이라는 생각이 들어 긴장하게 되며 피하고 싶어진다. 이렇게 되는 이유를 가만히 생각해 보니 어릴 적 야단을 많이 맞아 싫어했던 담임선생님이 안경을 썼었다는 사실을 기억하게 되었다. 안경 쓴 모든 사람이 다 힘든 것은 아니었다는 것도 생각하게 되었다. 친한 친구도 안경을 끼고 있다. 가만히 생각해 보니 어릴 적 야단을 심하게 맞은 담임선생님에 대한 기억 때문에 안경 낀 사람에 대한 편견을 가졌던 것 같지만 안경을 낀 모든 사람이 깐깐한 것은 아니라는 것도 알게 되었다. 따라서 사람의 성격은 안경 착용 여부와는 상관없다는 것을 다시 인식하게 되었으며 자동적인 부정적 사고가 올라와도 그것에 의해서 영향을 받지 않도록 의식적으로 노력해 나갈 수 있게 되었다.

(5) 역량강화모델

역량강화모델은 사회복지실천에서 강조되는 모델 중 하나로 강점중심 개입과 1970년대의 생태체계적 관점에 근거한 강점지향의 중요성이 강조되면서 재부상

되었다. 강점관점은 사회복지사들이 내담자를 도울 때 이들이 가지고 있는 힘과 능력을 최대한 이용할 수 있도록 하며 그럼으로써 성장하도록 돕는다. 스트레스 상황에 처한 내담자가 주변의 자원을 활용해서 스스로 효과적으로 대처하지 못하고 무기력해진 경우에 자신의 삶을 통제해 나갈 수 있는 힘을 회복할 수 있도록 원조한다. 이때 개인적, 집단적 그리고 정치적인 측면에서의 힘을 키워 행동하고 사회구조를 개선해 나갈 수 있도록 돕는다. 내담자가 자신의 힘을 사용하기 위해서는 자신감을 증진시키며 스스로 힘을 사용할 수 있도록 돕고 개인적 차원에서는 강점파악과 자신의 능력에 대한 신념을 가지도록 하며 개인의 역량을 강화시킨다. 대인관계에서는 상호교환을 통해서 다른 사람에게도 영향력을 미칠 수 있도록 한다. 정치적이고 사회적인 차원에서는 사회구조의 개선과 새로운 기회를 통해서 모두에게 힘을 부여한다.

강점 관점의 실천적 의미

내담자가 가지고 있는 자원들을 효과적으로 개발하고 이용 가능하도록 한다. 강점 관점은 사람은 문제 상황에 대처하며 성장하고 변화하는 능력을 가지고 있다고 본다. 내담자는 자신의 문제에 관한 한 전문가로 해결능력을 가지고 있다. 따라서 문제를 문제로 보는 것이 아니라 성장의 기회로 보며 변화를 요구하는 도전으로 본다. 미래의 발전과 변화를 위해서 이용 가능한 자원을 지금 탐색하고 활용하도록 돕는다. 따라서 당사자의 문제에 초점을 맞추기보다는 강점과 자원을 가진 존재로 보며 지금의 상황에서 제기된 도전을 받아들여 적극적으로 성장해 나갈 수 있는 존재로 본다.

임파워먼트 실천에서의 핵심 개념은 강점사정과 활용, 적응유연성, 자기결정권, 대화 그리고 협동이다. 임파워먼트는 강점사정과 강점시각에서 접근하며 모든 사람들을 능력과 가능성을 가진 존재로 보며 상실된 힘과 능력을 회복하도록 원조한다. 자신의 강점을 인식하고 자신감을 회복하게 되면, 요구되는 변화를 수용하고 적응할 수 있는 잠재능력이 발휘되어 상황적 어려움을 극복하고 대처해 나갈 수 있게 된다. 자기결정권은 내담자가 주도적이고 자발적으로 자신의 문제를 해결해 나가며 해결책에 관한 결정권을 지닌다는 것을 의미한다. 인간은 대화를 통해서 의식화되고 자신의 문제를 해결해 나갈 수 있는 정보와 지식을 얻을 수 있고 힘과 용기를 얻을 수 있다. 공통기반을 가진 사람들은 힘을 갖기 위해서 서로를 필요로 하며 내담자와 상담자는 1 : 1의 관계를 정립해야 한다.

개입과정

임파워먼트 실천과정은 종래의 문제해결모델에서 사용하는 접촉, 계약, 개입, 평가와 종결이라는 실천과정에서 과감히 탈피해서 임파워먼트 개념과 이론에 맞는 실천과정을 새롭게 개념화한다. 임파워먼트 실천과정은 크게 대화, 발견, 개발의 3단계로 나누어진다. 대화단계의 주요 활동은 공유로 내담자와 협동적인 관계에서 도전과 자원, 능력을 파악한다. 발견단계는 탐색작업으로 정보수집, 능력과 자원 확인을 포함한다. 현재 상황을 명확히 파악하며 방향을 설정함으로써 목적을 구체화한다. 발견단계는 정보를 수집하고 계획을 수립한다. 강점을 확인하고 자원을 사정하며 해결방안을 수립한다. 개발단계는 계획을 실행하여 기회를 확대하고 자원을 활성화하며 성공을 확인한다. 개발단계의 주요 활동은 강화이며 내담자 체계는 필요한 자원과 기회를 획득하고 역량을 강화한다.

이러한 실천과정의 틀은 관계형성을 파트너십으로, 문제는 도전의식과 강점 파악으로, 사정은 자원탐색으로, 목표설정은 해결방안 구상으로, 평가는 성공의 인식으로, 종결은 성공의 통합으로 바뀌게 된다(황성철, 2002). 임파워먼트의 예를 들면 다음과 같다.

김 할머니는 75세로 남편이 돌아가신 후 신체적 약화로 인해 거동이 불편하게 되어 딸과 함께 살았다. 경상도에서 거의 대부분의 일생을 보냈고 그곳을 떠나고 싶지 않았지만 딸과 함께 살기 위해서 딸의 직장이 있는 부산으로 옮겨올 수밖에 없었다. 모든 것을 딸에 의존하며 딸의 도움으로 큰 불편 없이 살아가던 할머니는 또 한 번의 큰 위기에 직면하게 되었다.

딸이 중풍으로 갑자기 쓰러져서 더 이상 함께 살 수 없게 되었다. 딸이 병원으로 보내지면서부터 할머니는 평생 처음으로 혼자 남게 되었다. 그동안 모든 것을 딸에게 의지하여 생활해 왔기 때문에 모든 것이 막막하고 딸도 걱정되었다. 이미 운전도 스스로 할 수 없고 요리를 안 한 지도 오래되었다. 먼 곳에서 직장생활을 하는 미혼의 손녀가 어머니와 할머니 둘을 돌보기에는 역부족이었고 손녀는 딸을 돕느라 할머니에게 신경 쓸 여유가 없게 되었다.

할머니는 당분간 혼자서 살아가는 법을 익혀야 하고 딸이 병원에서 돌아오면 돌봐야 하는 입장이 되었다. 할머니는 처음에는 딸 친구들과 이웃의 도움으로 생활하게 되었지만 여러 가지 불편함을 경험하게 되자 이들의 추천과 격려로 사회복지관에 도움을 요청하게 되어 사회복지사를 만나게 되었다.

상담을 위한 사정 결과 할머니는 자립이 가능할 것으로 판단되었고 딸을 위해서도 많은 도움을 줄 수 있을 것으로 판단되었다. 우선 할머니의 건강상태가 양호한 편이어서 일상생활을 스스로 처리하는 데는 큰 어려움이 없을 것으로 판단되었다. 할머니는 여러 가지 어려움에도 불구하고 딸을 돕기 위해서는 무엇이든지 하려는 마음이 강했다. 보조기구를 사용하면 거동이 가능하고 간단한 식사도 스스로 해결할 수 있지만 오랫동안 모든 것을 의존해 왔기 때문에 자신감이 없고 신체적 장애에 대한 지나친 염려도 큰 이유가 되었다. 할머니는 관절염으로 보행이 불편하고 서서 일을 하는 데는 어려움이 따랐다. 사회복지사는 할머니가 보조를 받아서 자립하든지 아니면 시설로 보내져야 한다는 상황을 설명하고 약간의 도움을 받으면 충분히 집에서 살 수 있고 딸이 돌아오면 돌볼 수 있다는 것을 인식시켰다.

처음에는 자신은 이미 아무것도 스스로 할 수 없으며 딸에게 의존한 지가 오래되어 모든 면이 낯설기만 하다고 고집을 부리고 스스로의 처지에 대한 한탄으로 감정적인 폭발과 무력감, 당혹감에 빠져 있었다. 상담을 통해서 할머니가 느끼는 정서적 반응에 대한 인정과 수용, 이해, 지지를 하자 할머니는 서서히 현실을 직시하고 수용하면서 정서적 안정을 회복해 나갔다. 사회복지사와의 여러 번의 대화를 통해서 할머니는 자신이 무엇을 할 수 있을 것인지, 정말 해낼 수 있을 것인지에 대해서 의문을 가지며 탐색해 보기 시작했고 딸을 돕기 위해서 무엇을 할 수 있는지를 탐색하기 시작했다.

우선 사회복지사는 할머니가 나이와 신체적인 제약에도 불구하고 많은 자원이 있다는 것을 인식시키며 자신감을 심어주기 시작했다. 아직도 거동이 가능하다는 것과 정신이 맑다는 것, 딸을 돕고자 하는 의지가 강한 것, 주변에 친구들이 있어 급하면 보조를 받을 수 있다는 것, 사회적인 서비스와 보조가 있으며, 활용할 수 있는 경제적·인적 자원도 다른 사람에 비해서 풍부하다는 것을 인식시켰다. 할머니의 강점과 자원에 대한 검토와 인정, 심리적 문제를 해결하기 위한 계속적인 지지와 격려를 통해서 딸을 위해서라도 자립하려는 의지를 보이기 시작했다.

할머니는 사회복지사와 함께 자립하는 데 요구되는 교육과 생활문제 해결을 위한 세부 검토과정을 거치게 되었다. 이러한 과정에서 사회복지사는 할머니와 함께 대화하고 검토하며 예상되는 어려움을 극복하기 위한 방안과 대처방안에 관해서 탐색하고 구상하는 과정을 여러 번 거치며 자신감을 심어주고 요구되는 정보를 제공해 주었다. 그리고 할머니가 자립할 수 있도록 상담가가 전 과정을 도와줄 것이라는 확신도 심어주었다. 할머니의 결정에 따라 우선 생활하는 데 편리하도록 환경을 개조하기로 했다. 집 내부를 자신과 딸이 생활하는 데 불편하지 않도록 개조하고 보조기구를 설치하도록 했다. 이층에서 생활하던 딸이 아래층에서 생활할 수 있도록 사무실을 방으로 개조하고 목욕탕 문을 넓혀서 휠체어가 드나들 수 있도록 하고 보조기구를 설치했다. 집 전체에 보조 바를 설치해서 스스로 움직이는 데 불편을 덜기로 했다. 부엌의 물건들도 모두 정리해서 할머니가 사용하는 데 불편이 없도록 높은 곳에 있는 물건은 아래로 내리고 간편하게 정리했다.

가사도우미 파견서비스의 도움을 받아 가사일과 쇼핑문제를 해결하고 요리는 얼린 음식을 주문해서 해결하거나 간단한 것은 직접 해결했다. 그동안 딸 없이는 외출하지 않았지만 무료함을 달래기 위해서 낮 동안은 주간보호소에 나가서 운동도 하고 물리치료도 받고 취미활동도 하며 여러 사람들과 만나게 되었다. 밤에 혼자서 자다가 무슨 일이 생길 것에 대한 염려를 해결하기 위해서 비상버튼을 목에 착용하기로 했다.

사회복지사의 도움과 격려로 할머니는 점차 자립해 가며 스스로 혼자서 해결해 나가는 데 익숙해지게 되었고 비슷한 처지의 노인들이 스스로 독립해서 큰 어려움 없이 살아가고 있다는 것을 알게 된 것도 큰 몫을 차지했다. 지금까지 자신이 너무 의존적이었던 것은 스스로 해낼 수 있을 것이라는 자신감을 가지지 못했고 주위에서 너무 보호해 주어 스스로 무력해졌다고 했다. 특히 남편이 나이 차이로 인해서 자신을 아이 취급한 것이 큰 원인인 것 같다고 했다. 주간보호소에 나가면서 다른 노인들을 만나게 되고 여러 사람들의 이야기를 들어보고 격려 받음으로써 할머니는 딸이 돌아오면 잘 돌볼 수 있을 것 같다는 자신감을 보였다. 할머니는 예전의 활기찬 모습을 회복해 나가면서 손녀가 오면 컴퓨터 사용법을 익혀서 온라인 쇼핑과 채팅하는 법을 익히기를 원했다. 자신은 거동이 불편하기 때문에 집에서 많은 것을 해결할 수 있는 방법을 찾아야 하며 다른 노인들은 이미 이러한 방법을 활용하고 있다는 것을 알면서부터 컴퓨터에 관심을 가지기 시작했다.

할머니는 상담가의 지지와 수용을 통해서 불안과 당혹감을 해소하고 감정적 안정을 회복하게 되어 자립하기 위한 자신감을 회복하게 되었다. 더 나아가서 딸에게 필요한 도움을 제공하려는 의지와 자신감을 회복할 수 있게 되었다. 또한 지역사회 주민들과의 연결을 통해서 자신감과 효능감이 강화되어 자립을 위한 컴퓨터 교육을 받으려는 계획을 수립하게 되었다. 이 과정에서 할머니는 사회복지사와의 관계를 통해서 할머니의 강점과 자원을 인식하고 잠재된 자원을 개발하고 지역사회자원을 동원함으로써 도전을 극복할 수 있는 의지와 능력을 회복하게 되었다.

자신의 강점 찾기도 중요한 기법이다. 한국인의 습관상 개인의 장점을 인식하고 있기보다는 단점에 대해서 더 예민해지는 경우가 있다. 이렇게 되면 개인의 문제해결능력 향상과 임파워먼트에 많은 장애가 생기게 된다. 그러므로 자신의 장점을 인식시켜 자긍심을 키워주고 자신감을 북돋워 주는 것은 중요하다. 이러한 작업은 아동과의 개입에서는 더 강조할 수 없을 만큼 중요하며 성인의 경우에도 마찬가지다. 자신의 장점은 모르고 잘못만을 과잉인식함으로써 열등의식에 빠져 있는 경우를 흔히 볼 수 있다.

자신의 장점을 인식하고 자부심을 갖도록 하는 방법 중 하나는 '포화' 또는 '홍수법'을 사용하는 것이다. 개인에게 자신의 장점을 500가지 적어오게 하는 것이다. 처음에는 불가능하다고 생각하고 저항하지만 격려와 예를 통해서 이러한 작업의 의미를 이해시켜 억지로라도 하게 한다. 혼자서 500가지의 장점을 파악하기 힘든 경우에는 주변 사람에게 물어보는 것도 괜찮다. 이 경험을 통해서 스스로 단점으로 여기고 위축되었던 점도 장점이 될 수 있다는 시각의 전환이 이루어질 수 있어 자신을 새롭게 인식할 수 있는 계기가 되기도 하고 스스로에 대해서 '꽤 괜찮은 사람'이라는 사고의 전환이 이루어질 수 있다.

〈표 5-4〉 여성의 권리장전

당신은 사생활을 보장받을 권리가 있다. 당신은 자신의 의견을 제시하고, 그 의견을 존중받을 권리가 있다. 당신은 자신의 돈을 관리할 권리가 있다. 당신은 자신에게 영향을 미칠 수 있는 사안에 대해 얼마든지 의문을 제기할 권리가 있다. 당신은 성장하고 변화할 권리가 있다. 당신은 거부할 권리가 있다. 당신은 실수할 권리가 있다. 당신은 당신 자신일 수 있는 권리가 있다. 당신은 당신 자신을 우선적으로 생각할 권리가 있다. 당신은 안전할 권리가 있다. 당신은 사랑하고 사랑받을 권리가 있다. 당신은 존중받을 권리가 있다.

당신은 완벽하지 않을 권리가 있다. 당신은 누군가가 당신을 부당하게 혹은 심하게 다룬다면 그를 저지하거나 그에게 화를 낼 권리가 있다. 당신은 타인의 문제에 대해 책임지지 않을 권리가 있다. 당신은 모든 사람으로부터 사랑받지 않아도 될 권리가 있다. 당신은 행복하지 못한 일상을 통제하고 변화시킬 수 있는 권리가 있다.

출처 : 신영화(1999). 학대받는 아내의 능력고취를 위한 집단사회사업실천의 효과성, p. 59.

(6) 과제중심모델

1970년대에 Reid와 Epstein에 의해 개발되었다. 과제중심모델은 장기치료의 효과성을 입증하지 못한 것에 대한 비판으로 단기치료에 대한 관심이 높아지고 집중적이며 구조화된 개입을 선호하는 경향을 반영한 것이다. 이 모델의 특징은 전체 8~12회로 4개월 내 종료하는 단기개입이다. 내담자의 관점에서 인식하는 문제를 중심으로 계약한 문제해결에 초점을 둔다. 변화는 내담자가 직접 실행하는 과제를 중심으로 이루어지며 사회복지사는 수행을 원조한다.

과제중심모델은 당사자가 과제를 스스로 실행해야 하기 때문에 내담자의 자기결정권이 강조된다. 실천과정이 구조화되고 다양한 접근방법을 절충적으로 활용할 수 있으며 역할이나 과제가 상세히 규정된다. 내담자가 활용할 수 있는 자원에 대한 탐색과 환경에 대한 접근이 강조된다. 개입의 책무성을 강조하기에 개입과정과 실천, 평가 등을 강조한다.

개입과정은 표적문제를 먼저 선정한다. 문제는 당사자가 제시하거나 해결하고자 하는 문제로 한다. 당사자가 변화를 원하며 자신의 노력으로 해결 가능한 구체적인 것으로 당사자의 동의하에 문제로 선정한다. 문제는 시간제약을 고려해서 세 개까지로 한다. 하나의 표적에 대해 하나의 목표를 정하며 표적문제와 목표는 당사자의 입장에서 주어와 서술어로 구체적으로 표현한다.

(7) 위기개입모델

위기란 평상시의 방법으로는 해결이 가능하지 않을 만큼 심각한 정서적 혼란을 경험하는 상태로 위협적인 사건을 경험함으로써 취약해진 상태를 말한다. 이렇게 위기에 직면하게 되면 방어기제가 약해져서 적절히 대처하기 힘들게 된다.

극심한 위기상태는 일시적이고 단기적이지만 심각한 병리상태가 될 수도 있는 반면 다양한 대처법을 배울 수 있어 성장의 기회가 되기도 한다. 이렇게 같은 상황에서 어떤 사람은 성공적으로 극복할 수 있지만 그렇지 못한 사람도 있다.

위기의 종류로 발달적 위기는 사춘기나 은퇴 등의 발달단계마다 요구되는 발달과업을 이루기 위해 요구되는 자원이 필요할 때 발생하는 위기, 상황적 위기는 사고나 재해 등의 이례적인 사건의 발생으로 인해 생겨나는 위기로, 갑작스럽고 충격적이며 파괴적일 수 있다. 실존적 위기는 정신적 위기와 같이 삶의 목적이나 이유에 동반되는 갈등이나 불안과 관련된 위기다.

위기의 발달단계는 실직같이 사회적 위험이 예기치 않게 발생하기도 하고 자녀의 출산과 같이 예기된 상태가 발달주기에 따라 일어나기도 한다. 이런 위기상황이 벌어지면 일어난 사건에 대한 주관적 반응이 달라지기도 하지만 보편적으로 혼란을 겪는 취약상태가 된다. 이렇게 약해진 상태에서 현상을 악화시키는 연쇄적인 사건들이 발생하기도 한다. 실제 위기단계는 균형을 유지하는 항상성이 무너지면서 4~6주 정도 긴장이 최고조에 달하게 된다. 회복 또는 재통합의 단계는 긴장과 불안이 가라앉으며 기능을 회복해서 적응해 나가는 단계다.

기본 원리

개인이나 가족이 갑자기 심각한 위험에 처했을 때 즉각적이고 집중적이며 전문적인 개입을 한다. 최소한의 목표는 필요한 자원이나 정보를 제공해 주고 희망을 고무시켜 위기 이전단계로 돌아가거나 균형 상태를 회복하는 것이다. 문제 파악과 해결에 초점을 두며 현실을 직시하도록 돕는다. 당사자가 건전한 자기상을 회복하도록 돕고 자신감을 회복해서 대처하고 자립할 수 있게 도와준다. 치료목표는 1단계에서 증상완화와 위기 이전의 기능을 회복함으로써 지역사회자원을 통해서 치료방법을 모색해 나간다. 2단계는 위기상황을 넘어서는 새로운 적응 및 대처방법을 교육한다. 개입과정은 위기개입 시 전체 과정에서 당사자의 말에 경청하며 안전을 확보하고 무조건적 수용과 지지를 보낸다. 대안탐색으로는 구체적인 대처기제를 제시하고 문제해결을 통해서 대안을 탐색한다. 당사자가 계획한 내용을 숙지하고 행동을 취하도록 돕는다.

4) 종결단계 – 마무리는 깔끔하게

서비스관계를 끝내는 것은 내담자와 상담자 모두에게 많은 정서적 반응을 불러일으키게 된다. 그러므로 종결에 대한 준비가 필요하며 적어도 종결 3주 전부터 종결에 대한 논의와 준비를 해나가는 것이 바람직하다. 그리고 종결 후와 문제발생 시 연락방법과 효과를 지속시키기 위한 방안들을 미리 논의하고 준비하는 것이 요구된다. 실천이 얼마나 효과적이었는가를 평가하는 과정은 서비스 전달자와 사회복지개입의 발전을 위해서 중요하다. 평가는 개입과정과 방법 모두에 대한 평가가 요구된다.

사회복지 개입의 과정을 기록으로 남기는 것은 중요하다. 기록의 방법은 수기에서부터 비디오나 오디오 활용이 가능하며, 당사자의 동의나 허락을 받아야 하며 그들이 편안해하는 방법으로 기록할 수 있다. 기록은 개입의 효과성을 높이기 위한 슈퍼비전을 받기 위해서 그리고 개입과정을 평가하기 위해서, 책임있는 개입을 위해서, 만약에 발생할지도 모르는 법적 문제에 대처하기 위해서도 요구된다. 기록과 함께 기록을 관리하는 일은 개인의 사생활 보호와 비밀보장을 위해서 철저하게 이루어져야 한다. 기록과 평가에 대한 부분은 뒤에서 다시 배우도록 한다.

생각해 보기

1. 개입방법들을 직접 자신에게 먼저 적용해 보자. 새롭게 자신에게서 발견되는 점이 있는가?

2. 집단으로 나누어서 서로에게 적용해 보자. 실천기법 적용에서의 어려움은 무엇인가?

2. 집단을 대상으로 한 개입

자신은 사회복지 수혜 대상자도 아니며 사회복지와는 아무런 상관이 없다고 생각하는 주부들도 방학이 되면 아이들을 각종 놀이나 학습 또는 체험 캠프에 보내며, 자신이 속한 지역이나 단체의 공동의 목적과 이해관계를 관철시키기 위해서 집단행동을 하는 것을 볼 수 있다. 이들이 참여하는 활동이 모두 사회복지적 개입의 중요한 방법이 되고 있다는 사실은 알지 못하지만 실제 생활에서는 이미 활용하고 있는 분야가 집단을 활용한 개입이다.

집단 사회사업은 1844년 런던의 YMCA에서 George Williams가 실시한 빈민가 아동들을 위한 캠프활동에서 비롯되어 도시빈민운동과 치료적 목적을 위한 집단활동 등으로 영역이 넓혀졌다.

1) 집단활동의 이해 – 물과 물고기

집단을 대상으로 하는 개입은 사회복지실천기술 중 하나로 공통된 욕구나 문제를 가진 사람들이 공통의 목적을 달성하기 위한 소집단활동을 통해서 개인적 욕구와 사회적 기능을 향상시켜 나가는 개입방법이다. 따라서 개인의 사회적 기술 또는 집단목표 어느 것에 초점을 맞추는가에 따라서 치료집단 또는 과제집단으로 분류되며 전문가의 원조하에 집단의 상호작용을 통해서 집단의 목표를 성취해 나간다.

물속에 사는 물고기는 물의 존재를 잊어버리고 산다. 사회적 동물인 인간은 집단 속에서 살면서도 집단의 영향력을 모르거나 의식하지 못한 채 살아가고 있다. 사람은 사회적 동물로 가족이라는 소집단에서 태어나서 성장하며 나이가 들어갈수록 더 크고 다양한 집단에 소속되어 살아가게 된다. 그러므로 집단활동은 사회생활의 자연스러운 현상이며 벗어날 수 없는 부분이다. 그러나 사회복지 개입방법으로서의 집단활동은 이런 일상적인 활동의 형태로 나타나는 집단과는 차이가 있다. 즉, 사람들이 모여서 집단으로 서로에 대해서 크게 의식하지 않고 특별한 의도적인 상호작용 없이 일상적으로 살아가는 것과는 달리 사회복지적 개입으로서의 집단활동은 의도적인 상호작용을 나누며 개입이 지향하는 바가 있게 된다.

아동 캠프를 예로 들면 아이들이 운동장이나 골목에서 그냥 모여 노는 것과 캠프에 참여하는 것은 분명히 다르다. 캠프는 목적에 부합하는 대상자들을 모아서 목적을 달성하기 위한 개입으로 프로그램이라는 매개체를 통해서 의도적인 상호작용을 하며 그 결과 교육이나 치료적 효과를 가질 수 있도록 설계된 의도적인 개입이다. 그렇게 개입하는 프로그램이 놀이라고 해도 아무런 목적 없이 전문가나 지도자의 개입 없이 노는 것과 사회복지적 개입활동으로 놀이라는 방법을 택한 것은 차이가 있다.

집단적 개입은 상담이나 치료를 위한 개별적 개입에 더해서 예방적이고 성장지향적인 측면을 강조하며 청소년이나 아동을 위한 사회화 집단이나 성장집단을 중심으로 한 활동과 성인을 위한 지지집단과 공통의 목적을 가진 성취지향집단 활동들이 널리 활용되고 있어 친숙하게 되었다. 이렇게 일상생활에서 보편화되고 있는 집단을 좀 더 체계적이고 효과적으로 활용하기 위해서는 집단에 대한 기초지식과 이해 그리고 훈련이 요구된다.

> 미국에서 천재로 성장한 사람을 만난 적이 있다. 그래서 천재에게는 어떤 교육이 필요한지 물어보았다. 망설임 없이 '반드시 협력해서 할 수 있는 스포츠를 두 가지 이상 시키라'는 것이었다. 그 이유는 팀으로 일하는 것을 배우기 위해서는 다른 사람을 돕는 것도 알아야 하고, 도움을 받는 법도 알아야 한다는 것이다. 예를 들면 농구팀으로 뛸 때 혼자서 아무리 잘해도 소용없기에 못하는 사람을 돕기도 하고 다른 사람의 도움을 받아야 하는 경우가 생기며 그래야 팀이 이길 수 있게 된다. 따라서 지금의 사회는 혼자서 모든 일을 할 수 없기 때문에 팀으로 함께 일하는 법을 배워야 하고 그러기 위해서는 못하는 사람을 도와주는 법도 알아야 하고 때로는 부족함을 시인하고 다른 사람에게 도움을 구하는 법도 알아야만 함께 일을 할 수 있기 때문이다. 영재나 천재들은 혼자서 하는 일은 잘 하지만 함께 하는 일, 특히 자기보다 못한 사람을 이해하고 도와주는 일, 그리고 자신이 도움을 청하거나 받는 일에 미숙하기에 팀 훈련을 시켜야 한다는 것이다. 대부분의 사람은 평재로 더욱이 다른 사람의 도움이 필요하고 서로 힘을 합해서 더 나은 아이디어와 해결방안들을 모색해나갈 수 있게 된다.
>
> 최선화(2015). 일상으로서의 사회복지실천과 상담, pp. 30-31.

사회복지 개입은 개인을 대상으로 한 직접적인 개입이 주로 이루어진다. 그러나 개인을 대상으로 한 개입은 많은 장점을 가짐에도 불구하고 단점도 있다. 개인을 대상으로 실천한다는 것은 많은 시간과 비용이 요구되며 비슷한 문제를 가진 사람들이 서로를 통해서 배울 수 있는 기회가 없다는 점이 제한점으로 지적되고 있다. 그래서 집단적 개입은 비슷한 문제나 관심을 가진 사람들이 모여서 함께 자신들의 욕구를 충족시켜 나가는 과정이다.

예를 들면, 비행문제를 가진 청소년들이 직면하고 있는 문제를 해결하기 위해서 집단상담을 받거나 치료집단에 함께 참여하는 경우 등이다. 이렇게 집단적 개입이 이루어지면 개개인으로 접근하는 것에 비해 시간과 비용이 절약된다는 점과 함께 서로를 통해서 배울 수 있다는 장점이 있다. 집단활동 과정에서도 개인적 긴장감을 줄일 수 있고 집단 내에서의 상호작용을 통해서 연습할 수 있다는 장점이 있다. 또 다른 경우는 초등학교 학생을 둔 학부모들이 교육환경 개선과 아동교육의 질을 높이기 위해서 공동으로 노력해 나가는 경우다. 이런 공통의 관심사를 가진 사람들이 집단을 형성하게 되면 상호작용을 통해서 개인들이 가질 수 있는 힘보다 더 많은 집단적 힘을 가지게 되며 혼자서는 달성하기 힘든 목표가 집단활동을 통해서는 가능해질 수 있게 된다.

이렇게 집단을 대상으로 한 사회복지 개입은 의도적으로 만들어진 집단활동 경험을 통해서 구성원들의 욕구를 충족시키고 문제를 해결하고 나아가서 참여한 개별 구성원들에게 치료적 경험이나 성장경험을 통해서 사회적 기능수행을 촉진하도록 돕는 과정이다. 이와 같은 장점들 때문에 집단은 사회복지 개입방법으로 자주 활용되고 있다.

집단을 형성하게 되면 구성원들 간의 일상적인 상호작용을 통해서 상호교류가 자연스럽게 일어나게 된다. 그래서 자연스러운 정보교환이 이루어지며, 개인적인 관심과 문제가 혼자만의 것이 아니라 다른 사람들도 가지는 보편적 문제라는 인식을 갖게 되기도 한다. 집단구성원 간의 모델링이나 모방학습 등을 통해서 스스로 치료될 수 있고 변화할 수 있다는 희망을 가지고 노력할 수 있는 동기가 유발되기도 한다. 또한 집단구성원 간의 상호작용과 정직한 환류를 통해서 대인관계기술과 의사소통기술이 발달하게 되며 문제가 되는 측면들을 해결해 나갈 수 있으며, 안전하고 보호받는 집단에서 지지를 받으며 필요한 기술을 학습하고 익혀나갈 수 있게 된다. 이렇게 집단으로 묶여서 활동한다는 것은 개별적인 학습보다 재미와 흥미 및 자극을 더할 수 있는 장점이 있다.

> 갑자기 중도 장애를 입은 사람이 혼자서 심리적이고 사회적인 혼란을 겪는 과정에도 이들에게 이해와 격려를 보내는 따뜻한 손길이 함께함으로써 방황을 빨리 끝낼 수 있도록 도울 수 있다. 이렇게 절망하는 순간에 가장 도움이 된 것은 먼저 장애를 입고 비슷한 경험을 해 본 동료들의 도움이다. 한 여성장애인은 자포자기한 상태에서 죽지도 못하고 숨만 쉬며 살아가는데 다른 장애인들의 성화에 못 이겨 중도장애인모임에 참가하면서부터 서서히 회복되는 과정을 겪을 수 있었고 다시 삶을 시작할 수 있었다고 한다.
>
> 최선화(2015), 일상으로서의 사회복지실천과 상담, pp. 126-127.

Yalom(1995)은 집단이 갖는 장점으로 다음과 같은 요소를 지적한다.

① **희망고취** : 집단은 참여자들에게 그들의 문제가 개선될 수 있다는 희망을 심어주고 이러한 희망은 그 자체로 치료적 효과를 갖는다.

② **보편성** : 참여자는 종종 자기만의 유독 끔찍하거나 용납될 수 없는 문제, 생각, 충동 등을 가지고 있다고 생각한다. 집단을 통해 다른 사람들도 자기와 비슷한 생활경험 또는 문제를 가지고 있다는 것을 알고 위로받게 된다.

③ **정보전달** : 내담자는 집단사회복지사의 강의를 통해서 자신의 문제에 대해 보다 명확하게 이해할 수 있으며 또한 집단구성원으로부터도 직접 또는 간접적인 제안, 지도, 충고 등을 얻게 된다.

④ **이타심** : 집단구성원들은 위로, 지지, 제안 등을 통하여 서로 도움을 주고받는다. 자신도 누군가에게 도움을 줄 수 있고 타인에게 중요할 수 있다는 발견은 자존감을 높여준다.

⑤ **1차 가족집단의 교정적 반복 발달** : 집단은 가족과 유사한 점이 있다. 집단사회복지사는 부모, 집단구성원들은 형제–자매가 되는 것이다. 참여자들은 형제–자매들과 상호작용하는 방식으로 사회복지사 및 집단구성원들과 상

호작용을 재현하게 되며, 그 과정을 통해서 그동안 해결되지 않은 가족갈등에 대해 탐색하고 도전한다.

⑥ **사회기술의 발달** : 집단구성원으로부터의 피드백이나 특정 사회기술에 대한 학습을 통해 대인관계에 필요한 사회기술을 개발한다.

⑦ **모방행동** : 집단사회복지사와 집단구성원은 새로운 행동을 배우는 데 좋은 모델이 될 수 있다.

⑧ **대인관계 학습** : 참여자는 집단구성원 간의 다양한 상호작용 속에서 자신의 대인관계에 대한 통찰을 얻게 되고 자신이 원하는 관계형성에 대한 아이디어를 가질 수 있게 된다. 또한 집단은 대인관계 형성의 새로운 방식을 시험해 볼 수 있는 장이 되기도 한다.

⑨ **집단응집력** : 집단 내에서 자신이 인정받고 수용된다는 소속감은 그 자체로서 집단구성원들의 긍정적 변화에 영향을 미친다.

⑩ **정화** : 집단 내의 비교적 안전한 분위기 속에서 집단구성원은 그동안 억압되어 온 감정을 자유롭게 발산할 수 있다.

⑪ **실존적 요인들** : 참여자는 집단구성원과의 경험공유를 통하여 자기 자신이 다른 사람에게 아무리 많은 지도와 후원을 받는다 할지라도 자신들의 인생에 대한 궁극적인 책임은 스스로에게 있다는 것을 배운다(김혜란 외, 2002 : 202-203).

여러 사람이 모이게 되면 그 속에는 세상 모든 것이 다 섞여 있다. 사회복지적으로 표현하면 자원이 풍부하며 다른 한편으로는 온갖 문제가 다 일어나게 된다. 그러므로 사회복지사는 이런 요소들을 적절히 활용해서 치료적이고 교육적이며 재활을 위한 집단목적에 부합하는 상호작용이 일어날 수 있도록 이끌어 나갈 수 있어야 할 것이다.

집단사회사업은 의도적으로 목적을 가진 개입활동이다. Klein(1972)은 집단사회사업의 목표를 다음과 같이 제시하고 있다(전남련, 2011 : 374-375).

(1) 재활

재활(rehabilitation)의 과정은 사람이나 일이 이전의 능력 또는 수준으로 회복하는 것을 의미한다. 사람의 재활은 감정적 또는 정신적인 어려움이나 행동에 관한 것과 어떤 태도나 가치를 변화시키는 수단에 관한 것이라 할 수 있다.

(2) 교육훈련

교육훈련(habilitation) 과정은 치료(treatment)보다는 오히려 성장과 발달을 의미한다. 교육훈련이라는 용어는 어려움을 가진 어떤 개인들이 어렸을 때 행동하는 법을 배운 적이 결코 없었기 때문이라고 본다. 그래서 '재활'이라는 용어가 의미하는 것으로는 회복될 수 없다고 보고 교육훈련이 성장과 발달을 가져온다고 본다.

(3) 교정

교정(correction)의 과정은 사회법(social law) 혹은 사회적 관습에 대해 어려움을 가지고 있는 사람들과 범법자나 폭력자를 돕는 것을 의미한다.

(4) 사회화

사회화(socialization)의 과정은 사람들이 사회적으로 기대되는 것을 행하는 방법, 그리고 다른 사람들과 같이 살아가는 방법을 돕는 것을 의미한다.

(5) 예방

예방(prevention)의 과정은 어려움이 일어나기 전에 그 어려운 문제를 미리 처리하고 사람들이 필요로 하는 환경적 영양물을 제공하는 것을 의미한다.

(6) 사회행동

사회행동(social action)을 격려하는 과정은 사람들이 대처하고 적응하는 것 이외에 그들의 환경을 변화시키는 것을 배우도록 돕는 것을 포함한다. 집단에서 적극적인 관계를 통해 개인은 이끌고, 따르고, 결정을 내리는 데 참여하고, 그들 자신에 대해 책임을 지고 더 큰 지역사회에 대해 책임을 지는 것을 배우게 된다.

(7) 문제 해결하기

문제해결(problem solving)의 과정은 사람들이 과업을 달성하고 결정하고 사회문제를 해결하도록 집단을 이용하는 데 도움을 주는 것을 의미한다.

(8) 사회적 가치

사회적 가치(social value)의 발달을 촉진하는 과정은 개인이 생활과 관련된 실천 가능한 사회적 가치를 발달시키는 것을 돕는 것과 관계가 있다. 집단은 이들 목적 모두 또는 이들 중 어느 하나를 위해 이용될 수 있다.

이와 같은 장점에도 불구하고 집단은 단점도 있다. 즉, 집단으로 활동한다는 것은 개별적 개입과는 다른 문제를 야기하기도 한다. 예를 들면, 집단구성원들 간에 마음이 맞지 않거나 갈등이 발생할 수 있으며 극단적인 경우에는 희생양을 만들기도 하고, 집단에 지나치게 의존하는 성향이 생겨나기도 한다.

2) 집단의 종류 및 접근방법

집단의 목적에 따라서 다양한 특성을 가진 집단들이 있다. 예방적이고 성장지향적인 측면을 강조하며 청소년이나 아동을 위한 성장집단, 사회화집단, 성인을 위한 지지집단과 공통의 목적을 가진 성취지향집단 등 다양한 형태가 있다.

다양한 집단의 예를 Tosland와 Rivas(1995)가 분류한 치료집단을 중심으로 살펴보면 다음과 같다.

지지집단 : 일상생활 속에서 발생하는 문제들을 효과적으로 대처하고 적응해 나가도록 원조하고 대처기술을 학습할 수 있도록 돕는다. 지지집단은 구성원들이 스트레스를 극복하고 잘 대처해서 적응할 수 있도록 원조한다. 이 집단은 경험의 공유로 강한 정서적 유대를 보이기도 한다. 자조집단이 대표적인 예이다.

교육집단 : 정보나 지식, 기술을 전하는 것이 주 목적이다. 주로 강의형태로 이루어지며 참여학습을 통해서 교육적 효과를 높이기도 한다. 청소년을 위한 성교육이 대표적인 예가 된다.

성장집단 : 성장집단은 구성원들이 자기개발, 잠재력 개발, 인간관계 개선 등을 목적으로 한다. 따라서 자기노출이 높은 편이다. 이 집단은 집단 상호작용을 통해서 구성원들의 성장 잠재력을 향상시켜 자극과 통찰력을 얻고 모델링을 찾으며 새로운 행동을 시험해 보고 다른 사람의 피드백을 통해서 성장해 나간다. 청소년을 위한 성장상담이 있다.

치료집단 : 치료집단은 행동의 변화나 개인적 문제해결 또는 재활을 위한 목적으로 공통의 문제를 가진 내담자들이 구성원으로 참여한다. 따라서 공통의 목적 내에서 개인 구성원들의 목적을 달성하도록 돕는다. 개인치료와의 차이점은 집단구성원들 간의 상호작용을 통해서 개인의 변화와 치료적 효과를 가져온다는 것이다. 금연집단이나 청소년보호관찰집단이 대표적이다.

사회화집단 : 사회화집단은 집단구성원들이 사회적으로 용인되는 행동과 태도를 학습할 수 있도록 사회생활에 요구되는 기술을 익히거나 학습시키는 것이 목적이다. 또래와의 관계에서 문제를 일으킨 학생들을 위해서 사회기술훈련을 실시하거나 자기주장훈련을 함으로써 불건전한 유혹을 물리치는 기술을 익히도록 한다.

〈표 5-5〉 치료집단의 종류

구 분	지지집단	교육집단	성장집단	치료집단	사회화집단
목 적	• 집단성원이 스트레스적인 사건에 대처하고, 기존의 대처능력을 회복하도록 원조	• 강의, 토론, 경험을 통한 교육	• 성원의 잠재력·인식·통찰력의 발전	• 행동변화 • 행동변화 개입을 통한 교정, 재활, 대처, 문제해결	• 의사소통과 사회기술 향상 • 프로그램 활동, 구조화된 연습, 역할연습 등을 통한 대인관계 향상
지도력	• 감정이입적 이해와 상호원조의 촉진자	• 교사 및 집단 토의를 위한 구조제공자	• 촉진자 및 역할 모델	• 접근법에 따라 전문가, 권위적 인물, 촉진자	• 집단활동이나 프로그램의 디렉터
초 점	• 스트레스적 경험에 대처할 수 있는 능력 • 의사소통과 상호원조	• 개인학습에 초점 • 학습을 위한 집단의 구조화	• 접근법에 따라 성원이나 집단에 초점 • 집단경험을 통한 성장	• 개별성원의 문제, 관심, 목표에 초점	• 활동과 참여를 위한 도구로서의 집단

결속력	• 스트레스를 일으키는 경험에 대한 공유	• 학습, 기술발전에 대한 공통된 관심	• 성원들 간의 공통된 목적 • 성장하기 위해서 집단을 이용하려는 계약	• 개별성원의 목표와 공통된 목적 • 개별성원과 집단지도자, 집단, 타 성원 간의 관계	• 공통활동, 계획, 또는 상황
구 성	• 생활경험에 대한 공유에 기초하여 다양함	• 교육이나 기술수준의 유사성	• 성장과 발전을 향한 개인성원의 능력에 기초하여 다양함	• 다양하거나 유사한 문제나 관심을 가진 사람들로 구성	• 집단의 위치, 목적에 따라 다양하거나 동질적일 수 있음
의사소통	• 정보, 경험, 대처전략에 대한 많은 공유 • 감정적으로 강렬하고 빈번한 자기표출	• 종종 지도자에게서 성원으로 이루어짐 • 가끔 성원 간의 토의 • 낮은 자기표출	• 고도로 상호작용적 • 성원은 집단 내 의사소통에 책임을 짐 • 중간에서 높은 정도의 자기표출	• 집단지도자에게서 성원으로 또는 집단성원 간 • 중간에서 높은 정도의 자기표출	• 활동이나 비언어적 행동으로 나타남 • 낮은 정도에서 중간 정도의 자기표출
예	• 이혼부부의 자녀집단 • 아동양육에 어려움 있는 편부모집단	• 성교육 받는 청소년집단 • 위탁가정의 부모가 되려는 집단	• 부부를 위한 참 만남집단 • 여성을 위한 의식고양집단	• 지역정신건강센터에서 심리치료를 받는 외래환자집단 • 약물중독으로 치료를 받는 집단	• 학교에서 공격적인 아동들의 집단

출처 : Tosland & Rivas(1995), pp. 22-23.

집단은 무엇을 목표로 하는가에 따라 집단의 성격이 달라지며 일반적으로 사회목표모델, 상호작용모델 그리고 치료모델로 나누어진다.

첫째, 사회목표모델은 사회의식과 사회적 책임을 강조하며 민주사회의 시민으로 성장시키기 위해서 민주적 과정을 익히는 것을 목표로 한다. 이 모델은 집단사회사업이 시작된 초기의 형태로 청소년들을 위한 집단활동과 야외활동, 인보관활동, 자원봉사활동에서 많이 적용되었다.

둘째, 상호작용모델은 집단활동 전에 구체적인 목표를 정하지 않고서 집단성원 간의 상호작용과정에서 목표를 설정해 나가도록 한다. 따라서 집단구성원들 간의 상호작용을 통해서 집단 내 개인들의 욕구나 문제를 해결해 나가는 모델로 개인의 사회적 기능을 향상시키는 것을 목표로 한다.

셋째, 치료모델은 사회적 기능에 문제를 지녔거나 문제발생위험이 높은 개인을 돕기 위한 것으로 임상모델이다. 따라서 집단활동을 개인의 치료를 위한 도구로 활용하는 모델이다. 이러한 집단의 예로는 정신치료집단이나 약물남용집단의 사회 적응과 재활을 위한 개입을 들 수 있다. 집단적 개입이 효과를 지니는 이유는 집단의 특성과 집단 내에서의 상호작용 때문이다.

〈표 5-6〉 집단사회사업의 모델비교

특 징	사회목표모델	상호작용모델	치료모델
주 과제	• 필요한 자원제공과 사회적 붕괴의 예방(비공식적 정치 및 사회행동)	• 앞의 두 모델의 조합(문제해결을 위한 상호원조체계의 개발)	• 사회적 사고 및 위험으로부터의 회복과 재활(집단 매개체를 통한 치료)
장기적 목적	• 보다 나은 민주사회 건설	• 개인과 사회의 조화	• 개개인의 사회적응 향상
구체적 목표	• 소속감의 증대, 민주적 참여에 대한 훈련 • 처음에는 전문가에 의해 집단목표가 결정되나 점차 그 책임은 집단에게 이양	• 적정수준의 적응과 사회화를 성취하기 위해 성원 간의 상호원조체계 형성, 대인관계 향상 • 집단목표의 결정을 전문가와 회원이 공유	• 집단 상호작용을 활용하여 역기능 행동을 하는 성원의 치료와 재활 • 세부적인 집단목표를 전문가가 사전에 결정
개입장소 및 기관	• 회원이 있는 가정, 인근지역, 인보관, 지역사회복지관	• 임상기관, 사회복지관(집단목표에 따라 다양)	• 임상기관, 사회복지기관 및 시설
초 점	• 개인의 성숙과 민주시민의 역량개발	• 성원 간의 자조, 상호원조체계 개발	• 개인적인 역기능 변화
지도자 역할	• '영향력을 끼치는 자'(influnce person)의 역할 : 바람직한 역할모델을 제시	• '중재자'(mediator)의 역할	• 전문적인 '변화 매개인'(change agent)의 역할
대 상	• 시민, 이웃, 지역주민	• 공동관심사의 성취를 위해 협력하는 구성원	• 역기능 또는 문제해결을 위해 도움을 필요로 하는 자
집단활동	• 토론, 참여, 합의, 집단과제의 개발 및 실행, 지역사회조직화, 성원의 사회행동기술 습득	• 관심사를 토론, 상호원조 형성, 상호이익이 되는 결속된 사회체계의 형성	• 성원의 행동변화를 일으키기 위해 구조화된 개입을 하거나 직접·간접적 영향력을 발휘
집단크기	• 3~25명 정도	• 상황에 따라 유동적	• 7~10명 정도

신입회원 가입문제	• 개방적이며, 누구나 친구가 될 수 있다.	• 전문가와 회원의 동의에 의한 자유로운 가입	• 전문가의 통제
회합기간	• 지도력 유형에 따라 유동적	• 유동적, 지도자와 성원이 합의	• 정기적이며, 시간사용계획을 사전에 결정
대표학자	• Ryland, Wilson, Coyle, Klein	• Schwartz, Bion, Lewin, Tropp	• Vinter, Sarri, Glasser, Redl

출처 : 남세진 · 조흥식(1997). 집단사회사업, pp. 44-45.

3) 집단의 특성 – 화개장터, 있을 건 다 있다

인간이 사회생활을 하는 한 집단에서 벗어날 수 없으며 사람들 간에 서로 영향을 주고받게 마련이다. 그러므로 집단의 성격과 특성을 이해하고 효율적인 상호작용을 증가시키고 집단을 통한 개입이 효율적으로 목표를 달성하기 위해서는 집단과 관련된 요인들을 이해하고 활용할 필요가 있다. 집단의 특성으로는 집단역동과 지도력, 응집력 그리고 하위집단 등을 들 수 있다.

(1) 집단역동

집단역동(group dynamics)은 집단 내에서 상호작용을 통해서 자연적으로 발생하는 집단적 힘을 말한다. 집단구성원들 간에 마음이 맞아 단결이 잘 되고 서로에 대한 매력이 강하게 되면 의기투합해서 큰 힘을 발휘하게 된다. 그러나 반대로 구성원들이 집단에 대해서 별로 관심이 없으며 소속감이 없고 에너지를 투입하지 않는다면 집단은 무기력해지거나 집단으로서의 존재가 불가능해질 것이다. 그러므로 집단이 형성되면 집단역동이 발휘되어 집단의 목적이 달성될 수 있도록 돕는 것이 필요하다. 집단역동에 영향을 미치는 요소로는 구성원들의 지위와 역할, 응집력, 의사소통구조, 지도력 등이 있다.

지위와 역할은 여러 사람이 모여서 활동하게 되면 자연스럽게 집단 내에서 개인의 지위가 결정되며 그 지위에 따른 역할이 주어지게 된다. 아니면 어떤 역할을 하다 보면 자연스럽게 지위가 주어지기도 한다. 그래서 집단구성원들은 모두가 다른 역할과 집단 내에서의 지위를 차지하게 된다. 각자는 자신에게 맞는 지위와 역할을 찾아가지만 집단활동에 영향을 미치는 지위와 역할로는 지도자와 고립자를 들 수 있다. 지도자는 집단을 이끌어 나간다는 점에서, 고립자는 집단의 응집력과 결속에 방해가 된다는 점에서 중요하다. 고립자는 집단에 포함되지 않는 개인으로 집단활동에 방해가 되기도 한다. 그러므로 고립자들을 포함시키고 결속시키기 위한 노력이 요구된다.

(2) 지도자와 지도력

지도자와 지도력은 집단의 응집성과 집단구성원에게 미치는 영향이 지대하다. 지도력의 유형도 집단의 특성에 따라서 달라지게 된다. 집단지도자가 지니는 지도력의 특성은 개인적 특성과 상황적 특성이 있지만 개인적 특성보다는 상황적 요인으로 설명하는 것이 보편적이다. 즉, 시대가 영웅을 만든다는 말처럼 집단이 처해 있는 상황에 부합하는 지도자와 지도력이 나타나게 된다.

예를 들면, 학습을 위주로 하는 집단에서는 공부 잘하는 사람이 지도자가 되기 쉬우며 등산클럽에서는 산을 잘 타고 산에 대한 경험이 많은 사람이 지도자가 될 것이다. 지도자의 유형과 집단의 성격에 따라 의사소통구조가 달라지며 의사소통구조는 집단의 응집력과 목표달성에 큰 영향을 미친다.

(3) 집단응집력

집단의 응집력은 집단에 참여하는 구성원들이 집단에 대해서 느끼는 매력으로 지속적으로 남아서 참여하게 만드는 힘을 말한다. 집단응집력은 집단구성원들이 느끼는 소속감과 친밀감으로 응집력이 강하면 집단의 목표를 효율적으로 달성할 수 있게 된다. 집단구성원들이 소속감을 갖고 친밀감을 가지게 되는 근거로는 다른 참여자들에 대한 매력과 다른 참여자들을 좋아하거나 집단활동 자체가 흥미롭고 유익하기 때문에 또는 집단에서의 지위가 갖는 매력 등 여러 가지가 있다. 일반적으로 유사성을 가진 집단으로 구성될 때 응집력이 증가하며 이러한 유사성에는 연령, 성별, 지위 또는 당면 문제, 문제해결기술, 취미 등이 있다. 따라서 집단구성원들 간의 속성이나 행동이 극단적으로 차이가 나지 않으며 집단에 대한 이해나 활동에 대한 이해에서도 큰 차이를 느끼지 않게 구성하는 것이 바람직하다.

(4) 하위집단

하위집단은 집단의 존립과 상호작용에 중요한 영향을 미친다. 집단이 두 개의 큰 하위집단으로 나누어지는 경우 집단이 쪼개지거나 의견대립으로 힘들어질 수 있다. 하위집단을 잘 활용하게 되면 집단을 이끌어 가는 데 효과적이기도 하다. 하위집단이 여럿인 경우는 각각에게 역할과 지위를 부여하는 방법도 집단의 결속에 도움이 된다.

4) 집단의 구성요소 - 퍼즐게임

집단을 구성하는 것은 조각들을 잘 구성해서 그림을 완성해 나가는 퍼즐게임과 같다. 그러면 어떤 조각들이 어떻게 배치될 수 있는지 파악해 보자.

다음과 같은 상황을 가정해 보자. 방학을 이용해서 유럽으로 배낭여행을 가고 싶은 학생이 있다. 이 학생은 본인의 계획을 실행하기 위해서 자료를 수집하던 중 혼자 가는 것보다는 여러 명이 함께 가는 것이 더 나을 것 같다는 생각을 하게 되었다. 그래서 관심 있는 친구들을 모아서 함께 계획하기로 마음먹고 친구들을 모아서 여행 동아리를 만들기로 했다. 그러면 여행 동아리를 만들기 위해서는 어떤 요소들을 먼저 검토해야 할 것인가?

우선 모임의 목적이 유럽여행으로 정해졌다. 집단의 목적은 집단을 만들게 된 이유나 동기라는 점에서 의미를 지니며, 집단구성원들이 합심해서 도달해야 하는 목표가 된다. 그러나 경우에 따라서 그리고 집단에 참가하는 구성원에 따라서 목적이 다르게 인식되기도 하며, 각기 다른 생각들을 가지고 집단에 참여하기도 한다. 그리고 언제, 어디를, 어떻게, 누구와 갈 것이며 비용은 어떻게 마련할 것인가 등등의 구체적인 사항은 정해지지 않았다.

여행 동아리를 만들기 위해서 어떤 사람들을 모을 것인가? 나이 제한은 없는가? 비슷한 나이나 대학생만으로 한정할 것인가? 성별 제한을 둘 것인가? 몇 명을 모을 것인가? 모이는 횟수와 기간을 미리 정할 것인가? 등등의 사항을 미리 검토하고서 집단을 구성해 나가는 구체적인 작업에 돌입해야 할 것이다.

(1) 준비단계

준비단계에서 고려되어야 할 사항은 집단의 목적, 구성원의 특성, 모집과정, 집단의 지속기간, 빈도, 물리적 환경, 집단의 형태, 비용 등이며 기관에 소속된 경우에는 기관의 승인이 필요하다.

집단의 성공 여부는 구성단계에서부터 치밀한 준비작업이 요구된다. 그래서 여러 가지 상황을 고려해서 대학생만으로 구성하며 남녀 제한은 두지 않고 1년 후에 떠나기 위해서 지금부터 기초작업에서부터 공동으로 해나가는 것으로 결정하였다. 그렇다면 구성원을 어떻게 모집할 것이며, 모임장소는 어디서 할 것이며, 언제 모일 것인지, 누가 지도자가 될 것인지, 필요한 경비는 어떻게 조달할 것인지 등에 대한 검토를 통해서 집단구성원을 모집할 것이다. 이렇게 집단의 계획단계에 고려되어야 할 점들을 살펴보면 다음과 같다.

먼저, 집단의 목적은 무엇인가? 누구를 대상으로 하는가? 구성원을 어떻게 정하고 선발할 것인가? 구성원 수는 몇 명이 적당할 것인가? 구체적으로 집단을 구성해 나가는 데 있어서 집단구성원을 모집하기 위한 광고와 홍보를 어떻게 할 것인가? 집단의 형태를 어떤 식으로 구성할 것인가? 집단에서 다루어져야 할 사항들은 무엇인가? 누가 집단을 이끌어 갈 것인가? 전문 여행 가이드를 지도자로 영입할 것인가 아니면 구성원 중에서 뽑을 것인가? 집단의 규칙으로는 어떤 것이 필요한가? 어디서 모일 것인가? 라는 질문에 대해서 하나하나 검토해 나가야 할 것이다.

(2) 집단의 목적

집단의 목적은 사회복지사가 집단을 구성하기로 결정할 때 어느 정도 정해진다. 그렇다고 해도 집단구성원들과의 상호작용을 통해서 수정・보완될 수 있다. Garvin(1998)은 집단의 목적을 아노미 감소, 역할달성 증진, 사회적 통제, 대안적 역할수행 등으로 들고 있다(Garvin, 1998). 좀 더 풀어서 말하자면 역할달성 증진과 대안적 역할 수행은 당사자들에게 요구되는 역할을 더 잘할 수 있거나 다른 대안을 만들기 위한 것이다. 예를 들면, 대학생들인 경우는 학습스터디를 통해서 성적을 올리거나 시험합격을 목표로 하는 것이다. 아니면 학습의 효과를 높이기 위해서 다른 방법을 찾아내거나 학습과는 다른 목표를 위해서 함께 노력하는 것을 말한다. 사회적 통제는 상황에 따라 다양한 요소가 포함되지만 여기서는 대학생들의 음주문화 감소나 도서관이용 시 자리다툼을 줄이고 효율성을 높이기 위한 목표가 포함될 수 있다. 이렇게 사회적 규율이나 규범을 지키고 세우기 위한 활동으로 여기에 청소년 재활이나 사회화집단 등이 포함된다. 아노미의 감소는 대학생들인 경우는 성적을 잘 받아서 장학금을 타고 싶다는 목표를 정당한 방법으로 달성할 수 있도록 돕기 위한 집단활동을 의미한다. 시험에서 커닝을 하거나 다른 부정한 방법이 아닌 사회적으로 합법적인 방법으로 목표를 달성해 나가는 것이다. 다양한 분야에서 수단과 목표의 불일치와 같은 아노미를 줄이기 위한 활동이다.

(3) 집단의 형태

집단을 만들기 위해서는 집단의 목적에 맞는 집단형태를 구성해 나가야 할 것이다. 그래서 어느 정도의 동질성을 확보해야 집단이 유지될 수 있으며 이질적 요소가 더해짐으로 해서 구성원들의 성장을 촉진하는 자극을 받을 수 있다. 예를 들면, 여행에 관심이 있는 대학생이라는 동질성은 함께 유럽여행을 간다는 집단의 목적을 달성하기 위해서 요구된다. 그러나 이러한 동질성과 함께 성별, 나이, 취미, 특기 등의 차이가 있음으로 해서 집단활동이 더 흥미롭고 다양해질 수 있으며 성장을 위한 동인들이 더 풍성해질 수 있게 된다. 집단구성원의 특성과 속성을 정하기 위해서는 집단의 응집력을 고려해야 한다. 집단응집력은 집단역동과 관련되며 집단구성원들이 서로에 대해서 그리고 집단에 대한 관심과 매력 정도에 따라서 달라질 것이다.

또 다른 고려사항으로는 집단의 형태를 개방집단으로 할 것인가 아니면 폐쇄집단으로 할 것인가를 결정해야 한다. 개방집단은 언제든지 새로운 구성원이 추가될 수 있는 집단이며 폐쇄집단은 처음 시작한 구성원만으로 지속해 나가는 형태를 말한다. 개방집단의 장점은 새로운 구성원의 유입에 의해서 새로운 요소가 포함될 수 있는 장점이 있는 반면, 집단활동을 지속적으로 유지해 나가는 데 방해가 될 수 있다. 폐쇄집단은 집단의 안정성은 확보되지만 상호작용이 고정되기도 하고, 많은 수가 탈락할 경우 집단을 유지하기 힘든 경우도 발생할 수 있다.

(4) 집단의 크기

집단의 크기는 집단의 목적에 따라서 달라질 수 있다. 보통 소집단의 경우는 5~12명 정도가 적당하며 너무 수가 적으면 상호작용이 다양하지 못하고 빠지는 사람이 생길 경우 집단활동이 어려워질 수 있으며 집단참여에 대한 압력이 클 수 있다. 너무 큰 집단은 구성원 간의 친밀감 형성이나 직접적인 상호작용이 어려워지게 된다. 일반적으로 7~8명 정도가 소집단활동에서는 직접적인 상호작용이 일어날 수 있는 이상적인 수로 인정하고 있다. 결석하는 사람이 발생하는 경우에도 집단활동에 영향이 적으며, 참여자 모두가 자신의 관심에 대해서 논의할 수 있는 충분한 시간이 확보될 수 있기 때문이다. 또한 참여가 미진한 사람이나 참여자들 간에 문제가 발생하는 경우에도 바로 드러나게 되어 처리해 나가기 쉽게 된다.

대집단에서 상호작용을 높이고 친근감을 형성하기 위해서는 소집단으로 나누거나 짝을 지어 활동하는 방법을 활용할 수 있다. 참여자의 특성에 따라서도 집단의 크기는 달라진다. 아동집단은 크기가 작아야 한다. 아동은 관심과 주의를 요하며 즉각적인 반응을 요구하고 통제해 나가야 하는 경우가 많기 때문이다. 노출을 두려워하는 사람들은 큰 집단을 선택하기도 한다. 대집단 내에서는 개인에 대한 노출이 많지 않아서 집단 속에 묻혀가기도 한다.

(5) 집단활동 기간

집단의 활동기간을 어느 정도로 할 것인가는 활동기한을 미리 정해두고 시작할 수도 있고 정하지 않고 상황이 크게 변할 때까지 지속적으로 해나갈 수도 있다. 미리 기간을 정해두면 집단활동이 효율적일 수 있다. 그러나 시간 제약에 대한 압력으로 목표를 빨리 달성해야 한다는 압박과 시간이 부족하기 때문에 생기는 압박을 견뎌야 하는 부담도 있다. 시간 제약을 두지 않게 되면 문제를 깊이 있게 다룰 수 있는 시간적 여유를 가질 수 있으나 집단활동이 비효율적이거나 구성원들이 집단에 의존하게 된다는 문제점이 발생하기도 한다.

(6) 집단활동 주기와 시간

얼마나 자주 모이며 모임시간은 어느 정도로 할 것인가에 대해서는 구성원의 특성과 집단의 목적에 따라서 달라질 수 있다. 보통 성인인 경우에는 주 1회나 친목집단은 월 1회 정도로 모이지만 구성원들의 특성에 따라서 그리고 구성원들 간에 필요하다고 합의하는 바에 따라 모임의 주기와 시간이 달라진다. 집단의 모임의 시간은 구성원들에 따라 달라지며 집중할 수 있는 정도에 따라 달라지고 집단의 크기에 의해서도 달라진다. 일반적으로 한 시간 반에서 두 시간 정도로 한다. 모임의 주기도 매주 모이는 형태 또는 연속집단으로 주말이나 휴가 동안 집중적으로 모이는 방법도 있다.

(7) 모임의 장소

집단활동을 위한 공간은 구성원들이 쉽게 접근할 수 있는 접근성을 고려해서 모임의 목적에 맞는 쾌적한 공간이 요구된다. 집단활동을 위한 공간설정에서 고려해야 할 점은 공간의 크기로, 너무 크게 되면 썰렁하고 친밀성과 상호작용에 어려움이 발생하며 너무 작은 공간은 갇힌 느낌이 들며 불안감과 압박감을 느끼기 쉽다. 또한 집단구성원들 간의 어느 정도의 공간과 간격이 허용됨으로써 긴장감을 해소할 수 있어야 한다. 둥근 탁자 주위에 둘러앉게 되면 전체구성원들을 파악하기 쉬우며 적당한 거리가 만들어지기 때문에 유용할 수 있다. 이 외에도 집단활동을 위한 공간은 다른 사람의 방해를 받지 않고 편안하게 집중할 수 있어야 한다. 집단활동은 소속된 기관이나 건물주의 승인을 얻어 협조를 먼저 구하게 되면 사용이 용이하다.

이러한 과정을 부산 사상구장애인복지관에서 만든 맘파워공동체를 예로 들어보면 다음과 같다.

문제의식 및 집단활동의 필요성 인식

장애아를 둔 엄마들은 아이가 성장함에 따라 장래걱정과 함께 더 많은 부담을 안게 된다. 이럴 경우 장애아 엄마들 간의 또래집단이나 자조집단이 가장 큰 위로가 된다. 그러나 그들도 전문지식이 부족하다 보니 가슴만 태우는 자생집단이 곳곳에 산재해 있었다. 우리는 이런 자생집단들을 묶어서 엄마들을 위한 공동체를 만들어 주기로 했다.

활동목표 설정

이런 성격의 기존 집단을 발굴해서 자생적인 활동을 이어나갈 수 있는 지원금을 제공하고 각 집단들이 함께 모이는 전체모임에서는 개별집단에서의 활동을 보고하고 공통사안에 대해서는 전문지식을 제공함으로써 자생집단이 성장할 수 있도록 돕는 것을 목표로 했다. 그럼으로써 자생집단들이 지속적인 사업을 펼쳐나갈 수 있도록 힘을 키워주고 지원해 주기로 했다.

자원확보와 참가자 발굴

이 사업을 위해서 먼저 삼성복지재단 공모사업에 응모해서 프로그램을 위한 자금을 지원을 받게 되었다. 그런 다음 대상집단을 찾기 위해서 부산 전체에 이런 자생집단이 있을 만한 곳들을 찾아가서 프로그램 설명회를 열었다. 아무도 관심을 가지지 않던 사람들에게 취지를 설명하며 활동비를 제공하겠다고 하니 반신반의하며 여러 집단이 응모했다. 공정한 심사과정을 거쳐 지원 대상을 선정하였다. 심사기준에서 가장 높은 점수를 부여한 항목은 자발성과 집단지도력이었다.

활동장소 선정과 활동내역

선정된 집단들은 자신들이 제출한 계획서대로 각 지역에서의 소집단활동을 이어나갔다. 그리고 전체집단모임은 우리 복지관보다는 서면의 중심가 카페를 빌려서 사용하였다. 그 이유는 장애아모들이 지쳐있고 우울해한다는 것을 알기에 이들에게 활력을 제공하기 위해서 멋진 외출을 겸한 나들이 날로 만들어 주기 위해서였고 참가자들의 반응도 좋았다. 전문지식 습득을 위한 강의는 신라대학 대학원 강의실에서 열었다. 이들은 강의가 끝나도 교정 잔디밭에서 차를 마시며 오후를 즐겼다. 이들에게는 이런 모임에 나오는 것 자체가 치유의 시간이 되었다.

집단발달과정

이들은 기존의 활동을 유지해 오던 자조집단으로 새로운 요소가 더해져 모임이 점점 생기를 회복하고 활기를 띠기 시작했다. 그래서 아이가 어린 엄마들은 큰 아이 엄마들의 경험이 무엇보다 도움이 되었고 큰 아이 엄마들은 필요한 지식을 전문가로부터 배워나갔다. 그러면서 집단들 간의 교류가 활발해지고 각 집단 내에서도 집단역동이 활발해지며 결속력이 높아지며 또 다른 사업을 위한 기대와 희망을 품게 되었다.

최선화(2019). 사회복지사와 함께한 변화, pp. 140-142.

5) 집단 발달단계 – 합창과 오케스트라

많은 사람들과 함께 일해 나가는 과정은 서로에 대해서 익숙해지고 서로와 타협하고 수용하는 과정이며, 이 과정을 통해서 성장하게 된다. 그것은 마치 합창을 위해서 소리를 맞추고 조율하는 것이나 오케스트라가 각각의 특성을 지닌 악기들이 조화를 이루어 멋진 연주를 하는 과정과 흡사하다.

집단의 특성과 성격에 따라 약간의 차이를 보이지만 대부분의 집단은 일정한 형태로 발달하게 된다. 먼저 집단을 만들기 위한 준비단계에서 실제로 구성원을 모집하고 모임을 갖기 시작하는 초기단계와 집단구성원들이 서로를 알아가면서 지위와 역할을 찾아가는 과정에 갈등이 발생하여 조정하는 단계를 거쳐 집단이 재구조화되며 더욱 성숙해져 목적을 달성하고 종결하는 단계를 밟게 된다. 학자에 따라서는 이런 발달단계와 과정에 대해서 약간의 차이를 보이기도 하지만 기본적으로는 비슷한 단계를 거치게 된다. 집단활동에서 집단구성원들은 각 단계마다 이루어야 할 과업이 달라짐에 따라 집단활동을 돕기 위한 사회복지사의 역할도 달라지게 된다.

초기단계에는 구성원 간에 상호작용이 일어날 수 있고 집단에 적응할 수 있도록 도우며 중기단계에는 갈등을 조정하고 집단이 목적을 달성하고 과업을 성취할 수 있도록 돕는다. 종결단계에는 종결감정을 마무리하며 집단의 전 과정을 평가하며 후속조치를 취하는 경우도 있다.

(1) 초기단계 – 얼음깨기

서로 잘 알지 못하는 사람들과 새로운 일을 한다는 것은 기대와 함께 언제나 긴장되고 불안이 동반되기 마련이다. 그러므로 집단의 초기단계에서는 집단구성원들의 불안감과 긴장감을 해소해 주며 구성원들 간의 친밀감을 형성할 수 있도록 도와주는 과정이 필요하다. 이러한 과정을 '얼음깨기'라고 부르는 것도 개인적 심리상태를 반영한 말이다. 초기의 긴장을 풀고 서로 간에 편안함을 나눌 수 있게 돕는 방법으로는 신체적 접촉을 통해서 서로 간의 간격을 없애는 활동을 하는 것도 효과적이다. 그러나 이러한 활동에 앞서 서로를 간단하게 소개하고 별칭을 만들고 게임을 통해서 이름을 외우는 놀이를 하며 집단에 대한 기대를 이야기하는 것도 구성원들 간에 서로에 대한 개방과 탐색으로 신뢰를 쌓아나가는 분위기를 만들어 나가는 데 도움이 된다. 이렇게 서로 간에 익숙하도록 돕는 과정은 집단의 목표를 달성하고 상호작용을 증진 내지 촉진시키기 위해서 요구된다. 그러므로 집단구성원들의 공통성을 인식시키기 위해서 공통적인 문제나 관심, 경험들을 가진다는 것을 인식시키기도 한다.

집단지도자인 사회복지사는 구성원들 모두가 집단 초기에는 불안과 긴장감을 가지며, 어색해하는 것은 자연스러운 일이라는 것을 이야기해 줌으로써 자신이 느끼는 감정이 보편적이라는 사실을 인식시켜 준다. 집단에서 어떻게 행동해야 하는가에 대한 사전정보를 받은 구성원들이 참여와 관계형성 그리고 집단활동의 효과가 더 높았다는 연구결과도 있다(Garvin, 1998 : 105). 이렇게 지지적 분위기를 만들어 가며 구성원들의 적극적인 참여를 격려해 나갈 수 있다.

집단지도자는 초기에 집단의 목표를 정하고 규칙 등을 통해서 집단을 구조화해 나간다. 집단의 규범으로는 모든 참여자들의 권리를 존중하고 존엄성을 인정하는 것이다. 집단 참여자들은 서로 간에 돌봄과 각자에 대한 책임을 져야 한다. 따라서 경쟁보다는 협조하도록 하며 서로에 대한 무조건적인 수용이 중요하며 민주적인 의사결정의 원칙을 따라야 한다. 이러한 규범과 함께 성공적인 집단을 운영하는 데 필요한 구체적인 규칙은 다음과 같다(전남련 외, 2011 : 395).

① 다른 성원이 이야기하는 동안 경청하기
② 집단토의를 독점하지 않기
③ 다른 성원들의 생각과 감정을 존중하기
④ 진실하고 솔직하게 다른 성원들의 생각과 감정에 대해 이야기하기
⑤ 서로 신뢰하고 협력하기

⑥ 집단 내에서 논의된 내용에 대해 비밀 보장하기 등이다.

집단규칙 중 하나인 비밀보장은 집단에서의 일을 다른 곳에서 이야기하지 않도록 하며 집단 내에서 끝내도록 한다. 집단활동에 저항을 보이는 사람이 있는 경우에는 말하지 않고 가만히 있어도 된다는 것을 알려주는 것도 도움이 된다. 집단활동 초기에는 서로 간에 대화를 나누기보다는 사회복지사 또는 지도자에게 이야기하는 경향이 있다. 따라서 참여자들끼리 서로 대화를 나누도록 권장되어야 할 것이다. 집단에서 말이 적은 사람에게는 참여를 강화시키고, 대화를 독점하는 참여자에게는 다른 사람의 이야기도 들어보자고 하며 어깨에 손을 얹어 부드럽게 제지하는 방법을 쓰기도 한다.

집단 초기에 나타나는 문제 중 다른 하나는 저항이다. 저항은 참여를 거절하거나, 직접적으로 적대감을 나타내거나, 집단활동의 목적에 이의를 제기하거나 회의를 가지기도 한다. 이러한 일은 초기에 흔히 일어나는 현상으로 함께 해결해 나가야 하는 과제로 받아들여야 한다. 초기에 집단이 발달해 나가지 못하고 제자리에 맴도는 경우도 문제가 된다. 이럴 경우, 집단의 목표가 자주 바뀌기도 하는데 집단이 발전하도록 하는 다른 요소들을 찾아내고 방해요소를 제거해 나가야 한다.

이러한 과정을 장애인복지관 이용자회의를 예를 들어 구체적으로 살펴보면 다음과 같다.

처음 이용자회의를 열려고 하니 자발적으로 참가하는 사람이 적었다. 이용자회의가 뭐하는 장인지 모르는 사람들도 많았고 무슨 꿍꿍이를 가지는지 의심하는 사람도 많았다. 그래서 회의에 참석하도록 사람들을 설득하며 모으는 일이 우선 과제가 되었다. 따라서 사람들을 만나서 취지를 설명하고 간식도 넉넉히 준비해서 근사한 오후의 티파티를 열었다.

회의 시작 초기에는 회의에 앞서 이용자회의를 진행하는 방법과 절차에 대한 충분한 설명부터 했다. 회의장에서는 무슨 이야기라도 하고 싶은 대로 다 할 수 있다. 그러니 상대방의 말을 막지 말고 비난하지도 말아야 한다. 인신공격은 하지 말아야 하며 예의로 욕을 하거나 소리 지르지 말고 존칭어를 사용해야 한다. 한 사람씩 발언하며 먼저 손을 들고 허락을 받아야 한다. 타인을 존중할 때 내 의견도 존중받게 된다는 등의 기초질서부터 세웠다.

첫 모임의 마무리는 집단에서의 활동을 요약하고 통합하며 다음 모임에 대한 계획을 세우고 과제가 있는지 확인하고 다음 모임에 대한 기대로 마무리한다. 예를 들면, 다음과 같다.

'오늘은 첫날이라 모두가 기대감 속에서도 약간 두렵고 불안한 마음으로 참석하신 것 같습니다. 처음 만남이기 때문에 자기소개를 했고 친밀감을 나누기 위한 게임을 통해서 조금은 친숙해지고 편안해진 것 같습니다. 각자가 갖는 집단에 대한 기대들을 들어보았고 집단활동의 목표와 규칙에 대한 논의가 있었습니다. 다음 모임은 일주일 뒤 같은 장소와 시간에 모이는 것으로 정해졌습니다. 다음 모임에서는 좀 더 친숙하고 활발한 상호작용이 이루어지기를 기대하며, 집단목표에 대한 논의도 좀 더 구체화할 수 있을 것으로 기대합니다. 그래서 이 집단에 대해서 각자가 바라는 것이 무엇인지를 좀 더 구체적으로 생각해 오시기 바랍니다.'

집단 초기단계에서 사회복지사의 역할을 정리하면 다음과 같다.

초기단계에서는 구성원들이 서로에 대한 친밀감이 부족하고 불안이 높기 때문에 구성원들의 불안을 감소시키고 서로 친밀감을 형성할 수 있도록 돕는다. 이런 방법의 하나로 구성원의 사회복지사에 대한 의존과 일방적인 상호작용을 줄이기 위해서 구성원 간에 서로 소통하고 상호작용할 수 있도록 장려해 나간다. 또한 집단구성원 간의 공통점을 찾아서 연결시킴으로써 응집력을 높이고 집단의 목적을 공유하도록 돕는다. 집단이 소기의 목적을 성취해 나가기 위한 집단규범을 설정하도록 돕는다.

효과적인 집단운영을 위한 제안은 다음과 같다.

① 초기단계에서는 직접적인 지시와 교육이 집단발달을 촉진시킨다.
② 자기노출, 피드백 제공의 중요성을 인식시킨다.
③ 집단성원의 바람직한 행동에 대해서 긍정적인 강화물을 제공한다.
④ 사회복지사가 집단성원의 역할모델이 된다.
⑤ 집단 내에서의 행동이 집단성원 각자의 생활에서 보이는 문제를 반영한다는 것을 인식시키고 집단 내에서 특정 행동을 변화시키려는 노력을 하는 것이 중요하다는 것을 이해시킨다(Dies, 1983, 엄명용 외, 2005 : 286 재인용).

(2) 중기단계 – 함께 춤을 추어요

집단이 중기단계에 이르면 그동안의 상호작용과 연습을 통해서 이제는 함께 춤을 추며 멋진 작품을 만들어 나갈 수 있을 만큼 성숙해져 집단의 목적을 이루어 나갈 수 있게 된다.

집단이 진전됨에 따라 응집력이 커지고 상호작용이 활발해지며 집단목표를 구체화시켜 목적을 달성해 나가거나 문제를 해결해 나가게 된다. 이 시기에는 의사소통이 활발해지며 경우에 따라 하위집단 내 갈등이 드러나기도 한다. 어느 집단이나 갈등은 존재하지만 갈등으로 인해서 에너지가 소진되거나 구성원들이 위협을 느낀다면 문제가 된다. 그러나 갈등을 극복함으로써 집단이 성장할 수 있다. Kaiser는 개방적 태도로 갈등을 다룸으로써 누구도 승패의 감정을 겪지 않도록 해야 한다고 주장한다. 집단에서의 개입기술들로 몇 가지가 요구된다.

① 집단응집력 유지 기술

② 집단과정 촉진 기술

③ 변화를 이끌어 내는 기술

집단에만 적용될 수 있는 기술로는 집단을 유지하기 위해서 응집력을 높이기 위한 기술이 요구된다. 집단응집력을 높이기 위해서는 집단 내의 갈등을 해결하고 구성원들이 집단에 더 매력을 느끼며 집단활동에 참여하도록 돕는 기술들을 사용할 수 있다. 변화를 이끌어 내기 위한 기술로는 집단구성원들의 내적 변화에 초점을 맞춘 기술은 개인적 개입과 동일하며, 집단구성원들의 대인관계 변화를 위한 기술들은 개별개입의 관계변화를 위한 기술을 활용할 수 있다. 집단응집력을 높이기 위한 지침들은 다음과 같다(Corey & Corey, 1997).

첫째, 집단구성원들 간의 공개적이고 활발한 상호작용은 집단응집력을 향상시킨다. 따라서 집단토의와 프로그램 활동을 적극 활용하여 집단구성원들 간의 상호작용을 촉진시킨다.

둘째, 사회복지사는 집단구성원들이 집단과정에 적극적으로 참여하도록 돕고 목표를 달성하고 변화를 이끌어 낼 수 있도록 돕는 유능한 존재라는 것을 인식할 수 있도록 돕는다. 구성원 개개인이 스스로를 가치 있고, 능력 있는 존재라는 사실을 믿게 되면 집단에 보다 더 적극적으로 참여하게 된다.

셋째, 집단구성원들의 욕구가 집단 내에서 충족되는 방법들을 파악할 수 있도록 돕는다.

넷째, 집단 목표달성과 응집력은 밀접한 관계가 있기 때문에 집단구성원들이 목표를 달성할 수 있도록 돕는다.

다섯째, 집단구성원들이 서로 다른 인식과 관점을 인정하고 협력하는 관계를 형성하도록 돕는다.

여섯째, 집단목적에 맞도록 집단의 크기를 조정한다.

일곱째, 구성원들의 기대를 명확히 하고 집단의 목적과 구성원들의 기대가 일치되도록 한다.

여덟째, 집단에 참여함으로써 얻을 수 있는 보상이나 자원을 집단구성원들에게 제공한다.

아홉째, 구성원들이 집단에 대해서 자부심을 느끼도록 한다.

집단과정을 촉진하는 기술로 코레이(Corey)는 자기노출과 직면, 피드백을 적절히 사용할 것을 권유한다.

자기노출과 직면 그리고 피드백은 개인을 대상으로 한 개입기술에서와 동일하다. 변화를 이끌어 내기 위한 기술로 집단에서 활용하는 개입기술은 세 가지로 나누어진다. 먼저 집단 내 구성원 개인의 내적 변화에 초점을 두는 기술로는 주로 인지적 측면에서의 개입이 이루어진다. 다른 참가자들의 의견을 듣고, 질문하고, 토의하는 과정에서 자신의 인지적 변화를 가져오게 된다.

두 번째로는, 집단구성원의 대인관계 변화에 초점을 두는 개입기술로 이러한 기술은 집단이라는 매개체를 통해서 상호작용의 방법이나 기법을 배우기도 하고 서로에게 모델링이 되어주거나 연습할 수 있는 기회를 통해서 집단 내에서 가장 효과적으로 개입할 수 있다. 이러한 측면에 초점을 맞춘 기술로는 자기주장훈련, 의사소통훈련, 자기표현훈련 등이 있다.

세 번째로는, 집단성원의 환경변화에 초점을 두는 개입기술로 이런 경우는 집단 내에서의 활동을 넘어서서 사회행동이나 옹호 등의 활동과 함께 지역사회에 대한 개입으로 연결되기도 한다.

여러 가지 다른 배경과 경험을 가진 사람들이 모여서 활동하다 보면 갈등이 발생하게 마련이며 이런 갈등을 해결함으로써 집단이 더욱 성장하게 되고 응집력도 높아지게 된다. 그러므로 집단 내의 갈등을 해결하기 위한 활동은 집단과정에서 빠질 수 없으며 집단응집력을 높이기 위해서 필수적으로 요구된다.

우선 집단 내에서 갈등이 일어나는 것은 자연스러운 현상이라는 사실을 받아들이며 갈등을 피할 것이 아니라 관리해 나가야 한다. 따라서 각각의 관점은 집단활동에 기여하는 바가 있다는 사실을 받아들이며 존중되어야 한다. 그러므로 의견의 차이는 공개적으로 논의되고 협의되어야 한다. 갈등해결에 도움이 되는 기법은 다음과 같다.

첫째, 갈등을 한 사람의 문제가 아니라 집단의 문제로 규정한다.

둘째, 모든 관점을 경청하고 그들의 차이점뿐만 아니라 유사점도 찾도록 한다.

셋째, 모든 관점이 충분히 이해되도록 설명을 요구한다.

넷째, 한쪽은 이기고 다른 쪽은 지는(승-패) 해결책을 피한다.

다섯째, 갈등이 존재하게 되는 계기를 무시하지 말고 그것을 찾도록 한다.

여섯째, 경쟁적인 분위기보다는 협동적인 분위기를 갖도록 한다(한인영, 2006 : 487).

이용자회의가 지속되자 회의 규칙이 다 지켜지는 것은 아니지만 초기와는 달리 기본이 지켜지는 편이었다. 극단적인 경우에는 싸움이 벌어지거나 감정적으로 부딪히기도 했다. 이럴 경우 사회복지사들이 중재했다. 공식적인 장에서 각자의 생각을 말하고 다른 사람의 다른 생각과 태도도 들어보며 서로 간에 생각이 다르다는 것을 인식하게 되었다. 그래서 자신의 생각과 태도를 바꾸기도 하고 다른 사람을 설득하기도 하며 상호 간에 필요한 집단역동이 이루어져 집단상담 효과가 발생하기도 했다. 이렇게 이용자들 간의 상호작용에 의해서 많은 문제와 사건들이 자연스럽게 처리되게 되었다.

중요한 사안에 대해서는 이용자 모두의 의견을 수렴하기 위해서 전체회의와 소집단회의로 나누어서 의견을 수렴했다. 그래도 정 안 되면 무기명 비밀투표를 통해서 결정했다. 그래도 반대하는 사람들은 사회복지사들이 개별적으로 설득하고 협조를 구하기도 했다. 이런 공식회의를 통해서 서로 존중하고 다른 사람의 생각에 귀를 기울여 봄으로써 몸싸움이 아니라 민주적 절차를 배우고 익히며 함께 살아가는 법을 익혀나가고 있다. 그리고 이용자들도 자신들의 생각과 의견이 존중되고 복지관 운영에 실제로 반영된다는 것을 알아 나갔다.

이렇게 이용자회의는 당사자들이 마음을 열어나가며 횟수를 거듭해 감에 따라 상호 이해와 손숭 그리고 신뢰가 뿌리내리게 되었나.

최선화(2019). 사회복지사와 함께한 변화, pp. 151-154.

중기단계에서 사회복지사의 역할은 다음과 같다.

먼저 집단이 현재 처해 있는 상황을 파악해서 요구되는 개입이 무엇인지를 파악한다. 즉, 집단친밀도의 형성 정도나 갈등 여부, 응집력의 정도 등을 파악한다. 이와 관련해서 각 구성원들에 대한 파악으로 집단에서의 각 구성원의 위기, 동기, 목표 등을 파악해서 집단의 목표를 달성할 수 있도록 참여를 유도한다. 여기에 더해서 집단구성원들이 상호작용을 통해서 다양한 경험을 할 수 있도록 도우며 집단의 성장과 함께 개인의 성장 및 변화를 끌어낼 수 있도록 자극한다. 집단 내의 리더십이 발휘될 수 있도록 도우며 하위집단 간의 갈등이 존재할 경우 갈등 해소를 통해서 응집력을 향상시킨다.

(3) 종결단계 – 주소록 만들기

종결이 다 되었다는 것을 인식하기 시작하면 서로에 대한 애착 때문에 헤어지기를 꺼리거나 아니면 지속적인 연결을 위해서 주소록부터 만들게 된다.

종결단계에서 집단구성원들은 집단에서 학습한 내용들을 강화해 나가야 한다. 또한 종결에 따르는 상실감을 탐색하고 종결을 대비하는 마음의 준비를 해나간다. 종결은 보통 3회 전부터 다루어지고 준비되어야 한다. 갑작스러운 종결은 당혹감과 배신감을 유발할 수 있다. 그러므로 미리 언제쯤 종결할 것인지를 알리고 어떻게 마무리할 것인가를 논의함으로써 종결을 대비해 나갈 수 있다. 부득이한 사정으로 인해 갑작스러운 종결을 할 수밖에 없는 상황에서는 그 이유를 충분히 설명하고 후속조치를 해주며 구성원들의 감정을 함께 다루고 수용할 수 있게 해야 한다. 집단경험을 유지하는 것에 대한 토의와 종결 후에 대한 대비와 계획을 함께 탐색해 나간다.

집단활동을 통해서 구성원들이 성취한 변화를 유지하고 지속시킬 수 있도록 돕는 방법은 다음과 같다(전남련 외, 2011 : 405).

① 성원들의 일상생활과 밀접한 관련이 있는 현실적인 사례를 집단에서 다룬다.
② 성원들의 문제에만 초점을 맞추지 말고 자신의 능력을 확인할 수 있게 하여 자신감을 발전시키도록 한다.
③ 변화유지능력을 방해하는 어려운 상황에도 대비할 수 있도록 다양한 상황과 환경을 활용한다.
④ 변화를 통해 일어나는 긍정적인 결과에 초점을 맞추도록 한다.
⑤ 공식적인 집단을 마치고 난 후에 추후모임을 할 수 있는 기회를 제공하여 변화를 유지하기 위한 자신의 노력을 재검토할 수 있게 한다.
⑥ 성원들이 집단 외부에서 부딪힐 수 있는 비우호적인 환경에 어떻게 대응해야 할지 미리 준비시킨다.
⑦ 성원에게 그동안 배운 것을 요약해 주거나, 대처기술을 이용하는 데 자신감을 북돋워 주어 스스로 자신의 문제를 해결할 수 있도록 한다.

집단 프로그램 소개

집단에서의 개입도 집단의 성격이나 형태에 따라서 개입기술이나 선택하는 프로그램이 달라진다. 다음은 성장집단이나 치료집단에서 많이 활용하는 프로그램들을 소개한다.

A. 시와 음악 활용

자신이 좋아하는 '시'나 '노래'를 통해서 자신의 가치나 의미, 삶의 목표 등을 조명해 본다. 이런 나눔을 위해서는 시 낭송이나 노래 부르기에 적절한 분위기를 갖추는 것이 더 효과적이다. 또한 특정한 시나 노래가 자신에게 어떤 의미를 갖는지를 나누는 것도 도움이 되며 피드백을 통해서 각자의 느낌을 전달해 줌으로써 강화해 나가는 방법도 도움이 된다. 검은 피부 때문에 연탄이라고 놀림을 받던 남학생이 연탄이라는 시를 통해서 연탄의 검은 면만이 아니라 열정을 전달할 수 있었고, 아무도 함부로 연탄을 발로 차버릴 수 없다는 말을 통해서 자신이 하고 싶은 말을 전달할 수 있는 효과를 가지게 되었다. 이렇게 상징적 표현은 개인적 열망과 꿈 등 그 사람의 긍정적인 측면을 재발견하고 강화시켜 줄 수 있다는 점에서 효과적이다.

B. 독서와 영화 이야기 활용

자신이 감명 깊게 읽었던 책이나 영화 이야기를 함께 나누어 본다. 그러한 이야기가 자신에게 전하는 의미가 무엇인지, 어떤 면이 감동적이었는지를, 특정한 대화나 문단을 같이 나누어 보면서 진행해 나갈 수 있다. 이러한 나눔은 성장집단이나 치료집단, 교육집단에서 자주 활용되며 성장이나 교육을 위한 촉진제 내지 자극제가 되기도 한다. 본인의 좌우명 또는 자주 생각하거나 마음에 새기고 있는 글귀를 통해서도 진행해 나갈 수 있다.

C. 자신의 상징물 활용

자신을 상징하는 상징물을 가져오게 한다. 상징물을 찾기 위해서는 자신의 여러 측면에 대해서 많은 생각을 하게 되며 스스로를 내적으로 깊이 성찰해 보는 기회가 된다. 또한 다른 사람 앞에서 자신을 객관화시켜 보고 발표해 봄으로써 또 다시 자신에 대해서 생각해 보는 기회가 된다. 이러한 상징물은 이미 형성된 자아를 대표하기도 하고, 되고 싶은 자신의 모습을 나타내기도 한다. 어떤 것이라도 괜찮으며, 자신을 내적으로 깊이 성찰해 보고 정리해 내는 기회를 제공하는 것이 목적이다.

D. 자신과의 약속

자신과의 다짐이나 약속을 하는 기회를 만든다. 이 기회를 통해서 자신과의 다짐뿐만 아니라 다른 사람 앞에서 발표를 해봄으로써 그러한 다짐을 좀 더 강화시키는 효과가 있다. 치료집단이나 성장집단 모두에서 활용할 수 있으며 편지나 글로 써서 본인에게 발송하는 것도 효과적이다. 본인의 글을 우편으로 받아

봄으로써 다시 한번 더 환기시키는 방법이 되며 스스로 간직하고 깊이 다져보는 기회가 될 수 있다.

E. 변화나 차이를 인식하기

주변에서 일어나는 변화나 차이를 감지하고 있는지를 알아보는 방법이다. 그래서 차이를 관찰해 보게 한다. 예를 들면, 계절이 바뀌고 있다는 것을 무엇을 통해서 느낄 수 있는지를 관찰해 보게 한다. 가을이 다가오고 있을 때 여름의 흔적을 찾아오게 함으로써 주변이나 사물을 민감하게 인식하고 반응할 수 있도록 도울 수 있다. 이 방법은 감수성훈련의 일종으로 자신이나 타인의 변화를 인식하고 대처해 나가기 위해서 필요하다.

F. 비유 찾기

집단구성원 중에 한 명을 택해서 그 사람을 동물, 사물, 과일, 색깔 등으로 상징화시킨다. 그래서 그렇게 표현된 사람이 누구인지를 알아맞히게 한다. 이러한 연습을 통해서 서로에 대한 느낌이 어떤지를 확인하며 다른 사람에게 자신이 어떻게 비치는지를 객관화해 보는 장점이 있다. 또한 같은 대상에 대해서도 다양한 인식의 차이가 있다는 것을 인정할 수 있고 스스로의 생각이나 느낌에서 벗어나서 다양성과 차이를 수용하고 인정할 수 있게 된다. 그러므로 자신이나 타인에 대한 비판에서 벗어나서 있는 그대로를 수용할 수 있도록 도울 수 있다.

G. 피드백 주고받기

집단구성원들 간의 정직한 상호작용을 통해서 성장과 치료적 경험을 자연스럽게 하게 된다. 이러한 경험을 하기 위한 도구는 상호작용에 대한 피드백이며, 정직하게 피드백을 나눔으로써 가능해진다. 이 기법은 대면집단에서 자주 활용하는 방법으로 상호작용 자체가 목적이 된다. 집단구성원들은 피드백 주고받기를 통해서 자신의 말과 행동이 타인에게 어떻게 비추어지는지를 알게 되며, 자신이 미처 알지 못한 자신의 다른 측면을 인식하기도 하고, 다른 사람의 예를 통해서 좋은 모델을 학습하기도 한다. 이러한 방법은 성인들을 위한 치료집단과 청소년 성장집단에서 자주 활용되며, 의사소통 방식을 개선하고 미해결과제를 다루어 나가도록 돕기도 한다.

H. 과업 부여

집단구성원들이 상호작용을 통해서 특정 과업을 달성하도록 한다. 과업은 미리 정해지기도 하고 스스로 만들어 나가기도 한다. 작은 프로젝트를 가지게 되면 집단구성원들이 힘을 합쳐 목표를 달성해 나가는 과정에 서로에 대한 신뢰와 협력이 증진되고, 갈등해결을 통해서 성장과 문제해결 기술을 익히고 터득하게 된다. 자연스러운 지도력이 발휘되며 갈등을 넘어서서 협상하는 기술도 배우게 된다.

생각해 보기

1. 소집단을 만들어서 상호작용을 피드백하는 연습을 해보자. 피드백을 통해서 새롭게 인식한 것이 무엇인가?

2. 과업집단을 만들어서 작은 프로젝트를 함께 수행해 보자. 함께함으로써 배우는 점이 무엇인가? 함께 일하는 데 어려움은 무엇인가?

3. 가족을 대상으로 한 개입

1) 가족치료의 이해 - 모두가 한통속

가족치료는 가족을 일련의 상호작용체계로 보며 가족구성원의 문제는 개인의 문제가 아니라 가족 전체가 갖는 상호작용의 문제로 파악한다. 속된 말로 표현하면 모두가 한통속이라는 뜻이다. 가족은 상호작용이라는 한 틀에서 생활하며 서로가 서로에게 밀접한 영향을 미치고 있다.

(1) 가족의 변화

최근 들어 우리 사회에서 가장 많은 변화를 겪은 집단 중 하나가 가족일 것이다. 나이 든 어르신들의 경우에는 그분들이 성장해 온 가족환경과 지금의 가족은 상상할 수 없었던 변화를 겪어왔다. 농경시대의 대가족과 가부장적 체제에서 산업화와 서구화를 통해서 이동이 심해졌고 핵가족 중심으로 가족의 규모와 형태가 변화되었다. 교육의 보편화와 복지제도의 등장으로 남아선호사상이 퇴색되고 노인보다는 아동중심으로 가족의 무게중심이 변화되었다.

지금의 정보화사회에서는 유례없는 가족해체의 증가와 산업재해를 포함한 사회적 사고의 증가로 인해 가족에 의한 보호에 한계가 드러나고 있다. 여성의 사회참여와 함께 나타난 저출산과 고령사회의 도래는 노인부양과 수발의 문제를 제기하고 있다. 이렇게 가족은 변화의 소용돌이 속에서도 가족구성원에 대한 사랑과 보호의 책임을 다하기 위해서 노력하고 있지만 사회구조적 모순과 제도적 미비에서 빚어진 문제들을 감당하기에는 역부족인 경우가 많다. 따라서 사회복지 분야에서도 개별가족이 겪는 적응상의 어려움을 도와주고 가족기능을 보충해주기 위한 개입이 이루어지고 있다.

가족에 대한 사회복지적 접근을 살펴보면 우리나라의 사회복지제도는 가족을 한 단위로 도와주는 형태보다는 개별구성원을 중심으로 한 개입이 중심을 이루고 있다. 즉, 아동복지, 청소년복지, 여성복지 그리고 노인복지 등으로 나누어져 분야별로 개입하는 형태를 취하고 있다. 따라서 가족에 대한 개입은 보호를 필요로 하는 가족을 중심으로 최소한의 생계를 유지하고, 대상별 특성에 따른 서비스들이 주어지고 있다. 그러나 본 글에서는 가족에 대한 정책적이고 제도적인 서비스보다는 가족구성원 모두를 한 단위로 개입하는 가족치료 및 상담에 초점을 맞추도록 한다. 이렇게 하는 이유는 사회복지실천에서 가족에 대한 실천기술을 중심으로 다루기 때문이다.

개인중심이 아닌 가족 모두를 대상으로 한 가족치료적 접근은 정신과 병원에서 개인을 중심으로 한 치료의 문제점과 한계를 인식하면서부터 시도되었다. 예를 들면, 병원에 입원한 환자가 치료를 끝내고 집으로 돌아가게 되면 3개월이 안 되어서 더 악화된 상태로 재입원하게 되는 경우가 있다. 아니면 가족구성원 중 한 사람이 치료되면 다른 사람이 발병하는 경우 등을 통해서 개인이 겪는 문제는 개인에게만 국한된 문제가 아니라 가족병리가 있다는 것을 인식하게 되었다. 아동의 경우에도 아동을 어머니와 함께 입원시켜 관찰해 보면 아동과 어머니의 정서적 밀착상태를 알 수 있으며 가족 전체를 통한 관찰에서도 가족구성원 모두가 정서적으로 뒤엉켜 있다는 것을 알 수 있었다. 이러한 관찰을 통해서 가족 내에서 발생하는 문제는 개인만의 문제가 아니라는 것을 인식하면서부터 가족 전체가 갖는 병리적 현상으로 관심이 집중되게 되었다.

(2) 가족에 대한 접근방법의 변화

가족은 여러 가지로 정의되지만 기본적으로 가족이 수행하는 고유한 기능을 가지는 사회적 제도로 본다. 그러나 이러한 가족만이 지니는 기능들이 근래에 와서는 다른 제도들에 의해서 대치되면서 가족만이 수행하는 고유한 기능이 무엇인가에 대한 논란이 일고 있다. 가족이 수행하는 기능들로 여겨져 온 성행위의 통제나 아동의 출산과 양육 그리고 교육, 경제적 기능과 사회적 관계의 유지 등의 기능은 이미 가족 밖에서도 이루어지고 있다. 그럼에도 불구하고 가족이 갖는 정서적 기능은 다른 어떤 형태보다도 가족이라는 제도를 통해서 가장 잘 충족될 수 있다고 본다. 정서적 지지와 충족의 기능이 여타의 다른 사회제도를 통해서 충족된다고 해도 지금과 같이 급변하고 개인주의가 성행하는 시기에는 가족의 정서적 기능이 더욱 강화되고 있으며 다른 어떤 제도로도 만족될 수 없는 가족만이 제공할 수 있는 정서적 기능이 존재한다고 본다.

이렇게 가족의 사회적 기능의 변화에 따라 가족관계와 형태도 달라지고 있다. 가족은 규모가 축소되었고 부부관계와 부모-자녀 관계도 평등한 관계가 중심이 되고 있으며, 공동체적 속성 내에서도 개인주의적 특성을 지닌다. 따라서 이러한 가족관계의 변화는 지금까지 가족이 직면해 온 문제와는 다른 특성을 가진 문제를 양산하고 있으며 그 해결책도 새로운 접근을 원하고 있다. 즉, 지금까지 가족은 1차 집단적 속성을 가지며 부모의 권위와 가족의 정서적 지지를 통해서 문제들을 해결해 왔지만 가족문제의 유형과 성격의 변화에 따라서 가족문제를 보는 시각이 달라졌으며 보다 새로운 접근을 요구하고 있다.

가족문제를 다루어 온 전문가들은 가족들이 제시하는 문제가 병리적으로 심각한 문제이기보다는 일상생활의 문제들이며 가족 간의 문제는 서로가 감정적으로 얽혀 있는 문제로 상호적이라는 것을 경험적으로 알게 되었다. 따라서 이러한 가족문제를 다루기 위해서는 개인에 초점을 두기보다는 가족구성원 모두가 서로에게 영향을 미친다는 인식하에 상호관계에 초점을 두며 가족을 둘러싼 구조나 체계 또는 맥락이라는 관점에서 문제를 파악하게 되었다.

틱 현상을 나타내는 아동의 경우를 예로 들어보자. 이 아동은 어머니의 지나친 간섭 때문에 이런 문제가 나타났다고 생각할 것이다. 그러면 아동의 어머니만 잘못한 것인가? 이렇게 아들과 아내의 상호작용상의 문제에 아동의 아버지는 어떤 역할을 해왔는가? 아내의 정서적 욕구를 채워주지 못하고 집안일에 무관심한 남편에 대한 기대를 단념하는 대신 아들에게 집착하도록 만든 남편의 잘못은 없는가? 아들의 틱 현상에 대해서 야단치는 것 외에는 아무런 대처방법이 없는 아버지는 아들의 문제와 집안문제에 대해서 더 무관심해지고 스스로도 무력감을 느끼며 더욱 거리감을 형성할 것이다. 이러한 악순환이 계속되어 남편이 무심할수록 아내는 아이에 집착하게 되고 어머니가 집착할수록 아동은 더욱 스트레스를 받아 심한 장애를 나타낼 것이다. 이렇게 가족문제는 가족구성원 한 사람의 개인적인 문제라기보다는 상호연관된 문제로 순환적인 관계에 놓여 있다는 것을 알 수 있다.

(3) 가족치료의 이해

가족문제를 보는 이론적 관점은 크게 두 가지로 나눌 수 있다. 하나는 미시적 관점으로 가족문제를 발생시키는 원인을 가족내적 요인으로 보고, 가족구조, 가족기능, 가족구성원과의 관계를 다루는 데 초점을 둔다. 이에 반해 거시적 관점은 가족문제를 사회문제의 한 부분으로 보며 사회구조와의 관계 속에서 가족문제를 다룬다. 거시적 관점에서는 가족을 둘러싼 사회구조와 사회체계의 변화에 초점을 두고 가족문제를 설명한다. 그래서 가족을 이해하기 위해서는 가족을 둘러싸고 있는 사회·경제적이고 문화·환경적인 외적 요인을 포함해야 한다고 본다. 즉, 경제적 불평등, 고용기회, 보건·의료기회, 인구동향 등의 영향을 고려해야 한다고 본다(송성자, 2003 : 46-49).

가족복지에 대한 접근방법도 미시적 접근에서는 가족문제를 구조적 결손이나 역기능적인 가족관계, 가족발달 과업의 미완수 등으로 설명하며 해결책도 가족에 대한 심리·정서적인 원조에 초점을 두며, 가족치료가 대표적인 예라고 할 수 있다. 거시적 접근방법은 사회·경제적 조건의 변화로 가족문제가 야기된 것으로 보며 가족이 처한 사회적 조건과 환경을 개선하려는 가족정책적 접근으로 전체 사회의 제도나 구조와 관련해서 가족의 기능을 강화시키는 것에 초점을 맞춘다.

가족치료는 가족문제를 보는 미시적 접근에 기초해서 가족구조, 가족기능, 가족관계, 가족생활주기에 초점을 맞추어서 가족문제를 사정, 평가, 분석한다. 따라서 가족구성원 개인의 문제를 개인 심리내적 문제만으로 보기보다는 가족과 환경의 상호작용이라는 체계적 관점으로 접근한다.

가족치료적 접근은 문제를 양산시키고 지속시키는 상호작용에서 벗어나서 새로운 형태의 상호작용으로 바꾸어 줌으로써 문제나 장애로부터 벗어날 수 있도록 돕는 방법이다. 이렇게 가족치료는 개인결함모델에서 탈피해서 대인관계적 모형에 기초한다.

가족치료의 개념적 틀은 가족구성원이 가지는 개인문제는 혼자만의 문제가 아니라 결함을 가진 가족체계의 표현이라는 것이다. 개인이 가진 문제의 원인과

성질을 가족체계의 맥락에서 이해하며, 개인의 행동은 가족 상호작용의 역동성을 반영하는 것으로 본다. 따라서 가족의 상호작용을 순환적 인과관계로 파악하며 원인과 결과가 아니라 생활체계 안에서 발생하는 과정으로 서로 영향을 주고받는 것으로 설명한다. 가족치료적 개입은 가족 전체에 존재하는 상호작용 양상을 변화시키기 위해서 상호작용 유형에 개입함으로써 개인의 증상이나 행동에 변화를 가져올 수 있다. 이렇게 가족치료는 개인결함모형에서 대인관계모형으로 파악하며, 어떤 행동을 비정상적이라기보다는 필요에 의한 표현으로 본다.

예를 들면, 가출 청소년문제는 가출하는 청소년이 문제의 원인이 아니라 그 가족의 상호작용상의 문제가 청소년의 가출이라는 형태로 나타난 것으로 파악한다. 따라서 고등학생 아들의 가출은 아들에게 심리내적인 부적응문제나 또래관계에서 문제가 발생했다기보다는 그 가족 간의 상호작용상의 문제가 아들에게 가출이라는 문제로 드러난 것으로 보며 아들은 가족이 갖는 문제를 해결하기 위한 방법으로 가출을 선택했다고 본다. 이런 관점으로 보면 아들에게만 가출의 원인을 돌릴 수 없게 되며, 아들의 가출문제를 해결하기 위해서는 가족 전체의 상호작용이 바뀌어야 한다. 구체적으로 보면, 가족 간의 불화와 갈등으로 아들이 가출하게 되었다면 이러한 가족갈등이 해결되면 아들은 가출하지 않아도 될 것이다. 때문에 부모는 아들의 가출문제를 해결하기 위해서 싸우는 일을 줄이려고 노력할 것이고 아들에게 관심을 보이며 이해하려고 노력할 것이다. 이런 부모님의 태도 변화는 아들에게 더 이상 가출의 필요성을 느끼지 못하게 할 것이며 아들도 부모님을 이해하려고 노력할 것이다. 더 나아가서 부모 두 분 간의 입장 차이를 중재하기 위해서 노력해 나갈 수 있을 것이다. 이렇게 보면 아들의 가출이라는 문제를 통해서 가족 간의 갈등을 해결할 수 있는 계기가 마련되었으며, 아들의 가출은 부모의 이혼을 막고 가족갈등을 해결하기 위한 방법이었다는 것을 알 수 있다.

가족문제를 이와 같은 관점에서 보면 몇 가지 장점이 있다. 먼저 문제를 가지는 것으로 추정되는 사람을 비난할 필요가 없게 된다. 왜냐하면 그 사람이 문제가 아니라 가족이 가지는 상호작용상의 문제가 그 사람을 통해서 드러난 것일 뿐이다. 또 다른 장점은 가족구성원 개인의 심리내적 문제로 보면 어디까지가 문제이고 어느 것은 문제가 아닌가라는 선을 긋기가 힘들게 된다. 그리고 성격적인 어려움을 가지는 사람도 그 대상에 따라서는 무난하게 해결해 나가는 경우도 있다. 그러므로 가족치료에서는 개인 인성의 문제로 보기보다는 가족 내 상호작용 방식의 변화라는 접근을 취하고 있다.

이렇게 가족치료는 가족을 하나의 체계로 보며 구성원들 간에 상호 순환적으로 영향을 미친다고 보는 체계론적 입장을 취한다. Olson(1976)은 가족체계를 대상으로 한 치료적 접근은 모두 가족치료라고 보았다. 그러므로 개인을 대상으로 한 치료라도 개인이 속한 가족체계를 변화시키고자 한다면 가족치료로 보는 입장이다.

2) 가족치료의 기본 개념들 – 구슬도 꿰어야 보배

가족치료적 개입을 위해서는 먼저 가족에 관한 다양한 요소들을 이해하는 것이 중요하다. 그럼으로써 이런 요소들을 잘 조화시켜 치료나 문제해결이라는 작품을 만들어 나갈 수 있을 것이다.

(1) 가족치료에 영향을 준 이론들

정신분석론

초기의 가족치료적 접근은 대부분 정신분석론에 기반한 접근으로 정신과의사들에 의해서 이루어졌다. 그러나 가족문제를 해결하는 데 정신분석이 효과적이지 못하다는 것을 발견하고서 가족과의 연관성에 대한 다양한 시도들이 개별적으로 이루어지게 되었다.

사이버네틱스 이론

사이버네틱스 이론은 피드백망 또는 환류고리를 통해서 유기체가 정보를 받아서 처리하고 교정해서 되돌리는 과정을 말한다. 즉, 자동조절장치로 정보를 교환하고 처리하며 피드백(환류고리)을 통해서 자동조절할 수 있는 기능을 말한다. 이러한 자동조절장치는 제어기술의 발달로 일상생활에서 널리 활용되고 있다. 온도자동조절장치 등이 그 예라고 할 수 있다. 예를 들면, 교수가 설명하는 내용을 학생들이 이해하기 어렵다고 하자. 그러면 교수는 다른 방법을 통해서 학생들이 좀 더 쉽고 이해하기 쉬운 방법으로 예를 들어서 설명해 줌으로써 학생들의 이해를 돕는 것과 같다. 다른 예로는 남편의 태도가 마음에 들지 않는다는 부인의 말에 따라 남편은 부인의 마음을 헤아려 좀 더 부인이 편안하고 기분 좋게 느낄 수 있도록 자신의 태도나 말투를 바꾸는 것과 같다.

일반체계론

체계는 우리 몸과 같이 각각의 부분들이 상호연관성 속에서 움직이며 하나의 체계는 더 큰 체계의 한 부분을 이룬다. 이러한 체계의 특징은 전체는 부분의 합 이상이며, 각 체계는 경계를 지닌다. 전체체계는 하위체계를 지니며 한 부분의 변화는 전체적인 변화를 초래한다. 예를 들면, 우리의 신체는 다양한 기관들로 구성되며 이들이 합쳐 몸을 이룬다. 몸은 각각의 기능을 담당하는 장기와 기관들로 이루어지며 이러한 장기들은 개별적인 경계를 지닌다. 몸의 한 부분에서의 변화는 전체적인 몸의 상태에 영향을 미치며 각각의 기관들이 원활히 활동함으로써 건강을 유지할 수 있게 된다.

(2) 체계로서의 가족과 개념들

가족치료를 위한 이론적 기반은 체계론이라고 할 수 있다. 체계적 관점에서 가족을 보면 가족은 구성원 개개인을 합해놓은 것 이상이다. 가족 간에는 다양한 형태의 상호작용과 구조가 생겨나기 마련이다. 따라서 가족은 하위체계를 지니며 하위체계와 가족구성원 간에는 지속적인 상호작용이 이루어진다. 또한 체계로서의 가족은 규칙에 의해 지배되며 피드백과 의사소통을 통해서 안정성을 유지하려는 경향을 지닌다. 가족체계는 이렇게 가족 고유의 규칙과 경계, 구조를 지니며 고유한 상호작용 양상을 지닌다.

가족치료는 이런 개별가족이 갖는 고유한 구조적 틀 내에서 이루어지는 상호작용 형태에 개입함으로써 역기능을 초래하는 상호작용에 변화를 시도한다. 가족구성원 중 한 사람이 드러내는 역기능적 행동은 가족 전체에 영향을 미치며 역기능적 행동이 유지되도록 허용하는 다른 구성원들에 의해서 지속되고 있다. 그러므로 한 개인의 문제라기보다는 가족 전체가 지니는 역기능적 상호작용의 문제로 보는 것이다. 따라서 가족 전체의 상호작용 형태를 바꾸어 줌으로써 개인은 문제에서 벗어날 수 있게 된다

하위체계

가족은 부모하위체계, 부부하위체계, 형제하위체계, 그리고 성별에 따른 여성하위체계와 남성하위체계를 지닌다. 각각의 하위체계는 고유한 기능을 지닌다.

부모하위체계는 아이들에게 부모로서의 역할을 수행하기 위해서 한목소리를 내야 하며 부모하위체계일 뿐만 아니라 부부하위체계이기도 하다. 그러므로 부부는 아이들을 위해서만이 아니라 두 사람만을 위한 관계와 시간이 필요하다. 형제하위체계는 또래관계를 통해서 사회성을 길러나가는 중요한 기능을 수행하며 서로 협력하고 문제를 해결하는 연습을 하게 된다.

가족의 경계선

가족의 경계선은 가족 내에서 상호작용이 일어나고 정보가 공유되는 범위를 말하며 포함과 배제를 결정하는 규칙이다. 예를 들면, 아버지가 실직했다는 충격적인 사실을 누구에게 알리고 누구에게는 알리지 말아야 할 것인가를 결정하는 방법이다. 물론 가족 전체가 알아야 하지만 고3인 아들의 심리적 불안과 스트레스를 생각해서 대학입시를 치르기 전까지는 이 사실을 아들에게는 알리지 말고 부부 두 사람만 알고 여러 가지 대안을 찾아보기로 할 수 있다. 이렇게 사안에 따라서 가족 내에서는 여러 가지 경계선이 생겨난다. 가족에게 중요한 영향을 미치는 가족규칙을 결정할 때에도 가족 전체가 참여할 수도 있지만 부모 두 사람이 합심해서 규칙을 정할 수도 있다. 가족 내에서 경계선은 상호작용의 흐름으로 열림과 닫힘이 자유로워야 하며 명확하면서도 분명한 경계선이 요구

된다. 가족 내에서 경계가 경직되면 가족구성원 간의 상호작용이 소원해지기 쉽고 경계가 모호해지면 서로 간에 지나친 간섭으로 다른 사회관계가 멀어지기도 하고 가족의 위계질서에 부정적인 영향을 미치기도 한다.

순환적 상호작용

가족구성원들 간의 상호작용은 일방적이고 직선적이기보다는 상호 영향을 미치는 순환적 관계다. 남편의 가족에 대한 무관심이 부인으로 하여금 자녀들에게 집착하게 하고 어머니의 집착과 과잉보호는 아이들에게 스트레스로 작용하게 되며 아이들의 부적응적 행동은 아버지가 더욱 가정에 무관심하게 만들며 어머니는 집착하게 만든다. 이러한 순환적 관계는 긍정적으로도 영향을 미치며 한 부분의 변화는 전체적인 변화를 초래하게 된다.

항상성

모든 체계는 현재 상태를 유지하거나 바람직한 상태를 유지하기 위해서 변화에 저항하고 균형과 평형을 이루려는 속성을 지닌다. 항상성은 본래 상태의 균형과 안정을 유지하려는 속성으로, 교수는 학생들을 잘 가르침으로써 학생들과 좋은 관계를 유지하려고 한다. 남편은 부인의 기분을 배려해 줌으로써 집안의 평화와 부부관계를 원만하게 유지하려는 것을 말한다. 이렇게 하기 위해서 피드백을 통해서 정보를 수용·조절·처리하여 적응해 나간다.

예를 들면, 방 안의 온도를 일정 상태로 유지하기 위해서 온도가 올라가면 환풍기가 켜지고 온도가 내려가면 난방이 가동되도록 하는 자동조절장치를 통해서 일정 온도를 유지해 나가게 된다. 가족 간에도 가정의 평화를 유지하기 위해서 어머니는 아버지의 성화를 참고 견디며 아버지도 직장상사의 잔소리에도 불구하고 직장 일을 유지해 나가며 아이들도 부모의 기대에 부응하기 위해서 노력하는 것도 항상성의 개념과 가족체계가 갖는 자동조절장치로 볼 수 있다.

가족규칙

일반적으로 가족은 명시적이거나 묵시적인 규칙에 따라서 일상적이고 반복적인 상호작용을 해나간다. 아침에 일어나면 누가 밥을 할 것이며 청소는 누가 할 것인지를 매번 정할 필요 없이 가사일을 처리하는 가족의 묵시적인 규칙에 따라서 상호작용을 반복하게 된다. 이처럼 가족이 따르는 규칙이 없거나 모호하다면 상호작용에 많은 혼란과 어려움을 겪게 될 것이다. 가족에 따라서는 다양한 규칙이 있다. 보편적인 예가 종교를 믿는 집안에서는 일요일이면 교회나 성당에 가서 예배를 드리는 것이 관례로 되어 있다. 조부모님이 시골에 계신 경우에는 주말에 방문하는 것이나 집안행사에 참석하는 것 등의 규칙이 있다. 이러한 규칙들은 가족 고유의 가치나 행동양식 또는 구성원들을 보호하기 위한 목적으로 만들어졌다. 대학생 딸을 둔 부모들은 딸에게 귀가시간을 정해놓음으로써 딸을 보호하려고 한다. 그러나 이러한 규칙이 억압적이거나 구성원들에게 스트레스를 가중시키는 경우도 있다. 대학생 딸은 친구들과 어울리며 인간관계를 넓히고 싶지만 귀가시간이라는 규칙으로 인해서 제약을 받게 되면 규칙에 도전하게 된다. 그러므로 억압적이거나 구성원들의 저항을 불러일으키는 규칙은 변화되어야 한다. 예를 들면, 명절증후군과 같이 여성들은 집안일에 지치지만 남성들은 가사일을 분담하려고 하지 않는 경우를 들 수 있다.

가족비밀

가족규칙과 함께 생각해 보아야 하는 것이 가족의 비밀이다. 가족 내에는 다른 사람들에게 노출시키고 싶지 않은 비밀이 있는 경우가 있다. 예를 들면, 가족 중에 자살한 사람이 있거나 부도덕한 행위로 비난받는 사람이 있는 경우 모두가 이 사실을 비밀로 숨기려 한다. 그러나 가족 내의 비밀은 다른 사람들에게는 비밀로 한다고 해도 가족들 간에는 서로 나눔으로써 지지나 격려를 받고 비밀을 유지하는 것에서 오는 감정들을 처리해 나갈 수 있어야 한다. 그러나 많은 경우에 가족 간에도 함구하게 함으로써 가족구성원 모두가 무거운 짐을 져야 하며 치유될 수 있는 기회를 박탈당하게 된다.

가족신화

가족신화는 가족구성원 개개인이나 모두가 아무런 의심 없이 받아들이는 믿음이나 기대를 말한다. 예를 들면, 병원장 집 큰아들은 의대를 가야 한다거나 목사 아들은 봉사정신이 강하고 착해야 한다고 믿는 것이다. 일반적으로 우리나라에서는 집안에 우환이 생기게 되면 조상 묘를 잘못 써서 문제가 생겼다고 생각하는 경우와 같이 가족신화는 가족들에게 정서적으로 중요한 영향을 미치며 가족들의 행동과 관계에 지대한 영향을 미치게 된다. 잘못된 기대나 믿음이 가족 전체나 개인에게 부담이나 스트레스로 작용하는 경우도 많다. 큰딸은 당연히 어머니를 도와 살림을 맡고 동생들 뒷바라지를 해야 한다고 모두가 기대하지만 큰딸은 전혀 그런 역할을 하고 싶지 않으며 다른 생각을 가지고 있을 때 모두가 갖는 무의식적인 믿음과 기대로 인해서 문제가 생기게 된다. 그래서 가족이나 주위 사람들의 기대로 인해서 압력을 느끼게 되어 가족을 부담과 짐으로 여기고 가족으로부터 멀어지게 되기도 한다.

가족의식

가족이 함께 나누는 상호작용 양상으로 그 가족이 가족으로서 나누고 참여하는 공동의 활동이나 특별행사 등을 포함한다. 예를 들면, 생일날을 어떻게 보내는가? 온 가족이 함께 시간을 보내는 특별한 일이 있는가? 등을 통해서 가족의식을 찾아낼 수 있다. 가족의식을 통해서 가족구성원들은 자신이 속한 가족에 대해서 소속감과 자부심을 느끼며 서로 간의 지지와 사랑을 나누게 된다. 가족의식은 명절이나 제사, 성년식, 결혼기념일 등과 같은 큰일과 온 가족이 아침밥 함께 먹기, 모두가 늦을 때는 전화하기 등의 작은 약속도 포함된다. 가족의식과 가족신화는 서로 연관되는 경우가 많다.

부모화

부모화란 자녀 중 한 사람이 부모나 배우자의 역할을 하는 것을 말하며 부모의 책임과 권한이 자녀에게 주어지는 것을 말한다. 맞벌이 부부의 경우 큰 딸이 어머니를 대신해서 동생들을 돌보고 살림살이를 챙기는 경우나, 부모 중 한 분이 부재 시 아들이나 딸이 그 역할을 감당하는 경우 등이 있다. 이렇게 부모화의 역할을 하는 자녀는 자신의 욕구를 채우지 못하고 자신에게 부여된 역할을 함으로써 스트레스를 느끼거나 같은 또래 간의 관계에 문제가 발생하기도 한다.

이중구속

한 사람에게 주어지는 메시지 속에 두 가지의 상호 모순되는 내용이 포함되는 것을 말한다. 예를 들면, 어머니는 아동을 때리면서 내가 너를 사랑하기 때문에 때리는 사랑의 매라고 한다. 그러나 아동이 받아들이기에는 사랑한다면 때리지 말고 이해해 주어야 할 것 같은데 처벌을 하면서 사랑의 매라고 하는 말에 혼란을 겪게 된다. 이렇게 모순된 내용의 메시지를 전달받는 아동은 혼란을 겪게 되며 이 문제를 해결하는 방법으로 정서장애 등을 일으키기도 한다.

가족생활주기

가족이 겪는 발달단계와 주기, 발달과업을 파악함으로써 발달과제를 성취해 나갈 수 있도록 도울 수 있다. 많은 가족들은 발달주기의 과도기에 적응상의 어려움을 나타낸다(goldenberg, 1991, 송성자, 2004 : 158 재인용). 따라서 역할혼란이나 새로운 역할에 따른 스트레스 등의 부적응 현상이 나타나기도 하며 발달주기의 차이에서 발생하는 이해부족과 역할갈등을 겪기도 한다. 예를 들면, 아동에서 청소년으로 성장하는 아들을 어머니는 계속 아이 취급함으로써 아들의 독립심과 자유를 제한하려는 부모와 갈등을 겪게 된다.

가족치료는 가족과 가족 상호작용에 대해서 몇 가지 기본적 개념들을 가진다.

가족은 각 부분의 합 이상이다

가족은 구성원 개개인을 단순히 합해놓은 것이 아니라 그 이상이다. 가족 간에는 경계와 하위집단, 힘과 권위, 의사소통 구조와 방식 등 다양한 상호작용이 발생하게 된다. 그러므로 가족이 갖는 응집력과 친밀도, 가족문제를 해결하는 능력 등은 가족구성원들 간의 상호작용 형태에 따라서 달라지게 된다.

가족 간의 상호작용은 순환적 관계로 보아야 한다

가족은 상호영향을 미치며 가족 내의 한 부분의 변화는 전체적인 변화를 초래한다. 부부관계에 만족하지 못하는 어머니는 아이에게 집착하게 되고 어머니의 이런 집착은 아동에게 부정적 영향을 미치게 된다. 아내가 아이에 집착하고 남편에게 관심을 덜 가지게 되면 남편과의 관계는 표면상 어려움을 경감시키는 것처럼 보인다. 다른 경우는 가족치료를 받은 어머니의 행동변화는 아동과 남편에게 영향을 미치며 어머니의 변화로 인해 가족 간의 상호작용 형태가 바뀌게 된다.

가족체계는 안정된 상태를 유지하려는 경향이 있다

가족은 자동조절장치를 통해서 항상성을 유지하려는 경향이 있다. 가족 내에는 마치 온도 자동조절장치처럼 가족 간에 문제가 발생할 경우 경고를 하고 문제를 처리하게 함으로써 안정된 상태를 유지하려는 경향이 있다. 가족 내에서 발생하는 여러 가지 문제들은 이러한 경고음과 같으며 문제를 성공적으로 처리함으로써 보다 나은 안정과 균형을 유지하려는 경향이 있다.

〈표 5-7〉 기능적 가족과 역기능적 가족 비교

기능적 가족	역기능적 가족
• 하위체계의 경계선이 명확하다. • 요구에 따라 변할 수 있다. • 가족규칙이 명확하다. • 상황에 따라 변할 수 있다. • 구성원의 역할을 명확히 안다. • 개인의 자율성 인정 및 존중 • 전체적으로서의 가족 유지 • 의사소통이 명확, 직접적, 자유	• 경계가 경직되거나 혼란스럽다. • 가족의 요구에도 변하지 않는다. • 규칙이 경직되고 명확하지 않다. • 행동이나 방법에 규칙이 없다. • 역할이 경직되거나 명확하지 않다. • 기대가 무엇인지 알지 못한다. • 개인의 자율성 희생 • 지나친 자율성으로 통합 결여 • 의사소통이 애매, 간접적, 권위적

출처 : 김유숙(1999). 가족치료, p. 55. 서울 : 학지사.

개인치료와는 달리 가족치료는 행동을 활성화시키는 과정을 행동 그 자체보다 중시한다. 새로운 상호작용을 만들어 내기 위해서는 병리적 현상으로 여겨지는 행동 자체보다는 그 행동이 가지는 기능이 무엇인지를 파악한다. 즉, 어떤 행동이 비정상이라기보다는 필요에 의해서 만들어진 행동으로 여기며(김유숙, 1999 : 21) 그 의미를 찾아낸다.

앞의 예를 들면, 아동의 틱 증상이 갖는 행동상의 기능이 무엇인지를 찾아내는 것이다. 틱 증상을 나타냄으로써 아동이 표현하고자 하는 것은 무엇인가? 아동의 틱 증상은 아동이 어떤 문제를 해결하기 위해서 불가피하게 선택한 것으로 이러한 현상을 통해서 무엇을 나타내는가를 인식할 필요가 있다. 예를 들면, 어머니의 지나친 간섭이 아동에게 스트레스를 주고 있으며 어머니의 행동을 변화시키기 위해서 아동이 틱 증상을 보이는 것을 볼 수 있다. 또한 아버지에게도 가족에 대한 무관심에서 벗어나서 어머니와 아들에 대한 관심을 돌리기 위한 방법으로 틱 현상을 선택했다고 볼 수 있다. 이러한 예는 아동의 도벽, 가출 등을 통해서 흔히 나타나고 있다.

이렇게 개인치료에서는 문제의 원인을 개인에게 두며 개인의 심리적이고 정신역동적인 과정으로 본다. 그러나 가족치료는 가족 상호작용이라는 관점에서 문제를 파악한다. 따라서 치료개입의 대상도 개인치료에서는 개인을 대상으로 하지만 가족치료에서는 가족 전체와 가족의 상호작용에 직접적인 영향을 미치는 사람 모두가 포함된다. 치료기간도 개인치료, 특히 정신분석적 개입은 장기치료를 요하며 개인심리적 접근도 단기치료보다는 긴 시간을 요한다. 그러나 가족치료는 단기치료는 5회 이내이며 일반적으로는 몇 개월 내로 단기적 접근을 하고 있다.

3) 가족치료의 다양한 접근들

가족에 대한 개입은 가족문제를 보는 학자에 따라서 그 접근방법이 달라진다. 일반적으로 가족문제를 구조적으로 보는 관점과 경험적 측면에서의 접근, 세대간의 상호작용으로 보는 관점, 해결중심으로 보는 단기적 접근과 최근의 이야기치료적 관점 등 다양하다. 그러나 가족을 대상으로 하는 실제적 개입에서는 특정한 접근방법 하나를 사용하기보다는 치료자의 특성에 따라 몇 가지 방법을 혼합해서 사용하고 있다.

한국문화에 맞는 가족치료는 한국인의 특성과 맞아야 할 것이다. 한국의 가족은 빠른 해결을 원하며 체면을 중시한다. 치료 초기에는 치료자의 권위를 중시하고 치료자의 직접적인 조언을 중시하며 개인의 성장보다는 가족의 관계성을 중시한다. 이와 같은 한국가족의 특성은 가족치료에 포함해서 고려되어야 할 것이다. 또한 사회복지실천에서 가족치료는 내담자의 환경과 대상의 성격에 따라 사회복지실천방법론이 가미된 형태로 융통성 있게 운용되어야 할 것이다. 그래서 다양한 사회적 자원과 지원망을 잘 활용하는 접근이 이루어져야 할 것이다. 소득보조, 공공근로와의 연계, 가정봉사원 도움, 의료지원, 취업훈련 등의 서비스는 빈곤가족의 가족치료 접근성을 높이고 가족치료의 효과를 증진시킬 것이다(김성천 외, 2000 : 109-117).

(1) 구조적 가족치료 – 기틀부터 마련해야

Minuchin은 빈곤가족이나 제3세계가족 등 구조적 문제를 가지는 가족을 위한 개입방법으로 구조적 가족치료법을 개발하였다. 따라서 이 접근에서는 가족의 구조적 문제에 대한 개입을 먼저 시도한다. 가족구조란 가족 간에 상호작용이 지속적으로 일어나는 형태를 말한다. 구조적 가족치료에서는 병리적 상호작용은 잘못된 구조에서 나오며 이러한 가족구조가 병리적 상호작용을 지속시킨다고 본다. 그러므로 구조적 문제를 해결해 줌으로써 상호작용이 개선될 수 있다고 본다.

예를 들면, 어머니가 가출하고 없는 가족에서 아버지는 알코올 중독으로 부모역할을 할 수 없는 상태로 초등학생인 큰딸이 동생과 아버지를 돌보며 살림을 도맡아 하는 경우를 생각해 보자. 딸은 과도한 역할부담으로 학교생활에 적응하지 못하고 학습능력이 떨어지며 친구들로부터 따돌림당하기 쉬울 것이다. 이 가족의 문제는 가족이 우선 구조적으로 아동양육을 위한 부모양육체계가 없는 데서 발생한 것이다. 그러므로 이 가족의 아동양육을 위한 구조적 문제를 해결해 줌으로써 큰딸은 가족을 돌보는 책임에서 벗어나서 아동으로서 자신의 성장과 학습에 집중할 수 있을 것이다. 따라서 가족의 재구조화를 통해서 아동이 부모

역할에서 벗어나서 아동의 발달단계에 맞는 역할로 돌아갈 수 있도록 짐을 덜어주는 구조적 개입이 요구된다.

이처럼 구조적 가족치료에서 치료의 초점은 가족구조에 대한 변화로 재구조화를 시도한다. 가족구조는 개방체계로 재구조화를 통해서 성공적으로 발달한다. 가족을 재구조화하는 과정에서 치료자는 적극적인 개입을 하며 주요 기법으로는 지시나 실연기법을 사용한다. 이렇게 하는 이유 중 하나는 구조적 개입이 요구되는 가족들은 대부분이 빈곤가족, 제3세계가족 등 교육수준이 낮은 경우가 많기 때문이다.

구조적 가족치료에서 보는 정상가족은 초점이 명확하고, 경계선이 안정되고 부모하위체계가 강한 위계질서를 유지하며, 체계가 융통성을 가진다. 부모는 경계를 명확히 하며 실제적인 세력을 가지고 자녀양육 문제에 관한 한 부부가 연합하며, 세력과 권위와 관련된 규칙을 만드는 데 연합한다.

구조적 가족치료는 단순하고 활용하기 용이해서 널리 활용되고 있다. 특히 빈곤가족 등 구조적 결함을 가진 가족들에 대한 개입에서 적극적으로 활용되고 있다.

① 가족구조

가족구조는 가족의 하위체계, 경계, 가족규칙, 힘과 권력 등을 포함한다. 가족체계는 하위체계로 분화되고 하위체계를 통해 가족체계의 기능을 수행한다. 하위체계로는 부모하위체계, 부부하위체계, 형제하위체계, 부모-자녀하위체계가 있다. 이런 각각의 하위체계는 각각의 다른 기능을 수행한다. 부모하위체계는 아동에게 부모역할을 하며 아동을 훈육하고 돌보는 역할을 한다. 형제하위체계는 또래 간의 성장을 지지하고 갈등을 해결하는 연습을 하기도 한다. 이렇게 각 체계가 그 기능을 적절히 수행해 나갈 때 전체적인 가족의 기능이 원활해질 수 있다. 그러나 형제하위체계에서 서로 돕고 힘을 합치지 못하도록 부모들이 계속 간섭하고 문제를 대신 해결해 준다면 동기 간에 스스로 문제를 해결해 나가는 방법을 배우지 못할 것이다. 부모하위체계는 부모가 한 목소리로 아동을 교육하고 통제해 나가야 하지만 두 사람이 다른 태도를 가지게 되면 아동은 혼란을 겪게 되며 부모도 아동을 통제해 나가기 어려워진다.

경계는 가족 간의 분리와 융합을 나타내며 투과성으로 열림과 닫힘이 자유롭게 적절히 이루어져야 한다.

밀착된 경계선

체계 간의 경계가 모호하고 밀착되어 미분화되어 있고 유동적이다. 가족 간의 하위체계와 위계질서나 힘과 권위의 소재가 모호하다. 밀착된 경계선은 각 체계 간의 자율성이 부족하고 미분화되어 구성원 간에 많은 영향을 미치게 된다.

분리된 경계선

각 체계 간의 소통이 어렵고 분리되어 있어 가족 간의 결속력이 약하고 소외되어 있는 경우가 많다. 가족구성원들이 독립적으로 행동하지만 도움이 필요할 때 요청하기 힘들며 가족의 보호기능을 수행하기 어려워진다.

명확한 경계선

각 체계의 경계가 안정되어 있으며 융통성을 지닌다. 구성원들 간에 상호 지지적이며 자율성을 존중한다. 필요에 따라 분리되고 융합할 수 있는 융통성과 투과성을 지니며 결속력이 높고 효율적이면서 독립성이 보장된다.

가족 내 하위체계 간의 경계를 분명히 하는 것은 중요하다. 예를 들면, 부부는 두 사람만의 시간을 갖기 위해서는 안방 문을 닫고 자녀들의 출입을 통제하지만, 대개는 자녀들이 자유롭게 들어올 수 있도록 문을 열어둔다. 여기서 문은 물리적 경계를 나타내는 상징이 된다. 그래서 부부는 자녀양육체계이면서 동시에 부부하위체계라는 것을 분명히 하며 아이들을 제외한 부부만의 시간을 보내는 것이 필요하다는 것을 인식시킨다. 홀시어머니의 경우 아들부부의 경계를 침범함으로써 문제가 일어나는 경우가 많다. 이때의 경계는 영향력이나 심리적인 애착 등 관계상의 경계를 의미한다. 이런 경우 부부하위체계를 분명히 하고 강화함으로써 시어머니가 부부체계의 경계를 지키도록 해야 하며 부부는 힘을 합쳐 시어머니를 보살피는 일을 함으로써 경계를 분명히 하는 것이 필요하다. 시어머니와 며느리 간의 갈등은 서로 간의 경계문제와 아들의 모호한 태도에서 나온 혼란인 경우가 많다.

권력관계는 가족 내에서 힘과 권위가 어떻게 나누어지는가를 말한다. 예를 들면, 가족이 휴가를 어디로 갈 것인가를 정할 때, 휴가 갈 곳을 결정하는 방법은 그 가족의 힘과 권력구조를 나타낸다. 가족 모두가 자신의 의견을 피력할 수 있고 다수결의 원칙에 의해서 결정된다면 힘과 권력이 평등한 구조를 지닌다. 그러나 아버지가 일방적으로 정한다면 의사결정구조가 아버지 한 곳으로 편중되어 있으며 다른 가족은 결정을 수용할 수밖에 없게 된다. 이런 권력관계와 힘의 구조는 자녀들이 성장하면서 도전을 받기도 하며 갈등의 원인이 되기도 한다. 가족 내의 권력관계는 제휴, 세력, 결탁이 이루어지기도 한다. 제휴는 가족성원들이 상호 간에 형성하는 정서적 또는 심리적인 연결을 말하며, 세력은 가족성원들이 적극적으로 혹은 수동적으로 조화를 이루는 방법에 의해서 만들어진다. 그 예로 어머니의 권위와 세력은 남편의 협조와 자녀들의 순종 정도에 따라 달라진다. 결탁은 제3자에게 대항하기 위해서 특정한 가족구성원과 연합하는 것을 말한다. 가족 간의 권력관계는 제휴와 연합이 사안과 필요에 따라 자유롭게 이루어져야 하며 언제나 일정한 방향으로만 일어날 때 문제가 발생하기도 한다.

가족 내에는 명시적이건 묵시적이건 간에 많은 규칙들이 있다. 가족의 질서는 이런 규칙들에 의해서 이루어지게 된다. 그러나 가족 모두 또는 일부에게 문제가 되는 규칙이 있을 수 있으므로 가족규칙은 융통성을 가지며 현실적이어야 한다.

② 치료적 개입기법

재구조화

재구조화는 가족의 상호작용을 바꾸는 것으로 하위체계 간의 경계를 조정하고 위계질서를 강화하며, 규칙을 현실적인 것으로 바꾸는 것 등을 포함한다(송성자, 2004 : 271). 재구조화를 위해서 치료자는 지지, 교육, 안내 등의 적극적인 역할을 한다.

경계선 만들기

경계선 만들기는 가족 간의 경계가 모호하거나 분명하지 않고 분리되었거나 밀착된 경우 시도된다. 애매한 경계를 가진 경우 가족 내에서의 위계질서가 분명하지 않고 부모하위체계와 자녀하위체계 간의 경계가 모호할 수 있다. 예를 들면, 부모 사이에 아이가 끼어 앉아 있을 경우 아이의 자리를 형제 쪽으로 옮기게 하고 부부를 가까이 앉도록 함으로써 부모체계와의 경계를 분명하게 만들 수 있다. 경직된 경계를 가지는 가족인 경우 가족 결속력이나 소속감이 부족하고 정서적 교류가 부족해서 고독감과 소외감을 가질 수 있다. 이럴 경우, 가족들의 결속력을 다지기 위한 활동을 통해서 소속감을 길러주고 가족 공동체를 회복하도록 도울 수 있다.

분위기 조작

분위기 조작은 치료자가 가족의 문제행동을 강화시킴으로써 재구조화하도록 돕는 기법이다. 예를 들면, 장애아를 가진 부모의 과잉보호문제를 해결하기 위해서 치료자는 장애아는 아무것도 할 수 없다는 것을 과장해서 강조하고 과잉보호하게 함으로써 부모는 자신의 과잉보호적인 태도에서 벗어나서 변화될 수 있다.

과제부여

과제부여는 가족의 상호교류 유형을 변화시키기 위해서 적절한 과제를 부여함으로써 상호작용을 변화시키는 방법이다. 과제부여는 치료시간 외의 일상생활 속에서 치료적 효과를 지속시킬 수 있는 방법으로 적절하게 활용되면 큰 효과를 거둘 수 있다. 예를 들면, 분리된 가족인 경우 형제간의 소속감과 친밀감을 형성할 수 있도록 돕기 위해서 형제가 함께 3시간을 보내고 오라는 과제를 부여한다. 처음에는 같이 시간을 보내는 것이 익숙하지 않고 어색해서 같이 앉아 연속극을 보는 정도로 상호작용이 적었지만 과제를 반복할수록 상호작용이 증가하면서 함께 지내는 것이 즐겁고 서로를 더 잘 이해하게 되었다. 더 나아가 이렇게 함께 시간을 보내는 것이 모두가 원하던 일이었고 서로를 도울 수 있다는 것을 알게 되었다.

긴장고조

긴장고조는 가족들 간의 긴장을 고조시켜 가족의 재구조화를 시도한다. 예를 들면, 아이가 말하려는 것을 어머니가 계속 대변해 줌으로써 아동이 말할 기회를 갖지 못하게 하는 어머니인 경우, 어머니를 끼어들지 못하도록 하거나 아니면 계속 대변하게 한다. 어머니가 계속 아들을 대변하는 경우에 그렇게 하도록 허락하고서 아들에게 어머니의 행동에 대한 아들의 감정을 물어본다. 아들은 어머니의 행동이 얼마나 자신에게 좌절감을 안겨주었는지를 말하며, 어머니가 아들을 잘못 이해하고 있다는 것을 알게 됨으로써 아들을 대변하고 간섭하려는 태도에서 벗어나도록 돕는다.

증상활용

증상활용은 가족구성원이 드러내는 증상을 활용해서 가족을 재구조화하는 방법이다. 예를 들면, 어린 나이에 가족에 대한 과도한 책임을 지고 있는 큰딸이 스트레스로 병원에 입원하게 되었다. 딸은 부모님을 돕기 위해 동생을 돌보고 가사일을 도맡아 하다 보니 자신의 욕구가 채워지지 않게 되어 병이 난 것이다. 큰딸이 병원에 입원한 것을 보고서 부모는 큰딸에게 과중한 책임을 맡긴 것을 인식하게 되어 딸이 원하는 것이 무엇인지를 물었다. 딸은 부모 곁을 떠나서 타 시도로 학교를 옮기기를 원했다. 딸은 집에서 가장 먼 곳에 있는 학교로 편입하게 됨으로써 부모화에서 벗어나게 되었다.

(2) 경험적 가족치료 – 당해봐야 안다

Satir의 경험적 가족치료는 가족구성원들이 겪고 있는 현재의 문제에 대하여 적절한 경험을 하게 함으로써 문제의 해결을 시도한다. 즉, 가족과 치료자 간의 상호작용적 경험이 성장의 계기가 된다. 가족치료모임에서 자신을 표현할 수 있는 기회를 통해서 자유롭게 표현하게 하고 그 가족에 맞는 적절한 경험을 하게 함으로써 개인적 성장을 도모하며 가족문제도 해결할 수 있도록 돕는다.

예를 들면, 가족들로부터 사랑과 지지를 받고 있지 못한다고 생각하며 자신은 가족 내에서 의미가 없는 존재라는 생각 때문에 고립감에 빠져 있는 사춘기 여학생을 위한 경험적 치료는 다음과 같다. 우선 딸이 느끼는 대로 자신의 감정을 표현할 수 있는 기회를 줌으로써 가족들도 딸의 마음을 알고 자신들의 입장을 말할 기회를 가진다. 그런 다음 이 가족에게 적절한 경험적 기법으로 가족 모두를 하나의 끈으로 묶어 가족 모두 자신이 원하는 방향으로 끌고 가게 하는 경험을 하게 함으로써 가족들이 지금 겪고 있는 문제를 경험하게 한다. 이러한 경험을 통해서 지금까지 가족들이 경험한 상호작용 유형을 이해하게 되고, 각자가 느끼는 고통의 원인을 이해하게 되며, 고통에서 벗어날 수 있는 방법을 모색하게 된다. 그래서 서로를 이해하고 협력해야 하며, 서로가 상호 지지를 나눌 수 있는 소중한 존재라는 것을 알게 되면서 자아존중감이 높아지는 성장경험을 하게 된다.

이러한 접근은 인간이 갖는 잠재력에 대한 믿음과 그 잠재력을 실현함으로써 성장할 수 있도록 도울 수 있다는 신념에서 나온다. Satir는 특히 감정에 중점을 두는 접근을 하고 있다. Satir는 인간은 성장하는 존재로 자아실현의 욕구를 충족시키기 위한 과정에서 문제에 부딪히게 되는데 건강한 가족은 문제와 함께 성장하는 가족이다. 문제가족의 특성은 자기가치가 낮고 의사소통이 간접적이고 모호하며 정직하지 못하고, 가족규칙이 엄하고 비타협적이다(Satir, 1972). 그러므로 자기가치, 의사소통, 가족규칙, 사회와의 연결망 등 네 가지 측면에서의 개입을 시도하여 성숙, 자아존중감, 가족규칙 그리고 의사소통을 중시하였다. 성숙은 자신에 대해서 책임질 수 있는 상태를 말하며 자신의 감정을 파악하고 명확하게 의사소통할 수 있으며 자신과 다른 사람을 있는 그대로 수용할 수 있고 모든 상황을 통해서 성장적 경험을 할 수 있는 능력을 말한다. Satir 가족치료에서 핵심 개념 중 하나는 자아존중감으로, 이를 높이는 것이 치료의 목적 중 하나다. Satir는 의사소통이 자아존중감과 관련되어 있다고 본다. 자아존중감이 높은 사람은 정직하고 자신의 능력을 신뢰한다. 가족규칙은 가족구성원의 행동을 규정하는 방식으로 의사소통을 통해서 나타나며 경제, 가사 등의 영역에 적용된다. Satir는 가족의 감정규칙을 중시하고 문제의 원인을 '나쁜 규칙'에서 찾는다.

예를 들면, 성인 딸을 보호하기 위해서 통행금지 시간을 정해둔 부모의 경우, 딸은 통금규칙으로 인하여 사회생활을 하는 데 많은 제약이 따르기 때문에 부모와의 갈등관계에 놓이게 된다. 이때 딸은 이 규칙을 부모가 자신을 아직도 믿지 못하고 아이 취급하며 통제하려는 시도로 받아들여 반발하게 된다. 그러나 부모와의 대화를 통해서 딸을 보호하려는 부모의 고육지책이라는 사실을 알게 되고 부모도 딸이 이 규칙으로 인해 많은 어려움에 직면한다는 것을 이해하게 되었다. 그래서 엄격하게 통금시간을 적용하기보다 융통성을 가진 타협안을 만들게 되었다. 딸은 부모의 염려를 수용해서 필요한 경우에는 미리 전화를 걸어 허락을 받고 자신이 안전하게 잘 있다는 것을 알림으로써 부모의 불안감을 덜게 하는 타협안을 수용하게 되었다.

① 의사소통 유형

Satir는 의사소통 유형을 통해서 치료적 개입을 적극적으로 시도했다. Satir는 병리적 의사소통의 유형으로 네 가지를 지적하며 이러한 유형에서 벗어나서 일치형으로 바꾸기 위해서 치료적 개입을 한다.

비난형

모든 잘못을 상대방 탓으로 돌리며 지시적이고 명령적이며 자기주장이 강하고 타인을 통제하려 한다. 그러나 본인은 심리내적으로 외로워하며 실패감을 가지고 있다. 이런 사람의 몸 자세는 상대에게 손가락질을 하고 소리치며 분노하는 표정이다. 자주 사용하는 언어는 '모두 네 탓이다, 제대로 하는 일이 없다'로 상대에게 책임을 전가한다. 이런 의사소통 유형은 자신과 상황은 포함시키지만 다른 사람을 포함하지 않는다는 문제를 지닌다.

회유형

비난형과는 대조적으로 약하고 의존적이며 순종하는 태도를 보인다. 이런 사람은 상대방의 비위를 맞추는 것에 익숙하며, 내적으로는 무가치감과 무력감을 경험한다. 몸 자세는 용서를 구하고 애걸하는 자세이고, 자주 사용하는 언어는 '나는 가치가 없는 사람이야'이다. 이런 유형은 타인과 상황은 포함시키지만 자신을 포함시키지 않아 자아존중감이 낮게 된다.

비난형과 회유형은 짝을 이루며, 주로 비난하는 남편과 회유하는 부인인 경우가 많다. 그러나 이 둘 다 병리적 의사소통 유형으로 자아존중감이 낮은 의사소통 방법이다.

초이성형

모든 일을 객관적인 상황을 중심으로 논리적이고 합리적으로 추구하며 완벽을 추구한다. 감정을 드러내지 않으며 분석적이고 비판적이다. 심리내적 경험으로는 유약하고 작은 실수도 용납하지 못하고 감정적 상처를 받는다. 몸 자세는 감정을 배제하고 상황만을 처리하는 컴퓨터처럼 냉정하고 딱딱하다. 이런 유형은 상황만을 염두에 두고 사람은 모두 배제시킨다.

산만형

어느 것에도 초점이 맞추어지지 않고 주의집중도 하지 못하며, 소란을 피우거나 스스로 혼란스러워한다. 내적 경험으로는 아무도 나에게 관심이 없으며 자신이 설 자리가 없다는 생각을 한다. 이런 사람은 산만함으로 일관되며, 초이성형과 산만형은 짝을 이루기 쉽다. 초이성형에게는 산만형이 재미있게 보이며 산만형에게 초이성형은 안정감을 제공한다. 그러나 두 유형은 가까워지면 서로를 변화시키려 들며 상호작용에서 곧 어려움에 직면하게 된다.

일치형

일치형은 자신과 타인 그리고 상황을 모두 고려한 의사소통으로, 이렇게 되면 내적으로도 창조적이고 활기찬 삶을 누리게 된다.

② 치료적 개입기법

가족조각

가족조각은 가족의 의사소통 유형을 몸의 자세로 나타냄으로써 구체적인 형상으로 드러내 보인다. 이렇게 조각을 하게 되면 추상적인 것이 구체적 형태로 드러나서 문제를 파악하기 쉬워지며 치료법도 쉽게 인식할 수 있게 된다. 치료자는 이들을 일치형으로 바꾸기 위해 각자가 취할 자세를 보여주며 치료적 개입을 한다. 예를 들면, 아버지는 비난형, 어머니는 회유형, 아들은 초이성형의 의사소통을 하는 가족인 경우에, 각자의 의사소통 유형을 몸의 자세로 표현하게 하고서 아버지의 비난하는 손가락을 내리게 하고 어머니는 빌고 애걸하는 자세에서 일어서게 하며 아들은 가족에게 정서적 관여를 하게 함으로써 가족이 일치형을 이루어 나갈 수 있도록 돕는다. 가족조각은 다른 형태의 개입에서도 활용할 수 있는데, 문제가 되는 가족의 상호작용을 몸으로 조각을 하듯이 나타내 보여줌으로써 가족 모두가 실제적으로 경험하도록 한다.

재정의

재정의는 부정적인 의미를 긍정적으로 바꾸어 줌으로써 변화를 시도한다. 예를 들면, 아버지의 잔소리에 지친 딸에게 아버지가 잔소리꾼이라고 말하는 대신에 아버지가 딸을 무척 사랑하고 관심이 많다는 것으로 재해석해 줌으로써 아버지의 태도를 부정적이 아니라 긍정적으로 이해하고 수용하도록 도울 수 있다.

가계도 활용

가계도 활용은 의사소통 유형과 개인의 특성을 포함하는 가계도를 통해서 가족의 문제나 관계, 경험 등을 이해하고 치료해 나가는 데 활용할 수 있다.

(3) Bowen의 가족치료

Bowen은 사람들이 가지는 행동상의 장애는 불안에서 나오며 가족문제는 원가족과의 심리적 분리 부족에서 나온다고 보았다. 그는 가족을 정서와 인간관계체계의 결합체로 보았다. 따라서 치료목표는 원가족에서의 심리적 분리를 통한 분화와 독립과 불안을 감소시키는 것이다. 이상적인 발달은 원가족과 분화가 이루어지고 불안이 낮으며 정서적 접촉이 일어나는 가족이다.

① 기본 개념

분화

분화란 자신의 성공이나 실패를 가족에게 정서적으로 책임을 투사하지 않는 것으로 Bowen의 핵심적 개념이다.

자아분화에는 정신내적 분화와 대인관계적 분화가 있다. 정신내적 자아분화는 지적 기능과 정서적 기능의 분화, 즉 감정과 사고의 분리를 말한다. 대인관계적 분화는 인간관계에서 자율성과 융해를 말한다. 즉, 자신과 자신이 아닌 것을 구별하는 것으로, 자신의 자아를 발달시키지 못한 사람은 거짓자아를 가지며 자주적이고 독립적인 행동을 하지 못하고 다른 사람과 융해되려는 경향을 가진다. 감정과 사고 간의 융해가 클수록 다른 사람의 정서적 반응에 민감해지며 융해되기 쉽다.

분화 정도가 낮은 사람은 정서적 반응에 좌우되기 쉽고 낮은 수준의 스트레스에도 역기능적으로 반응하는 경향을 보인다. 분화되면 될수록 개인은 집단 안에서 정서적 접촉을 하는 동안 하나의 개체가 될 수 있다. 자기가 더 잘 발달될수록 인간은 보다 더 다른 사람의 복지를 침해하지 않고 자신의 복지를 향상시키려고 행동한다(Kerr & Bowen, 2005 : 120-121).

삼각관계

삼각관계는 두 사람 이상으로 구성원 관계가 긴장이나 불안을 겪을 때, 다른 사람이나 요인을 끌어들여 긴장에서 벗어나려는 시도를 하게 되는 것을 말한다. 가장 흔한 예가 부부간에 문제가 생길 때 자녀를 끌어들임으로써 긴장을 해소하려는 것이다. 이렇게 삼각관계를 형성하게 되면 일시적으로는 두 사람의 관계가 호전되는 것 같지만 제3의 요소가 없어지게 되면 다시 문제가 드러나기도 한다. 즉, 자녀를 끌어들임으로써 부부간의 긴장과 갈등을 다루어 온 부부인 경우, 자녀가 집을 벗어나게 되면 부부간의 갈등이 다시 나타나기도 한다. 그리고 부부문제에 끼어들게 된 아동은 희생자가 되어 부나 모의 지나친 간섭이나 집착으로 인해 스트레스를 받게 되며 부모와의 관계에 문제가 생기게 된다. 치료적 삼각관계는 치료적 목적을 위해서 삼각관계를 활용하는 것으로 부부간에 긴장이 발생할 때, 다른 일, 예를 들면 공부를 하거나 취미활동이나 종교활동 등을 통해서 긴장을 해소할 수 있도록 치료적으로 활용할 수 있다.

단절

단절은 부모나 가족 간의 관계에서 과거에 해결되지 않은 정서적 문제를 멀리 이사를 가거나 연락을 하지 않고 가족관계를 끊어버림으로써 해결을 시도하는 것이다. 그래서 다른 나라로 이민을 가거나 부모가 중시하는 것을 부정하거나 거부하게 된다. 그러나 이러한 단절을 통해서는 분화를 이룰 수 없으며, 단절을 시도해서 멀리 떠나는 가족도 정서적으로는 집을 벗어나지 못하고 떠나지 못하는 가족만큼 의존적으로 남게 된다.

② 치료적 개입기법

3세대 가계도

최소한 3세대 이상의 확대가족에서 현재의 정서적 과정의 기원을 찾는다. 다세대 전수과정과 핵가족의 정서를 이루는 근원을 찾아서 가족의 정서적 융합을 추적해 본다. 그래서 증상을 가진 사람, 형제들의 지위, 스트레스를 주는 사람이나 사건을 추적해 본다.

나 – 전달법

정서적 과정과 지적 과정을 분리하는 방법으로 사실과 감정을 혼동하지 않도록 한다. 즉, 일어난 사건은 사건으로 인식하며 그 사건에 대한 정서적 반응은 본인이 스스로 책임지도록 하는 방법이다.

예를 들면, '매일 남편이 늦게 들어오기 때문에 죽겠다'가 아니라, '남편이 매일 늦어서 내가 걱정되어 죽겠다'이다. 이 말의 차이점은 내가 죽겠다고 느끼는 이유가 앞 문장에서는 남편 때문이지만 뒤 문장에서는 내가 걱정하기 때문이다. 여기서 지적 과정인 객관적 사실은 남편이 매일 늦는다는 것이다. 정서적 과정은 죽겠다는 것이고, 그렇게 괴로움을 당하는 이유가 앞 문장에서는 남편 때문이고 뒤에서는 나 때문이다. 그러므로 내가 느끼는 감정은 나에게 달려 있으며 내가 책임져야 하는 것이다. 이렇게 자신에 대해서 스스로 책임을 지게 되면, 문제에서 벗어날 수 있는 길을 더 쉽게 찾을 수 있게 된다. 즉, 남편의 태도를 변화시키기보다는 나의 태도를 바꾸게 되면 남편과는 상관없이 문제는 해결될 수 있게 되며, 남편도 더 쉽게 변할 수 있게 된다.

자신을 보게 하는 기법

자신이 상담하는 것을 녹화하거나 녹음해서 본인에게 보게 한다. 자신의 어법이나 몸짓, 행동 등을 객관적으로 보게 되면 스스로 생각했던 것과는 차이가 난다는 것을 알 수 있으며 타인의 눈에 어떻게 비칠 것인지를 객관적으로 보게 된다. 이러한 방법을 통해서 자신을 객관적으로 보게 되면 스스로 방어를 줄여나갈 수 있으며 자신의 말이나 대화에서의 문제점을 찾아내게 된다.

(4) 해결중심 단기치료

① 해결중심 가족치료의 관점

해결중심 가족치료는 인간은 모두 자신의 문제를 해결할 수 있는 자원과 능력을 가지고 있다고 믿으며 인간에 대한 긍정적 철학을 가진다.

첫째, 내담자는 자신의 문제를 해결할 수 있는 자원과 능력을 가지고 있다.

둘째, 문제를 알기보다는 해결방안 모색과 새로운 행동을 시작하도록 돕는다.

셋째, 내담자의 변화욕구를 인정한다.

넷째, 치료자와 내담자는 협동적인 동료관계이다.

② 해결중심 가족치료의 원리

정신건강에 대한 강조

내담자가 자신의 문제를 다루는 데 있어서 성공했던 경험에 일차적인 초점을 둔다. 내담자의 강점과 자원 그리고 능력들에 초점을 두며, 무엇이 잘 되었고, 그것을 어떻게 활용할 것인가를 강조한다. 내담자들은 많은 경우 문제를 지나치게 확대해석하기 때문에 많은 예외적인 상황, 즉 문제가 발생하지 않는 상황을 무시한다. 해결중심 상담은 예외적인 상황을 탐색하고, 문제상황과의 차이점을 발견해 냄으로써 문제가 발생하지 않는 상황을 증가시킨다.

내담자의 강점과 자원활용

내담자의 강점, 자원, 건강한 특성들을 활용해서 문제를 해결하려는 시도를 한다. 따라서 내담자가 이미 지니고 있는 자원, 기술, 지식, 믿음, 동기, 사회적 관계망, 환경 및 개인적 특성들을 활용한다.

탈이론적/ 비규범적/ 내담자의 견해 존중

이론의 틀에 맞추어 내담자를 사정・평가하지 않는다. 그 대신 내담자가 호소하는 독특한 불평에 기초해서 개별화된 해결책을 발견하고자 한다. 치료자는 문제에 관한 것보다는 좋아진 것과 해결방안을 구축할 수 있도록 질문을 던지고 해답을 찾아나가도록 도우며 내담자가 결정한 것을 수용한다.

단순하고 솔직한 의미 추구

상담목적을 달성하기 위해 상담방법의 경제성을 추구한다. 상담의 경제성이란 단순한 것에서 복잡한 것으로, 쉬운 것에서 어려운 것으로, 해결 가능한 것부터 치료함으로써 목적을 성취하려는 전략을 말한다.

변화는 항상 일어난다

변화는 삶의 일부로 변화를 막을 수 없다. 상담자는 자연발생적인 변화를 발견하고 그 변화를 해결방안으로 활용하며 촉진하기도 한다.

현재와 미래 지향

해결중심 가족치료는 과거에 관하여 깊이 알려고 하지 않는다. 왜냐하면 내담자가 자신에게 일어난 일에 대해서는 전문가이기 때문이다. 그 대신 현재와 미래에 적응하도록 돕는다.

내담자의 자율적인 협력 중시

진정한 협력적 치료관계는 내담자가 스스로 상담과정에 협력할 때 이루어진다. 해결중심 가족치료에서는 내담자들은 변화를 원하고 바라기 때문에 저항하기보다는 기꺼이 협력하고자 하는 것으로 믿는다. 해결중심 상담의 중심철학은

첫째, 어떤 것이 기능적이면 그대로 두거나 계속하며,

둘째, 효과가 있는 것은 좀 더 사용하고,

셋째, 효과가 없다면 다른 방법을 사용한다.

③ 해결중심 가족치료의 과정

내담자를 처음 만났을 때

상호 소개 과정으로 이름 교환과 일상적인 이야기로 긴장을 완화시킨다. 그러고 나서 상담과정에 대한 명료화로 상담시간, 절차, 비용, 비밀보장의 원칙, 기록 등에 대한 사항들을 다룬다.

문제에 대한 이해

첫째, 내담자의 태도와 내담자의 언어에 대한 존중을 통해서 합류를 시도한다.

둘째, 제시된 문제가 내담자에게는 어떻게, 무엇이 문제가 되는지를 파악한다.

셋째, 내담자가 문제해결을 위해서 지금까지 어떤 것을 시도해 보았는지를 파악한다.

넷째, 내담자의 우선순위를 파악하여, 가장 먼저 해결하고자 하는 문제는 무엇인지 파악한다.

메시지 작성과 전달

45~50분 후 잠시 내담자는 휴식을 취하도록 하고 치료자는 일면경 뒤나 화면을 통해서 상담과정을 지켜보고 있는 치료팀 동료들과 상담과정에 대한 논의와 자문을 받은 후 메시지를 작성한다. 메시지의 내용은 칭찬과 과제가 주 내용이다. 잠시 후 내담자에게로 돌아와서 메시지를 전달하고 다음 약속을 하고 마친다.

④ 내담자와 상담자 간의 관계유형에 따른 반응방법

고객형

이런 유형의 내담자는 치료자가 접근하기 쉬운 유형으로 스스로 변화할 준비가 되어 있는 유형이며 자신이 상담을 원해서 도움을 요청한 사람으로 내담자 중에서 높은 비율을 차지하지는 않는다. 이런 유형은 자신이 바로 해결책의 한 부분임을 인식하고 문제해결을 위해 기꺼이 무엇인가 하려는 의지를 지닌다. 이런 내담자는 상담을 통해 무엇을 이루고자 하는지에 대해 생각해 보았고, 그것을 달성하기 위해서는 스스로의 노력이 필수적이라는 것도 깨닫고 있다. 치료의 중간이나 끝부분에서 내담자와 치료자가 함께 내담자가 지녔던 불평이나 치료의 목표를 분명히 밝혀냈을 때 맺어지는 관계로 밝혀진 불평이나 치료목표에 대해 함께 일하기로 동의한다.

이런 유형의 내담자는 예외질문을 통해서 예외상황을 확대시키거나 다른 문제해결 방법을 모색하도록 돕는다.

불평형

내담자는 해결책을 가족이나 주변의 가까운 사람들인 남편, 부인, 자녀, 상관, 친구, 동료 등 다른 사람이 변화함으로써 마련할 수 있다고 보며 스스로가 문제해결을 위해서 할 수 있는 역할에 대해서는 아직 인식하지 못한 상황이다. 내담자는 대화 속에서 문제와 다른 사람의 잘못을 상세히 지적하지만 문제해결을 위해서 자신이 해야 할 역할과 변화에 대해서는 인식하지 못하고 있다.

상담기술들을 활용하여 내담자가 현재 지각하고 있는 것을 존중하지만 내담자의 초점을 타인들로부터 자신의 변화를 가져오기 위한 노력으로 전환시켜야 한다. 즉, 질문들을 통해 내담자를 문제중심적 대화에서 해결중심적 대화로 전환하도록 이끈다.

방문형

방문형은 법원의 명령에 의해서 또는 자발적이 아닌 다른 관계 때문에 상담을 받는 경우에 흔히 나타난다. 이 관계에서는 내담자가 치료자와 함께 해결하고자 하는 문제를 인식하지 않고 있거나 문제가 자신에게 있는 것이 아니라 다른 사람에게 있다고 생각한다.

이런 유형의 내담자에게 접근하는 방법은 내담자를 존중하며 원하는 것을 발견하고 내담자의 목적에 동의하며 상담을 위해서 찾아온 것에 대한 칭찬과 고마움을 전하는 것이다. 그리고 상담에 협조하게 되면 얻을 수 있는 혜택과 참가하지 않는 경우의 불이익도 함께 전한다.

⑤ 해결중심적 접근의 질문기법

상담 전 변화에 관한 질문

변화란 불가피한 것으로 계속적으로 일어난다. 자연적인 시간의 흐름에 따른 성숙이 일어나기 때문이다. 여기에 더해서 상담약속을 하고 나면 자신의 상황을 어떻게 설명하고 이해시키며 말할 것인가에 대해서 스스로 생각을 정리해 보고 숙고해 보게 된다. 이렇게 상담 전에 일어난 변화는 아주 중요한 단서를 제공한다. 왜냐하면 상담 전 일어난 변화는 내담자가 이미 해결능력을 가지고 있다는 것을 인정하는 것으로 상담자는 내담자에게 칭찬과 격려를 통해서 본인이 가지는 문제해결능력을 강화하고 확대할 수 있도록 권장해 나간다.

예외질문

예외란 내담자가 문제로 생각하고 있는 행동이 일어나지 않는 상황이나 행동을 의미한다. 해결중심 가족치료에서는 한두 번의 중요한 예외를 찾아내서 그것을 강조하면서 내담자의 성공을 확대하고 강화시켜 준다. 내담자가 이룬 성공을 찾아내어 의도적으로 계속 실시하도록 격려한다. 그렇게 하기 위해서는 예외적인 상황을 찾아내어 그것을 밝히고, 내담자가 가지고 있는 자원을 활용하여 내담자의 자아존중감을 강화시킨다. 예외질문은 첫 면접에서 대체로 목표설정 후 하는 경우가 많다.

기적질문

문제 자체를 제거시키거나 감소시키지 않고 문제와 떨어져서 해결책을 상상하게 하는 것이다. 이 질문을 통해 상담자는 내담자가 바꾸고 싶어 하는 것을 스스로 설명하게 하여 문제에 대한 집착으로부터 벗어나 해결을 구체화시키도록 돕는다.

척도질문

척도질문은 숫자의 마력을 이용하여 내담자에게 자신의 문제, 성공에 대한 태도, 정서적 친밀도, 자아존중감, 상담에 대한 확신, 변화를 위해 투자할 수 있는 노력, 진행에 관한 평가 등의 수준을 수치로 표현하도록 하는 방법이다.

척도질문을 통해서 상담자는 내담자의 문제해결에 대한 태도를 보다 명확하게 알아볼 수 있으며 내담자의 변화과정을 격려하고 강화해 주는 구체적인 정보를 얻을 수도 있다.

1부터 10까지의 척도에서 10은 문제가 다 해결되었다고 확신하는 것을 말하고, 1은 문제가 가장 심각할 때를 말한다. 오늘은 몇 점에 해당하는지, 10점 척도에서 이 문제를 해결하기 위해 어느 정도 노력할 수 있겠는지, 10을 상담목표가 성취된 상태라고 하고, 1을 상담받으러 왔을 당시의 상태라고 한다면, 오늘의 상태는 몇 점인지, 1점을 높이기 위해 무엇을 다르게 해야 하는지, 1점이 올라간다면 누가 변화를 가장 먼저 알 수 있을지 등의 질문을 해나간다.

대처/ 극복 질문

이러한 질문을 통해서 내담자 자신이 바로 대처・극복 방안과 기술을 가지고 있으며 사용해 왔다는 것을 인식하게 한다. 지금까지 사용한 방법 중에서 문제해결에 도움이 되는 것은 그대로 사용하거나 확장하고 효과가 없는 것은 다른 방법을 사용하도록 돕는다.

관계성 질문

이 질문은 내담자에게 중요한 다른 사람들에 대한 질문이다. 사람이 자신의 희망, 힘, 한계, 가능성 등을 지각하는 방식은 자신에게 중요한 타인이 자신을 어떻게 보고 있을 것이라는 생각과 밀접한 관계가 있다. 때때로 내담자는 문제가 해결되었을 때 자신의 생활에 무엇이 달라질 것인지에 대하여 전혀 예측하지 못하는 경우가 있다. 그러나 내담자는 자신의 입장에서 자신을 보다가 중요한 타인의 눈으로 자신을 보게 되면, 이전에는 없었던 가능성을 만들어 낼 수도 있다.

어떻게 그렇게 할 수 있었습니까(간접칭찬)

내담자에 대한 어떤 긍정적인 것을 암시하는 질문이다. 간접적인 칭찬은 내담자로 하여금 자신의 강점이나 자원을 발견하도록 이끄는(자기칭찬) 질문형태를 취하는 것으로 우리 문화에서는 직접적인 칭찬보다 더 바람직한 경우가 많다.

⑥ 치료의 지속

1차 치료 이후는 치료효과를 유지, 확대 그리고 강화시키기 위한 개입을 지속한다. 그래서 지난번 치료 이후 변화한 것을 이끌어 내는 질문을 하며, 확대를 위해서 긍정적인 변화에 대해 자세하게 질문한다. 강화는 내담자가 긍정적으로 변화한 것에 대한 인정과 가치를 확인한다. 다시 척도질문으로 돌아가서 더 나아지기 위해서 무엇이 조금만 더 변화해야 하는지를 묻는다. 또 다른 좋아진 것에 관해 질문하며 확신, 동기, 과정, 희망 등을 척도로 질문해 나간다.

(5) 이야기 치료

① 이야기 치료의 이해

이야기는 우리 삶과 밀접한 관계를 가지며 친숙하다. 아라비안나이트의 천일야화는 모두에게 친숙하며 사람이 사는 곳에는 이야기가 있기 마련이다. 이야기는 여러 가지 기능을 가진다. 천일야화에서 보면 이야기를 할 수 있으면 살고 이야기가 끊어지면 죽는다. 우리 삶도 마찬가지다. 또한 이야기를 통해서 지혜를 얻으며 인간사를 이해하게 된다. 이러한 이야기의 비유는 아주 적절하다. 이야기의 사회적 기능으로는 이야기를 통해서 세상에 의미를 부여하게 만든다. 이야기를 통해서 자신과 이웃을 발견하며, 사람의 마음과 생각을 이해하게 되고, 자신의 정체성과 통찰력을 얻게 된다. 심리적 기능으로는 이야기를 통해 특정 경험에 대한 자신의 감정과 의미를 분명하게 이해시켜 주며 자신을 드러내게 된다. 우리들의 삶과 스스로를 객관적으로 볼 수 있도록 돕는다. 사람들은 이야기를 함으로써 감정의 구속과 억압으로부터 자유로워질 수 있게 된다.

호주의 White와 뉴질랜드의 Epston은 그들의 저서 『Narrative Means To Therapeutic Ends(치료적 목적 달성을 위한 이야기 치료)』로 관심을 집중시키게 되었다. 이야기 치료는 탈근대주의와 구성주의의 영향을 받아 이러한 접근을 적용하고 있다. 이야기 치료는 정신분석의 입장처럼 개인의 심리내부에 초점을 두지도 않으며 체계이론의 입장처럼 관계와 상호작용에 초점을 두지도 않는다. 그 대신 자신에 대한 새로운 개념을 요구한다. 이야기 치료로 인해서 가족치료의 강조점이 정신내적 요소에서 대인관계와 행동을 강조하는 체계이론으로 바뀌어졌다가 다시 개념, 신념, 정서, 신화 등으로 옮겨졌다.

이야기 치료에서는 진실이 중요하기보다는 어떤 관점이 유용하며 어떤 관점이 내담자에게 보다 더 나은 결과를 가져오는가가 더 중요하다. 따라서 특정 개인이 가진 관점과 가족구성원 또는 주변 사람들이 가지고 있는 관점이 중요하다. 그래서 내담자의 이야기에 대한 관점과 견해를 재검토하도록 돕는다. 개인이 자신의 관점을 재검토하고 자신의 문제가 가족에게 미치는 영향에 관심을 갖도록 한다.

이야기 치료에서는 가족의 구조적 결함이나 문제에 관심을 두지 않으며 단지 가족의 이야기를 변화시키는 데 관심을 둔다. 자신의 문제에 대한 개념을 재구성하도록 도우며 관점과 견해가 바뀔 때 행동이 변하고, 이야기를 통해서 관점이 변화될 수 있다고 믿는다.

② 이야기 치료의 전제

삶은 여러 사람과의 관계 속에서 이루어진다. 그 속에서 정체성을 만들고 찾아간다. 자신에 대한 지식은 그 사람에게 힘을 부여해 준다. 이야기는 우리의 경험을 선택적인 과정을 통해서 구성하게 된다. 자아는 사회적 구성체이며 이야기를 통해서 자아를 발견해 나간다. 자신에 대한 이야기를 만들고 조직하고 창조하는 과정에서 경험을 축적해 나가게 된다. 삶에 대한 지각과 기술은 역사적이며 사회적이고 문화적인 것이다.

Freedman과 Combs은 실무에서 다음과 같이 제안한다.

첫째, 사실은 사회적으로 구성된다.

둘째, 사실은 언어로 구성된다.

셋째, 사실은 이야기를 통하여 조직되고 유지된다.

넷째, 절대적 진실은 존재하지 않는다.

이야기 치료는 진실을 규명하고 해석하는 것이 목표가 아니라 역사적인 사실을 이해할 수 있는 이야기로 바꾸는 것이다. 이야기 치료자는 일관성 있고 조화로운 자기 자신을 형성하도록 사실을 구성하는 것이다.

이야기 치료의 목표는 내담자로 하여금 실재(reality)를 더욱 잘 보게 해주고 그 실재로부터 더 많은 대안을 제시받도록 돕는다.

③ 치료자의 역할

내담자가 자신의 삶의 이야기를 다시 쓰도록 돕는다. 이야기를 경청하고 반영적 질문을 한다. 치료자의 반응과 질문은 내담자로 하여금 자신의 이야기를 사정해 보고 다시 새롭게 볼 수 있도록 자극한다. 치료자가 내담자의 삶에 전문가가 아니라 모른다는 입장을 취함으로써 내담자가 스스로 자신을 더 탐색하도록 돕는다. 내담자가 주 저자가 되도록 하며 과거 삶에서 얻은 기술이나 지식이 주된 고려사항이 된다.

치료자는 의제를 부과하고 질문과 반영을 통해서 내담자들이 자신의 이야기를 다르게 쓰도록 돕는다. 그래서 대안적 이야기를 더 풍요롭게 설명하고, 삶에서 간과한 영역에 대한 개입과 관찰을 하게 함으로써 현재의 문제를 다루기 위한 기술과 지식에 더 익숙해지도록 돕는다.

④ 치료과정

이야기 치료는 질문을 하고 대화하는 것에 초점을 두며 치료자들은 내담자의 이야기를 경청하고 대안적 이야기를 열어줄 수 있는 사건을 탐색하기 위해서 내담자의 과거에 대한 검토를 해나간다.

치료기간은 6~7회의 단기치료가 주를 이룬다.

해체과정(Deconstruction Stage)

내담자의 이야기를 해체한다. 이야기 속에 내재해 있는 다중적인 여러 켜들을 해체한다. 외재화는 문제로부터 사람을 분리시키는 것이다. 외재화를 통해서 그 사람과 문제를 분리시켜 삶을 방해하는 문제에 도전하도록 만든다. 해체단계를 통해서 사건과 함께 내담자의 생각, 신념, 사회적 상호작용의 영향력을 사정한다.

재구조화과정(Reconstruction Stage)

자신의 이야기를 재구성하여 다시 쓰는 과정이다. 그동안 간과되었던 다른 진실을 발견하는 과정으로 지식을 확장시키거나 지식을 변화시키는 것이다. 치료자는 경청을 통해서 이제까지 밀려나 있던 고유한 성과를 드러나게 하며 새로운 인식을 통해서 자신을 되돌아보게 하며 자신의 이야기를 재구성하도록 만든다.

4) 공통된 개입과정과 기법 및 프로그램

가족치료의 각 단계는 접근법마다 차이가 난다. 그러나 여기에서는 공통적인 요소만을 언급하며, 활용할 수 있는 기법들을 소개한다.

(1) 초기단계 – 얼굴 한번 봅시다

가족치료에서는 최소 한 번이라도 전 가족을 만나는 것이 좋으며 이때의 가족은 부모와 아동만으로 구성되는 것이 아니며 가족에게 영향을 미치는 다른 가족들, 할머니 등도 포함할 수 있으며, 어린 아동도 포함시켜야 한다. 다른 가족의 저항이 있을 때는 참석하는 사람만으로 진행해야 한다. 우리 문화에서는 아버지를 참석시키는 것에 많은 어려움이 따른다. 아버지를 참석시키기 위해서는 다른 무엇보다 자녀를 위해서, 자녀에게 도움이 된다는 것으로 설득하는 것이 아버지들이 체면이나 자존심을 넘어서 참여하게 하는 좋은 명분이 된다.

가족치료적 개입을 위해서는 우선 그 가족과 좋은 관계를 맺고 거리감을 줄여나가며 가족에 적응하기 위해서 그 가족이 갖는 특정한 문화나 가치 등을 그대로 받아들이고 그들이 익숙한 방식대로 접근해 나가는 합류를 시도한다. 합류 기법으로는 유지, 모방, 추적이 있다. 이러한 태도는 내담자가 있는 그 수준에서 출발한다는 사회복지의 기본 신념과도 일치한다. 유지는 가족의 상호작용 규칙을 존중하고 가족구조에 적응해 나가며, 그들의 문화를 수용하는 것이다. 모방은 가족의 의사소통방법이나 언어, 내용을 그대로 따라하는 것이다. 사투리나 말투, 행동을 모방함으로써 거리감을 좁혀나갈 수 있다. 가족의 이야기를 적극적으로 경청하고 따라감으로써 가족의 역사와 특성을 파악할 수 있는 기법이다.

추적을 통해서 그 가족이 갖는 특정한 상호작용 유형이나 태도, 가치 등을 파악해 낼 수 있다.

가족구성원들은 가족이 직면한 어려움이 무엇이며 이런 일이 본인의 삶에 어떤 영향을 미치는지에 대해서 아무런 비난을 받지 않고 말할 수 있어야 하며 가족구성원 모두에게 관심이 있다는 것을 느낄 수 있어야 한다. 가족치료에서는 개인의 심리내적 요소보다는 가족 내에서의 상호작용에 초점을 맞추도록 한다.

가족의 상호작용 구조를 파악하기 위해서는 가족들에게 의자를 가져와서 앉게 해봄으로써 가족 간의 상호작용을 알 수 있다. 누가 나서서 의자를 배치하는가, 누가 서로 가까이 앉는가, 서로 등을 돌려 앉는 사람은 누구인가, 누가 먼저 말을 시작하는가, 누가 누구 대신 말을 해주는가 등을 통해서 상호작용을 파악할 수 있다. 치료자는 가족의 위치를 재배치함으로써 치료적 암시를 줄 수 있다.

초기단계에서는 먼저 가족에 대한 사정을 하기 위해서 기본적으로 가계도 작성과 생태도를 작성하게 된다. 그런 다음 우선 가족이 제시하는 어려움이나 문제로 여기는 행동에 대한 진술을 듣고 목록을 작성한 후 우선적으로 해결되어야 할 행동에 대한 우선순위를 가족과 함께 결정해 나간다. 문제행동에 대한 사정에는 특정 행동이 나타난 시기와 상황, 그동안의 해결을 위해 시도해 온 노력들, 전문가의 개입 여부와 노력의 결과를 파악한다. 이런 사정은 개입이 진행되면서 지속되게 된다. 즉, 문제해결에 적합하다고 판단되는 모델이 정해지면 이러한 모델에 따른 구체적인 사정작업이 다시 이루어지게 된다.

(2) 중기단계 – 제 눈에 안경

중기단계에서는 개입의 목적과 목표를 가족과 함께 정한다. 목표설정방법은 가족들이 원하는 변화를 구체적인 형태로 기술하는 것이 목표달성에 도움이 된다. 개입의 목표가 여러 가지일 경우는 합의하에 우선순위를 정하도록 한다.

치료의 목표와 목적이 정해지면 적절한 개입방법을 선택해야 한다. 가족이 어려움을 느끼는 문제를 가장 효과적으로 해소할 수 있고 이론적으로 설명해 낼 수 있는 개입방법을 선택하게 된다. 한 가지 모델만을 사용하기도 하지만 경우에 따라서는 혼합해서 사용하기도 한다. 예를 들면, 구조적 가족치료모델을 활용해서 구조적인 재구조화를 실시하면서 모자간의 분화를 위해 Bowen의 탈삼각화를 병행해서 사용할 수 있다. 개입모델의 선택은 치료자의 능력과 경험, 개입기간, 가족의 참여 정도에 따라서 영향을 받기도 한다. 그런 다음 치료의 구조화를 위해서 개입횟수, 시간, 비용, 개입간격 등을 정하게 된다. 일반적으로 1주 1회 50~60분 정도로 치료하게 되며 필요하면 치료사가 한 명 이상으로 짝을 이루어 시 개입하기도 한다. 치료시간은 첫 10~15분은 인사, 지난 회기 정리, 과제점검으로 이루어지며 끝나기 10~15분 정도는 회기 내용정리, 과제부여, 잘한 내용에 대한 칭찬으로 구성된다. 선택된 모델에 따라서 구체적인 목표달성을 위한 개입이 이루어진다. 구조적 모델이 선택되었을 경우는 가족의 구조를 재구조화 시키기 위해서 경계선 만들기와 부부하위체계 강화와 형제하위체계 협력강화 등을 위해서 실연, 과제부여 등의 기법을 사용한다.

(3) 종결단계 – 이제 시작일 뿐

종결단계는 개입의 목표가 달성되었다고 판단되면 종결에 대한 논의를 한다. 아니면 처음부터 개입횟수를 미리 정해놓고 개입하기도 한다. 종결단계에서는 새롭게 만들어진 변화와 변화의 유지에 대해서 논의하며 필요한 경우에는 추수지도에 관한 계획도 세울 수 있다. 개입과정에서의 가족구성원의 역할, 문제재발 시 대처방법, 문제에 대한 생각이나 태도변화, 종결에 대한 감정 등에 대한 논의가 요구된다. 추수지도에서는 가족이 스스로 문제를 해결해 나가며 항상성을 유지해 나갈 수 있는 자원을 확인하며 성취한 목표를 점검하고 공유하도록 한다. 종결은 이제 시작일 뿐이다. 새로운 태도와 관계로 다시 시작하며 시작할 준비가 되었다는 것이지 모든 문제가 이미 해결되었다는 것이 아니다.

개입에 관련된 기법

가족문제에 대한 접근법에 따라 개입방법도 달라진다. 접근법에 따른 개입기술은 이미 소개되었다. 그러므로 여기에서는 각각의 치료적 접근에서 활용할 수 있는 기법 및 프로그램을 소개한다.

① 가족구조 및 기능 파악하기

가족과 관련된 사실을 파악하는 데는 어떤 특성을 파악하고자 하는가에 따라서 활용할 수 있는 기술이 달라진다. 또한 그 대상이 누구인가와 그들의 특성이 어떠한가에 따라 달라질 것이다. 아동을 대상으로 하는 경우에는 아동의 특성에 맞는 기법을 적용해서 쉽고, 재미있게, 그들의 표현능력의 한계 내에서 표현할 수 있는 기법의 적용이 요구되며 그 해석도 아동들의 표현능력의 한계로 인한 제한점을 고려해야 할 것이다. 아동을 대상으로 할 경우는 아이들과 함께 놀이를 하는 것이 적절하다. 가족에 관한 사실을 알아보고자 하는 경우에는 소꿉놀이를 통해서 역할놀이를 해보면 가족 내에서 각자의 역할이 확연히 드러나게 된다. 예를 들면, 가족 내에서 아버지의 역할을 알아보고자 할 경우 소꿉놀이를 하면서 아동에게 아빠역할을 하게 해보면 평소 그 가족에서 아빠가 하는 행동을 아이는 그대로 재현하게 된다. 이렇게 아동을 통해서 사실을 파악하는 것이 중요한 이유는 아동은 있는 그대로를 숨김없이 다 노출하기 때문이다. 그래서 가족을 통해서 탐색하고 사정자료를 수집하는 경우 아동을 포함시키는 것이 중요하다. 자료수집뿐만 아니라 치료적 개입에도 아동들에게는 그들의 수준에 맞는 놀이치료를 통한 개입이 더 효과적이다.

a 가족모빌

가족구성원 모두를 종이로 오려서 한 끈에 매달아 모빌을 만든다. 이 기법은 유희성과 용이성이라는 측면에서 아동들에 대한 개입에 잘 활용될 수 있다. 이렇게 가족모빌을 만들어 보면 모빌의 특성상 하나가 움직이면 전체가 다 영향을 받는 것을 쉽게 알 수 있다. 그래서 가족이 서로에게 얼마나 많은 영향을 미치는가를 눈으로 확인할 수 있게 된다. 이러한 놀이는 가족의 '상호성'과 '순환성', '전체성'을 인식시키는 데 도움이 된다. 가족모빌은 아동들에게 잘 적용되지만 어른들에게도 효과적으로 적용되며, 가족은 공동운명체라는 사실이 모빌놀이를 통해서 잘 전달될 수 있다.

b 가족초상화 그리기

가족초상화는 그 그림을 그리는 사람의 입장에서 본 가족구성원의 특성을 파악하는 데 도움이 된다. 아동, 성인 모두에게 적용될 수 있으며 가족구성원 간에 서로 다르게 인식하고 있는 인식의 차이를 비교해 보는 것도 흥미롭다.

아버지가 엄하고 무섭게 느껴지는 아동은 아버지를 무서운 표정을 한 사람으로 나타내고 잔소리가 많은 어머니는 입을 크게 그리는 경향이 있다. 이렇게 특징이 드러나는 부분이 있을 경우 아동과의 대화를 통해서 어떤 문제가 있는지 확인해 보는 것이 필요하다. 이와 유사한 기법으로 자화상 그리기가 있다. 스스로에 대한 이미지를 그리는 것이다. 평소에 다리가 못생겼다고 느끼는 여학생은 유난히 길고 멋있는 다리를 그리고, 눈이 작다고 여기는 사람은 크고 아름다운 눈을 그리는 경우를 흔히 보게 된다. 성폭행을 당한 아동들의 경우에도 전형적으로 드러나는 그림의 유형들이 있다. 이럴 경우 대화를 통한 탐색을 시도해 볼 수 있다. 이러한 기법은 미술치료에서 주로 활용되고 있다.

c 동물가족화 그리기

동물가족화는 가족초상화와는 달리 가족의 또 다른 성격적 특성들을 잘 드러내 준다. 아동, 성인 모두에게 적용될 수 있다. 이렇게 그림으로 표현하는 것의 장점은 그림의 특성상 직관적 인식과 가족 전체의 힘의 역학관계 등이 숨김없이 잘 드러난다.

아버지를 호랑이로, 어머니를 고양이로 나타내고 자신을 쥐로 표현했다면 그 가족 내에서의 힘의 역학관계를 파악하게 된다. 또한 이들이 어떤 형태로 배치되어 있는가와 어떤 표정을 하고 있는가 등이 가족의 특성을 무의식적으로 잘 드러낼 수 있다. 예를 들면, 어머니와 아이들은 가깝게 모여 있고 아버지는 멀리 다른 방향을 보고 있다든지, 각 가족을 묘사하는 동물의 크기를 통해서도 가족 내에서의 지위와 영향력 등을 파악할 수 있게 된다. 이렇게 동물가족화가 가지는 특성 중 하나는 무의식적인 측면이 숨김없이 조작되지 않고 그대로 드러난다는 것이다.

d 가계도 그리기

가족에 대한 개입이나 가족치료에서 가장 널리 사용되며 가족의 구조와 특성을 전체적으로 파악하는 가장 흔한 방법 중 하나이다. 가계도를 통해서 가족의 구조적 특성을 파악할 뿐만 아니라 개입기법에 따라서 더 많은 자료들과 특성들을 파악해 낼 수 있다. 예를 들면, Satir의 가족치료에서는 의사소통 유형을 파악하는 것이 중요하며, Bowen의 가족치료에서는 3세대 가계도를 통해서 세대 간의 전달유형을 파악하게 된다. 가계도를 그리는 방법이 핵가족과 확대가족만을 그리는 것에서 더 나아가서 혈연의 가족은 아니라고 해도 함께 살아온 다른 가족구성원이나 가족에 포함시킬 수 있는 다른 요소들을 포함시키기도 한다. 요즘은 애완동물을 가족에 포함시키기도 하며 직접적인 가족은 아니어도 큰 영향을 미친 다른 구성원을 가계도에 포함시켜 더 폭넓은 구성을 해나가기도 한다.

가계도를 가족을 위한 사정자료로만 활용하는 것에서 더 나아가서 치료의 도구로 활용하기도 한다. 이렇게 하는 방법 중 하나는 놀이치료와 연관시켜 가족을 상징하는 상징물로 대치해서 상호작용을 재현하면서 치료적 개입을 해나가는 것이다. 상징물을 찾기가 힘이 드는 경우는 단어카드를 활용하기도 한다. 각 구성원에게 적절한 단어를 찾아놓거나 아니면 기입하게 해서 상호작용을 재현해 봄으로써 새로운 통찰과 해석이 가능해진다.

e 빈 의자 기법

가계도를 통해서 드러나지 않는 가족의 다른 특성들을 파악하기 위한 방법으로 활용될 수 있다. 즉, 빈 의자를 한곳에 모아두고서 가족들에게 가져다 앉으라고 한다. 그러면 누가, 어떻게, 의자를 배치하며 누가 어디에 어떤 자세로 앉는가를 통해서 가족들이 갖는 상호작용의 특성과 친밀도, 권력관계 등을 파악할 수 있다.

따라서 의자의 위치를 다시 바꾸게 하고 앉는 자리를 조정해 줌으로써 치료적 개입을 암시적으로 드러낼 수 있다. 예를 들면, 아동이 나서서 의자를 배치하고 부모 사이에 끼어 앉는다면 아동을 형제들 옆으로 이동하게 하고 부모를 가까이 앉게 할 수 있다. 이러한 개입은 부모체계의 강화와 아동의 형제체계의 강화 및 경계선을 명확히 하는 암시적 개입이 될 수 있다.

빈 의자 기법의 또 다른 활용법은 어려움을 느끼는 상대를 빈 의자에 상징적으로 앉게 하거나 아니면 의자에 앉아 있는 것으로 상상하게 하고, 자신의 마음을 표현하도록 연습시키는 것이다. 이러한 연습은 실제 상대방을 만나서 두려움 없이 자신을 주장하고 표현할 수 있도록 연습시키는 효과가 있으며 또한 자신의 감정을 아낌없이 표출함에서 오는 환기적 효과가 있다.

또 다른 활용법은 심리극에서와 같이 대리자아를 활용하는 방법이다. 의자에 치료대상을 앉게 하고 그 뒤에 대리자아를 통해서 내담자가 억압된 정서나 죄의식 때문에 표현하지 못하고 있는 정서나 생각을 대신 표현하게 함으로써 치료적 효과를 도모할 수 있다. 또한 의자에서 서로의 위치를 바꾸어 앉게 함으로써 상대방의 입장이 되어보며 그럼으로써 다른 시각에서 볼 수 있도록 돕는다.

f 역할 바꾸기

가족 내에서의 문제를 해결하기 위해서 상대방의 입장이 되어보는 것은 큰 효과를 지닌다. 부부간, 고부간 또는 부모-자녀 간의 역할을 바꾸어 봄으로써 상대방의 입장을 더 잘 이해할 수 있게 된다. 이렇게 역할놀이와 역할극을 통해서 상호 간의 입장에 대한 이해를 넓히는 것은 가족 모두의 성장에 효과적이다.

g 식사 함께하기

사람들이 친밀감을 형성하고 느낄 수 있는 방법은 여러 가지가 있다. 그중 하나가 식사를 함께 하는 방법이다. 식사를 하면서 함께 시간을 나누는 것은 가족과 친밀감을 형성할 뿐 아니라 가족에 대한 많은 사실을 파악할 수 있는 좋은 기회가 될 수 있다.

식사시간에 가족과 함께해 보면 그 가족의 많은 특성을 알 수 있게 된다. 식사시간에 직접 참가할 수 없는 경우에는 식사시간에 무슨 일이 일어나는지, 어떻게, 무엇에 대해서 대화하는지에 대해서 이야기해 보도록 한다.

누가 먼저 식사를 시작하는가, 가족 모두가 모이는가, 따로따로 각자 식사를 하는가, 식사시간의 대화내용은 무엇인가 등에 관해서 알아본다. 예를 들면, 식사 때면 아버지의 훈계가 시작되고 어머니와 언쟁이 벌어지고 아들은 먹다 말고 나가버리고 딸은 화장실로 달려가는 일이 종종 벌어진다든지 등등의 역동성을 파악한다. 또는 함께 외식을 할 때 식당과 메뉴는 누가 정하는지, 음식이 나오면 누가 먼저 맛을 보는지, 자주 등장하는 화제는 무엇인지, 식사시간이 부모님의 훈계시간인지, 자주 빠지는 사람은 누군지 등에 관해서 역할극이나 놀이를 통해서 파악해 봄으로써 가족의 융합과 분리, 세력, 대화의 내용 등을 알 수 있게 된다.

h 공간 이용법 파악하기

가족들이 공간을 어떻게 이용하는가는 그 가족의 경계에 관한 개념과 규칙 같은 많은 의미를 전달한다. 예를 들면, 각자가 모두 방문을 닫고 지내는 가족과 다른 사람의 공간에 언제든지 함부로 드나드는 것은 가족 내에서의 경계의 의미가 다르다는 것을 의미한다. 가족들은 필요에 따라서 방문을 닫고 지낼 수 있으며 또한 모두에게 열려지기도 한다. 그러나 항상 열려진 경우는 경계선이 모호한 경우이며 항상 닫힌 경우는 엄격한 경계선을 의미하며 가족의 통합이 부족하다는 것을 의미한다. 또한 치료적 개입으로서 공간분리를 활용할 수 있다. 경계선이 모호한 가족에게는 각자 방문을 일정한 시간에 닫으라고 하고 엄격한 경계의 가족에게는 혼자만의 시간이 필요한 경우가 아니라면 방문을 열어두라는 처방을 내릴 수 있다. 가족 내에서 아이들이 부모체계만 인정하고 부부체계를 인정하지 않는 경우에는 부모님이 안방 문을 닫고 둘만 있는 시간을 만들며 아이들이 들어올 때는 반드시 허락을 받도록 하는 것도 한 방법이다. 사춘기 자녀들인 경우에는 이런 자신의 공간에 대한 개념이 엄격해지거나 자신만의 시간을 요구하는 경우가 흔하다.

i 가족사진

가족사진을 통해서 가족 간의 상호작용과 친밀도 등을 파악할 수 있다. 그래서 가족사진첩을 보며 언제 찍은 것인가, 누가 포함되고, 누가 빠져 있는가, 이때 무슨 일이 일어났는가, 무엇을 기념하기 위한 것인가 등의 질문을 통해서 가족의 상호작용을 알아낼 수 있다. 여러 세대가 함께한 사진은 세대 간의 특성적·기질적 흐름을 파악할 수 있고 가족의 정신적·심리적 유산에 대한 대화를 전개하는 데 도움이 된다. 이러한 가족사진을 통해서는 개입하고자 하는 의도에 따라서 다방면으로 창의적으로 활용될 수 있다. 그래서 가족에 대한 구체적인 형상화를 통해서 직면과 도전, 회고, 애도 등 다양한 개입이 이루어지게 된다.

가족사진은 노인을 위한 개입에서는 회상을 위한 자료로 활용되며 애도의 치료에서는 애도를 위한 자료로 적극적으로 활용되고 있다.

j 개인 애장품 소개하기

개인들이 소중히 여기는 물건들은 그 물건에 어떤 특별한 의미가 있기 때문이다. 그래서 각자의 애장품을 소개해 봄으로써 무엇이 그 사람에게 소중하고 의미 있는지를 파악할 수 있으며 가족에 관한 이야기를 끌어낼 수 있는 좋은 실마리를 제공한다.

② 가족의식을 통한 친밀도와 격리 파악하기

a 가족의식

가족의식을 통해서 가족 간의 친밀도, 소속감, 가족에 대한 자부심이 길러지고 서로에 대한 이해와 존중이 높아지게 된다. 그래서 각 가족이 중요시 여기는 가족예식을 다루어 보는 것이 중요하다. 생일, 결혼기념일, 추석, 명절, 그 외의 가족행사, 예를 들면 제삿날, 친척 결혼식 날 무슨 일이 일어나는지, 누가 참여하는지, 누가 빠지는지, 그 날의 특별한 의미가 무엇인지를 파악해 본다. 가족구성원들이 의식을 통해서 소속감과 친밀도가 높아지는지 아니면 다른 사람들이 기념하는 의식을 하지 않음으로써 가족들이 소외감과 가족에 대한 거리감이 생기는지를 알아본다.

치료적 개입도 가족의식을 통해서 이루어질 수 있다. 예를 들면, 부모님들이 자녀들의 성년식을 챙겨주는지, 함께 축하해 주는지 등의 의식을 통해서 가족의 결속도와 상호 지지와 안정감을 파악할 수 있다. 이런 의식을 만들어 줌으로써 가족 간의 결속을 높여줄 수 있다. 예를 들면, 부부가 함께 여행을 하게 한다든지 또는 그 가족만의 결속을 다지는 시간을 가지도록 함으로써 친밀감을 형성할 수 있는 계기를 만들어 줄 수 있다.

b 사랑의 메모 남기기

시간적으로 함께하기가 힘든 가족이나 관계가 서먹해졌을 때, 긴 편지가 아니라도 짧은 메모를 통해서 사랑의 마음을 전달해 보는 것은 관계형성에 도움이 된다. 글로 표현하는 것은 말과는 또 다른 의미를 지니며 상대방의 반응과는 상관없이 본인의 마음을 그대로 전달할 수 있는 좋은 이점이 있다. 요즘은 이메일이나 문자메시지도 좋고 아니면 정성이 담긴 작은 카드나 엽서도 좋다.

부부가 바빠서 함께하지 못하는 경우에 서로에게 메시지를 남김으로써 관계를 이어가거나 사춘기 자녀들에게 아니면 멀리 있는 가족에게 이러한 형식을 통해서 사랑과 결속을 다져나갈 수 있다.

c 선물 교환하기

선물과 뇌물은 구분되어야 한다. 선물은 거창하고 비쌀 필요 없이 간단하면서도 마음을 전하는 것이면 족하다. 가족 간에 미안한 마음이 들 때, 아니면 그냥 생각날 때, 어려움을 겪고 있는 사람에게 위로의 의미로 작은 정성을 전하는 것은 서로의 사랑을 확인하고 감사를 나눌 수 있는 좋은 기회가 된다.

선물은 꼭 물건이어야 하고 돈으로 사야 할 필요는 없다. 자신이 할 수 있는 일이나 서비스로 쿠폰을 발행할 수 있다. 아이들이 심부름해 주기, 청소해 주기, 설거지해 주기, 안마해 주기 쿠폰을 발행해서 선물로 줄 수 있다. 쿠폰을 받은 사람은 언제든지 본인이 필요할 때 그 쿠폰을 사용할 수 있다.

또 다른 방법은 서로에게 해주고 싶은 선물을 예약하는 것이다. 다음에 여유가 생기거나 형편이 되면 이런 선물을 하고 싶다고 미리 예약해 둘 수 있다. 직접 물건을 보여주며 할 수도 있고 말로만 할 수도 있다. 이렇게 하는 것만으로도 큰 위안이 되고 충분한 경우도 많다. 아이들이 부모님께 돈 많이 벌어드리겠다고 하는 말만으로도 부모님은 흡족하다.

d 함께 시간 보내기

전 가족이 함께 시간을 보내는 방법으로는 어떤 것이 있는지 알아본다. 같이 의식에 참가하는지, 휴가를 함께 보내는지, 시골에 계신 노부모님을 함께 방문하는지 등등의 그 가족만의 독특한 행사가 있는지 알아보며 그 의미를 어떻게 나누는지 알아본다. 이러한 가족행사와 공동의 시간은 가족구성원의 정서적 지지와 소속감 형성에 큰 영향을 미친다.

e 가족모임을 통한 미해결과제 찾기

가족들이 모이게 되면 서로 반갑기도 하지만 미해결과제가 있는 경우, 인사가 끝나면서부터 긴장이 시작된다. 우리 문화에서는 술자리가 시작되면서 그 이야기가 다시 나오고 시끄러워지기 시작한다. 이렇게 미해결과제로 인해서 가족모임에 참가하지 않는 가족원이 발생하며 가족 모두는 시한폭탄을 안고 사는 것 같은 불안과 불화가 계속된다. 그래서 가족모임 때 무슨 일이 일어나는지, 누가 항상 빠지는지, 누가 무슨 불만이 있는지를 나누어 봄으로써 그 가족이 지니는 미해결과제를 찾아낼 수 있다. 이런 미해결과제는 상속문제, 부모님에 대한 봉양문제, 어려운 처지에 있는 가족원을 돌보는 문제, 가족의 숨겨진 비밀 등 다양하다. 가족들이 결속을 다지고 화합하기 위해서는 이런 미해결문제를 드러내어 해결해 나가도록 도울 수 있으며 서로 터놓고 이야기해 볼 수 있는 자리를 마련함으로써 서로를 이해할 수 있는 계기를 마련할 수 있다.

③ 가족과 가족구성원의 강점 사정하기

a 가족의 강점 찾기

개인과 마찬가지로 가족인 경우에도 습관적으로 장점을 인식하기보다는 단점을 더 많이 인식하는 경우가 있다. 이렇게 되면 가족이 직면한 문제를 해결할 수 있는 자신감과 능력에 방해가 된다. 그러므로 가족의 장점을 인식시켜 자긍심을 키워주고 자신감을 북돋워 주는 것은 중요하다.

가족이 가진 장점을 인식하고 자부심을 갖도록 하기 위해서 가족이 공동으로 자신들의 장점을 200가지 적어오게 한다. 이 경험을 통해서 스스로 단점으로 여기고 위축되었던 점도 장점이 될 수 있다는 시각의 전환이 이루어지며 가족 모두와 구성원 각자를 새롭게 인식할 수 있고 자신의 가족에 대해서 자부심을 가질 수 있는 인식의 전환이 이루어질 수 있다.

b 사랑의 이불 덮어주기

자신이 스스로 장점을 파악하는 방법과는 달리 다른 사람이 장점을 말해주는 방법이다. 이러한 방법은 둘러앉아서 서로에게 말로써 표현할 수도 있고, 그림 조각을 통해서 글로 적어 넣을 수도 있다. 말로 할 때는 그 사람의 손을 잡고 또는 어깨에 가볍게 손을 얹고서 진지하고 진실하게 표현해야 하며 농담을 하거나 장난하는 식으로 표현하는 것은 곤란하다.

c 자랑거리 소개하기

자신의 자랑거리를 다른 가족구성원 앞에서 적극적으로 말로 표현함으로써 전달하는 방법이다. 이때는 본인 성격과 특성상의 장점과 잘한 일, 잘할 수 있는 일 등을 다양하고 적극적으로 PR해 보게 한다. 이렇게 자랑을 해봄으로써 자긍심을 높이고 다른 사람들에게도 알리며, 더 잘하겠다는 다짐도 가지게 된다. 또한 구성원들 간의 상호 이해와 존중도 높아질 수 있다.

④ 의사소통 훈련

a 기쁘게 하는 날

부부나 동료 등 어려움을 느끼거나 친밀한 관계를 형성할 필요가 있는 대상 각각에게 하루에 한 가지씩 상대방을 기쁘게 하는 일을 하게 한다. 그러나 직접 말을 하지 않고 행동만 하고 상대방은 그것이 무엇이었는지를 관찰해서 기록해 오게 한다. 그래서 서로 맞추어 보도록 한다. 직접적인 의사소통이 일어나지 않는 경우는 서로를 기쁘게 한 일이 전혀 다르게 파악되었다는 것을 알게 된다. 그럼으로써 직접적인 의사소통의 필요성을 실감하게 되며 상대방이 어떤 일을 기뻐하는지도 파악할 수 있게 된다.

b 칭찬하기

부부나 변화하기를 원하는 대상 각자에게, 하루에 한 가지 이상의 칭찬을 하게 한다. 그럼으로써 어떤 변화가 일어나는지를 관찰하게 한다. 처음에는 칭찬하는 것이 쑥스럽고 서툴다가도 칭찬을 통해서 많은 변화를 가져올 수 있다는 것을 알게 된다. 또한 칭찬을 받기 위해서 서로가 더 노력하게 되며 상대방의 강점을 파악하고 더 긍정적인 시각을 갖게 된다. 이렇게 하는 과정에서 주의할 점은 칭찬은 구체적이어야 하며 눈을 바라보며 말하고 거짓이나 말로만 하는 겉치레가 아니라 진심으로 말해야 한다는 것이다.

c 팬터마임

자신이 느끼는 감정이나 기분, 생각을 말이 아니라 표정이나 몸짓을 통해서 표현해 보게 하며 다른 사람은 그것을 알아맞히게 한다. 감정표현이 사람마다 차이가 난다는 것을 인식하게 되며 서로에 대해서 민감하게 반응할 수 있게 한다.

생각해 보기

1. 가족치료기법을 통해서 자신의 원가족을 분석해 보자. 가족의 특성에 대한 이해와 가족의 미해결문제와 관련해서 해결점을 찾을 수 있는가?

2. 각 기법을 사용할 때 어려운 점은 무엇인지 함께 토의해 보자.

3. 새로운 기법으로 무엇을 활용할 수 있는지 생각해 보자.

4. 지역사회를 대상으로 한 개입

지역사회를 대상으로 한 개입으로 지역사회조직사업이 사회복지실천에서 중요한 영역 중 하나로 자리매김하고 있다. 따라서 여기에서는 복지현장에서 실천기술의 일환으로 널리 활용되고 있는 부분만을 다루고자 한다.

지역사회는 욕구나 문제와 함께 자원의 보고로써 그 중요성이 더 커지고 있다. 지역구성원들의 개별적인 욕구충족이나 생활의 변화와 함께 지역 자체의 건전성과 책임성을 확보하기 위한 노력들이 활발히 이루어지고 있다. 더욱이 최근에 들어서는 사례관리와 재가복지서비스의 확대로 인해서 지역에서의 삶과 지역의 자원을 관리하고 효율적으로 동원하고 활용하기 위한 접근들이 이루어지고 있다.

지역사회는 주민들의 삶에 직접적인 영향을 미치는 환경적 터전을 제공하며 주민들의 욕구나 문제를 해결해 나갈 수 있는 자원을 포함하고 있다. 그러므로 사회복지사는 기관이나 단체가 속한 지역사회에 대한 이해가 필수적으로 요구된다. 이러한 이해에는 주민들의 인구학적 이해, 사회경제적 특성, 지역의 단체 등에 대한 이해가 요구되며 지역사회와의 친밀한 관계형성을 통해서 문제나 욕구를 파악하고 동시에 해결해 나갈 수 있는 자원들도 동원해 나갈 수 있다. 이러한 과정에서 사회복지사는 욕구나 문제를 가진 주민과의 개별적인 관계형성을 통해서 개인적 차원에서의 문제와 지역차원에서의 문제와의 연관성을 파악하고 지역에서의 지도자나 자원봉사자, 기부자, 단체 등을 발굴하고 연계 또는 상호협력체계를 구성해 나간다. 그럼으로써 지역의 현안을 타결해 나가면서 지역 자체의 건전성과 주민들의 문제해결능력을 향상시켜 나갈 수 있다. 더 나아가서 주민들 스스로 자신의 지역을 돌보고 발전시켜 나가는 자치능력을 키워나갈 수 있도록 도와줄 수 있다. 이러한 지역사회조직 과정에 사회복지사들이 널리 활용하는 기술과 지식들을 정리해 보면 다음과 같다.

1) 지역사회와 친해지기

사회복지사는 특정 기관이나 단체에 소속되어 일하지만 그 기관 내에서만 일하는 것이 아니라 기관이 소속된 지역과 지역주민들과 함께 일해 나간다. 그러므로 지역의 특성을 파악하고 지역의 삶을 깊이 이해하는 과정이 필요하다. 그러기 위해서는 먼저 지역에 대한 이해로 행정기관에서 발행한 통계자료와 지역사회 내 단체나 유관기관 등에 대한 정보를 파악하고 이들과 친밀한 관계를 형성하여 함께 일해 나가는 것이 중요하다. 또한 지역주민들의 삶에 대한 이해를 위해서 어려움을 겪고 있는 주민을 직접 찾아가서 가정방문도 하고 이들의 생활여건을 조사해 보는 것이 요구된다. 더 나아가서 동 지역의 경로당이나 놀이터, 상가 등을 방문해서 지역의 특성을 파악하고 잠재적 대상자를 찾아내며 지역주민과 함께 대화를 나누어 보고 이들의 말에 귀 기울이는 자세가 요구된다. 그래서 지역에 대한 이해와 주민들과의 인사하기와 안부묻기 등을 통해서 친해지면 주민의 문제해결이나 자원동원, 연계, 지역민들의 협조를 구하기 쉽다. 이러한 방법 중 하나로 지역에 오랫동안 거주한 주민을 찾아가서 인사하고 안부를 물으며 이들과의 관계를 통한 정보수집도 큰 역할을 한다. 지역사회조직사업의 첫 단계는 발로 뛰고 여러 사람들과의 인사하기와 관계맺기로부터 시작된다.

당사자에게 걸언하는 것은 인격을 존중함이요, 지역사회에 걸언하는 것은 관계를 소중히 여김입니다. 그러나 당사자의 의견을 존중한다고 당사자가 원하는 것이면 더 좋다는 식으로 그저 따를 수는 없습니다. 지역주민의 의견이라고 무조건 따를 수는 없습니다. 당사자의 자주성과 지역사회의 공생성, 인격과 관계를 지키고 살려야 합니다. 그러므로 걸언은 묻기만 하지 않고 또한 의논하는 것입니다.

여쭙고 의논하되 예와 성으로써 해야 합니다. 경청해야 합니다. 사람에게는 자주하려는 마음, 자존심, 염치, 남을 돕고자 하는 마음, 동정심, 애정의 욕구 이런 본성이 있습니다. 또한 물질, 재능, 경험, 정보, 지식, 지혜, 영성, 체력, 시간, 공간 인맥, 문화, 이런 능력이 있습니다. 이것이 복지의 동력, 자연력입니다.

이 자연력을 생동시키는 방법이 바로 걸언입니다. 당사자와 지역사회로 하여금 그 자연력으로써 복지를 이루게 하는 방법입니다. 힘을 적게 들이고도 실효성 많이 얻는 방법입니다. 평안하고 오래가는 방법입니다.

박시현(2010). 간 좀 봐주세요, pp. 15-17.

지역조직사업팀에 합류한 초보 복지사가 지역자원 지도 만들기와 이웃 맺기 사업을 시작하게 되었다. 사회복지사는 근처 영구아파트를 찾아가서 문을 두드렸다. 한참 만에 나온 어르신에게 '이웃에 장애인이 사시는데 도와주실 수 있으신가요?'라고 물었다. 어르신은 '나도 도움이 필요해'라며 문을 꽝 닫아버렸다.

- 왜 이런 반응이 나왔을까?
- 무엇이 잘못되었는가?
- 어떻게 해야 협조를 구할 수 있을까?

2) 지역사회에 대한 자료분석

지역사회 주민의 삶을 더 깊이 있게 이해하기 위해서 구나 군에서 발행하는 각종 통계자료를 살펴보고 각 지역의 유관단체에서 실시하는 프로그램이나 사업 등을 체계적으로 파악한다. 이러한 노력을 통해서 지역의 문제, 어려움 그리고 잠재적 대상자 등을 발굴해 내며 동시에 자원에 대한 목록을 작성해 나갈 수 있다. 또한 특정한 문제나 현상에 대해서는 주민을 대상으로 한 면담이나 설문조사를 실시할 수 있고, 문제를 해결하기 위해서 노력해 온 당사자들과의 심층면담을 할 수 있다. 그럼으로써 지역에 대한 전반적인 분석과 함께 특정 인구집단이나 문제를 집중적으로 분석해 나간다. 예를 들면, 빈곤세대 밀집지역에서의 장애인의 삶을 이해하기 위해서는 빈곤세대 밀집지역의 전반적인 특성을 파악한 후 그곳에서의 장애인의 삶에 대해서 심층적으로 분석해 나갈 수 있다. 그러기 위해서는 동사무소를 통해서 장애인 거주자에 대한 통계자료, 수급현황, 등록장애인의 수, 이들의 장애유형과 서비스현황을 파악해 나가고, 필요하다면 표집을 통해서 이들에 대한 개별면담을 해나가며 그들의 삶의 여건과 어려움, 요구되는 프로그램이나 서비스를 파악해 나가게 된다.

3) 지역사회 내 기관 간의 연계 및 협력

지역에서 파악된 문제를 해결하기 위한 서비스를 제공하기 위해서는 한 기관에서 해결할 수 있는 부분도 있지만 지역의 다른 기관과의 연계 및 협조를 요구하는 일들이 많다. 더구나 지역사회기관 전체가 공동으로 대처함으로써 문제해결이 더 쉬워질 수 있고 자원의 낭비도 막을 수도 있다. 또한 한 기관이 과도한 에너지를 투입하는 것에서 오는 피로와 자원의 고갈을 막고 좀 더 많은 정보와 자원을 활용함으로써 문제해결이 더 쉬워지기도 한다.

이렇게 기관 간의 협조를 성공적으로 이루기 위한 조건은 다음과 같다(Abramson & Rosental, 1999; Gilsson & Hemmelgarn, 1998; Mulroy & Shay, 1998; Sheafor, Horejsi & Horejsi, 1998, 김혜란 외, 2006 : 277-278 재인용).

① 협력활동에 대한 참여는 자발적으로 하도록 한다. 자발성 없이 강제성을 띠면 협력의 성과를 기대하기 어려우며 형식적으로 흐르게 된다.

② 기관마다 그 기관이 기반하고 있는 철학, 사명, 인식이 다르나 협력에 대한 공동의 목표를 가져야 한다.

③ 협력이 지속적으로 이루어지기 위해서는 중요한 결정이 민주적으로 이루어져야 하고, 특정한 기관이나 전문가집단이 협력에 참여하는 타 집단이나 전문가집단을 지배하지 않도록 해야 한다.

④ 기관들은 각자 다른 기관의 목적, 가치, 운영방식, 기관에 의해 서비스를 받는 대상자를 이해해야 하며, 협력활동에서 타 기관이 기여하는 부분에 대해서 인정하고 신뢰를 해야 한다.

⑤ 각 기관들은 협력활동에서 각 기관의 역할, 권리, 책임 등에 대해서 반드시 명기하여 각자의 역할과 책임소재를 분명히 하며, 특별한 이슈를 다루는 데 구체적인 도움이 될 수 있게 실용적인 정보를 문서화한다.

⑥ 기관 간의 개방적인 의사소통이 이루어지도록 해야 하며, 공식적인 차원과 비공식적인 차원에서 의사소통의 통로를 갖추어 두는 것이 좋다.

⑦ 협력활동을 위하여 기관은 공식적으로 행정적인 지원을 하여서 직원에게 관련 교육과 훈련기회를 부여하거나 연계활동을 위해 외부회의에 소요되

는 시간 등을 인정한다.

⑧ 공동교육 및 훈련의 기회를 통하여 관련기관의 전문분야 간의 상호이해와 의사소통기술을 촉진시킨다.

⑨ 협력활동에 의해 영향을 받는 지역사회 각 분야의 대표자들을 모두 포함하도록 한다.

예를 들면, 지역축제를 하기 위해서는 지역 내에 존재하는 많은 단체들이 함께 모여서 공동으로 자원을 동원하고 필요한 사업이나 프로그램을 분담해서 실시하게 된다. 이러한 자원동원에는 지역부녀회, 청년회에서부터 동사무소, 주민자치회, 지역의 초·중·고등학교, 지역사회 내 사회복지관이나 사회복지 유관단체 등과 함께 일해 나가게 된다. 이렇게 기관 간의 연계와 협력이 이루어지면 협조를 이끌어 나가기까지의 과정은 힘들 수 있지만 함께 일하게 되면 더 많은 관심과 아이디어, 자원 등이 동원되어서 지역민들에게 질 높은 축제의 장을 제공할 수 있다. 그리고 지역의 참여와 관심이 높아지고 결과적으로 지역 자체의 문제해결능력과 상호부조체계가 더 활발하게 이루어질 수 있다.

4) 집단옹호

지역사회에서 활동하다 보면 특정 개인이나 집단을 대변해서 그들을 위한 정책이나 법의 개정 및 제정을 위해서 노력하는 일들이 필요하게 된다. 이렇게 옹호활동이 필요한 상황은 여러 가지가 있다. 어떤 서비스가 필요할 때, 서비스 전달방식에 문제가 있어 개선이 요구될 때, 아니면 차별을 받을 때 옹호가 필요하다. 더 나아가서 당사자 스스로가 효과적으로 문제해결책을 찾아나가지 못할 경우와 많은 사람들의 욕구가 해결되지 못하거나 특수한 욕구를 충족시킬 필요가 있을 경우이다. 이런 경우 특정한 문제를 해결하기 위한 옹호활동은 기관, 지역사회, 행정조직 또는 법적인 변화를 유도하는 것으로 갈등과 대립 또는 저항이 발생할 수 있으며 이러한 과정은 정치적인 영향력을 행사하고 기존의 권력이나 세력에 압력을 행사해서 변화를 유도해야 하는 집단행동과정으로 이어지기도 한다.

이러한 과정에 사회복지사가 사용할 수 있는 충분한 지식과 기술을 갖추는 것은 매우 중요하며 그 예는 다음과 같다(Hepworth, Looney & Larsen, 2004, 김혜란 외, 2006 : 280 재인용).

① **당사자 집단 조직하기** : 공통적인 문제가 있는 성원을 구성하여 행동을 취하도록 한다. 옹호자들은 당사자 집단을 대신하기보다는 함께 일해야 하며, 불이익을 당하는 개인이나 집단의 참여가 절대적으로 중요하다. 또한 정치가는 유권자를 의식하기 때문에 당사자집단과 가족들이 투표권자로서의 힘을 발휘할 수 있다.

② **관련기관 간의 협의체 구성** : 개별기관이 필요한 변화에 성공적으로 영향을 미치지 못할 때 공동의 문제에 대해서 기관 간에 위원회를 형성할 수 있다. 결정권자는 많은 기관이 공통된 관심을 표명할 때 더 영향을 받으며, 여러 조직과 연합할 때 상대방의 공격에 덜 치명적으로 된다.

③ **정부관료나 입법자들과 접촉하기** : 사회복지사는 시의 조례나 법안의 개정을 위해서 입법자나 공공관료와 직접 접촉할 수 있으며, 입법자가 어떤 안건을 판단하기 위해서 정보가 필요할 때 위원회에 참석하여 정보를 제공할 수 있다.

④ **법적인 행동** : 당사자의 권리가 침해당했을 때 기관 차원에서 해결이 잘 되지 않을 경우 법적인 소송을 제기하는 것이 대안이 될 수 있다.

⑤ **전문가 증언 제공하기** : 사회복지사는 연구, 조사, 문헌 등을 통하여 얻은 정보를 공청회에서 적절한 질문 및 답변을 하거나 입법자들과 만나서 당사자의 문제나 욕구에 대해 증언함으로써 공공정책을 개선하는 데 영향을 미친다.

⑥ **지역사회 관련 부분 교육하기** : 진보적인 정책과 프로그램을 개발하는 데 가장 강력한 적은 주요 결정자들이 제기되는 문제를 무시하는 것이다. 따라서 출판, 지역방송, 집회, 패널토론, 캠페인 등을 활용하여 정부관료나 주요 결정권자들을 교육한다.

집단옹호활동에 개입하는 사회복지사는 다음과 같은 사항에 유의할 필요가 있다(Sheafor, Horejsi & Horejsi, 1998).

① 성공적인 옹호활동은 신중한 분석과 계획이 기초가 된다. 무엇을 문제로 볼 것인지와 문제에 대한 면밀한 연구가 있어야 하며, 변화되어야 할 대상과 왜 변화되어야 하는지, 그리고 그 변화를 위해서 어떤 노력이 필요한지에 대해서 잘 알아야 한다.

② 행동을 취하기 전에 목적달성에 필요한 시간, 에너지, 자금 등에 대해서 조사하고, 만일 자원이 충분치 못하면 목표를 낮추거나 목표를 달성할 수 있는 수준이 될 때까지 기다린다.

③ 반대세력이 변화에 저항하는 이유를 알기 위해서 상대방의 입장이 되어보는 자세도 필요하며, 저항을 성공적으로 극복하기 위해서는 그들을 이해해야 한다.

④ 성공적인 옹호에는 자기규율이 있어야 한다. 연대를 형성한 기관 간의 상호신뢰는 중요하며, 충동적인 행동은 자제되어야 한다.

⑤ 옹호활동에는 권력 사용이 포함된다. 권력이란 다른 사람을 자기가 원하는 방법으로 행동하게끔 만드는 방법이다. 특정한 목적을 위해 사용될 수 있는 권력은 다양한데 옹호활동을 하는 집단의 조직과 구성원이 가지고 있는 권력에 대한 분석이 필요하다. 사회복지사가 소유하는 권력은 지식과 전문성에서 비롯되는 것으로 집단옹호가 필요한 집단의 상황과 문제에 대한 상세한 정보가 강력한 영향력을 행사할 수 있게 한다.

⑥ 오늘날 많은 사람들이 언론매체를 통해서 정보를 획득하므로 텔레비전, 신문, 인터넷 등을 잘 활용하도록 한다.

5) 자원동원

(1) 자원봉사자

사회복지의 꽃은 자원봉사자라는 말이 있다. 이처럼 자원봉사자는 사회복지

분야에서 빼놓을 수 없이 중요한 자원이다. 자원이 부족한 현실적인 이유에서도 자원봉사자들이 필요하지만 이런 이유를 넘어서서 사회복지에 대한 관심을 유도하고 이들의 자발적인 참여를 통해서 복지에 대한 이해가 넓어지며 더불어 함께 살아가는 지역과 공동체를 만들어 나가는 데도 크게 기여하게 된다. 또한 자원봉사자와 당사자의 관계는 당사자들의 인간관계를 넓히며 봉사자들의 삶에도 많은 영향을 미치고 있다. 그리고 봉사자들이 조직에 참여하고 합류함으로써 조직의 경직성과 폐쇄성이 드러나게 되며 신선한 자극이 되기도 하고 조직의 투명성과 효율성을 제고하는 요인이 되기도 한다.

사회복지 전공 대학생인 철수는 영구임대아파트에 홀로 사시는 남성노인을 위한 봉사를 나갔다. 연락을 받은 어르신은 자원봉사자를 기다리며 청소도 해 놓고 과일도 준비해서 아침부터 기다렸다. 한편 철수는 봉사를 간다며 편한 복장에 운동화 끈을 묶으면서 오늘 하루 힘 좀 쓸 준비를 단단히 하고 출발했다.

철수를 맞은 노인은 앉으라고 하며 자꾸만 옛날 얘기를 꺼냈다. 이북에서 피난 나온 것에서부터 현재에 이르기까지 줄줄이 이어나갔다. 한편 철수는 일을 해야 하는데 앉아서 놀고 있기가 불편해서 '제가 뭘 도와드릴까요?'라며 얘기에 집중하지 못하고 들썩였다.

- 철수가 생각한 봉사는 어떤 것일까?
- 어르신에게 필요한 봉사는 무엇일까?
- 이런 일이 발생하지 않기 위해서 어떤 사전준비가 필요할까?

(2) 모금활동

모금은 모든 사회복지단체가 안고 있는 현안이며 가장 어려운 일 중 하나다. 이제는 모금방법이 다양해져서 개인기부자, 대중모금, 기업후원금, 재단의 지원금 등 다양한 방법이 활용되고 있다. 모금방법도 좀 더 대중화되고 편리해져서 캠페인이나 모금행사, 모바일 모금 등 다양해지고 있다. 그럼에도 불구하고 일회성이 아닌 지속적인 기부를 위해서 기부문화의 정착과 기부에 대한 사회적 인식과 혜택이 변화되어야 하며 효과적인 전략들도 개발될 필요가 있다. 기부는 한 사람이 100만 원을 내는 것보다 100사람이 만 원을 꾸준히 내는 것이 더 중요하다. 그러므로 기부문화를 정착시키기 위한 사회적 노력이 요구되며 기부한 자원들이 바르고 투명하게 쓰이고 관리됨으로써 사회적 인정을 받고 신뢰받을 수 있도록 노력하는 것도 필요하다. 그러기 위해서는 기부자에 대한 지속적인 관리와 함께 이들의 욕구도 충족시켜 주기 위해서 기부한 자원의 사용처와 내용을 알려주고 지속적인 관계를 유지해 나가야 할 것이다.

자원은 부족한 것이 아니라 발굴하지 못하고 있을 뿐이다. 기부자의 마음을 움직일 수 있는 아이디어를 개발해 나가야 한다. 또한 요즘에는 착한 소비에 대한 관심과 함께 소비를 하면서도 그 이익금의 일부가 공익을 위해서 사용될 수 있도록 하는 소비와의 연계나 일상생활을 통한 기부활동 등에 대한 꾸준한 관심이 필요하다.

수업의 일환으로 학생들이 모금활동을 했다. 두 팀이 같은 지역에서 비슷한 시간에 모금을 하게 되었다. 수업을 끝내고 시장에 도착해 보니 시간이 일러 장보러 나온 사람들이 많지 않았다. 이 팀은 사람이 없다며 곧 철수했다. 다음 날 비슷한 시간에 다른 팀이 도착했다. 역시 사람이 별로 없었다. 그러자 모금 대상을 장을 보러 나온 주부들이 아니라 시장상인들로 바꾸어 모금했다. 별로 사람이 없다 보니 그들이 한가해 보였기 때문이다. 이 팀은 짧은 시간에 목표를 초과달성하게 되었다.

- 두 팀의 차이는 무엇인가?
- 사회복지 활동의 현장성과 즉시성의 의미는 무엇인가?

6) 지역 내 지지체계 개발 및 구성

지역사회 내에 거주하는 주민들이 지역이라는 공간을 넘어서서 개인적으로 많은 자원을 동원할 수 있고 여러 가지 자원과 연결되어 있는 경우가 많다. 이럴 경우 이들의 개인적 지역사회는 공간이나 기능적 지역사회를 넘어서 자신의 문제나 욕구를 해결해 나갈 수 있는 충분한 자원을 확보하고 있는 경우라 할 수 있다. 다르게 말하면, 사회관계망이나 생태환경이 풍부하고 넓은 경우를 말한다.

그런데 많은 경우 독거노인이나 장애가족의 경우 자신에게 필요한 지역사회 내 지지체계와 자원을 확보하지 못하여 고립되어 있거나 사회적으로 소외되어 있는 사람들이 있다. 이들에게 요구되는 사회적 지지체계로 자연적인 지지체계인 가족과 이웃 또는 교우들과의 관계를 통해 활성화시켜 줄 수 있다. 여기에 더해서 공식적인 지지체계를 구성해서 연결시켜 주는 일이 요구된다. 이러한 방법으로는 봉사단체와 연계해서 말벗서비스, 가정방문서비스 또는 전화서비스와 병원동행서비스를 제공할 수 있도록 연결시킬 수 있다. 그리고 고립되어 있고 지역사회에 참여하지 않는 분들을 지역복지관이나 프로그램에 참여시켜 동아리나 친목회 또는 운동클럽 등을 조직해 줌으로써 상호작용을 촉진시키고 상호부조체계를 강화시켜 나갈 수 있다.

이러한 사업의 일환으로 멘토와 멘티 연계활동이나 지역의 기관과 개인들을 연계해서 주기적인 만남을 주선하고 연결시킬 수 있다. 나아가서 어려움에 처한 사람들 간의 상호부조체계를 만들 수 있다. 예를 들면, 지체장애인의 휠체어를 청각장애인이 밀어주고, 은행 업무를 지체장애인이 대신해 주는 상호연계를 통해서 함께 더불어 살아가는 공동체를 형성해 나갈 수 있다. 또한 젊은 노인이 나이 많은 노인을 케어하는 시스템을 통해서 서로의 처지를 더 잘 이해하고 함께 공동의 관심사를 나누고 도와나가는 지지체계를 형성할 수 있다.

생각해 보기

1. 조별 모둠을 만들어서 작은 일이라도 지역관련 활동을 해보자.
   그러면 집단과 지역조직 활동을 한 번에 경험하게 될 것이다.
   예를 들면, 대학에서 아니면 지역에서 필요한 일을 하나 선정해서 옹호활동이나 모금 아니면 이웃돕기사업을 해보는 것이다.

C·H·A·P·T·E·R

06

사례관리

—알아서 다 해

1. 사례관리의 이해
2. 사례관리의 중요 요소와 원칙
3. 사례관리의 과정
4. 사례관리의 예

C·H·A·P·T·E·R

06 사례관리 – 알아서 다 해

산업기술이 발달하면서부터 기계나 전자제품에 스스로 알아서 일을 처리해 주는 인공지능 기술이 보편화되고 있다. 이와 같이 당사자가 직면한 문제나 욕구를 충족시키기 위해서 요구되는 서비스를 모두 찾아 체계적으로 활용하게 함으로써 당사자가 자신감을 회복하고 문제해결능력을 향상시킬 수 있도록 통합적인 서비스를 제공해 주는 실천기법이 사례관리이다.

다음과 같은 경우를 생각해 보자. 도시의 달동네에 홀로 거주하며 폐지와 빈병을 모아서 판 돈으로 가까스로 생활해 오시던 차상위계층의 할머니가 어느 날 넘어져서 거동조차 못하고 누워계신다고 해보자. 이 할머니는 노환에다 허리부상으로 거동이 불편하며 일상생활을 혼자서 해나갈 수 없을 뿐 아니라 도와줄 가족도 없이 이웃 할머니의 도움으로 생활하고 있다. 할머니는 일을 할 수 없어 생활비가 없는 것은 물론이거니와 돈을 준다고 해도 시장에 가서 사올 수도 없다. 당장 식사와 집안일이 문제가 되며 병원에 모시고 가는 것도 큰일이다. 오랫동안 앓아온 관절염으로 화장실 출입도 힘든 상황인데 최근에 넘어져서 허리를 다친 상태로 할머니가 허리치료를 받는다고 해도 독립적인 생활을 해나가기는 어려운 상황이다.

이 할머니를 돕기 위해서 어떤 서비스가 제공되어야 하며 어떻게 도와드리는 것이 적절한 방법인가? 우선 생활비가 부족하고 의료비가 요구되지만 수급권을 가진다고 해도 노환으로 거동이 불편하고 스스로 혼자서 살아가기 힘든 상태다. 또한 돌봐주는 사람이 없기 때문에 언제 무슨 일이 일어날지 모르는 불안한 상태라고 할 수 있다. 이런 노인들은 과거에는 시설로 옮겨서 생활하시도록 사회복지전담공무원이 권유했을 것이다. 할머니를 노인시설로 보내드리면 모든 문제가 해결될 수 있기 때문이다. 그러나 할머니가 시설로 옮겨가기를 거부하면 어떻게 할 것인가? 이 할머니의 경우에는 지금 거주하는 집에서 아마 돌아가실 때까지 지속적으로 보호해 드려야 할지도 모른다. 이런 할머니를 위해서 요구되는 서비스는 단편적인 것을 넘어선 다양한 서비스이다. 생활비와 의료보호, 가사도우미 파견서비스, 식사배달서비스, 간병인서비스, 말벗서비스, 이동목욕서비스, 병원동행서비스 등등 살아가는 모든 활동에 도움이 요구되고 있다. 사례관리는 이렇게 장기적이고 복합적인 서비스를 요구하는 사람들을 위해서 종합적이고 효율적인 서비스를 지속적으로 제공하기 위해서 개발된 사회복지실천기법이다.

1. 사례관리의 이해

1) 사례관리의 정의

사례관리란 복합적이고 장기적인 욕구를 가진 인구집단을 지역사회복지실천과 개별접근을 혼합해서 효과적으로 개입하는 실천기법이다. Ostin은 사례관리를 당사자에게 다양한 서비스를 전달하는 데 목적을 둔 일련의 연속적으로 관련된 직무들로 구성되어 있는 체계적인 문제해결과정으로 정의하였다. Moxley는 사례관리를 대인서비스 실천의 다양한 분야에서 복합적인 욕구를 사정한 후 이를 충족시키기 위한 적절한 서비스 기회 또는 급여를 확인하고 포괄적인 서비스 계획을 개발한다. 더 나아가서 각종 서비스에 대한 당사자의 접근을 용이하게 하기 위한 옹호를 제공하고 적절하고 효과적인 서비스의 전달을 점검하거나 평가하는 활동으로 보았다. 요약하면, 다양하고 복합적인 욕구를 가진 이용자들을 대상으로 그들의 욕구를 충족시키며 사회적 기능을 향상시키기 위해서 고안된 사회복지실천의 접근방법이다. 이러한 사례관리의 특성은 다음과 같다.

첫째, 다양하고 복합적인 욕구를 가진 당사자를 대상으로 한다.

둘째, 당사자의 치료보다는 보호와 욕구충족에 더 중점을 둔다.

셋째, 당사자의 사회적 기능과 독립을 극대화하기 위해서 보호의 연속성과 책임성을 보장한다.

넷째, 서비스의 효과성과 효율성을 높이기 위해서 포괄적인 서비스를 제공하며 서비스의 조정과 점검을 실시한다.

다섯째, 당사자와 사회환경 간의 상호작용에 관심을 가지며 다양한 지원체계의 광범위한 서비스를 활용한다.

여섯째, 당사자의 참여와 자기결정권을 촉진한다.

일곱째, 개별실천인 상담이나 치료와 함께 지역사회실천인 조정, 연계, 옹호 등의 방법을 통합한다.

2) 도입배경과 필요성

사례관리라는 용어는 포괄적인 사회복지서비스를 요구하는 인구 대상층이 증가하는 것에 비해서 각 시설이나 기관에서 제공하는 서비스는 단편적이라는 문제점이 지적되기 시작한 1980년대부터 본격적으로 사용되었다. 이렇게 통합적이고 체계적이며 효율적인 서비스를 제공할 필요성이 증가하게 된 배경으로는 욕구와 수요라는 차원에서는 인구의 고령화, 사회적 재해의 증가 그리고 정신장애인 등 중복장애나 복합적인 문제를 가진 수요자들이 늘어나면서, 다양하고 복합적인 서비스를 필요로 하는 사람들이 늘어나게 되었다. 서비스 공급 차원에서도 자원의 한정으로 인한 비용절감의 필요성이 대두되었다. 따라서 자원의 낭비를 막기 위해 중복지원을 막고 체계적인 관리가 요구되었으며, 탈시설화를 통해서 지역사회에서 이들을 보호하는 새로운 접근이 요구되었다. 자원이라는 측면에서도 비공식자원을 통한 지지와 사회망 지원의 효과성이 인정되면서부터 공식자원과 비공식자원의 연계와 통합을 통한 체계적이고 효율적인 관리가 요구되었다.

따라서 사례관리는 탈시설화의 흐름과 함께 사회복지의 관심이 치료(cure)에서 보호(care)로 변화되면서 노인, 장애인 그리고 정신보건 등 다양한 영역에서 만성적 의존과 장애를 가진 주민의 장기보호 욕구를 충족시키고 당사자가 가진 공식적이고 비공식적인 지원망의 기능을 극대화시켜, 서비스의 연속성을 보장하면서 포괄적인 서비스를 제공하는 사회복지실천기법의 하나로 대두되었다. 사례관리의 필요성을 정리하면 다음과 같다.

첫째, 탈시설화와 함께 시설수용 중심에서 벗어나서 지역사회에서 보호하는 재가복지 프로그램이 확대되면서 장기적이고 통합적인 서비스를 요구하는 대상층이 증가하였다.

둘째, 기존의 서비스가 단편적인 것에 비해 당사자들의 욕구가 다양하고 복합적이어서 문제에 적절히 대응하지 못하고 있다는 인식에서 비롯되었다.

셋째, 서비스의 중복을 막고 체계적으로 보호할 수 있는 실천기술이 요구되었다.

넷째, 서비스 공급주체가 다원화되면서 상호연계와 통합을 위한 노력이 요구되었다.

다섯째, 비공식 지원체계와 사회적 지지망의 중요성이 인식되면서 공식자원과 비공식자원 간의 협력을 통해서 서비스의 비용효과를 높일 수 있는 방안의 모색이 요구되었다.

여섯째, 서비스 제공자를 분명히 함으로써 책임성을 강조하게 되었다.

일곱째, 사회복지의 지방분권화와 서비스 공급주체가 지방정부로 이동하면서 비용억제의 필요성이 증대되었다.

3) 사례관리의 목적

사례관리는 다양한 실천분야에서 활용되고 있다. 노인복지 분야에서 재가복지센터를 중심으로 지역사회의 노인들을 돌보는 일을 하고 있다. 종전에는 가족이 돌보던 노인들을 가족의 책임이 감소하면서 지역사회에서 전문적으로 보호하는 서비스를 제공하고 있다. 장애인 분야에서는 지역사회에서 생활하고 있는 장애인들을 위한 서비스로 생활시설에서 가족과 지역사회로 돌아가서 지역에서의 지지와 재활을 위한 원조를 제공하고 있다. 아동과 청소년 분야에서 가족해체로 인한 유기 또는 학대받는 아동이나 청소년들을 보호하는 서비스가 지속적으로 이루어지고 있다. 정신보건 분야에서는 탈시설화와 함께 이들이 지역사회로 돌아감으로써, 만성정신장애자들을 위한 보호와 재활이 지역사회에서 사례관리를 통해서 이루어지고 있다. 이 밖에도 다양한 분야에서 사례관리가 효과적인 것으로 나타나고 있다.

사례관리는 당사자의 다양한 욕구를 충족시키고, 사회적 기능과 자립을 극대화하며, 당사자의 욕구를 충족시킬 수 있는 적합한 환경을 마련하는 것이다. 장기보호와 서비스의 연속성을 보장하며 일정한 장소나 기간 내에 지속적인 서비스를 보장한다. 따라서 필요한 경우 일생 동안 개인의 욕구가 모든 영역에서 포괄적으로 제공되도록 보장하며, 개인 모두가 쉽게 필요한 서비스에 접근하도록 보장한다. 서비스 제공에서도 당사자의 욕구에 적합하게, 적시에, 적절한 방식으로 제공될 수 있도록 보장하는 실천기술로 그 목적을 살펴보면 다음과 같다.

첫째, 당사자가 서비스와 자원에 가능한 한 용이하게 접근할 수 있도록 당사자의 생활기술을 최대한 증가시킨다.

둘째, 환경을 이용하기 위해서 개인의 잠재능력을 개발하고 활용을 극대화한다.

셋째, 가족과 일차집단의 보호능력을 극대화시킨다.

넷째, 일차자원과 공식자원을 통합시킨다.

사례관리의 궁극적 목적은 당사자들이 자신이 처한 환경 속에서 문제나 욕구를 해결해 나가는 데 필요한 자원과 서비스를 스스로 찾아내어 자립적으로 사회적 기능을 수행할 수 있도록 만드는 것이다. 그러기 위해서는 모든 서비스와 계획이 가족과 개인의 욕구와 관심 그리고 강점에 기초해야 한다.

당사자가 지적장애인이나 치매노인일지라도, 어린아이일지라도 예를 갖추어 여쭙고 의논합니다. 모든 사안, 모든 경우에 이렇게 하는 것이 최선이라 할 수는 없지만 그래도 가급적이면 이렇게 하고 싶습니다.

> 지역사회자원을 개발, 연결하는 일, 지원을 받아 오는 일은 사람을 잘 돕기 위해서 좋은 뜻으로 하는 일입니다. 그러나 사회복지사가 일방적으로 기획하고 섭외해서 끌어오는 방식은 재고해야 합니다. 이런 방식은 사람을 대상화하고 소외시키기 때문입니다.
>
> 사례관리랍시고 사람을 소위 전문가들의 기준으로 사정하고 분석하고 그리하여 종합적인 지원 계획을 수립하여 개입하는 짓은 더욱 삼가야 합니다.
>
> 먼저 당사자에게 묻고 의논하고 부탁하고… 당사자의 중요한 타자들, 가족, 이웃, 지역사회를 만나 인사하고 여쭙고 의논하고 부탁하기. 이렇게 당사자를 주체로 세우려는 노력이 귀합니다. 이것이 사람을 사람으로, 인격적 존재로 존중하는 방식이기 때문입니다.
>
> 김동찬(2010). 복지수상록, p. 39.

사례관리는 서비스전달에서 점점 더 그 비중이 높아지고 있으며, 다양한 문제와 장기적인 욕구를 가진 당사자를 돕는 방법으로 적극적으로 활용되고 있다.

4) 기능 및 역할

사례를 관리한다는 것은 서비스의 조정과 전달을 포함하는 전 과정을 말한다. 전통적인 사례관리는 다양한 문제와 서비스 욕구를 충족시키기 위해서 사정과 개입 등의 서비스를 연결시키는 과정이며 조정과정이었다. 그러나 최근에는 사례관리가 창조적이고 종합적인 과정으로 사정, 조언, 교육, 시범, 옹호 등의 기술을 통해서 관리하는 대상이 최적의 사회적 기능을 유지할 수 있도록 돕는 과정이다. 따라서 조정하고 서비스를 제공하는 두 가지 역할을 다 포함한다.

사례관리의 중요기능은 ① 당사자와 필요한 서비스의 연결기능 ② 공식적 체계와 비공식체계의 동시 활용 ③ 비공식 보호체계와 당사자 간의 상호작용의 촉진 ④ 기관 상호 간의 조정기능 ⑤ 상담기능 ⑥ 문제해결기능 ⑦ 옹호기능 등이 있다.

사례관리자는 위기의 순간이 발생했을 때, 도움이 요구되는 사람을 돕는 역할을 하는 사람을 말한다. 따라서 정보를 수집하여 환경의 도전과 요구를 처리할 수 있는 당사자의 능력을 사정하고, 가족을 포함하는 일차집단의 보호와 자원 그리고 공적 자원, 사적 자원을 사정하여 서비스의 적절성을 평가한다. 당사자를 위해서 다른 전문가들과 함께 일하며 다른 기관의 서비스를 활용하고, 자원 분배를 모니터하며 서비스의 질을 보장하기 위해서 옹호활동을 한다. 한마디로 요약하면 당사자에게 직접적인 서비스를 제공하며 접수에서 종결까지 요구되는 모든 일을 수행한다. 사례관리자는 당사자의 자원과 욕구를 사정하는 사정자의 역할, 당사자의 욕구충족을 위해 사례계획, 서비스 통합, 기관의 협력, 서비스망을 설계하는 계획자로서의 역할을 수행한다. 또 상담자로 당사자에 대한 이해와 자원을 스스로 개발하는 법을 교육하고, 자원과 당사자를 연결하는 중개자의 역할을 수행한다. 여기에 당사자의 욕구와 자원을 조정하는 조정자의 역할과 서비스의 효율성과 비용효과를 평가하는 평가자의 역할까지 수행한다.

2. 사례관리의 중요 요소와 원칙

1) 사례관리의 요소

사례관리 실천과정에서 고려되어야 하는 세 가지 요소로는 사례검토 또는 사례회의, 보고서 작성, 당사자의 참여를 들 수 있다. 사례검토 또는 사례회의는 효과적인 서비스 전달을 보장하고 보호의 질적 수준을 유지하는 것에 목적이 있으며 사례회의를 통해서 조직의 책임성 구조를 명확히 한다. 이 과정에서 당사자가 참여하는 부분은 서비스 계획의 수립, 수집된 정보의 검토, 해당 요건이나 자격의 적정성, 목표수립 등의 과정에 참여한다. 보고서 작성은 초기면접, 자료수집, 사정과 계획, 실행, 종결 등의 전 과정을 기록하고 문서화한다.

당사자의 참여는 사례관리에 능동적이고 적극적으로 참여함으로써 당사자의 욕구에 부응하고 그럼으로써 서비스의 효율성을 극대화한다. 당사자와 동반자 관계를 통해서 자신감을 회복하고 자립할 수 있도록 돕는다. 사례관리 서비스 계획에서 당사자와 사회복지사 각자의 책임, 서비스 실행 등에 대해서 각자가 사인하도록 함으로써 각자의 책임을 명확히 한다.

2) 사례관리의 원칙

여기에는 서비스의 통합, 보호의 지속성, 서비스에 대한 동등한 접근성, 보호의 질 유지, 당사자의 임파워먼트, 평가 등이 포함되며 구체적 내용을 살펴보면 다음과 같다.

① 서비스의 통합

통합적 서비스 제공의 필요성은 중복장애, 복합적인 문제나 욕구를 가진 대상자들에게 서비스를 통합적으로 제공할 때 가장 많은 혜택을 받을 수 있기 때문이다. 다양한 서비스를 장기적으로 요구할 때 통합적 서비스를 제공함으로써 서비스의 중복을 막고 파편화를 막을 수 있다. 서비스 간의 통합은 효율적으로 서비스를 제공할 수 있는 근거를 제공하며 서로 간의 긍정적인 상호작용을 증진시킨다.

김장철이 되면 불우이웃을 위한 김장나누기 사업이 벌어진다. 그런데 어떤 집은 여러 곳에서 받아서 냉장고 공간이 부족하고 다른 집은 못 받는 일이 벌어지고 있다. 왜 이런 문제가 생기는 것일까? 이럴 경우 어떻게 하면 문제가 해결될 수 있을까?

② 보호의 지속성

당사자가 처음 전화를 하는 순간부터 종결까지 서비스가 지속적으로 제공되는 것을 보장하며 여기에는 제공되는 보호의 포괄성과 책임성도 포함한다. 사례관리 대상자로 선정되면 지속적인 관리를 통해서 종결될 때까지 서비스를 제공함으로써 책임감을 가지고 끝까지 돌봐주는 것이다.

③ 질 높은 보호

전문적 수월성과 높은 수준의 보호를 유지해야 한다. 그러기 위해서는 서비스에 대한 지속적인 개선활동이 요구된다. 또한 관리 책임자와 기관이 어디며 누구라는 것이 분명해지기 때문에 더욱 질 높은 서비스를 제공하기 위해서 노력하게 된다.

④ 당사자의 임파워먼트

당사자를 임파워시켜 나가기 위해서는 당사자에 대한 존중감 유지, 강점유지, 동반자관계 형성을 통해서 자립할 수 있도록 도와나간다. 그리고 당사자에게 기본 서비스와 조정기술을 가르치고, 스스로의 상황을 다루어 나갈 수 있도록 돕는다. 당사자를 고객으로 생각하고, 욕구에 기초한 서비스를 제공하며 강점에 근거해서 서비스를 제공해 나감으로써 자신감을 키워나간다.

⑤ 평가

과정, 결과, 과정의 질에 대한 평가를 포함한다.

3. 사례관리의 과정

Woodside와 McClam은 사례관리를 사정, 계획, 실행이라는 3단계의 과정으로 설명한다.

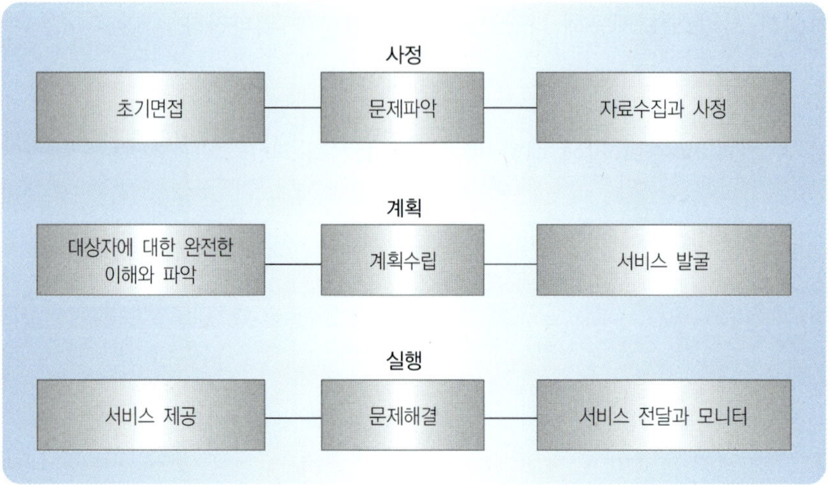

Ⅰ그림 6-1Ⅰ 사례관리과정

출처 : M. Woodside & T. McClam(2006). Generalist Case Management(3rd ed.), p. 6.

위의 그림에서는 사정 이전 과정과 실행 이후의 전반적인 평가에 대한 과정이 사정과 실행 속에 포함되어 사례관리의 핵심적 과정을 간결하고 명료하게 나타내고 있다. 그에 비해 다음 Ⅰ그림 6-2Ⅰ에서는 사례관리의 과정과 흐름이 좀 더 상세히 나타나 있다.

사례관리가 실제적으로 이루어지기 위해서는 사정 이전에 몇 단계의 전 과정이 필요하다. 그 과정은 접근하는 학자와 기관에 따라 차이를 보이지만 공통적으로 사례접수와 사례선별이며 기관에 따라서는 사례관리팀을 구성하기도 한다.

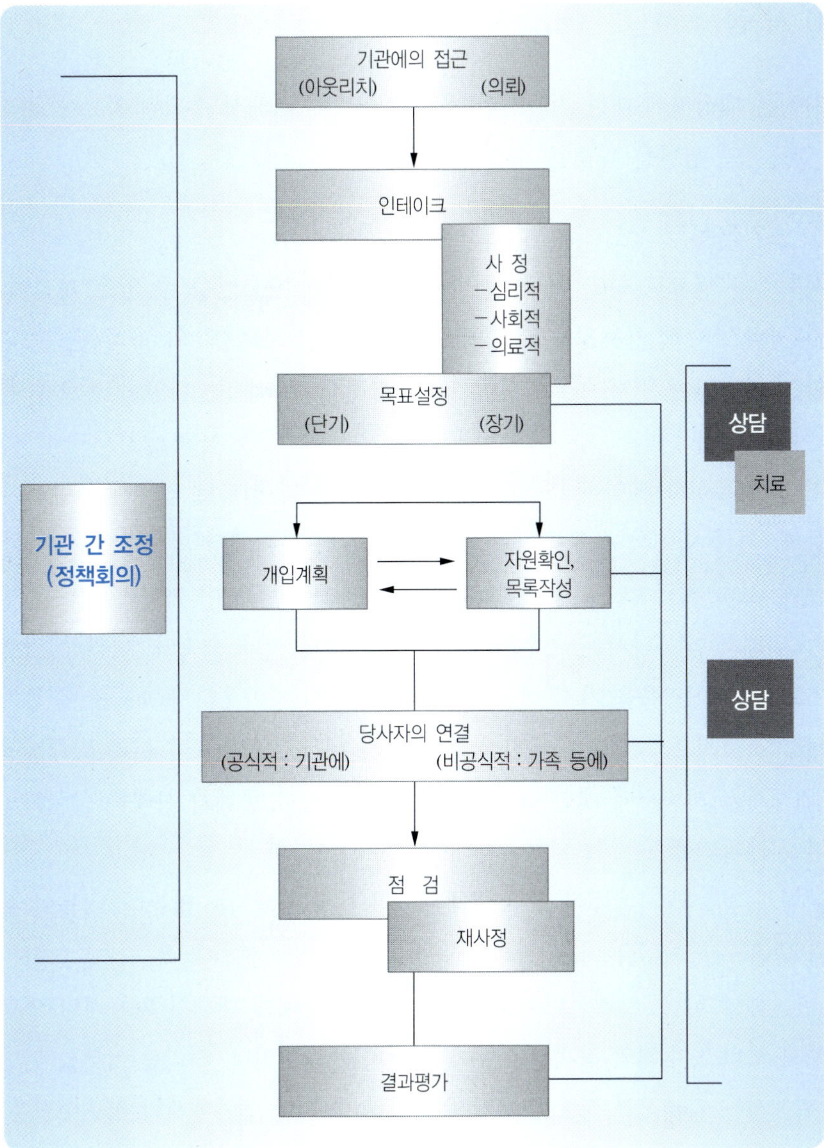

| 그림 6-2 | Rothman의 사례관리개입 모델

1) 사 정

사정은 대상자에 대한 진단적인 자료와 환경에 대해서 수집된 자료에 근거해서 전문적인 판단을 내리는 과정이다.

① 초기접촉

서비스를 필요로 하고 기관에서 제공하는 서비스를 받을 수 있는 자격이 있는지 서비스 수혜 가능성을 타진해 보기 위해서는 사례접수와 사례선별을 하기 위한 초기면접이 먼저 이루어져야 한다. 사례접수(intake)는 다양한 통로를 통해서 이루어진다.

첫째, 가족이나 본인이 스스로 기관을 찾아오거나 전화로 접촉하는 방법이다.

둘째, 기관 내에서 사례를 의뢰하기도 하고 타 기관에서 의뢰해 오기도 한다.

셋째, 보다 적극적인 활동으로는 사무실에서 기다릴 것이 아니라 사례를 발견하기 위해서 찾아나서는 경우이다. 특히 청소년들이나 노숙자, 다른 사람에게 숨기고 싶은 어려움을 가진 대상자를 찾기 위해서는 아웃리치(outreach)를 통해서 사례를 적극적으로 발굴해 나간다. 서비스에 대한 정보접근이 어려운 대상자들을 위해서는 서비스에 대한 적극적인 홍보방문 등을 통해서 사례를 발굴하도록 하며 사례관리에서는 적극적인 사례발굴을 강조한다.

이렇게 접수된 사례들이 모두 사례관리의 대상이 되지는 않는다. 이들이 서비스를 받을 자격이 있는지, 기관이 제공하는 서비스와 본인의 욕구가 부합하는지를 판단해야 한다. 사례선별(screening)은 접수된 사례에 대해서 일차적인 면접을 통해서 서비스 수혜의 적격성 여부를 판단하는 과정이다. 적격성 여부를 판단하기 위해서는 기본적인 정보를 수집해야 한다. 그러나 여기에서의 정보수집은 사정을 위한 본격적인 욕구와 문제파악과는 달리 사례선별에 요구되는 기본적인 정보로 제한된다.

따라서 이 단계에서 정보수집의 목적은 욕구의 긴급성을 파악하고, 서비스 결정을 사안에 따라 민감하고 신속하게 내릴 수 있도록 하기 위함이다. 수집되어야 하는 정보로는 기본적인 신상정보를 통한 대상자 확인, 의뢰처, 현재의 욕구나 문제, 기대하는 서비스, 원조에 대한 설명, 초기면접 시의 행동이나 태도의 특성 등이 포함된다. 이러한 정보를 토대로 사례관리 대상자로서의 적격성 여부를 판단한다. 여기까지 판단에 걸리는 시간은 너무 길지 않아야 하며 3일 이내에 결정이 나는 것이 좋다. 그래서 적격하다고 판단된다면 다음 과정으로 바로 연결되고 아니면 적절한 기관으로 의뢰하거나 종결한다.

이때 각 사례에 대해서 다음과 같은 몇 가지 질문을 해야 한다.

첫째, 본 기관에 적합한 사례인가? 즉, 수혜자격과 서비스 이용 특성을 갖추었는가? 기관의 서비스가 대상자의 욕구나 문제에 부합하는지를 파악한다.

둘째, 타 기관에 의뢰해야 하는가? 본 기관에서 다룰 수 없는 경우에는 어디로 의뢰해야 하며 어떻게 의뢰할 것인가를 결정한다.

셋째, 당사자가 서비스 받는 것에 동의하고 협조하려는 의지가 있는가? 그래서 서비스 받는 것과 협조하는 것에 동의하면 계약을 맺는다.

이렇게 초기접촉과 초기면접은 기초적인 정보파악을 위한 면접이다. 초기면접은 사정에서의 면접과 중복을 피하며 지나치게 많은 정보를 얻기보다는 간단하게 필요한 정보만을 얻도록 한다. 그래서 사례관리 대상자로 선정되면 기관과 협조할 것에 대한 계약을 맺거나 협력할 것에 대한 동의서를 받는다. 기관의 서비스 대상자로 부적절하다고 판단되면 지역사회 내의 다른 기관으로 의뢰하도록 한다.

모든 대상자들이 서비스를 받거나 도움을 요청하는 것에 협조적이지 않다. 도움을 거부하거나 부정적인 감정과 태도를 가지는 경우도 있고 지나친 기대를 하는 경우도 있다. 이런 경우에는 기관이 제공할 수 있는 것과 없는 것 그리고 당사자의 기대와 역할 부분에 대한 설명을 정확하게 제공하는 것이 좋다.

서비스를 요구한 사람이 서비스 수혜대상자로서의 자격에 적합하다고 판단되고 적절한 서비스를 받기 위해서 적극적으로 협력할 것에 합의하는 계약서를 작성하게 되면 사례관리대상자가 되게 한다.

사례관리팀 구성은 초기면접까지의 과정이 접수를 담당하는 사회복지사에 의해 이루어지는 경우에 초기면접 결과 사례관리 대상자로 선정되면 사례를 맡아서 주도적으로 처리할 사례관리팀과 전문적인 자문이나 측면에서 지원해 주는 사례지원팀을 구성하도록 한다. 기관에 따라서는 초기접촉부터 사례관리자가 맡기도 한다. 사례를 한 사람이 감당하는 것보다 팀이 구성되면 좋은 점이 많다. 우선 복합적인 욕구를 가진 이용자에게 필요한 자원들을 발굴하고 연계하는 과정이 용이하고 담당자의 소진을 막을 수 있다는 장점이 있다.

사례관리팀 구성은 주어진 사례를 맡아서 다루어 나갈 사례관리 담당자와 슈퍼바이저 그리고 초기면접을 한 사람으로 구성한다. 사례지원팀은 기관의 행정가, 기관대표 또는 슈퍼바이저 그리고 필요할 경우 사례를 다루는 데 협조가 요구되는 외부전문가 또는 타 기관의 대표로 구성된다. 그래서 사례관리팀과 사례지원팀으로 나누어서 협조하며, 사례관리팀이 주도적으로 관리해 나가고 지원팀은 정기적 또는 필요시 사례관리회의를 통해서 지원하고 협조한다. 이러한 팀 구성은 초기에 구성하기도 하고 사례를 다루어 나가면서 필요한 전문가들의 협조를 얻어 구성하기도 한다. 사례관리팀은 지원팀과 정기적인 사례보고회의를 하며 전반적인 자문과 연계 및 조정을 해나간다.

사례관리에서는 초기접촉에서부터 당사자의 참여가 중요하며, 정보제공, 사정과정, 서비스 계획 수립과 전달 등 전 과정에 사회복지사와 함께 참여하여야 한다. 당사자의 참여를 통해서 점차적으로 자신의 문제를 스스로 해결해 나갈 수 있는 능력을 습득하여 자신감을 가지고 문제를 해결해 나갈 수 있도록 자신감을 키워나간다.

초기접촉 과정을 거쳐 사례관리 대상자로 선정되면 당사자의 욕구와 문제에 대한 진단적인 자료와 환경에 대해서 수집된 자료에 근거해서 전문적인 판단을 내리는 사정이 이루어지게 된다.

② 자료수집

사정은 당사자의 문제, 욕구와 자원을 파악하여 효과적인 서비스를 제공하기 위한 검토절차를 말한다. 욕구파악은 누구의 욕구를 파악해야 하는가라는 문제가 생긴다. 당사자, 당사자의 보호자 그리고 기관의 욕구가 있다. 이 셋의 욕구가 다를 경우는 누구의 욕구에 초점을 두는가도 문제가 된다.

무엇보다 당사자의 욕구를 중요시하지만 보호자와 기관의 욕구도 포함시키도록 한다. 사정은 일반적으로 문제와 욕구 및 자원을 명확화하기 위한 자료 수집을 통해서 이루어진다. Moxley는 사정의 틀을 다음과 같이 제시한다.

당사자 욕구의 성격 : 당사자가 갖는 욕구의 내용과 정도를 현재와 미래의 욕구를 포함해서 경제, 직업, 고용, 주거, 의료, 사회, 심리, 교육, 이동 그리고 여가 등 다양한 영역에서 파악한다.

당사자의 능력 : 당사자가 자립적으로 스스로 문제를 해결해 나갈 수 있는 능력과 자원을 말한다. 이러한 능력으로는 신체적 · 정서적 · 인지적인 능력을 포함해서 발달상태, 교육, 경험 등을 모두 포함한다. 장애인이나 노약자인 경우에는 일상생활의 신변처리를 스스로 해나가고 일상생활에서 요구되는 전화 받기, 스스로 이동하기 등을 포함한다.

공식적 지역사회자원에 대한 평가 : 당사자의 정보인식 정도, 접근성, 이용 가능성, 수용 가능성과 저항감, 서비스의 적정성, 만족도 등을 포함한다.

비공식적 지지에 대한 평가 : 친구, 이웃 또는 소속집단으로부터 받을 수 있는 자원이나 지지가 무엇인지를 파악한다.

자료수집을 위한 면접의 과정은 이용자를 편안하게 느낄 수 있도록 만들고, 상호관계 수립인 라포를 형성한다. 그런 다음 기관의 목적과 제공하는 서비스와 비밀보장에 대해서 설명하고, 얻어진 정보가 나누어지는 과정에 대해서 양해를 구한다.

보통 서류작성이 제일 먼저 요구되며 주어진 양식에 기본적인 개인 신상정보를 기입하도록 한다. 그런 다음 다른 곳에서 도움을 받은 적이 있는지, 받은 서비스는 무엇인지를 파악하고, 문제에 대한 본인의 인식, 기대, 강점 등을 포함해서 지적한 항목들의 자료를 수집한다.

사정을 위한 도구로는 각 기관이 사용하는 사례관리 양식을 활용하고 여기에 덧붙여 요구되는 다른 평가도구를 사용하도록 한다. 예를 들면, 노인이나 장애인인 경우에는 일상생활 기능 평가도구를 활용하고, 정신질환자인 경우에는 DSM을 활용한다. 일반적으로 자주 활용하는 사정도구로는 가계도, 사회도, 생태도,

사회관계망 지도 등이 있다.

정보수집은 다양한 차원에서 이루어지며 주요 자료 출처로는 당사자의 직접적인 진술, 당사자 주변의 중요한 관계망에서 제공하는 정보, 공식적 기록과 문서를 통한 확인, 사례관리자의 직접 경험이나 접촉을 통한 확인, 이전 사례관리자나 서비스 제공자로부터 얻은 정보 등이 있다.

③ 사정

사정의 내용으로는 수집된 자료에 대한 검토가 먼저 이루어져야 한다. 사정에서는 자료의 타당성과 신빙성에 대한 타진으로 모여진 자료가 믿을 수 있는 자료인가라는 점을 먼저 검토한다(Woodside & McClam, 2006 : 18). 그러기 위해서는 일관성 있는 자료인가를 다시 검토해 보는 것이 필요하며 자료상으로 상호 모순되는 정보가 있다면 왜 그런지 그 이유를 분석해 보아야 한다. 예를 들면, 친정부모와 형제가 살아 있음에도 불구하고 지지체계가 부족하다고 느끼며 대인관계가 고립되었다고 느낀다면 원가족과의 단절이나 가족관계상의 문제를 조사해 볼 필요가 있다.

그런 다음 수집된 자료와 정보를 통해서 전체적인 그림을 충분히 그릴 수 있는가를 파악한다. 만약 전체적인 윤곽이 제대로 파악되지 않는다면 부족한 부분에 대한 자료수집이 보안될 필요가 있다. 어느 정도의 자료수집이 요구되는가 하는 면에서도 당사자의 욕구와 현재 상황에 대한 전체적인 개략적인 윤곽을 그려낼 수 있을 정도의 자료수집이 요구된다. 당사자에 대한 정보가 많을수록 좋지만 모든 정보를 알 수 있는 방법도 없고 시간적인 제약이 따르기 때문이다. 그리고 사례관리 진행과정에서도 필요하다면 재사정을 요구하는 경우가 발생하기도 한다. Moxley는 사정의 특성을 다음과 같이 제시하고 있다(D. Moxley, 1989 : 29-32).

㉠ 욕구에 기반한 사정

㉡ 총체적 · 포괄적 사정

㉢ 다학문적이고 다양한 전문가가 포함된 사정

㉣ 당사자가 참여한 사정

㉤ 하나의 과정으로서의 사정, 즉 지속적이고 유동적인 사정

㉥ 체계적인 사정

㉦ 결과물로서의 사정, 즉 사정은 그 자체가 하나의 결과물로 뒤이은 계획과 개입의 연결고리 역할을 함

사정내용으로는 서비스 욕구와 적절성에 대한 평가를 한다. 먼저 당사자의 욕구가 무엇이며, 기관이 제공하는 서비스를 받을 수 있는 자격이 되는지를 평가한다. 기관의 사례관리를 통해서 서비스를 받는다면 그 구체적인 서비스 내용, 방법과 제공하는 서비스의 적절성에 대한 평가를 한다. 따라서 사례관리자는 사례관리의 장·단기 목표설정과 이에 따른 구체적인 서비스나 프로그램, 원조방법, 원조주체, 개입과 종결, 평가 등에 대한 고려와 함께 개입에 대한 전체적인 윤곽을 파악하는 것이 요구된다.

사례관리에서는 당사자의 참여를 장려하고 있다. 그러므로 사정과정에서도 당사자가 적극적으로 참여해야 한다. 사정과정에 참여할 수 있는 기회로는 본인의 욕구나 기대, 개입의 우선순위 선정 그리고 중요한 의사결정과정에 참여함으로써 당사자 스스로 책임감도 높아지며 자신감을 회복할 수 있도록 한다.

2) 계 획

① 자원의 확인과 목록작성

욕구를 확인하고 나면 욕구를 만족시키고 문제를 해결하기 위한 목표를 설정하고 개입계획을 수립한다. 욕구를 충족시켜 줄 수 있는 자원을 파악해서 연결시키는 작업이 이루어져야 한다. 이러한 작업과정으로 먼저 자원을 파악하고 적절한 연결방법을 찾는 과정에 전문가들과 당사자가 합의를 도출하고 난 후 결정된 서비스를 전달하고 관리한다.

자원의 확인과 목록작성은 당사자의 욕구를 충족시키는 데 활용할 수 있는 자원을 찾아내는 일이다. 자원을 찾아서 서비스의 특성과 이용 가능한 자원의 위치 등을 목록으로 만들어 나간다. 자원을 찾아내는 방법으로는 보건복지부나 지방정부에서 발행한 사회복지기관 목록을 검토하거나 기관회의나 동료들과의

미팅에서 찾아낼 수 있다. 또 복지전화네트워크나 전화번호부를 활용하거나 개인적인 인적자원 연계망을 활용할 수도 있다. 자원을 찾아낼 경우에는 다음의 몇 가지 사항을 검토해야 한다.

첫째, 기관에서 제공하는 서비스는 어떤 것이며 수혜자격 요건은 무엇인지를 파악한다.

둘째, 이용 시 이용료는 얼마이며 할인을 받을 수 있는 자격은 무엇인가?

셋째, 서비스를 제공하는 기관의 물리적 접근성은 용이한가?

넷째, 서비스를 받기 위해서는 얼마나 기다려야 하는가?

다섯째, 물리적 환경은 쾌적한가?

여섯째, 서비스 신청에 요구되는 서류는 무엇인가?

일곱째, 종교적인 제한은 있는가?

여덟째, 기관에 대한 사회적 신뢰는 높은가?

아홉째, 서비스 이용자들의 만족도는 높은가?

각 사회복지관이나 사례관리자들은 본인의 일과 관련된 서비스를 제공하는 기관의 목록을 만들어서 자료를 지속적으로 수집하고 수정해 나가야 하며 기관에서도 연관된 지역사회자원 목록을 만들고 지속적으로 관리해 나가야 할 것이다.

예를 들면, 장애인복지기관에서는 장애인당사자나 이용자들의 문의나 의뢰에 대비해서 가장 많은 문의를 받고 있으므로 관심이 높은 취업 관련 정보를 제공하는 관련기관들에 대한 자원목록을 만들고 새로운 자원을 지속적으로 수집해 나가야 할 것이다. 이렇게 하는 방법으로는 각 기관에 대한 특성 유형, 기관소개서, 약도, 담당자의 연락처, 서비스의 유형과 내용 등을 색인으로 만들어서 비치해 놓고 사용하며 지속적으로 새로운 정보를 수집해 나가도록 한다.

② 서비스 계획 수립

서비스 계획 수립은 사정에서 나타난 문제나 욕구에 상응하는 목표를 정하고 우선순위를 정해서 자원을 연결시키는 과정이다 그러므로 파악된 문제나 욕구에 대응하는 서비스의 장·단기 목표, 프로그램, 우선순위, 전달주체 등에 대한 구체적인 계획이 수립되어야 한다.

첫째, 문제나 욕구를 제시하며 우선순위를 정한다.

둘째, 문제를 해결하고 욕구를 충족시키기 위한 목표를 정한다. 목표를 정할 때 장·단기 목표와 함께 결과목표를 달성하기 위한 세부목표를 정한다. 목표는 평가를 염두에 두고 구체적이고 측정 가능한 것으로 구체화시키도록 한다.

셋째, 세부목표를 달성시킬 수 있는 프로그램이나 구체적인 서비스를 정한다.

넷째, 프로그램이나 서비스의 제공방법, 날짜, 시간, 횟수, 빈도, 기간 등을 가능한 한 구체화한다. 서비스에 소요되는 비용도 계산한다.

다섯째, 당사자가 서비스 계획에 참여하고 서비스의 목적을 달성하기 위해서 협력할 것에 대한 동의서를 받는다. 당사자가 직접 참여할 수 없는 경우에는 보호자가 참여하며 보호자의 동의를 받도록 한다.

3) 실 행

서비스의 실행은 서비스 계획에 따라 자원을 확보하고 동원해서 서비스를 전달하며 필요한 경우에는 서비스를 연계하거나 조정하는 과정이다. 실행과정에서 충분한 자원을 확보하지 못하거나 요구되는 서비스를 제공할 수 없는 경우가 발생하기도 한다. 이럴 경우 사례관리자는 자원을 확보하고 당사자의 권리를 지키기 위해서 옹호활동에 참여하기도 한다.

서비스가 전달되면서부터 실행이 시작되며, 누가 전달할 것인가? 실행을 어떻게 모니터할 것인가? 어떻게 다른 전문가와 함께 일할 것인가? 라는 질문을 반복적으로 한다.

4) 서비스의 점검 · 조정 · 재사정

이 과정에는 계획의 실시 정도, 목표의 달성 정도, 개별서비스의 적절성, 서비스 질에 대한 평가, 당사자에 대한 모니터링, 서비스제공자에 대한 모니터링 등 서비스 제공에 관련된 모든 요소들을 점검해 봄으로써 서비스의 질을 높이며 필요한 경우에는 재사정을 하도록 한다. 또한 서비스전달자가 질 높은 서비스를 제공하는 데 어려움을 겪거나 문제가 발생할 경우 조정과 교육을 통해서 서비스의 질을 높이고 당사자의 만족도를 높이기 위해서 노력한다. 이런 면에서는 서비스의 목표, 내용, 빈도, 횟수, 기간 등이 적절한지를 파악하고 조정하는 역할을 포함한다.

5) 평 가

평가에는 실행에 의한 변화나 결과, 효과성 평가와 함께 당사자의 만족도 평가를 포함하며 서비스의 질적 평가도 포함한다. 서비스의 결과는 어떻게 평가할 것인가? 라는 질문을 통해서 서비스 계획이 실행되어 목표가 얼마나 달성되었으며 그 결과로 어떤 변화가 일어났는지, 얼마나 효과적이었는지를 평가한다. 그리고 사례관리를 통해서 당사자의 자기 충족감이 증진되었는지, 자신감과 문제해결능력이 증진되었는지에 대한 평가도 포함한다.

6) 종 결

사례관리에서는 대부분의 사례가 장기적으로 지속된다. 그러나 다음과 같은 경우에는 사례가 종결되기도 한다.

첫째, 당사자가 사망하는 경우이다.

둘째, 제공되는 서비스가 도움이 되지 않는 경우이다. 이런 일은 몇 가지 유형으로 나타날 수 있다. 당사자의 저항에 의해서 또는 요구되는 서비스를 위한 자원을 찾아내지 못했거나 전달상의 문제로 인한 경우가 발생하기도 한다. 이럴 경우 자체평가를 통해서 그 원인을 분석해 보도록 한다.

셋째, 목표달성으로 종결되는 경우로, 가장 바람직한 경우이다.

4. 사례관리의 예

앞에서 언급된 할머니 사례에 지금까지의 사례관리 과정을 적용해 보면 다음과 같다. 여기서 적용한 예는 교육을 목적으로 적용한 것이므로 기관의 사정이나 사례의 특성에 따라 다소 다르게 적용될 수 있다.

이웃 주민의 신고로 할머니를 방문하게 된 전담공무원은 근처 복지관의 재가복지센터에 할머니를 의뢰했다. 사례를 의뢰받은 담당사회복지사는 할머니를 방문해서 할머니가 구체적으로 어떤 상태에 있으며 어떤 도움이 요구되는지, 지금 받고 있는 서비스는 무엇인지를 초기면접을 통해서 파악하고 난 후, 복지관의 사례관리 대상자로 적격한지 여부를 결정할 것이다. 복지관에서 할머니를 사례관리 대상자로 받아들이면 이러한 사실을 할머니에게 알리고 할머니의 협조를 구한다. 그런 다음 사례관리를 책임질 사례관리자를 선정하고 슈퍼바이저를 정해서 사례관리팀을 구성할 것이다.

사례관리자는 사정을 위한 자료수집에 들어가서 할머니의 욕구와 기대 그리고 당장의 신체적 어려움과 생활상의 곤란 등을 파악하고 난 후, 할머니가 가진 가용자원이 무엇인지를 파악할 것이다. 위 할머니의 경우에는 정신・신체 건강상황과 일상생활 상황, 주거상황, 장애상황, 경제상황에 대해 면밀한 파악이 요구된다. 가족과 친척 등 지지망과 관계망에서의 공식・비공식 자원에 대해 파악한다.

자료수집을 위해서는 여러 가지 도구들이 활용될 것이다. ADL, IADL 사정표, DSM 또는 복지관에서 사용하는 양식을 통한 사정, 가계도, 사회도, 생태도, 사회관계망 지도, 생육사 등을 할머니의 진술과 이웃 주민들의 진술, 과거 할머니를 도와준 사회복지전담공무원의 기록 등을 활용해서 파악할 것이다. 할머니의 강점과 자원으로는 신체적으로는 문제가 많지만 자립하려는 의지가 강하다는 것, 이웃 주민과 친해서 교류가 있다는 것, 소속된 교회와 관심을 가지는 목사님 그리고 약간의 저축금과 차상위계층에 대한 의료보호지원 등으로 파악되었다.

서비스 계획 수립은 사정을 통해서 파악된 문제와 욕구에 기반해서 할머니와 함께 우선순위를 정하고 난 후 목표설정을 한다. 우선 허리치료와 관절염 치료가 가장 시급하고 일상생활 문제를 해결할 수 있도록 지원하기로 목표를 정했다. 세부목표로는 신체 상태를 파악하기 위한 건강검진 실시와 치료 그리고 일상생활을 돕기 위한 가정봉사원파견 서비스와 병원동행서비스, 정서지원서비스가 요구되며 장기적으로는 수급권을 갖는 것과 시설로 옮기는 것이다. 담당사례관리자는 할머니에게 요구되는 자원을 찾아내기 위해서 자원목록표를 만들 것이다. 그리고 사례를 다루는 데 관련되는 관계자와 전문가들로 동사무소의 전담공무원, 인근 병원관계자, 교회목사 그리고 지역 자원봉사기관의 협조를 얻어 사례지원팀을 구성할 것이다. 사례관리자는 각 기관에서 제공할 수 있는 서비스를 연계하고 조정하며 필요한 경우에는 빈곤여성노인을 위한 옹호활동을 전개해 나갈 것이다. 전담공무원과 병원의 협조로 할머니는 무료검진과 치료를 받을 수 있게 되었고 교회와 자원봉사단체에서는 할머니의 간병과 정서지원 그리고 퇴원 후 가사지원서비스, 병원동행서비스를 정기적으로 제공하기로 했다. 이러한 서비스의 연계에도 불구하고 사례담당자는 여성노인을 위한 사회복지서비스가 최소한에 불과하다는 것을 할머니를 대신해서 그리고 빈곤여성노인 모두를 대변해서 사회적으로 알려야 할 필요성을 인식하게 되었다. 따라서 좀 더 적극적으로 예방적인 지원이 요구된다는 사실을 관계당국과 정책입안자들에게 홍보하며 지원을 강화하도록 노력해 나갈 것이다.

사례관리자는 슈퍼바이저와 함께 본 사례를 주도적으로 관리해 나가며 사례지원팀과의 사례회의를 3개월마다 또는 분기별로 열어나가며 서비스를 조정하고 효율적으로 관리해 가며 필요하다면 재사정을 통해서 새로운 서비스를 제공해 나갈 것이다.

사례관리담당자는 아마도 할머니가 돌아가실 때까지 지속적인 사례관리서비스를 제공해야 할지도 모른다. 그럼에도 불구하고 할머니의 건강이 어느 정도 회복된다면 사례관리 대상에서 일반관리 대상으로 전환해서 가정부 파견서비스와 정서지원서비스만을 제공해도 되는 상태로 호전될 수도 있을 것이다. 그리고 할머니의 건강상태가 더 악화되면 시설로 옮길 수 있도록 할머니를 설득해 나갈 것이다.

다음의 사례를 사례관리 양식에 따라 기록해 보자.

복지관 이용자인 김 여사는 두 아이의 어머니로 이혼 후 우울증을 앓고 있다. 김 여사는 결혼 전 미장원을 운영했던 경력이 있지만 첫 아이가 태어나면서부터 일을 그만두었으며 전업주부로 살아왔다. 이혼 시 자녀양육비로 받은 약간의 재산을 사기로 날렸고 지금은 생계문제와 두 아이의 교육문제, 본인의 심리·정서적 문제로 우울증을 앓고 있다.

사례관리의 궁극적 목적은 당사자들이 스스로 자립할 수 있도록 만드는 것이다. 그렇지 못한 경우에는 자립까지는 아니라고 해도 당사자가 가지고 있는 기능을 최대한 유지하고 살려나갈 수 있도록 돕는다. 그러기 위해서는 모든 서비스와 계획이 가족과 개인의 욕구와 관심 그리고 내담자가 갖는 강점과 자원에 기초해야 한다. 위의 당사자와 같이 일을 해서 스스로 자립해서 살아왔던 대상자라면 그가 갖는 직업경험, 자격증 그리고 기술이 자립할 수 있는 강점이 될 것이다. 또한 스스로 자립하려는 노력과 의지 그리고 도와줄 수 있는 옛날 직장동료 등이 자원에 포함될 수 있을 것이다.

그러므로 이 내담자를 위한 사례관리는 이전과 지금은 무엇이 다른가? 그리고 무엇이 조금만 변한다면 또는 어떤 도움이 제공된다면 이전처럼 스스로 일해서 독립적으로 살아갈 수 있도록 만들 수 있는가? 하는 것에 초점이 맞추어져야 할 것이다. 그래서 지금은 상황적인 영향으로 우울증을 앓고 있고, 자녀문제로 어려움을 겪고 있다면 우울증에서 벗어날 수 있도록 도와주고 자녀문제를 해결할 수 있도록 도와줌으로써 자립해 나갈 수 있는 여건을 마련해 나갈 수 있을 것이다. 필요하다면 새로운 기술을 배울 수 있도록 주선해 주고 취업정보를 제공해 주는 것도 포함될 것이다. 이런 과정에서 자녀문제 해결을 위해서 방과 후 교실을 이용하도록 하거나 공부방에서 숙제를 하고 요구되는 보충수업을 받도록 자원연결을 시도할 수 있다. 이 사례에서는 자녀문제를 우선적으로 해결해 주어 아동들이 건전하게 성장할 수 있도록 도와줌으로써 청소년문제를 예방하는 효과도 가져올 수 있고 또한 내담자에게 새로운 희망의 불씨를 자녀들을 통해서 지펴나갈 수 있을 것이다. 당사자 본인에게는 정신과에서 통원치료를 받을 수 있도록 하고 복지관에서 상담서비스를 받도록 주선해 주도록 한다. 내담자의 상태가 호전됨에 따라서 새로운 삶을 살아나갈 의욕과 동기를 부여하고 재취업을 위한 활동들을 탐색해 나가도록 도와주며 궁극적으로는 자립할 수 있도록 도울 수 있을 것이다. 자립 후에도 자녀와 모의 적응과정을 모니터링 해줌으로써 직장생활을 유지시키고 자녀들의 건전한 양육을 도와나갈 수 있을 것이다.

생각해 보기

1. 주변에 어려움을 겪고 있는 사람을 찾아서 사례관리에 따라 어떻게 접근할 수 있는지 스스로 사례관리자가 되어 계획을 세워보자.

C·H·A·P·T·E·R

07

사회복지실천의 가치와 윤리

—예외 없는 법칙 없다

1 사회복지실천의 가치

2 사회복지실천의 윤리

C·H·A·P·T·E·R

07 사회복지실천의 가치와 윤리

—예외 없는 법칙 없다

1. 사회복지실천의 가치

사회복지의 실천은 지식과 기술만으로 충분한 것이 아니라 가치가 선행되어야 한다. 왜냐하면 가치를 바탕으로 지식과 기술을 선택하기 때문이다. 예를 들면, 도와주는 방법에 있어서도 잠재능력을 개발하고 선택의 기회를 넓혀주며 스스로 결정할 수 있도록 도와주는 방법을 취하는 것은 사회복지가 바탕으로 하고 있는 인간에 대한 가치와 신념에서 나온 것이다. 지식이나 기술은 가치중립적이지만 이러한 것을 얼마나 개인적이고 사회적으로 유익하게 활용하는가는 가치라는 기준에 의해서 결정되는 것이다. 이렇게 사회복지실천은 과학과 예술적 요소를 동시에 지니며 지식보다는 가치에 입각해서 결정을 하게 되는 경우가 많다. 왜냐하면 사회복지실천은 사회복지사의 전문적 판단에 의해서 이루어지며 이 판단은 가치에 기반해서 이루어지기 때문이다.

사회복지의 가치는 사회복지실천이 추구하는 방향성을 제시하며 윤리는 전문직업인으로서 사회복지사가 반드시 지켜야 하는 행동의 원칙이나 지침을 의미한다. 즉, 윤리란 사회복지실천에서 마땅히 지켜야 할 도덕적인 규칙이다(조휘일 외, 2005 : 107-108). 이렇게 윤리는 가치에서 나오며 사회복지적 개입을 결정하는 판단기준이 된다. 또한 윤리는 전문가로 하여금 질적인 서비스를 제공하도록 하며 함께 작업하는 사람의 권리를 존중하는 규범이다(Clara E. Hill, 2001 : 90).

2. 사회복지실천의 윤리

사회복지사가 지켜야 할 실천상의 가치와 윤리는 전문가로서의 윤리와 책임, 법적 의무, 사회복지실천의 가치, 윤리강령, 의무규정 등으로 명시되어 있다. 그러므로 이러한 사항을 숙지하고 지켜야 할 것이다. 윤리적 의사결정을 하기 위해서 사회복지사에게 요구되는 법적 의무와 윤리적 책임에 대한 이해가 요구된다. 사회복지사가 윤리적 책임에 문제가 생기는 경우는 당사자에게 적절한 서비스를 제공하지 못한 경우, 비밀보장의 문제 그리고 위험에 처한 이용자에 대한 예방적 조치가 적절하지 못한 경우 등이 있다. 그러므로 사회복지를 실천하는 데 있어서 윤리적 갈등이 자주 일어나는 경우에 대해서는 주의할 필요가 있다. 이렇게 권한과 책임을 부여받은 사회복지사가 윤리적 실천을 통해서 책임을 다함으로써 그 수행의 결과에 대해서 책임을 지는 것이 전문적 책무성이다. 사회복지실천에서 일반적으로 중시되는 가치들을 Zastrow는 다음과 같이 제시하고 있다.

첫째, 인간의 존엄성과 개인의 독특함에 대한 존중

둘째, 이용자의 자기결정의 권리존중

셋째, 사회와 경제적 정의의 실현

넷째, 비밀보장 등이다(Zastrow, 1995 : 48-59).

사회복지는 인간 모두에 대한 존엄성을 바탕으로 개인의 특성을 존중하며 다양성을 수용한다. 그러므로 개인은 독특한 개성을 가진 존재로 개별화되어야 하며 차별받아서는 안 된다. 자기결정권이란 선택의 폭을 넓혀주며 의사결정과정을 도와줌으로써 스스로 결정하게 하고 그 결정에 대한 책임을 지도록 돕는 것이지 대신 결정해 주는 것이 아니다. 사회복지실천에서의 사회정의란 모든 구성원들이 같은 권리, 보호, 기회, 의무들과 이익들을 가진다는 것이다(조휘일 외, 2005 : 113). 비밀보장은 사생활보호의 원칙에 의해서 사회복지실천과 관련된 모든 개인생활에 대한 정보는 비밀을 지켜야 한다는 것이며 사회복지적 개입의 목적은 사회적이고 경제적인 정의를 추구하는 것이다.

사회복지실천에서의 윤리적 딜레마는 두 개 이상의 가치가 서로 상충될 때 발생한다. 자주 문제가 되는 가치는 내담자의 '자기결정권'과 '비밀보호'의 상충이다. 내담자가 자살을 하기로 결정했다면 자기결정권을 존중할 것인가 아니면 가족에게 알려 막도록 해야 할 것인가? 다른 예로는 전 부인을 죽이기로 마음먹었다는 이야기를 상담 중 했을 경우, 비밀을 지켜야 할 것인가 아니면 전 부인에게 알려서 조심하도록 경고를 해야 하는가? 또 다른 경우는 내담자가 상담 중에 한 말을 법정에서 진술해야 하는가? 등의 윤리적 딜레마가 발생하기도 한다.

이러한 윤리적 딜레마를 극복하기 위한 몇 가지 지침으로, 먼저 Reamer의 윤리적 지침은 다음과 같다.

첫째, 삶, 건강, 복지, 생활필수품에 대한 권리는 부, 교육, 여가와 같은 추가적인 재화에 대한 기회와 비밀에 대한 권리에 우선한다.

둘째, 개인의 복지에 대한 기본적인 권리는 다른 사람의 사생활, 자유, 혹은 자기결정권에 대한 권리에 우선한다. 따라서 아이들이 의료적인 치료를 받을 권리와 욕구는 부모가 종교적 신념으로 치료를 중지할 권리에 우선한다.

셋째, 자기결정의 권리는 기본적인 복지권에 우선한다. 이 원칙은 내담자가 관련 지식을 참고하여 자발적으로 결정했다는 것이 인정되고, 그들의 선택과 결정이 다른 사람의 복지를 위협하지 않는다면 받아들여질 수 있다.

넷째, 복지에 대한 권리는 법, 정책, 조직의 질서를 번복할 수도 있다. 어떤 정책이 내담자나 사회복지사의 복지에 해를 주거나 부당할 때 법, 정책, 혹은 절차를 어기는 것은 정당화될 수도 있다.

Loewenberg와 Dolgoff의 윤리원칙은 다음과 같다(이팔환 외, 2001 : 99 재인용).

윤리원칙 1 : 생명보호의 원칙

윤리원칙 2 : 평등 및 불평등의 원칙

윤리원칙 3 : 자율과 자유의 원칙

윤리원칙 4 : 최소해악의 원칙

윤리원칙 5 : 삶의 질의 원칙

윤리원칙 6 : 사생활과 비밀보장의 원칙

윤리원칙 7 : 진실과 사실을 성실히 알릴 원칙

비밀보장은 사회복지실천의 기본 원칙이긴 하지만 절대적인 약속은 아니다. 그러므로 내담자가 자신이나 다른 사람에게 해를 끼칠 위험이 있는 때는 비밀보장이 제한을 받게 된다. 그러므로 비밀보장의 원칙을 지킬 수 없는 상황에 대해서는 사전에 동의를 받아야 한다. 예를 들면, 법적인 문제나 보험청구의 문제 등으로 정보를 공유해야 하는 사항에 대해서는 미리 동의를 구하는 것이 요구된다. 비밀정보를 개방할 수 있는 네 가지 필요조건은 다음과 같다.

① 사회복지사는 당사자가 제3자에게 폭력을 행사할 위험이 있다는 증거가 있어야 한다.
② 사회복지사는 폭력행위에 대한 예측이 가능한 증거가 있어야 한다.
③ 사회복지사는 폭력행위가 임박하다는 증거가 있어야 한다.
④ 사회복지사는 잠재적 희생자를 밝힐 수 있어야 한다.

한국사회복지사협회에서 정한 한국사회복지사 윤리강령은 다음과 같다.

① 사회복지사는 전문가로서의 품위와 자질을 유지하고 관장하는 업무에 대해서 책임을 진다.
② 사회복지사는 전문직의 가치를 견지하면서 관련 지식과 기술을 습득 · 개발 · 전달하는 데 최선의 노력을 기울인다.
③ 사회복지사는 업무수행과정에서 어떠한 압력에도 타협하지 않으며 전문적 관계를 이용하여 부당한 영리를 취하지 않는다.
④ 사회복지사는 복지대상자가 자기결정권을 최대한 행사할 수 있도록 돕는다.
⑤ 사회복지사는 복지대상자의 사상, 종교, 인종, 성별, 연령, 지위, 계층에 따른 차별을 하지 않는다.
⑥ 사회복지사는 복지대상자의 사생활을 존중하고 직무상 취득한 정보를 전문적 업무 이외에는 공개하지 않는다.
⑦ 사회복지사는 동료를 존중과 신뢰로써 대하며 동료 간의 전문적 지위의 인격을 훼손하는 언행을 하지 않는다.

⑧ 사회복지사는 동료나 사회복지기관 또는 단체의 비윤리적 행위에 대하여 공식적인 절차를 통하여 대처한다.

⑨ 사회복지사는 소속기관과 전문단체활동에 적극 참여하여 성장발전과 권익옹호에 힘쓰며 기타 유관기관과는 협조적 관계를 유지한다.

전문인으로서의 사회복지사는 전문적 지식과 기술 등의 전문적 배경과 개인적 특성을 가지고 사회복지를 실천해 나간다. 사회복지사의 전문성은 정규교육과정을 통해서 능력을 갖추게 되며 교육과정에 포함된 지식과 기술은 전문직의 영역을 설명하며 전문적인 유능함의 경계를 형성하는 기초선과 방어장치가 된다. 책임 있는 전문가는 전문직의 영역 내에서 실천해야 한다. 그렇지 않고 전문직의 경계를 넘어선다면 내담자에게 해를 입힐 수도 있다. 왜냐하면 이러한 경계는 전문직의 정규교육과 훈련내용을 구성하는 기준이 되며 전달해야 하는 서비스의 내용을 분명히 하기 때문이다(김혜란, 1998 : 29-31). 사회복지사의 전문적 배경은 이 외에도 신념체계, 가치, 윤리적 원칙을 가지고 있다. 사회복지사는 실천을 통해서 얻어진 경험과 지혜를 가지며 이러한 요소들이 개인의 특성과 어우러져 독특한 스타일을 형성해 나가게 된다. 사회복지사는 자신이라는 도구를 활용하여 내담자들을 원조해 나간다. 그러므로 개인의 개성과 전문성 그리고 내담자의 기대와 장소에 맞는 자기 스타일이 필요하다. 이러한 스타일은 말, 태도, 옷차림 그리고 헤어스타일 모두를 포함한다. 사회복지사가 갖는 개인적 특성과 개성 그리고 능력은 사회복지실천에 많은 영향을 미친다. 사회복지의 전문성에 대한 논쟁으로는 이용자에게 변화를 가져오게 한 것이 전문적인 기법을 사용했기 때문인가 아니면 사회복지사의 성격적 특성으로 인한 것인가에 대한 논쟁이다. 지금까지는 사회복지사의 성격 특성과 대인관계 기술이 성공적인 결과와 관련이 있는 것으로 나타났으며 이러한 요소로는 공감, 온화함, 진실함 등을 지적하고 있다(김혜란, 1998 : 69).

생각해 보기

1. 사회복지사로서의 자신의 가치는 무엇인가?

2. 사회복지직에 대한 자부심은 어떤 것이 있는가?

3. 사회복지사의 윤리강령에 대한 자신의 생각은 무엇인지 나누어 보자.

풀어쓴 사회복지 실천기술

C·H·A·P·T·E·R

08

사회복지사의 자기이해

— 내가 먼저

1. 사회복지사의 자기이해
2. 사회복지사의 스트레스 관리

C·H·A·P·T·E·R

08 사회복지사의 자기이해 -내가 먼저

좋은 사회복지사가 되기 위해서는 자신이 먼저 도움을 받아야 한다. 즉, 자신의 문제나 제한점, 약점을 파악하고 넘어설 수 있어야 한다. 사회복지사는 내담자들을 도와주기 위해서 스스로를 먼저 돕고 스트레스를 관리해 나가야 한다.

1. 사회복지사의 자기이해

사람들을 돕기 위해서는 인간과 인간행동에 대한 넓은 이해와 사람에 대한 깊은 애정이 요구된다. 우선 인간에 대한 애정이 없이는 타인의 고통과 아픔에 대한 관심이 생겨날 수 없다. 그러나 아무리 많은 사랑과 애정을 가졌다고 해도 그것이 인간에 대한 올바른 이해와 건전한 사랑에 기초하지 않는다면, 사랑이라는 이름으로 엄청난 고통을 가하는 경우도 있으며, 관심이라는 명목하에 사생활에 대한 간섭과 침해가 발생할 수 있다. 사람을 이해하는 폭과 사람을 사랑할 수 있는 능력, 효과적으로 도와주는 것도 결국은 도와주려는 사람의 됨됨이만큼, 그릇만큼 가능한 것이다. 그래서 사회복지에서는 사회복지사의 자기인식과 성장을 중요한 요소로 다루게 된다.

인간의 심리와 치료를 다루는 모든 분야에서는 상담자의 자기인식과 성장을 기본으로 하고 있다. 즉, 상담가가 얼마나 자기문제로부터 자유로우며 스스로 치유되었는가 아니면 아직도 본인의 문제에 얽매여 있는가 하는 것은 중요하다. 왜냐하면 이런 자신의 문제나 자기한계와 스스로의 경험으로부터 자유로워지거나, 적어도 자신이 이런 문제를 가진다는 것에 대한 인식이 없다면, 다른 사람을 돕는 과정에서 자기문제에 봉착하게 되며 그 문제로부터 스스로 벗어나지 못하기 때문에 역전이가 일어날 수 있기 때문이다.

예를 들면, 어린 시절 학대를 받은 경험이 있는 사회복지사는 자식을 포기하고 이혼하려는 여성을 상담할 때, 스스로의 경험과 감정에서 벗어나지 못해서 이 여성의 태도에 대해 지나친 비난을 하거나 가치판단을 하게 되며, 당사자가 스스로의 삶을 선택할 수 있도록 돕는 것이 아니라 이혼을 막기 위해서 당사자의 자기결정권을 침해할지도 모른다. 아니면 사회복지사 속에 내재된 분노를 엉뚱하게 내담자에게 폭발시킬지도 모른다. 이러한 태도는 사회복지사가 자신의 문제를 투사해서 역전이가 일어난 것이다. 즉, 자신이 받은 상처로부터 벗어나지 못했기 때문에 발생하는 일이며, 바른 상담가의 태도가 아니다.

사회복지사는 이렇게 자신의 문제로부터 벗어나는 소극적인 태도에서 인간을 더 깊이 이해하고 더 넓게 사랑할 수 있는 인간적 그릇을 준비하고 키우려는 노력과 자기성찰을 게을리해서는 안 된다. 사회복지사는 스스로를 의식적으로 통제하고 책임감 있게 활용하기 위해서 자신에 대한 이해가 요구되며 자기이해를 통해서 내담자와 그들의 문제를 객관적으로 분석하고 책임 있는 전문적인 개입을 할 수 있게 된다.

사회복지사의 자신에 대한 이해로는 개인적인 가치와 신념, 행동 등에 대한 이해를 위해서 자라난 가족적 배경과 그 영향에 대한 객관적인 이해가 필요하다. 이러한 자기이해를 통해서 내담자에 대한 자신의 느낌과 생각을 개인적 경험과 분리시켜 객관적으로 다룰 수 있어야 할 것이다. 만약 사회복지사가 고통스러운 개인의 인생경험과 관련된 감정을 부인하거나 억압하고 무시함으로써 과거경험으로부터 자유로울 수 없다면, 내담자를 돕는 과정에 장애나 오해가 일어나거나 실패감 내지 자기의심이 생길 수 있고 객관적인 상담과 개입에 몇 가지 방해를 받을 수 있을 것이다.

첫째, 감정을 두려워하기 때문에 고통을 넘어 스스로 해답을 찾도록 하기보다는 단지 충고를 한다.

둘째, 특정한 감정이 불편하기 때문에 내담자가 말하고 싶어 하는 주제를 피한다.

셋째, 자기방어에 사로잡혀 내담자의 미묘한 메시지를 들을 수 없으며 당사자의 감정에 부적절하게 반응한다.

넷째, 내담자로부터 사랑받고 싶은 욕구 때문에 직면할 수 없고 해야 할 말을 하지 못한다.

다섯째, 자기 가치가 낮기 때문에 무능해 보이는 것을 몹시 두려워하며, 잘못된 전문가주의로 자신을 위장한다(김혜란, 1998 : 292-293).

사회복지사와 내담자와의 전문적 관계형성을 방해하고 서비스전달에 걸림돌이 되는 요소는 다음과 같다.

① 개인적인 콤플렉스와 감정적 문제들

본인이 특별히 예민하게 여기는 개인적인 문제나 성장과정에서의 부정적 경험과 그와 관련된 감정적 문제들

② 외모와 차림새

전문적이지 못한 차림새와 지나치게 강한 개성을 풍기는 복장은 전문적인 관계형성에 방해가 될 수 있다.

③ 산만한 행동들

내담자의 집중을 방해하는 동작이나 태도, 적극적 경청을 하지 않고 있다는 신호를 주는 습관적인 행동들은 내담자의 기분을 상하게 하고 마음을 열지 못하게 한다. 이러한 행동으로는 다리를 떤다든가 껌을 씹는다든가 아니면 비웃는 듯한 웃음, 말 더듬기 등이 있다.

④ 업무태도

내담자와의 약속을 지키지 않는다거나 시간에 늦고 약속한 자료를 제시하지 않고 잊어버리는 등의 태도는 신뢰관계를 형성하는 데 방해가 된다.

2. 사회복지사의 스트레스 관리

사회복지직은 스트레스가 많은 전문직이다. 그러므로 소진되지 않기 위해서 스스로 노력하는 것이 요구된다. 이렇게 스트레스로부터 벗어나기 위한 대처방법은 다음과 같다.

첫째, 자신에게 맞는 업무를 찾아야 한다. 능력을 벗어나는 일이나 자신이 없는 일을 수행한다는 것은 개인적인 어려움뿐만 아니라 업무의 효율성이라는 측면에서도 문제가 될 수 있다. 그러므로 스스로 잘할 수 있고 좋아하며 적절한 일을 찾는다는 것은 중요하다. 이렇게 자신에게 맞는 일이라는 것은 업무능력이라는 면과 함께 업무에서 요구되는 가치와 개인적인 가치가 일치하는가라는 점도 중요하다. 가치갈등을 일으키는 일은 스트레스가 되며 수행의 효과성에도 문제가 발생할 수 있다.

둘째, 업무에서 발생하는 스트레스에서 벗어나기 위해서는 업무와 전혀 다른 활동에 참여하는 것이 필요하다. 그래서 흥미나 관심에 따른 취미활동에 참여함으로써 업무에서 벗어나서 쉴 수 있고 여유를 가질 수 있게 되며 휴식을 취할 수 있게 된다.

셋째, 스트레스를 많이 받는 일을 하는 사람은 운동과 영양 그리고 적절한 수면을 통해서 스스로를 보호할 수 있어야 할 것이다. 이렇게 하기 위해서는 시간을 적절히 관리할 수 있는 능력과 함께 속도를 조절할 수 있는 능력이 요구되며, 정신적인 고양이나 스스로에게 도움이 되는 말이나 음악 등을 가까이 두고 활용할 필요가 있다.

넷째, 개인적인 어려움이나 문제가 생겼을 때는 동료나 친구의 조언을 구하며 어려움을 나눌 수 있는 사람들을 통해서 위로와 지지를 받을 수 있어야 한다.

스트레스에서 벗어나는 또 다른 방법은 유머를 활용하는 것이다. 유머는 삶에서 중요한 요소로 지나치게 심각해지거나 좌절에서 벗어나고 스트레스로부터 해방되기 위해서도 중요한 의미를 지닌다. 스트레스를 많이 겪는다고 판단되면 유머와 농담하는 시간을 가짐으로써 털어버릴 수 있는 기회를 가진다. 집단적으로 하는 방법으로는 유머게시판을 만들어 재미난 이야기를 나눌 수 있도록 한다. 요즘은 유머를 모은 인터넷 게시판이나 동영상을 활용하기도 한다. 이용자를 대하는 태도에서도 지나치게 심각해지지 않기 위해서 적당한 유머감각을 갖는 것은 효과적이다.

신선한 고기(fresh fish) 이론은 사회복지사에게도 적용될 수 있다. 신선한 고기 이론이란 시애틀의 생선상가에서 실제로 발생한 일에서 나온 이론이다. 사실 생선가게에서 일하는 것은 보수도 많지 않으면서 열악한 환경에서 일하는 고된 노동이다. 그래서 자연 이직률이 높지만 선택의 여지조차 없이 그곳에 남게 되는 사람들이 있다. 이들은 이왕에 하는 일을 좀 더 즐겁고 재미있게 하기 위해서 고기를 서로 던지며 장난을 치고 노래도 하면서 즐거운 마음으로 장사를 하게 되었다. 그러자 이런 재미있는 광경을 보기 위해 사람들이 모여들게 되어 매상이 오르고 처우도 개선되게 되었다. 그래서 시애틀에는 프레쉬마켓이 관광명소가 되었고, 그곳의 생선가게들은 활기가 넘치며 재미있는 아이디어와 동작으로 생선거래를 하는 흥미 넘치는 장면들이 연출되고 있다. 이처럼 이왕에 하는 일이면 스트레스에서 벗어날 수 있도록 즐겁게 일하는 것이 효율성도 높이고 사회복지사와 이용자 모두를 위해서 도움이 될 것이다.

사회복지직은 비록 사회적 평가는 낮다고 해도 인간의 존엄성이라는 가치와 인간 모두의 평등과 사랑이라는 고귀한 정신을 실현하는 직업이라는 사실에 대해서 자부심을 가져야 할 것이다. 이러한 직업적인 자부심과 자아존중감은 직무로부터 오는 스트레스를 완화하고 업무를 효율적으로 처리할 수 있도록 도우며 내담자의 자아존중감을 높이는 데도 기여할 것이다. 더 나아가서 사회복지의 실천과정에서 직면하게 되는 상황과 일들에 대해서 유머감각을 잃지 않으며 너무 심각해지지 않아야 할 것이다. 이러한 여유로운 태도는 사회복지사의 소진을 막고 창의성을 발휘할 수 있는 힘이 되기 때문이다.

사회복지사의 자기관리는 주어진 목적과 목표를 성공적으로 달성하는 것을 넘어서 그 모든 과정을 통해서 배우고 성장하며 인간적인 성숙으로 이어지는 과정까지 포함한다. 왜냐하면 인간적인 성장과 성숙이야말로 어려운 과정을 견뎌낸 사람에게 주어지는 가장 값진 보상이기 때문이다. 그리고 힘든 과정을 마다않고 다시 시작할 수 있는 용기를 낼 수 있게 하는 원동력이 된다. 더 나아가서 스스로의 삶의 의미와 가치를 되새기는 과정으로 변화를 이끌어 나오는 과정에서 겪은 상처와 피로를 말끔히 회복시켜 주기 때문이다.

최선화(2019). 사회복지사와 함께한 변화, p. 34.

생각해 보기

1. 사회복지사로서의 자기분석을 해보자.
   어떤 동기로 사회복지를 공부하게 되었는가?

2. 사회복지사로서 본인은 어떤 강점과 약점을 지니는지 분석해 보자.

3. 업무에서 오는 스트레스를 풀기 위한 개인적 방법은 무엇인가?

C·H·A·P·T·E·R

09

기록과 평가

—결과가 말한다

1 기 록
2 평 가

C·H·A·P·T·E·R

09 기록과 평가 -결과가 말한다

사회복지적 개입과 실천과정에 대한 기록과 평가는 다양하게 활용되며 중요한 의미를 지니는 필수과정이다. 만약 개입이 소기의 목적을 달성하지 못한다면 시간과 자원의 낭비일 뿐이다. 그러므로 실천의 결과에 대한 평가를 통해서 더 효과적인 개입방법에 대한 모색이 이루어지게 된다.

1. 기 록

사회복지실천에서 기록은 그 쓰임새가 다양할 뿐 아니라 중요한 과정이다. 사회복지실천과정을 기록자의 편견을 배제하고 일정한 틀이나 양식에 따라 활동내용을 기록으로 남김으로써 여러 용도로 활용할 수 있다. 사회복지실천 기록은 사회복지사가 개입한 사례를 계획에서부터 종결과 사후지도까지의 전 과정을 합당한 형식을 갖춘 틀에 따라 객관적으로 서술하는 것을 말한다(최옥채, 2002 : 139).

1) 기록의 목적

기록은 정보를 보존하고, 서비스 전달을 촉진하며, 실천가들을 교육 및 감독하고, 서비스의 질을 높이며, 조사·연구를 돕기 위해서 사용한다. 기록의 목적은 책임성이다. 사회복지사들은 자신이 제공한 서비스를 기록하고 설명하며 평가함으로써 이용자와 기관 및 사회에 대한 법적·윤리적 책임을 지게 된다(Kagie,

1995). 기록의 목적과 유용성을 구체적으로 살펴보면 다음과 같다(양정남 · 최선령, 2002 : 105).

① 당사자의 욕구 파악

기록은 관심의 초점이 되는 문제에 대한 서비스 내용뿐만 아니라 당사자의 상황에 관한 기술과 사정 그리고 사회 · 심리적 판단을 포함한다. 이런 내용들은 서비스 교류가 이루어지는 동안 수정되고 최신 정보로 대체될 수도 있다.

② 사회복지실천 증빙자료

당사자의 상황이나 서비스 과정에 영향을 주는 주요 사건들에 대해 보고한다.

③ 서비스의 계속성

사례가 다른 사회복지사나 기관으로 넘어갈 때, 당사자와 마지막 접촉 후 상당히 시간이 흐른 경우, 또는 당사자의 상황이 복잡하고 서비스가 광범위할 때 특히 유용하다.

④ 다른 전문가와 의사소통의 원활화

타 분야의 전문가와 함께 일하는 장소에서 기록은 전문적 공조체제를 원활하게 해준다. 팀 구성원들에게 집단결정과 행동을 강화시켜 주는 자원을 제공하며, 전문가들의 개별적 노력을 조정할 수 있도록 돕고, 팀의 모든 구성원들이 접할 수 있는 새로운 정보를 만들어 낸다.

⑤ 지도감독 및 자문 그리고 교육과 훈련의 자료

초보 사회복지사들이 상담기술을 향상시키고 개입의 질을 높이기 위해서는 지도감독을 받거나 자문을 구하게 된다. 이럴 경우 기록을 보면서 개입이 적절했는지 아닌지를 구체적으로 교육받을 수 있다. 실습생들의 경우에도 실습일지나 기록을 통해서 실천에 대한 교육과 자문을 받게 된다. 이렇게 교육용으로 기록할 경우에는 대화체로 기록하는 것이 교육받는 데 더 유리하다.

⑥ 조사연구의 자료 및 통계보고서로 활용

사회복지실천현장에서의 기록은 현장에서 어떤 일들이 일어나고 있으며, 어떤 어려움이 있는지를 생생하게 보여주는 자료가 된다. 또한 새롭게 요구되는 기술이나 정책이 무엇이며 실천의 기술과 이론들이 어떻게 적용되는지를 검증할 수 있는 연구자료로 활용되고 있다.

⑦ 정보를 공유하고 서비스의 과정과 결과 평가

기록을 통해서 당사자에 관한 정보를 공유하고 서비스가 어떻게 진행되었으며 어떤 결과를 가져왔는지를 평가할 수 있다. 이런 측면에서 기록은 사회복지사가 바뀌는 경우, 타 부서와의 연계, 서비스의 적절성 등을 파악하고 평가하는 자료가 된다.

2) 기록의 내용

사회복지실천에서 기록에 기본적으로 포함되어야 할 내용은 다음과 같다(Kirst-Ashman & Hull, Jr., 1999).

① 의뢰와 방문이유
② 문제의 본질
③ 기관에 대한 당사자의 기대
④ 당사자의 동기 및 기관의 서비스를 활용할 능력
⑤ 당사자의 사회적 자료(생년월일, 종교, 직업, 몸무게, 주소, 연락처, 발달단계, 교육과 직업력, 건강, 가족력 등)
⑥ 당사자 상황에 대한 사정
⑦ 목표
⑧ 계약
⑨ 개입전략
⑩ 당사자와 사회복지사의 상호작용 정도, 케이스 진전상황, 목표달성의 잠재적 혹은 실제적 장애
⑪ 사후관리계획

3) 기록의 원칙

사회복지실천 기록은 사회복지사와 당사자, 그리고 기관이 상호 밀접한 관계를 가질 뿐만 아니라 이들에게 매우 유용한 문서이므로 다음과 같은 몇 가지 원칙을 가져야 한다(최옥채, 1999 : 142-143).

① 비밀보장

기록의 내용은 비밀이 보장되어야 한다. 그러므로 사회복지사가 개입한 사례는 반드시 자신이 기록해야 하며 특정인의 사사로운 목적으로 공개할 수 없다. 교육상 공개해야 할 경우에도 사전에 참여자들로부터 허락을 받고 당사자는 물론 모든 참여자의 이름은 가명으로 기록해야 하고 가명임을 밝혀야 한다.

② 객관성 유지

기록자 임의로 기록해서는 안 된다. 즉, 사회복지사의 개입내용이 과장되거나 축소되어 기록될 수 없다. 특히 사회복지사는 자신이 개입한 결과에 대한 평가를 두려워하지 말고 겸손하게 받아들이는 자세로 임함으로써 기록의 객관성을 유지해야 한다.

③ 논리성 유지

기록은 논리적이어야 한다. 즉, 다음 활동계획은 전 활동의 평가내용과 맞아야 하고, 평가는 사회복지사의 개입내용에 근거해야 한다. 활동내용은 목표달성을 위한 소 프로그램의 적용을 다루어야 하며, 소 프로그램은 활동목표에 맞아야 한다. 이는 결국 사회복지사의 개입이 계획적으로 이루어져야 함을 의미한다.

4) 기록의 종류

사회복지실천 기록은 기록유형에 따라 달라질 수 있고, 기록의 유형은 이용자의 규모에 따라 달라질 수 있다. 이는 사회복지사가 개입하는 대상(개인 또는 집단이나 지역사회 등)과 이들의 특성에 따라 기록방식이 달라진다. 현재 다양한 기록체계가 존재하지만 여기서는 메모를 이용한 요약기록과 녹음과 녹화를 이용한 과정기록에 대해서 살펴보도록 한다.

(1) 메모와 요약기록

사회복지사는 상담을 시작하기 전에 먼저 기록에 관한 방법을 당사자와 함께 논의해서 동의를 구해야 한다. 메모를 할 경우는 왜 메모를 하는지 그 이유를 설명해 주고 시작함으로써 당사자가 안심하고 상담에 임하도록 도울 수 있다.

메모는 상담의 통합적인 부분으로 사회복지사에게 상담내용을 상기시키고 당사자가 한 계약이나 사회력에 관한 정보, 전문적인 중요사항 교환, 해결되었거나 미결로 남아 있는 사항에 대한 정리 등을 기록하는 데 요긴하게 사용된다. 그러나 상담이 메모보다 우선되어야 한다. 만약 내담자가 상담 중 기록에 대해 신경을 쓰거나 주저함을 보이면 사회복지사는 기록에 대한 태도와 심정에 대해 이야기를 나누어 보고 만약 기록하는 것이 방해가 된다면 중단해야 한다.

메모의 장점은 상담 중에 메모를 많이 할수록 종결 후 기록하기가 편리하며, 내담자가 요구하는 서비스나 중요한 사건에 대해서 통보하거나 주의를 환기시킬 때 요긴하게 사용될 수 있다. 그러나 메모의 단점은 상담과정에 주의를 산만하게 할 가능성이 있으며 시선을 종이 위에다 둘 경우 중요한 비언어적 정보를 놓쳐버릴 수도 있다는 것이다. 또한 당사자로 하여금 어떤 내용에 대해 선택적으로 집중하도록 할 위험이 있고 당사자의 방어심리를 조장할 수도 있다. 따라서 메모의 작성요령은 시선을 돌리거나 종이를 보지 않고 메모하고, 상담의 단편적인 내용을 적절하게 기억할 수 있도록 주요 어귀나 낱말을 기록하도록 한다(양정남 · 최선령, 2002).

요약기록은 1회의 면접에서 파악한 것을 전체적으로 요점을 정리하여 기술하는 방식이며, 압축기록이라고도 한다. 요약기록을 정리하는 요령은 다음과 같다.

첫째, 면접할 동안 사회복지사와 내담자가 한 말을 반복하지 않는다.

둘째, 주된 관점은 당사자이며 사회복지사는 진단적 요약이나 사회복지사가 받은 인상 또는 사정과 같은 특정 문제와 관찰이나 감정과 분석적 사고를 기록

한다.

셋째, 요약기록은 결과를 서술하는 것이지만 보통 사회복지사가 그 결과를 얻기 위해 취한 모든 단계를 서술하지는 않는다.

(2) 과정기록

과정기록은 사회복지사와 상담하는 동안 일어난 모든 내용을 대화형태 그대로 기록하는 것이다. 이러한 기록은 교육 및 지도・감독 시에 매우 유용하게 사용되나 시간과 비용이 많이 소모된다는 한계를 지닌다. 과정기록은 사회복지사와 내담자의 상담 전개과정을 시간적 흐름에 따라 기술하는 방식으로 당사자가 말한 내용, 행동한 것, 사회복지사가 말한 내용과 느낌을 포함한다. 즉, 기록의 정리방식이 연극의 대본과도 유사하다. 녹음과 녹화는 메모하는 것보다 모든 대화의 내용을 기록하여 제공하기 때문에 효과적이지만 녹음은 풀어 쓰는 데 많은 시간과 노력이 요구된다. 녹화는 최근 들어 널리 보급되고 있으며 녹화방식을 통해서 상담의 기술을 향상시키고 있다.

비디오나 오디오를 통한 촬영과 녹음은 내담자에게 유익한 피드백을 제공할 수 있다. 왜냐하면 당사자 자신의 상호작용을 있는 그대로 화면으로 보여주기 때문이다. 예를 들어, 내담자가 자신의 목소리를 듣게 되었을 때 자신이 분명하게, 알아들을 수 있는 만큼 큰 소리로 말하지 않는다는 것을 알 수 있게 된다. 시청각 자료 이용 시 유의사항은 다음과 같다(최옥채, 2002 : 110).

첫째, 반드시 당사자의 허락을 받아야 한다.

둘째, 녹화된 회기(session)를 요약하여 기록하여야 한다.

셋째, 슈퍼바이저와 함께 테이프의 요약기록을 검토하여야 한다.

넷째, 슈퍼바이저와 토론을 통하여 배운 것을 업무에 적용하고, 기관이 사용하는 양식대로 보고서를 작성하여야 한다.

마지막으로, 기록기술을 익히는 데는 왕도는 없지만 다음과 같은 전략을 활용한다면 기록의 기술을 익히는 데 도움이 될 것이다.

첫째, 녹음기를 이용하여 활동내용을 녹음한 뒤 이를 풀어 쓰는 것이 바람직하다. 이 방법은 번거로운 면이 있으나 초보자가 이 과정을 거치는 것은 중요한 경험이다.

둘째, 고유명사, 숫자, 전문용어, 기타 생소한 단어는 상담 중에 간략히 메모해 두는 것이 좋다. 고유명사, 숫자, 전문용어 등은 잊기 쉬우므로 상담에 지장을 주지 않는 범위 내에서 수시로 메모하여 활용하는 것이 바람직하다.

셋째, 사회복지사는 유용한 기록을 위해 기록의 내용, 구성, 기록빈도 등을 정리하는 지침을 가지는 것이 유용하다(홍순혜 · 한인영, 1997 : 35).

2. 평 가

사회복지실천에서 평가는 간단하게 표현하면 집단과정에서 환류와 같이 실천적 개입이 소기의 목적을 달성하고 당사자에게 얼마나 변화를 가져왔는지를 알아보는 것으로, 실천의 효과를 검증하는 과정이다. 또한 평가를 통해서 좀 더 효과적인 새로운 개입방법을 모색하기 위한 과정이다. 평가를 통해서 사회복지사가 당사자의 문제해결능력이 어느 정도 향상되었는지 또는 어느 정도 목표를 달성했는지를 측정하는 것은 직접적인 실천에서는 중요한 과정이다. 그러므로 평가를 위한 절차, 내용 등에 대한 계획을 세우고 실천하는 자세를 가져야 한다.

평가는 실천평가와 프로그램 평가로 구분할 수 있다. 먼저, 실천평가는 사회복지사의 개입 노력, 즉 개인, 가족, 집단, 조직, 지역사회의 변화를 사정하는 것으로 원조과정 동안 사회복지사가 과정을 검토하고 필요할 경우 개입계획을 수정할 수 있는 형성평가와 최종 결과물을 평가하고 성공 혹은 실패와 관련된 요인을 알아내는 총괄평가로 구분된다. 또한 프로그램 평가는 당사자 혹은 전체 지역사회 단위에 제공되는 프로그램의 효과와 효율성을 평가한다. 프로그램을 시험하고 이용자나 지역사회에 더 좋은 서비스를 제공하도록 그 기능을 수행하고 변화시키는 데 토대가 되는 것은 형성평가이고, 이사장이나 재원 제공자에게 프로그램을 실시하고 난 결과를 보고하는 것은 총괄평가가 된다(B. Sheafor et al.,

1997, 김혜란, 1998 재인용). 여기에서는 실천과 관련된 개입의 효과성 평가만을 다루도록 한다.

1) 단일집단 사전 · 사후 검사

이 평가는 프로그램을 시작하기 전에 사전조사를 실시하고 프로그램을 종결하면서 사후조사를 실시하여 프로그램의 실시 전과 후를 비교하는 것으로 집단프로그램의 효과성을 분석하는 가장 일반적인 활용 방법이다. 이 방법은 약물남용 이용자 등 비교집단을 구하기가 쉽지 않은 경우에 많이 사용된다. 비교집단을 만들기 어려운 경우에는 단일집단에 대해서 사전 · 사후 검사를 활용하게 된다.

단일집단 사전 · 사후 검사

O_1 ⟶ X ⟶ O_2

O_1 : 사전조사　　X : 개입　　O_2 : 사후조사

2) 실험설계(통제집단 사전 · 사후 검사)

실험설계는 단일집단 사전 · 사후 검사와 비교해서 내적 타당도가 저해되는 요인들을 통제하는 우수한 설계이며, 가장 기본적인 설계로는 통제집단 사전 · 사후 검사가 있다. 실험설계를 통해서 평가하고자 할 때는 다음과 같은 세 가지 조건을 충족시켜야 한다.

첫째, 사회복지사의 편견 없이 이용자를 무작위로 실험집단과 통제집단이라는 두 집단으로 할당하는 것(무작위 할당)

둘째, 실험집단에만 평가하고자 하는 프로그램(독립변인)을 제공하고 통제집단에는 제공하지 않는 것(독립변수 조작)

그러나 통제집단도 기존의 서비스는 그대로 제공하고 평가 프로그램의 서비스를 제공하지 않는 것을 말하며,

셋째, 종속변인의 변화를 측정해야 한다(종속변수의 비교)(엄명용 외, 2005 : 461).

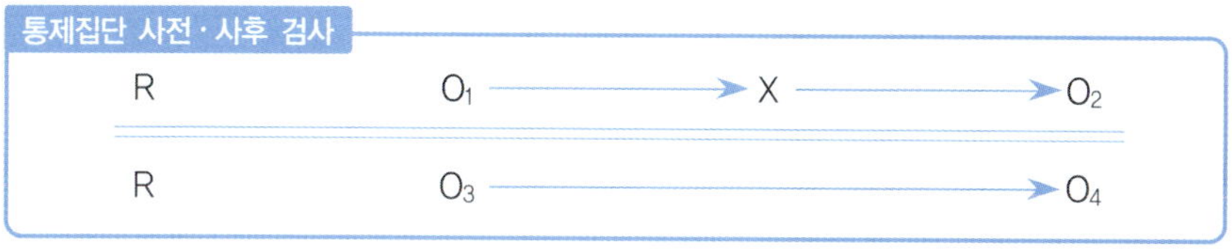

R : 무작위할당(=) O₁, O₃ : 사전조사 X : 개입 O₂, O₄ : 사후조사

3) 유사실험설계(비동일 통제집단 설계)

실험설계가 방법론적으로 매우 우수한 설계이지만 사회복지실천현장에서 활용하기가 쉽지 않다. 가장 큰 이유는 유사한 문제를 가진 이용자를 두 집단으로 할당한 후 한 집단에만 프로그램을 제공하고 다른 집단에는 제공하지 않는다면 윤리적 문제가 발생할 수 있기 때문이다. 실험설계의 대안으로 유사실험설계를 고려해 볼 수 있는데 이는 대상자를 무작위로 실험집단과 통제집단으로 할당하는 대신 실험집단과 유사한, 즉 문제의 심각성, 인구사회학적 배경 등이 유사 또는 동등한 수준임을 밝힐 수 있는 비교집단을 구성하는 것으로 실험설계보다는 내적 타당도는 떨어지지만, 현실적인 평가방법이 될 수 있다(엄명용 외, 2005 : 464).

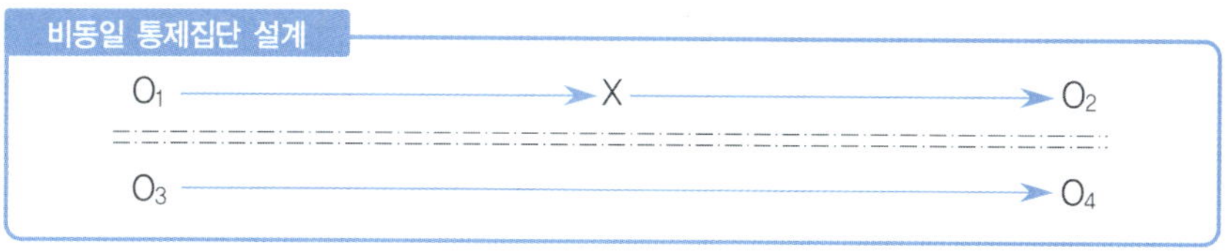

O₁, O₃ : 사전조사 =:=:=:=:=: : 임의할당 X : 개입 O₂, O₄ : 사후조사

4) 단일사례설계

단일사례설계는 대개는 개인이지만 가족, 소집단, 조직, 지역사회 등 단일한 실천상황에 초점을 두는 것으로 사회복지실천에서 가장 널리 이용되는 평가방법이다. 이 방법은 당사자가 통제집단이 되어 하나 이상의 개별화된 기초선 측정을 설정하여 개입과정에서 변화가 측정되는 기준점으로 사용한다.

• 표적행동 : 개입으로 변화시키고자 하는 행동
• 기초선 : 일정 기간 표적행동의 빈도, 강도, 지속시간을 관찰하여 설정
• 복수기초선 : 하나 이상의 기초선
• A : 기초선 자료가 수집되는 시기
• B : 개입기간

(1) AB 설계

가장 기본적인 유형으로 기초선 설정 후에 개입이 뒤따르는 것을 말하며, 기초선에서와 다른 변화가 측정된 것은 개입의 영향으로 본다.

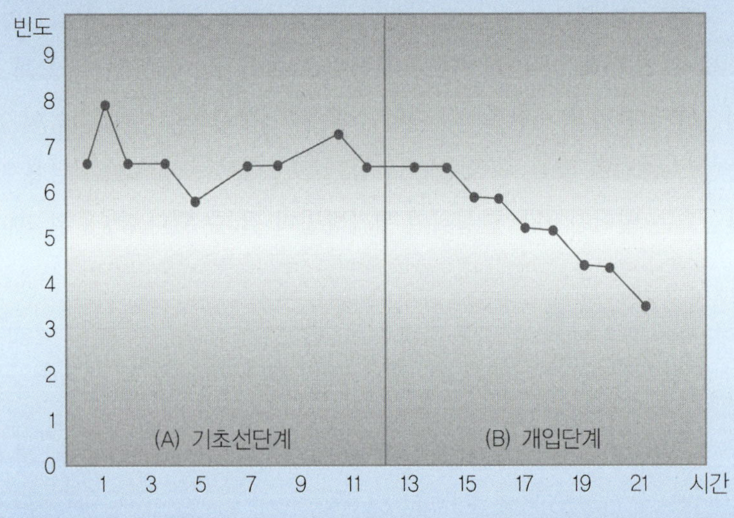

(2) ABAB 설계

AB 설계를 확장한 유형으로 기초선단계와 개입단계가 각각 2개로 구성되어 있다. ABAB 설계의 장점은 개입의 효과를 보다 명확히 제시할 수 있다는 점이다. AB 설계의 경우 결과가 개입의 효과임을 명확히 알 수 없다는 단점이 있으나 ABAB 설계는 당사자의 변화가 개입의 효과인지를 보다 분명하게 나타낼 수 있다.

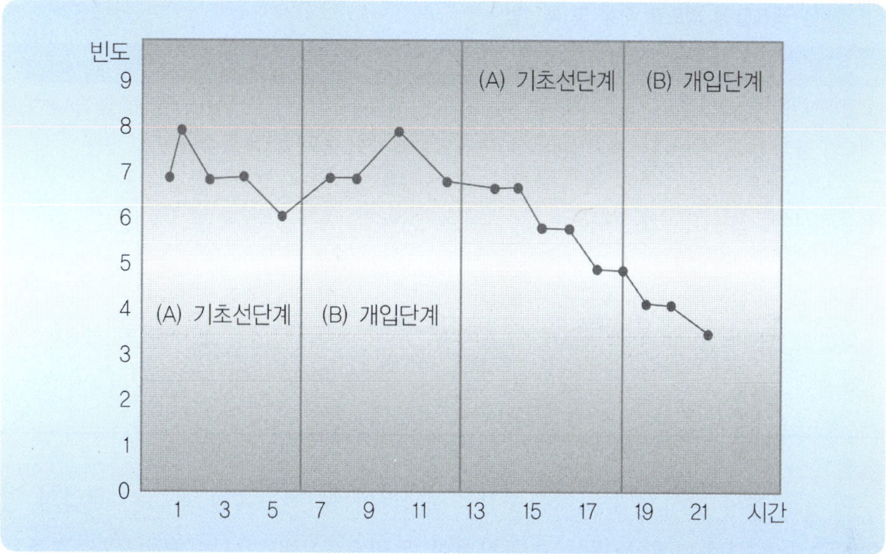

5) 목표달성 척도

목표달성 척도(GAS : Goal-Attainment Scaling)는 목표를 설정하고 목표달성 정도의 측정을 통해 개입의 효과를 평가하는 유용한 도구 중 하나이며, 장점은 다음과 같다.

첫째, 당사자의 개인목표에 따라 자유롭게 정할 수 있다.

둘째, 당사자와 사회복지사의 목표가 의미하는 바를 명확히 이해할 수 있도록 원조하며 목표달성 정도를 계량화할 수 있다.

활용방법은 다음과 같다.

첫째, 당사자의 목표를 결정한다.

둘째, 목표달성 정도를 리커트 척도와 마찬가지로 5점 척도화한다.

셋째, 평가를 위한 기간을 정하고 사회복지사와 당사자가 함께 목표달성 정도를 평가한다.

〈표 9-1〉 목표달성 척도표 작성 및 계산법

당사자 이름 :	일반목표 : 당사자의 자아존중감 향상	날짜 : / /
성과의 수준(척도의 점수)	목표 1 : 재정적인 독립(0.6)	목표 2 : 체중감소(0.4)
최적의 향상 (0.1)	• 전임직장을 구하고 최저임금을 훨씬 상회한 보수와 의료보험 혜택	체중 30kg 이상 감량
기대 이상으로 향상 (0.75)	• 전임직장을 구하고 최저임금을 약간 상회하는 보수 수준	체중 15~30kg 정도 감량
기대한 정도의 향상 (0.5)	• 전임직장을 갖고 최저임금 수준의 급여	체중 5~10kg 정도 감량
기대 이하의 성과 (0.25)	• 시간제 직업을 구함	체중 5kg 이상 줄이지 못함
전혀 성과가 없음 (.00)	• 직장과 일거리를 갖지 못하고 여전히 부모와 동거	체중 증가

이 사례에서 당사자의 자아존중감을 향상시키는 전반적인 목표는 개입의 영역이 2개로 분화되어 한편에는 재정적인 독립을 구하고 다른 한편으로 체중감소를 위해서 노력하는 것에 개입의 초점을 모을 수 있다. 전반적인 목표달성의 정도를 가늠하기 위해서 목표 1은 기대 이상으로 향상(0.75)을 보이고 목표 2는 기대한 정도의 향상(0.5)을 보였다면 다음과 같이 계산할 수 있다.

전반적인 목표달성 수준(GGAL) = (목표 1의 가중치×성과수준)+(목표 2의 가중치×성과수준)

$$\therefore \text{GGAL} = (0.6 \times 0.75) + (0.4 \times 0.5)$$
$$= 0.45 + 0.2$$
$$= 0.65$$

이러한 점수는 기대한 정도의 향상(0.5)보다 30% 기대 이상의 성과를 올린 것으로 판정할 수 있다.

C·H·A·P·T·E·R

10

사회복지의 예술성

—차가운 머리와 따뜻한 가슴

C·H·A·P·T·E·R

10 사회복지의 예술성 —차가운 머리와 따뜻한 가슴

사회복지는 과학과 예술의 조합이라고 한다. 과학적 기반은 주관적 판단의 오류를 최소화시키기 위해서 전문직에서는 기본적으로 요구된다. 그러나 사회복지는 이러한 과학적 기반으로만 사람을 대할 수 없다. 왜냐하면 사람은 모두가 다른 독창성과 특이성을 가지기 때문이다. 그래서 과학적 지식을 개인마다 독특하게 적용해 나가기 위해서는 직관과 창의성, 개인적 가치관과 태도 및 스타일이 발휘되어 문제를 다루어 나가게 된다.

예를 들어보자. 아이가 울 때는 배가 고프거나 기저귀를 갈 필요가 있을 때라는 것은 지식에 속하는 과학적 부분이다. 우는 소리만 들어도 왜 우는지를 아는 것 그리고 지식을 다 동원해도 계속해서 우는 아이를 달래야 하는 것은 직관적으로 또는 경험적으로 처리해야 하는 예술에 해당된다.

지금까지는 사회복지실천기술을 전문적이고 과학적인 접근이라는 측면에서 살펴보았다. 그러나 사회복지는 사람을 다루는 학문이기에 기술로 냉정하고 객관적인 이성만으로 되는 것이 아니라 부드럽고 따뜻하며 직관적인 감성이 동시에 요구되는 학문이며 실천기술이다. 이러한 사회복지실천의 예술성은 즉시성과 직관에 의해서 어떤 기법을 언제 어떻게 활용할 것인가라는 문제와 관련된다. 그리고 어떤 이론이나 기법이건 간에 그것을 익히고 실행하는 것은 개인적인 능력이고 기술이며 실천하는 사람이라는 또 다른 변수가 개입되어, 실천하는 사람의 인성과 태도에 따라서 많은 영향을 받게 된다.

예술이란 학습만으로 배울 수 없는 직관적인 능력이라고 할 수 있다. 사회복지에서 배운 많은 지식들을 언제 어떻게 활용하는가는 과학적인 근거에 기반하지만 즉시성이라는 직관적이고 예술적인 능력이 발휘되어야 한다. 사람을 다루는 영역은 항상 가변적이며 수많은 요소들이 개입되기 때문에 그 순간에 적절한 것을 찾아내는 능력인 직관에 의해 판단해야 하는 경우가 많다. 직관적 요소는 학습만으로 배울 수 없으며, 개인적으로 개발해 나가기 위해서 지속적으로 노력해야 할 부분이다.

Sheafor는 사회복지실천에서 예술에 해당하는 구성요소를 사회복지사의 동정과 인간의 고통을 직면할 수 있는 용기, 의미 있고 생산적인 원조관계를 수립할 수 있는 능력, 변화에 대한 장벽을 극복하는 창의성, 변화과정에 에너지와 희망을 불어넣는 능력, 건전한 판단력, 적합한 개인적 가치들, 효과적인 전문가의 스타일을 형성하는 것 등을 들고 있다(엄명룡 외, 2005 : 57). 이처럼 사회복지는 지식과 객관적인 정보를 넘어서서 사회복지를 실천하는 사람들 각자가 스스로 익히고 배워나가는 과정이 요구된다. 그리고 이 모두에 앞서 사람을 중히 여기고 모두를 최고의 모습으로 대하는 것이다. 사회복지사와 이용자와의 만남을 통해서 이용자들이 얼마나 소중한 존재인가를 지속적으로 표현해 줌으로써 그들이 스스로 자신들을 위해서 어떠한 노력이라도 할 만한 가치가 있다는 것을 믿게 해야 한다.

탈무드에는 이러한 기술과 관련해서 재미있는 이야기가 있다.

'아버지 도둑은 자신이 더 오래 살지 못할 것을 알고서 아들에게 도둑질하는 기술을 전수해 주기로 결심했다. 어느 날 밤 자는 아들을 깨워서 함께 부잣집을 털러 나갔다. 아버지는 아들을 광에다 가두어 두고 도둑이야 하고 소리쳐서 집안 사람들을 모두 깨워놓고는 혼자 집으로 돌아와 버렸다. 영문도 모르고 광에 갇힌 아들은 아버지에 대한 배신감으로 기가 막히는 노릇이었지만 천신만고 끝에 도망쳐 나와서 집으로 와보니 아버지는 곤히 잠들어 있었다. 분한 마음에 아버지를 깨워서 도둑질하는 기술을 가르쳐 준다고 해서 따라갔는데 이럴 수가 있느냐고 따지자 아버지는 이제는 더 가르칠 것이 없다며 돌아 누워버렸다.'

탈무드다운 이야기다. 말로써 가르치는 것이 아니라 스스로 깨쳐나가도록 기회를 만들어 주며, 어떻게든 자신이 알아서 해결해 나가도록 힘을 길러나가는 것이 사회복지의 예술성이다. 즉, 언제, 어떻게, 어떤 기술을 사용해서 이용자의 욕구를 충족시켜 줄지와, 직면한 어려움이나 문제에서 벗어날 수 있도록 도와나가는 기술은 사회복지사가 스스로 익혀나가야 하는 사회복지의 예술성이다.

생각해 보기

1. 사회복지사로 자신의 창의적 측면은 어떤 것인가?

2. 전문적 유연성과 창의성을 발휘하기 위해서 어떤 노력을 하고 있는가?

나오며

시작이 반이다. 지금까지 충실히 따라왔다면 이제 스스로 실천해 볼 때가 되었다. 이미 이 과정을 공부해 오면서 자신에 대해서 그리고 가족과 주변 사람들에 대해서 다시 생각해 보고 새로운 시도를 해보았을 것이다.

사회복지를 공부함으로써 사람에 대한 이해의 폭이 넓어졌다면 그리고 주변 사람들에 대한 태도가 조금이라도 달라졌다면, 아니면 새로운 시각으로 자신을 인식하기 시작했다면 시험성적에 상관없이 이 과정을 통과한 것이고 이제는 시작해 볼 준비가 되었다. 배우는 길은 여러 가지가 있다. 모든 길이 로마로 통하듯이, 이제는 책이나 글 또는 강의를 통해서 배우는 것이 아니라 스스로 실천해 봄으로써 더 깊이 있게 배우게 될 것이다. 이 책은 그 길까지의 안내 역할을 맡았다. 실천해 볼 용기를 줄 수 있고 시작할 수 있는 단계까지 갈 수 있다면 다행이다. 그 다음은 스스로 알아서 찾아갈 수 있을 것이다.

여기에서 다룬 내용이 사회복지실천 분야에서 필요한 지식의 모두인 것처럼 착각하면 곤란하다. 비유적으로 표현하면 단지 말을 물가까지 끌고 왔을 뿐이며 물을 마시고 기운을 찾아 맡은 임무를 완성해 나가는 일은 각자에게 남겨져 있다. 그러므로 지금은 단지 시작일 뿐이며 또한 시작으로 충분하다. 더 멀고 흥미로운 배움과 깨달음이라는 재미있는 길이 멀리 펼쳐져 있다.

책머리에 있는 시를 기억하기 바란다. 스스로 부족함이라는 돌부리에 걸려 넘어지게 되면 바로 그 부족함을 메우기 위해서 다시 배우고 익히게 된다는 것을, 부족함을 느끼는 마음이 바로 다시 배우게 만드는 디딤돌이 된다는 것을. 상처받은 사람들이 그 상처를 극복하는 과정을 통해서 성숙해 가듯이 우리 모두는 부족함을 알기에 멀리 가고 오래 가며 끊임없이 배우고 익혀나가게 된다. 우리 모두는 안다. 스스로 부족하다는 생각과 그 겸손함이 우리 모두를 키우는 큰 힘이 된다는 것을.

반복적으로 발생하는 문제와 일상을 새롭게 익히고 눈 떠 갈 수 있고 새로운 기술과 기법을 개발하고 개척하는 길로 이어지기 바란다. 이 길은 쉽지는 않지만 보람되고 가볼 만한 가치가 충분히 있는 길이다. 모두의 새로운 배움과 추구라는 여정에 축복이 함께하기를…….

C·H·A·P·T·E·R

부록

실천기법 모음

— 입맛대로

1. 정서 및 감정 다루기
2. 나 – 전달법
3. 자기대화관리
4. 가족과 관련된 기법
5. 자아성장기술
6. 감수성 훈련
7. 의사소통훈련
8. 타임아웃
9. 행동시연

C·H·A·P·T·E·R

부록 실천기법 모음 -입맛대로

1. 정서 및 감정 다루기

정서(emotion)는 어떤 사건이나 경험에 대한 육체적이고 심리적인 반응으로 경고를 줌으로써 동기화하여 행동을 취하도록 만든다. 또한 타인에 대한 반응을 전달하는 의사소통 유형이다. 정서는 특정 상황에 대한 인식으로 현실에 대한 주관적 해석에서 나온다. 감정(feeling)은 정서에 대한 주관적 인식이지만 보통 혼용해서 사용하고 있다.

사람들은 흔히 감정을 부적절하다는 이유로 무시하고 부정하거나 왜곡시키고 억압한다. 그러나 감정을 명확하게 경험할 때 문제를 더 잘 해결할 수 있게 된다. 사람들은 사건에 대한 반응이 다 다르며 개인의 경험을 해석하는 방법도 다르다. 따라서 감정을 표현하면 그 사람을 알고 이해하게 된다. 내담자도 자신의 감정을 수용하면 새로운 감정과 경험에 대해서 개방적이게 된다. 감정은 고정적이 아니라 변하며 한 가지 감정을 충분히 경험하게 되면 새로운 감정이 생기게 된다. 게슈탈트 치료가들은 모든 감정이 양면을 가진다고 본다. 그러므로 가능한 한 많은 감정을 표현하도록 돕는다. 예를 들면, 사랑에 대해서만 이야기한다면 증오에 대해서도 물어볼 필요가 있다(김혜란, 1998 : 214-217).

감정을 인식하고 명료화를 통해서 표현하고 수용하게 되면 정서적인 정화의 효과와 함께 안도감을 가질 수 있게 된다. 이렇게 됨으로써 감정에 대처하는 법을 배우게 되어 자기통제가 가능해진다. 감정을 표현하는 데는 문화적이고 개인적인 차이가 있으며 보편적으로 남성들은 감정에 민감하도록 사회화되지 않았고 감정에 대해서 이야기하는 것을 피한다. 정서와 느낌을 다루기 위한 방법은 다음과 같다.

1) 느낌 알아내기

모든 정서는 신체적인 반응과 상관이 있으므로 특정한 신체적 반응은 우리가 정서적 반응을 일으키고 있다는 것을 알게 해준다. 이러한 신체적 반응과 관련된 정서를 인식하는 것이 도움이 된다. 그래서 어떤 신체적 반응이 일어날 때, '내 몸이 이렇게 반응하는 것은 무엇을 말하는 것인가'를 자문해 보고 인식할 필요가 있다. 이렇게 느낌을 잘 인식하지 못하는 사람은 하루에도 몇 번씩 '지금 나는 어떤 느낌을 갖는가? 내 몸의 어느 부분이 정서에 반응하는가? 어떤 말과 생각이 이런 정서적 반응을 불러일으키는가?'라는 자문을 통해서 자신의 느낌을 인식해 나가는 훈련을 해나갈 수 있다.

2) 느낌에 이름 붙이기

정서에 이름을 붙임으로써 정서를 받아들이고 통제해 나갈 수 있게 된다. 이것은 마치 병원에 가서 증상을 진단하고 병명을 알게 되면 치료가 가능해지는 것과 같다. 몸이 처음 아프기 시작하면 뭐가 잘못되었는지도 모르는 상황에서 더 불안하고 어쩔 줄 모르게 된다. 그러나 병명을 알게 되면 치료법을 알게 되고 당황하지 않게 되며 통제해 나갈 수 있게 되는 것과 같다. 자신이 느끼는 정서가 무엇인지를 잘 파악하지 못하는 사람은 느낌과 정서를 모아둔 표를 이용해서 자신의 정서를 말로 표현하는 연습을 할 수 있으며, 매일 자신의 정서를 글로 적어서 이름을 붙이는 연습을 할 수도 있다.

3) 느낌 소유하기

느낌을 소유하는 것은 '내가 지금 당황하고 있구나' 하고 자신에게 나타나는 감정을 인식하고 받아들이는 것이다. 동물원에서 호랑이를 보고 있는 아이들은 여러 가지 반응을 보일 것이다. '무서워'라고 하며 자신이 느끼는 두려움을 말로 표현하는 아이가 '난 안 무서워' 또는 '내가 죽여버릴 거야'라고 말하는 아이보다 실제적으로 무서움을 덜 느끼게 된다. 이렇게 자신의 감정이나 정서를 인정하고 소유하는 것이 문제가 되는 감정을 다루는 데 도움이 된다.

4) 정서 이면 보기

특정한 정서를 불러일으키는 말이나 행동 또는 그에 따른 해석을 차분히 따져보고 분석해 보는 것이 필요하다. '나는 왜 이런 상황에 공포감을 느끼는가? 이렇게 공포심을 느끼는 이유는 무엇인가? 이것이 정말 두려운 상황인가 아니면 습관적인 반응인가?' 등을 자문해 봄으로써 다르게 해석하거나 불필요한 정서적 반응을 줄여나갈 수 있다. 어릴 적 아버지가 술만 드시면 집안에서 폭력이 일어났던 경험을 한 사람은 술을 마시고 큰 소리로 떠드는 상황에는 언제나 공포감을 경험했다. 그러나 차츰 나이가 들면서 술을 마신다고 해서 언제나 폭력이 일어나는 것은 아니라는 것을 인식하면서부터 술과 시끄러운 상황에 대한 공포감을 줄여나갈 수 있게 된다.

5) 행동 선택하기

정서적 반응을 변화시킬 수 없는 경우에도 정서에 따른 행동방식을 선택하고 변화시키는 것은 가능하다. 따라서 '이런 느낌이 일어날 때 어떻게 반응할 것인가? 이런 느낌에 대해서 다르게 반응할 수 있는 방법은 무엇인가?' 등을 자문해 봄으로써 스스로의 행동을 통제해 나갈 수 있게 된다. 앞의 예에서 집안에 폭력이 일어날 것 같은 상황이 벌어지게 되면 먼저 피하고 달아나서 밤새도록 집안에서 일어날 상황을 상상하며 두려움에 떨던 사람이, 아버지의 술주정을 통제하지는 못한다고 해도 나이가 들면서 스스로 본인의 정서적 반응에 따르는 행동은 선택해 나갈 수 있게 된다.

2. 나-전달법

일반적인 의사소통이건 직접적인 상담서비스이건 간에 자주 활용되는 언어전달 기법 중 하나는 '나-전달법'이다. 이 방법은 직접적이고 분명한 의사전달을 하면서도 상대방을 방어적이지 않게 하는 기술이다. 일반적인 메시지 전달은 대부분이 문제가 상대방 때문에 일어난 것처럼 말함으로써 상대방을 방어적으로 만들기 쉽다. 그러므로 상대방이 자신의 행동의 결과를 돌아보며 반성하고 인정하기보다는 반발하게 만들기 쉬우며 방어적으로 되기 쉽다. 이런 방법에 대한 대안으로 자신의 감정에 대한 책임은 분명히 자신에게 있다는 것을 인정하면서 나의 느낌과 영향을 솔직하게 전달하는 나-전달법이 자주 활용되고 있다. 나-전달법은 갈등상황에 놓여 있거나 어려운 말을 해야 하는 경우에 효과적으로 활용되는 기법으로 세 가지 요소로 구성된다.

첫째, 특정 행동에 대한 간결한 묘사

둘째, 그 행동으로 인해 경험한 감정

셋째, 그 행동으로 인한 명백한 영향에 대한 묘사이다.

예를 들면, 친구가 커피를 내 옷에 쏟았을 때의 나-전달법은 다음과 같다.

'네가 부주의해서 커피를 내 옷에 쏟았을 때(행동에 대한 묘사), 나는 놀라고 당황했다(그로 인해 경험된 감정). 왜냐하면 이건 새 옷이고 또 바로 면접을 보러 가야 하는데 난감해서 면접을 포기해야 할 것 같았다(그로 인한 영향에 대한 묘사)'. 이렇게 상대를 비난하지 않음으로써 방어적으로 만들지 않으면서 스스로의 행동이 나에게 미친 영향을 묘사하게 되면 상대방도 수긍하기가 쉬워진다. 그리고 이 일로 인해서 관계가 깨어지거나 서로 상처받는 일을 막을 수 있게 된다. 이러한 나-전달법은 부모-자녀 관계나 부부관계, 상사나 동료와의 관계 등 어떤 관계에서도 잘 활용할 수 있는 간단하면서도 효과적인 기법이다.

3. 자기대화관리

사람들은 어떤 상황이 벌어졌을 때 객관적인 상황보다는 그 상황에 대한 해석에 더 많은 영향을 받는다. 자기대화는 스스로에게 말하는 것으로 경험한 것을 그 사람만의 독특한 방식으로 해석하는 경향이 있다. 이러한 경향은 일종의 생각하는 습관이다. 어떤 사람은 모든 것을 흑백논리로 평가하고, 어떤 사람은 모든 것을 비극화하고 최악의 사태가 일어날 것이라 기대한다. 아니면 모든 잘못이 자신의 책임이라고 여기기도 한다. 이러한 경향은 비합리적인 생각과 잘못된 믿음에서 나온다. 지각적 왜곡을 수정하기 위한 방법은 다음과 같다.

첫째, 지금 이 순간의 생각과 느낌이 무엇인지를 명확히 한다.

둘째, 자신의 자기대화를 되뇌어 보며 극단적인 것에 주의를 기울인다.

셋째, 숨을 크게 세 번 쉬고 나서 객관적인 사실을 천천히 살펴본다.

넷째, 있는 그대로 사실을 직시하며 부정적인 용어를 사용하지 않고 파악해 본다.

다섯째, 상황이 달리 보이며 그리 나쁘지 않다는 것을 알 수 있다.

여섯째, 상황을 직시하고 무엇을 해야 하는지를 고려한다.

이런 방법을 통해서 인지적 재구조화를 할 수 있으며 그 기법은 자기지시나 암시, 가시화 기법이 있다. 이 기법은 불안이나 공포를 느끼는 상황에서 스스로에게 자기 암시적인 긍정적인 대화를 반복적으로 하는 방법으로, 거울을 보며 큰소리로 반복한다.

예를 들면, 정기검사 결과 의사로부터 암일 가능성이 높다고 정밀검사를 받아보라는 제의를 받은 중년여성을 생각해 보자. 암이라는 말만으로도 죽음을 생각하게 되고 이제는 모든 것이 끝이라는 생각에 울음을 터트리게 될 것이다. 폐경기 중년여성들은 암에 걸릴 확률이 높다는 것도 잘 알고 있고, 가족 중 암으로 돌아가신 분도 있다는 것을 생각하면 틀림없이 암일 것이라 판단한다. 한참 울고 나서 생각해 보니 지금은 단지 암일지도 모른다는 가능성만이 객관적 사실이다. 죽는다는 판단은 비극화나 결론으로 성급하게 건너뛴 것으로 근거 없는 불안과 공포심에 지나지 않는다. 그러므로 아직은 아무것도 확실하지 않기 때문에 부정적으로만 볼 필요가 없다. 최악의 경우 암이라고 해도 조기발견으로 살아날 가능성은 높을 것이다. 그러므로 성급한 결론보다는 의사의 지시를 따라 정밀검사를 해보고 결과를 지켜보는 것이 지금 상황에서 해야 할 일이다. 이때 자기지시적 대화는 '나는 암으로 곧 죽는다'에서 '아직은 아무것도 밝혀지지 않았으며, 암이라고 해도 조기발견으로 생존 가능성이 높고 나는 잘 극복할 수 있을 것이다'라는 확신과 신념을 가지도록 자기암시를 해나간다.

또 다른 방법은 가시화기법이다. 두려움을 느끼는 상황을 상상해 보며 어떻게 극복하고 대처할 것인가를 마음속으로 연습해 보는 방법으로, 자세하고 세밀하게 하는 것이 더 효과적이다.

면접시험을 앞에 둔 취업준비생은 면접상황을 머리로 상상해 보며 예상되는 질문에 답해보고 자기소개를 해보며 자신의 행동을 미리 반복적으로 연습하며 준비한다. 먼저 문을 열고 들어서면 전체를 향해서 미소를 지으며 인사를 하고 나서 큰 소리로 이름을 말하고 구호를 외친다. 자리에 앉기 전에 약간의 목례로 예를 표하며 자리를 잡고 심호흡을 한 번 하고 나서 자신감 있게 대답한다.

이렇게 상황을 가시화시켜 하나하나 단계별로 대처하는 법을 반복해서 연습한다. 이럴 경우 돌발상황이 일어날 수도 있다는 것에 대비하는 것도 좋다. 예를 들면, 시범수업을 미리 다 준비해 놓았는데 갑자기 행동장애아동이 수업에 합류함으로써 준비된 내용을 진행시킬 수 없는 경우도 발생할 수 있다.

4. 가족과 관련된 기법

1) 가족구조 및 기능 파악하기

가족과 관련된 사실을 파악하는 데는 어떤 특성을 파악하고자 하는가에 따라서 활용할 수 있는 기술이 달라진다. 또한 그 대상이 누구인가와 그들의 특성이 어떠한가에 따라 달라질 것이다. 아동을 대상으로 하는 경우에는 아동의 특성에 맞는 기법을 적용해서 쉽고, 재미있고, 그들의 표현능력의 한계 내에서 표현할 수 있는 기법이 요구되며 그 해석도 아동들의 표현능력의 한계로 인한 제한점을 고려해야 할 것이다. 아동을 대상으로 할 경우는 아이들과 함께 놀이를 하는 것이 적절하다. 가족에 관한 사실을 알아보고자 하는 경우에는 소꿉놀이를 통해서 역할놀이를 해보면 가족 내에서 각자의 역할이 확연히 드러나게 된다. 예를 들면, 가족 내에서 아버지의 역할을 알아보고자 할 경우 소꿉놀이를 하면서 아동에게 아빠역할을 하게 해보면 평소 그 가족에서 아빠가 하는 행동을 아이는 그대로 재현하게 된다. 이렇게 아동을 통해서 사실을 파악하는 것의 장점은 아동은 있는 그대로를 숨김없이 다 노출한다는 것이다. 그래서 가족을 통해서 탐색하고 사정자료를 수집하는 경우 아동을 포함시키는 것이 중요하다. 자료수집뿐만 아니라 치료적 개입에도 아동들에게는 그들의 수준에 맞는 놀이치료를 통한 개입이 더 효과적이다.

① 가족모빌

가족구성원 모두를 종이로 오려서 한 끈에 매달아 모빌을 만든다. 이 기법은 유희성과 용이성이라는 측면에서 아동들에 대한 개입에 잘 활용될 수 있다. 이렇게 가족모빌을 만들어 보면 모빌의 특성상 하나가 움직이면 전체가 다 영향을 받는 것을 쉽게 알 수 있다. 그래서 가족이 서로서로에게 얼마나 많은 영향을 미치는가를 눈으로 확인할 수 있게 된다. 이러한 놀이는 가족의 '상호성'과 '순환성', '전체성'을 인식시키는 데 도움이 된다. 가족모빌은 아동들에게 잘 적용되지만 어른들에게도 효과적으로 적용되며, 가족이 공동운명체라는 사실이 모빌놀이를 통해서 잘 전달될 수 있다.

② 가족초상화 그리기

가족초상화는 그 그림을 그리는 사람의 입장에서 본 가족구성원의 특성을 파악하는 데 도움이 된다. 아동, 성인 모두에게 적용될 수 있으며 가족구성원 간의 인식의 차이를 비교해 보는 것도 흥미롭다.

아버지가 엄하고 무섭게 느껴지는 아동은 아버지를 무서운 표정을 한 사람으로 나타내고 잔소리가 많은 어머니는 입을 크게 그리는 경향이 있다. 이렇게 특징이 드러나는 부분이 있을 경우 아동과의 대화를 통해서 어떤 문제가 있는지 확인해 보는 것이 필요하다. 이와 유사한 기법으로 자화상 그리기가 있다. 스스로에 대한 이미지를 그리는 것이다. 평소에 다리가 못생겼다고 느끼는 여학생은 유난히 길고 멋있는 다리를 그리고 눈이 작다고 여기는 사람은 크고 아름다운 눈을 그리는 경우를 흔히 보게 된다. 성폭행을 당한 아동들의 경우에도 전형적으로 드러나는 그림의 유형들이 있다. 이럴 경우 대화를 통한 탐색을 시도해 볼 수 있다. 이러한 기법은 미술치료에서 주로 활용되고 있다.

③ 동물가족화 그리기

동물가족화는 가족초상화와는 달리 가족의 또 다른 성격적 특성들을 잘 드러내 준다. 아동, 성인 모두에게 적용될 수 있다. 이렇게 그림으로 표현하는 것의 장점은 그림의 특성상 직관적 인식과 가족 전체의 힘의 역학관계 등이 숨김없이 잘 드러난다는 점이다.

아버지를 호랑이로, 어머니를 고양이로 나타내고 자신을 쥐로 표현했다면 그 가족 내에서의 힘의 역학관계를 파악하게 된다. 또한 이들이 어떤 형태로 배치되어 있는가와 어떤 표정을 하고 있는가 등이 가족의 특성을 무의식적으로 잘 드러낼 수 있다. 예를 들면, 어머니와 아이들은 가깝게 모여 있고 아버지는 멀리 다른 방향을 보고 있다든지, 각 가족을 묘사하는 동물의 크기를 통해서도 가족 내에서의 지위와 영향력 등을 파악할 수 있게 된다. 이렇게 동물가족화가 가지는 특성 중 하나는 무의식적인 측면이 숨김없이 조작되지 않고 그대로 드러난다는 것이다.

④ 가계도 그리기

가족에 대한 개입이나 가족치료에서 가장 널리 사용되며 가족의 구조와 특성을 전체적으로 파악하는 가장 흔한 방법 중 하나이다. 가계도를 통해서 가족의 구조적 특성을 파악할 뿐만 아니라 개입기법에 따라서 더 많은 자료들과 특성들을 파악해 낼 수 있다. 예를 들면, Satir의 가족치료에서는 의사소통 유형을 파악하는 것이 중요하며 Bowen의 가족치료에서는 3세대 가계도를 통해서 세대 간의 전달유형을 파악하게 된다. 가계도를 그리는 방법이 핵가족과 확대가족만을 그리는 것에서 더 나아가서 혈연의 가족은 아니라고 해도 함께 살아온 다른 구성원이나 가족에 포함시킬 수 있는 다른 요소들을 포함시키기도 한다. 요즘은 애완동물을 가족에 포함시키기도 하며 직접적인 가족은 아니어도 큰 영향을 미친 다른 구성원을 가계도에 포함시켜 더 폭넓은 구성을 해나가기도 한다.

가계도를 가족을 위한 사정자료로만 활용하는 것에서 더 나아가서 치료의 도구로 활용하기도 한다. 이렇게 하는 방법 중 하나는 놀이치료와 연관시켜 가족을 상징하는 상징물로 대치해서 상호작용을 재현하면서 치료적 개입을 해나가는 것이다. 상징물을 찾기가 힘이 드는 경우는 단어카드를 활용하기도 한다. 각 구성원에게 적절한 단어를 찾아놓거나 아니면 기입하게 해서 상호작용을 재현해 봄으로써 새로운 통찰과 해석이 가능해진다.

⑤ 빈 의자 기법

가계도를 통해서 드러나지 않는 가족의 다른 특성들을 파악하기 위한 방법으로 활용될 수 있다. 즉, 빈 의자를 한곳에 모아두고서 가족들이 가져다 앉으라고 한다. 그러면 누가, 어떻게, 의자를 배치하며 누가 어디에 어떤 자세로 앉는가를 통해서 가족들이 갖는 상호작용의 특성과 친밀도, 권력관계 등을 파악할 수 있다.

따라서 의자의 위치를 다시 바꾸게 하고 앉는 자리를 조정해 줌으로써 치료적 개입을 암시적으로 드러낼 수 있다. 예를 들면, 아동이 나서서 의자를 배치하고 부모 사이에 끼어 앉는다면 아동을 형제들 옆으로 이동하게 하고 부모를 가까이 앉게 할 수 있다. 이러한 개입은 부모체계의 강화와 아동의 형제체계의 강화 및 경계선을 명확히 하는 암시적 개입이 될 수 있다.

빈 의자 기법의 또 다른 활용법은 어려움을 느끼는 상대를 빈 의자에 상징적으로 앉게 하거나 아니면 의자에 앉아 있는 것으로 상상하게 하고, 자신의 마음을 표현하도록 연습시키는 것이다. 이러한 연습은 실제 상대방을 만나서 두려움 없이 자신을 주장하고 표현할 수 있도록 연습시키는 효과가 있으며 또한 자신의 감정을 아낌없이 표출함에서 오는 환기적 효과가 있다.

또 다른 활용법은 심리극에서와 같이 대리자아를 활용하는 방법이다. 의자에 치료대상을 앉게 하고 그 뒤에 대리자아를 통해서 내담자가 억압된 정서나 죄의식 때문에 표현하지 못하고 있는 정서나 생각을 대신 표현하게 함으로써 치료적 효과를 도모할 수 있다. 또한 의자에서 서로의 위치를 바꾸어 앉게 함으로써 상대방의 입장이 되어보며 그럼으로써 다른 시각에서 볼 수 있도록 돕는다.

⑥ 역할 바꾸기

가족 내에서의 문제를 해결하기 위해서 상대방의 입장이 되어보는 것은 큰 효과를 지닌다. 부부간, 고부간 또는 부모－자녀 간의 역할을 바꾸어 봄으로써 상대방의 입장을 더 잘 이해할 수 있게 된다. 이렇게 역할놀이와 역할극을 통해서 상호 간의 입장에 대한 이해를 넓히는 것은 가족 모두의 성장에 효과적이다.

⑦ 식사 함께 하기

사람들이 친밀감을 형성하고 느낄 수 있는 방법은 여러 가지가 있다. 그중 하나가 식사를 함께 하는 방법이다. 식사를 하면서 함께 시간을 나누는 것은 가족과 친밀감을 형성할 뿐 아니라 가족에 대한 많은 사실을 파악할 수 있는 좋은 기회가 될 수 있다.

식사시간에 가족과 함께해 보면 그 가족의 많은 특성을 알 수 있게 된다. 식사시간에 직접 참가할 수 없는 경우에는 식사시간에 무슨 일이 일어나는지, 어떻게, 무엇에 대해서 대화하는지에 대해서 이야기해 보도록 한다.

누가 먼저 식사를 시작하는가, 가족 모두가 모이는가, 따로따로 각자 식사를 하는가, 식사시간의 대화내용은 무엇인가 등에 관해서 알아본다. 예를 들면, 식사 때면 아버지의 훈계가 시작되고 어머니와 언쟁이 벌어지고 아들은 먹다 말고 나가버리고 딸은 화장실로 달려가는 일이 종종 벌어진다든지 등등의 역동성을 파악한다. 또는 함께 외식을 할 때 식당과 메뉴는 누가 정하는지, 음식이 나오면 누가 먼저 맛을 보는지, 자주 등장하는 화제는 무엇인지, 식사시간이 부모님의 훈계시간인지, 자주 빠지는 사람은 누군지 등에 관해서 역할극이나 놀이를 통해서 파악해 봄으로써 가족의 융합과 분리, 세력, 대화의 내용 등을 알 수 있게 된다.

⑧ 공간 이용법 파악하기

가족들이 공간을 어떻게 이용하는가는 그 가족의 경계에 관한 개념과 규칙 같은 많은 의미를 전달한다. 예를 들면, 각자가 모두 방문을 닫고 지내는 가족과 다른 사람의 공간에 언제든지 함부로 드나드는 것은 가족 내에서의 경계선의 의미가 다르다는 것을 의미한다. 가족들은 필요에 따라서 방문을 닫고 지낼 수 있으며 또한 모두에게 열려지기도 한다. 그러나 항상 열려진 경우는 경계선이 모호한 경우이며 항상 닫힌 경우는 엄격한 경계선을 의미하며 가족의 통합이 부족하다는 것을 의미한다. 또한 치료적 개입으로서 공간분리를 활용할 수 있다. 경계선이 모호한 가족에게는 각자 방문을 일정한 시간에 닫으라고 하고 엄격한 경계의 가족에게는 혼자만의 시간이 필요한 경우가 아니라면 방문을 열어두라는 처방을 내릴 수 있다. 가족 내에서 아이들이 부모체계만 인정하고 부부체계를 인정하지 않는 경우에는 부모님이 안방 문을 닫고 둘만 있는 시간을 만들며 아이들이 들어올 때는 반드시 허락을 받도록 하는 것도 한 방법이다. 사춘기 자녀들인 경우에는 이런 자신의 공간에 대한 개념이 엄격해지거나 자신만의 시간을 요구하는 경우가 흔하다.

⑨ 가족사진

가족사진을 통해서 가족 간의 상호작용과 친밀도 등을 파악할 수 있다. 그래서 가족사진첩을 보며 언제 찍은 것인가, 누가 포함되고, 누가 빠져 있는가, 이때 무슨 일이 일어났는가, 무엇을 기념하기 위한 것인가 등의 질문을 통해서 가족의 상호작용을 알아낼 수 있다. 여러 세대가 함께한 사진은 세대 간의 특성적·기질적 흐름을 파악할 수 있고 가족의 정신적·심리적 유산에 대한 대화를 전개하는 데 도움이 된다. 이러한 가족사진을 통해서는 개입하고자 하는 의도에 따라서 다방면으로 창의적으로 활용될 수 있다. 그래서 가족에 대한 구체적인 형상화를 통해서 직면과 도전, 회고, 애도 등 다양한 개입이 이루어지게 된다.

가족사진은 노인을 위한 개입에서는 회상을 위한 자료로 활용되며 애도의 치료에서는 애도를 위한 자료로 적극적으로 활용되고 있다.

⑩ 개인 애장품 소개하기

개인들이 소중히 여기는 물건들은 그 물건에 어떤 특별한 의미가 있기 때문이다. 그래서 각자의 애장품을 소개해 봄으로써 무엇이 그 사람에게 소중하고 의미 있는지를 파악할 수 있으며 가족에 관한 이야기를 끌어낼 수 있는 좋은 실마리를 제공한다.

2) 가족의식을 통한 친밀도와 격리 파악하기

① 가족의식

가족의식을 통해서 가족 간의 친밀도, 소속감, 가족에 대한 자부심이 길러지고 서로에 대한 이해와 존중이 높아지게 된다. 그래서 각 가족이 중요시 여기는 가족예식을 다루어 보는 것이 중요하다. 생일, 결혼기념일, 추석, 명절, 그 외의 가족행사, 예를 들면 제삿날, 친척 결혼식 날 무슨 일이 일어나는지, 누가 참여하는지, 누가 빠지는지, 그 날의 특별한 의미가 무엇인지를 파악해 본다. 가족구성원들이 의식을 통해서 소속감과 친밀도가 높아지는지 아니면 다른 사람들이 기념하는 의식을 하지 않음으로써 가족들이 소외감과 가족에 대한 거리감이 생기는지를 알아본다.

치료적 개입도 가족의식을 통해서 이루어질 수 있다. 예를 들면, 부모님들이 자녀들의 성년식을 챙겨주는지, 함께 축하해 주는지 등의 의식을 통해서 가족의 결속도와 상호지지와 안정감을 파악할 수 있다. 이런 의식을 만들어 줌으로써 가족 간의 결속을 높여줄 수 있다. 예를 들면, 부부가 함께 여행을 하게 한다든지 또는 그 가족만의 결속을 다지는 시간을 가지도록 함으로써 친밀감을 형성할 수 있는 계기를 만들어 줄 수 있다.

② 사랑의 메모 남기기

시간적으로 함께하기가 힘든 가족이나 관계가 서먹해졌을 때, 긴 편지가 아니라도 짧은 메모를 통해서 사랑의 마음을 전달해 보는 것은 관계형성에 도움이 된다. 글로 표현하는 것은 말과는 또 다른 의미를 지니며 상대방의 반응과는 상관없이 본인의 마음을 그대로 전달할 수 있는 좋은 이점이 있다. 요즘은 이메일이나 문자메시지도 좋고 아니면 정성이 담긴 작은 카드나 엽서도 좋다.

부부가 서로 바빠서 함께하지 못하는 경우에 서로에게 메시지를 남김으로써 서로의 관계를 이어가거나 사춘기 자녀들에게 아니면 멀리 있는 가족에게 이러한 형식을 통해서 사랑과 결속을 다져나갈 수 있다.

③ 선물 교환하기

선물과 뇌물은 구분되어야 한다. 선물은 거창하고 비쌀 필요 없이 간단하면서도 마음을 전하는 것이면 족하다. 가족 간에 미안한 마음이 들 때, 아니면 그냥 생각날 때, 어려움을 겪고 있는 사람에게 위로의 의미로 작은 정성을 전하는 것은 서로의 사랑을 확인하고 감사를 나눌 수 있는 좋은 기회가 된다.

선물은 꼭 물건이어야 하고 돈으로 사야 할 필요는 없다. 자신이 할 수 있는 일이나 서비스로 쿠폰을 발행할 수 있다. 아이들이 심부름해 주기, 청소해 주기, 설거지해 주기, 안마해 주기 쿠폰을 발행해서 선물로 줄 수 있다. 쿠폰을 받은 사람은 언제든지 본인이 필요할 때 그 쿠폰을 사용할 수 있다.

또 다른 방법은 서로에게 해주고 싶은 선물을 예약하는 것이다. 다음에 여유가 생기거나 형편이 되면 이런 선물을 하고 싶다고 미리 예약해 둘 수 있다. 직접 물건을 보여주며 할 수도 있고 말로만 할 수도 있다. 이렇게 하는 것만으로도 큰 위안이 되고 충분한 경우도 많다. 아이들이 부모님께 돈 많이 벌어드리겠다고 하는 말만으로도 부모님은 흡족하다.

④ 함께 시간 보내기

전 가족이 함께 시간을 보내는 방법으로는 어떤 것이 있는지 알아본다. 같이 의식에 참가하는지, 휴가를 함께 보내는지, 시골에 계신 노부모님을 함께 방문하는지 등등의 그 가족만의 독특한 행사가 있는지 알아보며 그 의미를 어떻게 나누는지 알아본다. 이러한 가족행사와 공동의 시간은 가족구성원의 정서적 지지와 소속감 형성에 큰 영향을 미친다. 예를 들면, 부모님들이 자녀들의 성년식을 챙겨주는지, 함께 축하해 주는지 등의 의식을 통해서 가족의 결속도와 상호지지와 안정감을 파악할 수 있다.

⑤ 가족모임을 통한 미해결과제 찾기

가족들이 모이게 되면 서로 반갑기도 하지만 미해결과제가 있는 경우, 인사가 끝나면서부터 긴장이 시작된다. 우리 문화에서는 술자리가 시작되면서 그 이야기가 다시 나오고 시끄러워지기 시작한다. 이렇게 미해결과제로 인해서 가족모임에 참가하지 않는 가족원이 발생하며 가족 모두는 시한폭탄을 안고 사는 것 같은 불안과 불화가 계속된다. 그래서 가족모임 때 무슨 일이 일어나는지, 누가 항상 빠지는지, 누가 무슨 불만이 있는지를 나누어 봄으로써 그 가족이 지니는 미해결과제를 찾아낼 수 있다. 이런 미해결과제는 상속문제, 부모님에 대한 봉양문제, 어려운 처지에 있는 가족원을 돌보는 문제, 가족의 숨겨진 비밀 등 다양하다. 가족들이 결속을 다지고 화합하기 위해서는 이런 미해결문제를 드러내어 해결해 나가도록 도울 수 있으며 서로 터놓고 이야기해 볼 수 있는 자리를 마련함으로써 서로를 이해할 수 있는 계기를 마련할 수 있다.

3) 가족과 가족구성원의 강점 사정하기

① 개인과 가족의 강점 찾기

많은 경우 한국인의 습관상 개인의 장점을 인식하고 있기보다는 단점에 대해서 더 예민해지는 경우가 있다. 이렇게 되면 개인의 문제해결능력 향상과 임파워먼트에 많은 장애가 생기게 된다. 그러므로 자신의 장점을 인식시켜 자긍심을 키워주고 자신감을 북돋워 주는 것은 중요하다. 이러한 작업은 아동과의 개입에서는 더 강조할 수 없을 만큼 중요하며 성인의 경우에도 마찬가지이다. 자신의 장점은 모르고 잘못만을 과잉인식함으로써 열등의식에 빠져 있는 경우를 흔히 볼 수 있다. 자신의 장점을 인식하고 자부심을 갖도록 하는 방법 중 하나는 '포화' 또는 '홍수법'을 사용한다. 그래서 개인에게 자신의 장점을 300가지 적어오게 한다. 처음에는 불가능하다고 생각하고 저항하지만 격려와 예를 통해서 그리고 이러한 작업의 의미를 이해시킴으로써 억지로라도 하게 한다. 그리고 혼자서 300가지의 장점을 파악하기 힘든 경우에는 주변 사람에게 물어보는 것도 괜찮다. 이 경험을 통해서 스스로 단점으로 여기고 위축되었던 점도 장점이 될 수 있다는 발상의 전환이 이루어질 수 있어 자신을 새롭게 인식할 수 있는 계기가 되어 스스로에 대해서 "꽤 괜찮은 사람"이라는 시각의 전환이 이루어질 수 있다. 같은 방법으로 가족에 대해서도 가족 모두가 함께 장점을 찾아보게 할 수 있다.

② 사랑의 이불 덮어주기

자신이 스스로 장점을 파악하는 방법과는 달리 다른 사람이 장점을 말해주는 방법이다. 이러한 방법은 둘러앉아서 서로에게 말로써 표현할 수도 있고, 그림 조각을 통해서 글로 적어 넣을 수도 있다. 말로 할 때는 그 사람의 손을 잡고 또는 어깨에 가볍게 손을 얹고서 진지하고 진실되게 표현해야 하며 농담하거나 장난하는 식으로 표현하는 것은 곤란하다.

③ 자랑거리 소개하기

자신의 자랑거리를 다른 사람 앞에서 적극적으로 말로 표현함으로써 전달하는 방법이다. 이때는 본인 성격과 특성상의 장점과 잘한 일, 잘할 수 있는 일 등을 다양하고 적극적으로 PR해 보게 한다. 이렇게 자랑을 해봄으로써 자긍심을 높이고 다른 사람들에게도 알리며, 더 잘하겠다는 다짐도 가지게 된다. 또한 구성원들 간의 상호 이해와 존중도 높아질 수 있다.

5. 자아성장기술

① 시와 음악 활용

자신이 좋아하는 '시'나 좋아하는 '노래'를 통해서 자신의 가치나 의미, 삶의 목표 등을 조명해 볼 수 있다. 이런 나눔을 위해서는 시 낭송이나 노래 부르기에 적절한 분위기를 갖추는 것이 더 효과적이다. 또한 특정한 시나 노래가 자신에게 어떤 의미를 갖는지를 나누는 것도 도움이 되며 피드백을 통해서 각자의 느낌을 전달해 줌으로써 강화해 나가기도 한다. 검은 피부 때문에 연탄이라고 놀림을 받던 남학생이 연탄이라는 시를 통해서 연탄의 검은 면만이 아니라 열정을 전달할 수 있었고, 아무도 함부로 연탄을 발로 차버릴 수 없다는 말을 통해서 자신이 하고 싶은 말을 전달할 수 있는 효과를 가지게 되었다. 이렇게 상징적 표현은 개인적 열망과 꿈 등 그 사람의 긍정적인 측면을 재발견하고 강화시켜 줄 수 있다는 점에서 효과적이다.

② 독서와 영화 이야기 활용

자신이 감명 깊게 읽었던 책이나 영화 이야기를 함께 나누어 본다. 그러한 이야기가 자신에게 전하는 의미가 무엇인지, 어떤 면이 감동적이었는지를, 특정한 대화나 문단을 같이 나누어 보면서 진행해 나갈 수 있다. 이러한 나눔은 성장집단이나 치료집단, 교육집단에서 자주 활용되며 성장이나 교육을 위한 촉진제 내지 자극제가 되기도 한다. 본인의 좌우명 또는 자주 생각하거나 마음에 새기고 있는 글귀를 통해서도 진행해 나갈 수 있다.

③ 자신의 상징물 활용

자신을 상징하는 상징물을 가져오게 한다. 상징물을 찾기 위해서는 자신의 여러 측면에 대해서 많은 생각을 하게 되며 스스로를 내적으로 깊이 성찰해 보는 기회가 된다. 또한 다른 사람 앞에서 자신을 객관화시켜 보고 발표해 봄으로써 또 다시 자신에 대해서 생각해 보는 기회가 된다. 이러한 상징물은 이미 형성된 자아를 대표하기도 하고 되고 싶은 자신의 모습을 나타내기도 한다. 어떤 것이라도 괜찮으며, 자신을 내적으로 깊이 성찰해 보고 정리해 내는 기회를 제공하는 것이면 된다.

자신에 대한 상징물은 상담 초기에 제시한 것과 상담이 진행됨에 따라 바뀌는 것을 볼 수 있다. 예를 들면, 교통사고로 장애를 입게 된 청년이 처음에는 자신의 상징물을 망가져서 못쓰게 된 자동차로 비유했다. 그러나 상담 말기에는 중고자동차에 비유하며 손질을 해가며 사용해야 하는 물건으로, 폐차로 버리기엔 아직 아까운 물건으로 비유하며 스스로 웃어버렸다. 이 청년과의 상담을 진행하면서 여러 번 부서진 자동차를 어떻게 수리할 것인가에 대한 비유가 사용되었다. 처음에 상담에 의뢰되었을 때 청년은 스스로 폐차시켜야만 하는 존재로 여겨 삶을 포기하였다. 그러나 상담과 재활을 통해서 스스로에 대한 자아상을 바꿀 수 있게 되었다.

④ 자신과의 약속

자신과의 다짐이나 약속을 하는 기회를 만든다. 이런 기회를 통해서 자신과의 다짐뿐만 아니라 다른 사람 앞에서 발표를 해봄으로써 그러한 다짐을 좀 더 강화시키는 효과가 있다. 치료집단이나 성장집단 모두에서 활용할 수 있으며 편지나 글로 써서 본인에게 발송하는 것도 효과적이다. 본인의 글을 우편으로 받아봄으로써 다시 한번 더 환기시키는 방법이 되며 스스로 간직하고 깊이 다져보는 기회가 될 수도 있다.

⑤ 사물과의 대화

주변에 있는 사물들 중에서 특정 물건을 선택해서 대화를 나누게 한다. 이러한 대화는 결국 자신의 내적 표현으로 스스로를 객관화시켜 보거나 공감적 감응을 만들어 내기도 한다. 예를 들면, 한 여성이 스스로 가치 없는 존재로 인식하고 자살까지 생각하는 단계에서, 걸레와의 대화를 통해서 자신의 존재의미를 재발견한 경우를 들 수 있다. 이 여성은 스스로를 더러운 걸레로 여겼는데, 걸레와의 대화를 통해서 처음에는 근사하고 멋진 물건이 아니라는 동정심에서 시작해서 결국은 걸레가 있음으로 해서 세상이 깨끗해지고 아름다워질 수 있다는 이치를 깨달았다. 마찬가지로 자신의 존재가 얼마나 소중한지를 재인식하게 되어 자살 유혹에서 벗어날 수 있게 되었다.

⑥ 소원성취 놀이

자신이 바라고 원하던 모든 것이 다 이루어진 것으로 가정해 보게 한다. 그런 상태가 어떤 것이며 어떤 변화가 있는지, 무엇이 다른지, 그런 상태는 본인에게 어떤 차이를 가져오는지를 파악해 본다. 많은 경우 이러한 놀이를 통해서 자신이 지금 해야 할 일과 지금 상태에 대한 재인식이 이루어질 수 있다.

⑦ 마술가게

사이코드라마에서 자주 활용되는 기법으로 자신이 가진 것과 원하는 것을 가게에서 바꾸는 방법을 통해서 자신에게서 벗어나고 싶은 것과 새롭게 만들어 나가고 싶은 것을 탐색해 나가는 자아탐색과 성장기법이다. 이런 내용을 좀 더 간단한 방법으로 하면 천이나 색지를 사용해서 자신이 원하는 것을 고르게 하고 그 색과 연관된 기억이나 사건들을 찾아내며 바람직한 방향으로의 전환을 모색해 보는 기법을 사용하기도 한다.

⑧ 추억의 무대

노인들의 회상을 돕기 위해서 자주 활용하는 기법으로, 기억나는 옛날의 한 시점으로 돌아가서 그때를 재현해 보는 것이다. 그래서 그 당시의 기억을 모두 떠올리며 그때의 감정을 다시 느껴보고 미해결과제를 처리해 나간다. 이렇게 하기 위해서는 그때 즐겨 부르던 노래, 놀이, 음식, 옷이나 장식 등을 동원해서 회상을 돕는다. 어릴 적 가난 때문에 도시락을 못 싸간 서러움을 지닌 노인을 위해서 어릴 적 부르던 동요와 놀이, 그 시절에 잘 먹던 음식 등의 기억을 재현하며 점심시간 때 학교교실을 재현해 본다. 이렇게 회상을 통해서 기억력을 회복하고 미해결과제를 풀어나갈 수 있다.

⑨ 인생이야기 책

인생이야기 책은 자신의 삶을 되돌아보며 생각나는 대로 어릴 적부터 기억을 따라서 사건과 그때의 느낌과 생각, 관련된 인물들을 자세히 기록해 보게 한다. 이 과정은 회상법의 일종으로 자신의 삶을 되돌아보며 기억 속에 남아 있는 많은 것들을 글로 표현해 봄으로써 재정리할 수 있는 기회를 제공한다. 또한 미해결된 과제를 발견하게 되며 반복적으로 드러나는 주제를 통해서 자신을 재인식하게 되고 남겨진 과제를 해결할 수 있도록 독려한다. 자신의 삶을 이렇게 글로 표현해 봄으로써 객관적으로 재정리하게 되며 새로운 시각으로 바라볼 수 있게 하고 지금의 자신을 새로운 시각으로 재인식할 수 있는 기회를 제공한다는 의미에서 글로 기록해 보는 것은 좋은 방법이다.

⑩ 인생극장

기억 속에 남아 있는 어느 특정 시기로 되돌아가서 그때의 경험을 재현해 보는 방법이다. 그때 느꼈던 감정, 생각, 관련된 인물 모두를 다시 기억해 보며 그들과 그 일에 대한 감정을 다시 체험해 보고 미해결과제가 있다면 해결하도록 한다. 인생이야기 책과 다른 점은 글로만 쓰고 혼자서만 기억하고 넘어가는 것이 아니라는 점이다. 여기에서는 인생이라는 무대에 다시 올려서 기억을 되돌려서 그때 그 시점으로 돌아가서 재현하면서 새로운 경험을 하거나, 새롭게 이야기를 만들어 나가는 체험을 하게 한다.

예를 들면, 어린 시절 생일날 파티를 열어주겠다는 아버지의 말을 믿고 친구들을 초대했지만, 정작 아버지는 그 사실을 잊어버려 친구들로부터 놀림을 당함으로써 아버지와의 관계에 문제가 있는 아들의 경우를 생각해 보자. 아들은 아버지와의 미해결과제를 해소하기 위해 어릴 적 그 일이 일어난 생일날을 다시 무대에서 되살린다. 아들은 그때의 당혹감과 아버지에 대한 분노와 놀림당한 창피한 기억을 되살리며 분노를 표현하고 아버지에 대한 불신이 어디에서 나온 것인지를 인식하게 된다. 이 사실을 안 아버지는 그 해 아들의 생일날에 다시 똑같은 생일파티를 열어주면서 아들에게 사과한다. 아니면 스스로가 다시 파티를 열어서 새로운 경험을 하고 그때의 아버지의 심정을 이해하고 용서하는 의식을 치르도록 한다.

⑪ 일지쓰기

그날그날 일어난 중요한 일들을 일지로 쓰는 것은 좋은 습관이다. 이렇게 그날의 사건이나 자신의 감정을 글로 표현해 봄으로써 반복적으로 나타나는 주제나 패턴을 발견할 수 있다. 이런 방법으로 자신에 대해서 알게 된 사실, 자신이 경험한 감정이나 기분, 일어난 사건, 자신의 대처방법, 강점 등을 구조화해서 기록해 봄으로써 자신을 이해하고 문제해결 방법과 성향 그리고 자신을 이해하는 자료로 활용할 수 있다.

⑫ 폭탄방

다른 사람 앞에서 감정을 폭발하는 것은 적절치 못한 경우가 많다. 그러나 경우에 따라서 극심한 감정의 동요를 겪고 있는 사람도 있으며 분노나 눈물의 치유를 위해서 쏟아낼 필요가 있는 사람들도 있다. 예를 들면, 갑자기 사고를 당해서 가족을 잃은 사람들, 암 선고를 받고서 억울함을 처리하기 힘들어하는 사람들, 지속적인 폭력으로 울분을 참지 못하는 경우 등이 여기에 속한다. 그래서 이들의 치유를 위해서 아무런 제약 없이 자신의 감정을 충분히 해소할 수 있는 공간을 마련해 줌으로써 감정폭발을 할 수 있도록 허락해 주는 곳이다. 이곳은 다른 사람들을 의식할 필요 없이 마음껏 원하는 대로 감정을 노출하고 폭발적인 행동을 할 수 있도록 만들어진 곳이다. 따라서 안전을 위한 설비가 갖추어져 있고 사용할 수 있는 도구들, 예를 들면 던지거나 부숴도 되는 물건들이 갖추어져 마음껏 해소할 수 있도록 돕는다. 이렇게 폭탄을 터트리듯 해소하고 난 후 감정을 추스르기 위해서 편안히 쉬게 하고 마음을 나눌 수 있는 장소와 대상자가 함께 요구된다.

6. 감수성 훈련

① 자신의 정서 파악하기

자신이 스스로 느끼는 정서와 감정에 대해서 민감하지 못하고 무감각한 사람들이 많다. 이렇게 되는 원인은 감정, 특히 부정적인 감정을 표현하는 것은 좋지 못하며 감추는 것이 좋다는 생각에서 비롯되는 경우가 허다하다. 그러나 자신이 느끼는 정서를 알고 그 정서를 소유함으로써 통제가 가능해지며 억압해서 더 깊이 무의식적인 영향을 미치도록 만들 필요는 없다. 특히 남성들의 경우에는 감정을 표현하는 것에 대해서 사회적으로 수용하지 않는 경우가 많기 때문에 무감각한 것처럼 여기기 쉽다. 그래서 자신의 정서를 인식하고 파악하는 훈련부터 해나가야 한다. 먼저 감정표 또는 정서목록을 통해서 자신이 느끼는 정서가 무엇인지를 확인해 나갈 수 있으며 하루에도 몇 번씩 의식적으로 스스로 자문해 나가며 연습해 나갈 수 있다. 이렇게 자신의 정서를 인식하고 정서에 이름표를 붙임으로써 자신의 감정을 소유할 수 있으며 '나는 지금 억울해하는구나, 화가 나는구나'라는 식으로 감정을 객관화시켜 분리해 나감으로써 통제가 가능해진다.

② 느낌 나누기, 소유하기

자신이 지금 이곳에서 느끼는 감정이나 정서를 말로 표현하게 한다. 다른 사람 앞에서 세 번 크게 외치게 함으로써 자신의 감정을 부정하지 않고 소유하게 한다. 그럼으로써 감정을 부정하고 억누르려는 노력을 하지 않게 되며 감정 자체도 좀 더 객관화됨으로써 통제하기가 쉬워진다. 예를 들면, 두려움을 느끼는 사람이 겁나지 않는 척하기보다는 '나는 두렵다'를 크게 외치게 되면 자신이 느끼는 정서를 솔직하게 인정함으로써 두려움을 객관화하고 통제해 나갈 수 있게 돕는다.

③ 변화나 차이를 인식하기

주변에서 일어나는 변화나 차이를 감지하고 있는지를 알아보는 방법이다. 그래서 차이를 관찰해 보게 한다. 예를 들면, 계절이 바뀌고 있다는 것을 무엇을 통해서 느낄 수 있는지를 관찰해 보게 한다. 가을이 다가오고 있을 때 여름의 흔적을 찾아오게 함으로써 주변이나 사물을 민감하게 인식하고 반응할 수 있도록 도울 수 있다.

④ 비유 찾기

집단구성원 중에 한 명을 택해서 그 사람을 동물, 사물, 과일, 색깔 등으로 상징화시킨다. 그래서 그렇게 표현된 사람이 누구인지를 알아맞히게 한다. 이러한 연습을 통해서 서로에 대한 느낌이 어떤지를 확인하며 다른 사람에게 자신이 어떻게 비치는지를 객관화해 보는 장점이 있다. 같은 대상에 대해서도 다양한 인식의 차이가 있다는 것을 인정할 수 있고 스스로의 생각이나 느낌에서 벗어나서 다양성과 차이를 수용하고 인정할 수 있게 된다. 그럼으로써 자신이나 타인에 대한 비판에서 벗어나서 있는 그대로를 수용할 수 있도록 도울 수 있다.

7. 의사소통훈련

① 기쁘게 하는 날

부부나 동료 등 어려움을 느끼거나 친밀한 관계를 형성할 필요가 있는 대상 각각에게 하루에 한 가지씩 상대방을 기쁘게 하는 일을 하게 한다. 그러나 직접 말을 하지 않고 행동만 하게 하고 상대방은 그것이 무엇이었는지를 관찰해서 기록해 오게 한다. 그래서 서로 맞추어 보도록 한다. 직접적인 의사소통이 일어나지 않은 경우는 서로를 기쁘게 한 일이 전혀 다르게 파악되었다는 것을 알게 된다. 그럼으로써 직접적인 의사소통의 필요성을 실감하게 되며 상대방이 어떤 일을 기뻐하는지도 파악할 수 있게 된다.

② 칭찬하기

부부나 변화하기를 원하는 대상 각자에게, 하루에 한 가지 이상의 칭찬을 하게 한다. 그럼으로써 어떤 변화가 일어나는지를 관찰하게 한다. 처음에는 칭찬하는 것이 쑥스럽고 서툴다가도 칭찬을 통해서 많은 변화를 가져올 수 있다는 것을 알게 된다. 또한 칭찬을 받기 위해서 서로가 더 노력하게 되며 상대방의 강점을 파악하고 더 긍정적인 시각을 갖게 된다. 이렇게 하는 과정에서 주의할 점은 거짓이나 말로만 하는 겉치레가 아니라 본인이 진심으로 말해야 한다는 것이다.

③ 팬터마임

자신이 느끼는 감정이나 기분, 생각을 말이 아니라 표정이나 몸짓을 통해서 표현해 보게 하며 다른 사람은 그것을 알아맞히게 한다. 감정표현이 사람마다 차이가 난다는 것을 인식하게 되며 서로에 대해서 민감하게 반응할 수 있게 한다.

8. 타임아웃

아동에게 체벌을 가하지 않고 행동을 수정하는 방법으로 타임아웃을 사용할 수 있다. 이 방법은 아동이 바람직하지 않은 행동을 할 경우에 타임아웃을 선언하고 아동을 정해진 장소로 이동시켜서 반성하게 하고 다시는 그러지 않겠다는 약속을 받아내고서 풀려나올 수 있도록 하는 방법이다. 예를 들면, 아동이 소리를 지르거나 물건을 집어던지면서 떼를 쓸 경우, 행동이 일어난 즉시 미리 약속한 장소로 이동시킨다. 이때 장소를 이동해서 다른 방으로 가게 하거나 아니면 생각하는 의자로 지정된 장소에 앉혀서 자신이 한 행동에 대해서 반성하게 한다. 이렇게 타임아웃을 적용하는 행동을 명확히 해서 아동이 무엇을 잘못했는지 스스로 알게 하며 왜 그곳으로 가야 하는지 인식할 수 있어야 한다. 그리고 이런 행동은 일관성 있게 문제행동이 발생할 때마다 즉시 실시한다. 아동이 반성의 기미를 보이면 다시는 그렇게 하지 않겠다는 약속을 받아내고 제한에서 풀어나게 하며, 아동이 잘한 행동에 대해서는 즉시 강화해 준다. 즉, 자신의 행동을 반성하고 다시는 그러지 않겠다는 약속을 하면 안아주거나 칭찬을 해줌으로써 강화해 준다. 이런 식의 훈련은 일관성 있게 문제의 행동이 없어질 때까지 지속하는 것이 중요하다.

타임아웃의 또 다른 활용방법은 가정폭력을 예방하기 위한 방법으로 사용되기도 한다. 부부간 폭력이 일어날 것 같은 상황이 발생하면 두 사람 중 한 사람이 타임아웃을 선언한다. 그러면 몇 시간 후에 다시 들어오겠다는 약속을 하고서 남자가 집을 나가야 한다. 이 시간 동안에는 술을 마시지 못하며 운전도 하지 않는다. 그 이유는 감정이 격한 상태에서 만약에 발생할지도 모를 사고를 방지하기 위해서 몇 가지 제한을 정해두는 것이다. 타임아웃을 통해서 갈등상황을 받아들이고 공간을 분리함으로써 혹시 발생할지도 모를 폭력을 사전에 막을 수 있다. 감정을 추스를 수 있는 합의한 시간이 경과한 후에 다시 만나서 대화를 나눈다. 부부갈등을 예방하기 위해서 타임아웃을 실시할 경우에도 미리 계약을 맺고 규칙을 숙지하여 필요한 경우에 실시하도록 한다.

9. 행동시연

특정한 상황에 잘 대처하기 위해서 새로운 행동을 연습해서 익히도록 돕는다. 이렇게 돕는 과정에는 행동 자체를 학습해서 익히는 것뿐만 아니라 심리적인 불안감을 극복하고 편안해지도록 돕는 것을 포함한다. 행동시연은 새로운 행동을 익히거나 특정한 상황에 효과적으로 대처할 수 있도록 돕는 것을 포함한다. 예를 들면, 아버지 앞에서 자신의 감정을 표현하지 못하는 아들이 아버지에게 자신의 의견을 피력하며 감정을 자연스럽게 노출할 수 있도록 돕는 것이나 면접상황을 잘 대처하도록 연습하는 것 등이다. 행동시연은 모델링으로 시범을 보여주는 것이나 코치를 통해서 가르치는 것을 포함한다. 행동시연의 효과는 좀 더 보호받는 안전하고 편안한 상황에서 시도해 볼 기회를 갖는다는 것이다. 행동시연은 가능한 한 자세하게 하나하나 연습하는 것이 좋으며, 세밀하게 준비를 한다고 해도 실제 상황에서는 전혀 예기치 않은 문제가 벌어질 수 있다는 것을 아는 것도 필요하기에 유연하게 대처해 나가도록 연습한다. 반복적인 연습을 통해서 몸에 익혀 만족스러울 때까지 반복한다.

참·고·문·헌

국내 참고문헌

고미영(2003). 이야기치료란 무엇인가?. 서울 : 청목출판사.

_____(2004). 이야기치료와 이야기의 실제. 서울 : 청목출판사.

권중돈(2004). 노인복지론. 서울 : 학지사.

김경호(2005). 사회복지실천기술론. 서울 : 청목출판사.

김규수 · 오현숙(2005). 가족치료. 경기 : 양서원.

김기태(1993). 위기개입론. 서울 : 대왕사.

김동배 · 권중돈(1998). 인간행동이론과 사회복지실천. 서울 : 학지사.

김동배 · 이윤로(2000). 집단사회사업실천 평가방법론. 경기 : 학서당.

____________(2004). 집단사회사업의 실천과 평가. 서울 : 21세기사.

김동찬(2010). 복지수상록. 서울 : 푸른복지.

김선희 · 조휘일(2000). 사회복지실습. 경기 : 양서원.

김성경 · 김혜영 · 최현미(2005). 아동복지론. 경기 : 양서원.

김성이 · 김상균(1994). 사회과학과 사회복지. 서울 : 나남출판.

김수영 · 성명옥 · 김경호 · 조추용(2001). 노인과 지역사회 보호. 경기 : 양서원.

김영화 · 김진숙 · 이옥희(2003). 성인지적 가족복지론. 경기 : 양서원.

김영화 · 조금희 외(2004). 현대사회와 여성복지. 경기 : 양서원.

김유숙 외 공역, Jollen Patterson 외(2011). 가족치료의 기술. 서울 : 학지사.

김유순(1999). 가족치료. 서울 : 학지사.

김인숙 · 김용석 공역, Barny Cournoyer(2002). 사회복지실천기술연습. 서울 : 나남출판.

김주경 역, 피에르 쌍소(2003). 느리게 산다는 것의 의미. 서울 : 동문선 현대신서 50.

김종옥 · 김유숙 공역, S. Minuchin(1988). 구조적 가족치료의 실체. 서울 : 법문사.

김충기 · 김현옥 공역, Gerald Corey(1993). 상담과 심리치료의 원리와 실제. 서울 : 성범사.

김현희 역, 미즈타니 오사무(2005). 얘들아, 너희가 나쁜게 아니야. 서울 : 에이지21.

김혜란 · 홍선미 · 공계순(2006). 사회복지실천기술론. 서울 : 나남출판.

김혜란 감수, 서울대 사회복지실천연구회 역, B. Sheafor & C. Horejsi(1998). 사회복지실천기법과 지침. 서울 : 나남출판.

김혜숙(2003). 가족치료이론과 기법. 서울 : 학지사.

남귀철 · 변귀연 · 양숙이 · 정선욱 · 조성희 · 최승희 공역, B. Sheafor & C. Horejsi(2005). 사회복지실천기법과 지침(개정판). 서울 : 나남출판.

남세진(1995). 한국사회복지의 선택. 서울 : 나남출판.

남순현 · 전영주 · 황영훈 공역, M. E. Kerr & M. Bowen(2005). 보웬의 가족치료이론. 서울 : 학지사.

모선희 · 김형수 · 유성호 · 윤경아(2005). 현대노인복지론. 서울 : 학지사.

박광준(2004). 고령사회의 노인복지정책. 경기 : 현학사.

박광준 · 안홍순 · 최성재 · 황성철 외(1999). 고령화사회와 노인복지. 부산 : 세종출판사.

박병호 외(1996). 한국가족정책의 이해. 서울 : 학지사.

박시현(2010). 간 좀 봐주세요. 서울 : 푸른복지.

박영희 외(1996). 부부 및 가족치료기법. 서울 : 신한.

박용순(2002). 사회복지개론. 서울 : 학지사.

박정희(1999). 사회복지실천이론의 토대. 서울 : 나눔의집.

박차상 · 김옥희 · 엄기욱 · 이경남 · 정상양 · 배창진(2005). 한국노인복지론. 서울 : 학지사.

박태영(2001). 가족치료이론의 적용과 실천. 서울 : 학지사.

______(2003). 가족생활주기와 가족치료. 서울 : 학지사.

서미경 · 김영란 · 박미은(2000). 사회복지실천윤리. 경기 : 양서원.

성숙진 역, D. R. Evans, M. T. Herarn, M. R. Uhlemann & A. E. Jvey(2004). 상담의 기술. 서울 : 나남출판.

성정현 · 여지영 · 우국희 · 최승희(2004). 가족복지론. 경기 : 양서원.

송성자(2004). 가족과 가족치료(2판). 서울 : 법문사.

송성자 · 정문자(1994). 경험적 가족치료. 서울 : 중앙적성출판사.

송정아 · 최규련(1997). 가족치료 이론과 기법. 서울 : 하우.

안재진 · 권지성 공역, H. Van Gulden & L. M. Bartels-Rabb(2006). 누가 진짜 부모인가. 서울 : 학지사.

양옥경 · 김정진 · 서미경 · 김미옥 · 김소희(2005). 사회복지실천론. 서울 : 나남출판.

양옥경 · 현경자 · 노충래(2002). 여성과 사회복지. 서울 : 이화여자대학교출판부.

엄명용 · 김성천 · 오혜경 · 윤혜미(2000). 사회복지실천의 이해. 서울 : 학지사.

엄명용 · 노충래 · 김용석(2005). 사회복지실천기술의 이해. 서울 : 학지사.

여성개발원 역, Sasson, Anne Showstock(2000). 여성과 국가. 서울 : 한국여성개발원.

오세진 · 박영현(2005). 비영리조직 품질경영. 서울 : 창지사.

오혜경(2005). 사회복지 윤리와 철학. 서울 : 창지사.

______(2005). 장애인복지론. 서울 : 창지사.

유성호 · 모선희 · 김형수 · 윤경아(2000). 노인복지론. 서울 : 아시아미디어리서치.

유태균 · 이선혜 · 서진환 공역, E. Sherman & W. J. Reid(2004). 사회복지 질적 연구방법의 이론과 활용. 서울 : 나남출판.

이순형 외(2003). 아동복지. 서울 : 학지사.

이영분 · 김기환 · 윤현숙 · 이은주 · 이원숙 · 최현미 · 홍금자(2001). 사회복지실천론. 서울 : 동인.

이영분 · 김유숙 공역, M. McGoldrick & R. Gerson(1992). 가족분석 가계도. 서울 : 홍익재.

이인숙(2004). 가족복지론. 서울 : 학지사.

이인정 · 최혜경(1995). 인간행동과 사회환경. 서울 : 나남출판.

이팔환 외 공역(2001). 사회복지실천이론의 토대. 서울 : 나눔의집.

이해영(2003). 케어복지개론. 경기 : 양서원.

이호선(2005). 노인상담. 서울 : 학지사.

임은희(2004). 사회복지실천론. 서울 : 학지사.

전남련 외(2011). 사회복지실천기술론. 서울 : 출판사 오래.

전재일 · 이성희(2002). 사회복지실천기술론. 서울 : 형설출판사.

정문자(2003). 사티어 경험적 가족치료. 서울 : 학지사.

정순둘(2005). 사례관리실천의 이해. 서울 : 학지사.

정진영 · 황성철 외 공역, Chares D. Garvin(1998). 현대집단사회사업. 서울 : 학문사.

제석봉 · 이윤주 · 박충선 · 이수용 공역, Bob Shebib(2006). 사회복지상담심리학. 서울 : 학지사.

조규환(1997). 프로그램의 개발과 운영. 서울 : 인간과복지.

조옥진 역, Gerald Corey(1997). 상담과 심리치료의 사례접근. 부산 : 지평.

조휘일(2000). 사회복지실천과 슈퍼비전. 서울 : 학지사.

조휘일 외(2005). 사회복지실천기술론. 경기 : 학현사.

조흥식 · 김인숙 · 김혜란 · 김혜련 · 신은주(2002). 가족복지학. 서울 : 학지사.

조흥식 · 김혜련 · 신혜섭 · 김혜란(2000). 여성복지학. 서울 : 학지사.

조흥식 외(2000). 사회복지실천분야론. 서울 : 학지사.

주은선 역, K. M. O'Brien & C. E. Hill(2001). 상담의 기술. 서울 : 학지사.

최선화(2004). 노인상담과 주거보호. 경기 : 현학사.

______(2005). 여성복지론. 경기 : 학현사.

______(2012). 일상으로서의 사회복지실천과 상담. 경기 : 공동체.

______(2019). 사회복지사와 함께한 변화. 경기 : 공동체.

______(2019). 사회복지상담과 일상의 치유. 경기 : 공동체.

최선화 · 공미혜 외(2018). 변화하는 사회의 가족복지. 서울 : 학지사.

최선화 · 전영주 외(2002). 가족치료. 부산 : 세종출판사.

최옥채(1999). 사회복지실천론. 서울 : 인간과 복지

최외선 · 백양희 · 김갑숙(2003). 체계론적 가족치료. 서울 : 형설출판사.

표갑수(1998). 아동 · 청소년복지론. 충북 : 청주대학교출판부.

현외성 · 조추용 · 박차상 · 김혜경 · 김용환(2001). 노인상담. 서울 : 유풍출판사.

홍순혜 · 한인영 공역, Jill Doner Kargle(1997). 사회사업기록. 서울 : 학문사.

황성철(2005). 사회복지 프로그램 개발과 평가. 경기 : 공동체.

황혜조 역, M. 스캇펙(2011). 아직도 가야 할 길 그리고 저 너머에. 서울 : 율리시즈.

기타 참고문헌

LG경제연구원(2005). "2010 대한민국 트렌드". 한국경제신문.
GBN(글로벌비즈니스네트워크, 2005). "What's Next? 2015". 청년정신.
www.korea2050.net

외국 참고문헌

Alan S. Gurman & David P. Kniskern(1981). *Family Therapy*. Brunner/ Mazel.
Awrence B. Rosenfeld(1973). *Human Interaction in the Group Setting*. Merrill.
Barry Cournoyer(2001). *The Social Work Skills Workbook*. Brooks/ Cole.
Beschner, Alfreds & Frideman(1986). *Teen Drug Use*. Lexington Books.
Dean H. Hepworth, Richard H. Rooney & J. Larsen(2002). *Direct Social Work Practice*. Brooks/ Cole.
D. Moxley(1989). *The Practice of Case Management*. CA : SAGE Publications.
Elazar J. Pedhazur(1991). *Measurements, Design, and Analysis*. Lawrence Erlbaum Associates Publishers
Francis J. Jurner(1979). *Social Work Treatment*. The Free Press.
Gerda L. Schulman(1982). *Family Therapy*. University press of America.
Janme C. Hansen & Luciano L. Abate(1982). *Approaches to Family Therapy*. Macmillan Publishing Co., Ltd.
Jay Haley(1985). *Problem-solving Therapy*. Jossey-Bass Publishers.
John J. Horan(1979). *Counseling for Effective Decision Making*. Duxbury Press.
John P. Robinson & Phillip R. Shaver(1991). *Measures of Personality and Social Psychological Attitudes*. Academic Press.
John S. Wodarski & Bruce A. Thyer(1998). *Social Work Practice*. Wiley.
Lawrence Shulman(1979). *The Skills of Helping*. F. E. Peacork Publishers.
Marian F. Fatout(1992). *Models for Change in Social Group Work*. Aldine de Gruyter.
Michael J. Austin(1981). *Supervisory Management for the Human Services*. Prentice-Hall.
M. Woodside & T. McClam(2006). *Generalist Case Management*(3rd ed.). Tomson Brooks/ Cole.
Paul spicker(1984). *Stigma and Social Welfare*. Croom Helm.
Peter Titelman(1998). *Clinical Applications of Bowen Family Systems Theory*. The Haworth Press.
Richard Dewey & W. J. Humber(1966). *An Introduction to Social Psychology*. Collier-Macmillan.
Rolf E. Muuss(1990). *Adolescent Behavior Society*. Mcgraw-Hill Publishing Company.
Ronald L. Rosers, Chandler Scott McMillin & Foreword James R. Milam(1989). *Freeing Someone you Love from Alcohol and Other Drugs*. The Body Press.

Ronald W. Toseland & Robert F. Rivas(1995). *An Introduction to Group Work Practice*. Allyn and Bacon.

Salvador Minuchin(1977). *Famille*s *& Family Therapy*. Tavistock Publications.

Salvador Minuchin & Michael P. Nichols(1993). *Familly Healing*. The Free Press.

Samuel H. Taylor & Robert W. Roberts(1985). *Theory and Practice of Community Social Work*. Columibia Univerity Press.

Vincent D. Foley(1974). *An Introduction to Family Theapy*. Grune & Stratton.

찾·아·보·기

저/자/약/력

■ 최 선 화(崔先華, Sun Wha Choi)
E-mail : swchoi@silla.ac.kr

• 학력 및 경력
이화여자대학교 사회학과 졸업(문학사)
이화여자대학교 대학원 사회사업학과 졸업(문학석사)
영국 Ware College 졸업-Diploma of Child Care
이화여자대학교 대학원 사회사업학과 졸업(문학박사)
현 신라대학교 사회복지학과 명예교수

• 주요 저서
일상으로서의 사회복지상담과 실천(2012)
사회복지사와 함께한 변화(2019)
사회복지상담과 일상의 치유(2019)

[제6판]

풀어쓴 사회복지실천기술

|저자| 최 선 화

|1판 1쇄 발행| 2006년 2월 27일
|1판 2쇄 발행| 2006년 8월 25일
|2판 1쇄 발행| 2006년 12월 30일
|3판 1쇄 발행| 2007년 8월 20일
|3판 7쇄 발행| 2012년 3월 10일
|4판 1쇄 발행| 2012년 5월 20일
|4판 6쇄 발행| 2015년 7월 15일
|5판 1쇄 발행| 2016년 2월 5일
|5판 6쇄 발행| 2020년 2월 14일
|6판 1쇄 발행| 2020년 6월 30일
|6판 2쇄 발행| 2022년 1월 25일
|6판 3쇄 발행| 2023년 8월 10일
|6판 4쇄 발행| 2026년 2월 20일

|발행인| 김 동 훈
|발행처| 공 동 체

|주소| 경기도 고양시 일산동구 호수로 358-39 동문타워 I 905호(백석동)
|전화| 031) 814-3000(대표)
|팩스| 031) 814-3100
|홈페이지| http://www.compub.co.kr
|전자우편| compub@naver.com
|출판등록| 2005년 10월 6일
|등록번호| 제396-2005-36호

|ISBN| 979-11-6105-520-6
정가 19,000원